Chinesische Heil- und Entspannungs-übungen

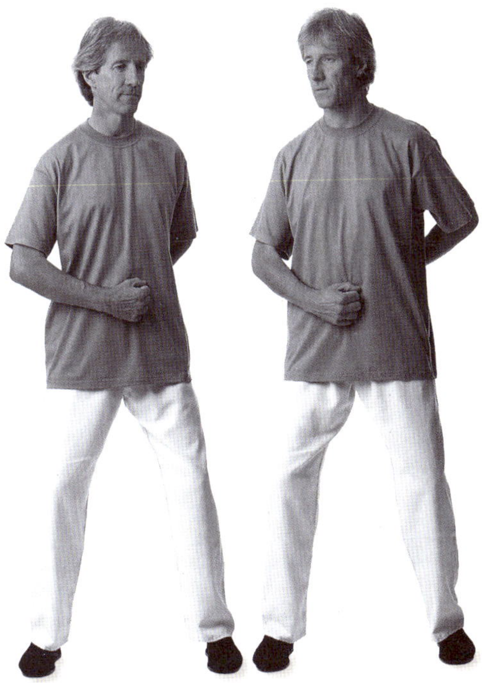

Chinesische Heil- und Entspannungs-übungen

Taiji und Qigong nach dem offiziellen Handbuch der Volksrepublik China

HERAUSGEGEBEN VON

EDWARD C. CHANG

UND

PAUL BRECHER

Christian Verlag

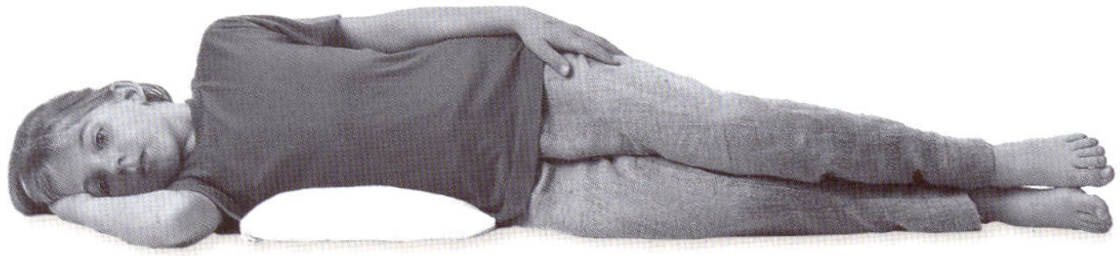

Aus dem Englischen übersetzt von Christine Wiesmeier
für content publishing
Fachliche Beratung: Dr. Bernhard Leimbeck
Satz & Produktion: content publishing, München

www. christian-verlag.de

Die Originalausgabe mit dem Titel *Knocking at the Gate of Life*
wurde erstmals 2000 im Verlag Newleaf, einem Imprint von
Gill & Macmillan Ltd, Dublin, Irland, veröffentlicht.

Die Originalausgabe wurde entwickelt und produziert von
The Ivy Press Limited, Lewes, East Sussex, England.

Übersetzung aus dem Chinesischen ins Englische: Edward C. Chang
Herausgeber: Paul Brecher
Design: Kevin Knight
Studiofotos: Guy Ryecart
Illustrationen: Andrew Kulman & Michael Courtney

Druck und Bindung: Star Standard Industries (Pte) Limited
Printed in Singapore

ISBN 3-88472-498-3

WICHTIGER HINWEIS:
Wenn Sie Gesundheitsprobleme haben oder unter einer Krankheit leiden, sollten Sie unbedingt Ihren Arzt konsultieren, bevor Sie die in diesem Buch vorgestellten Übungen versuchen oder Ratschläge daraus befolgen. Alle Informationen und Anleitungen wurden von Übersetzer, Herausgeber und Verlag mit größtmöglicher Sorgfalt überprüft. Unter Berücksichtigung des Produkthaftungsrechts müssen wir allerdings darauf hinweisen, dass inhaltliche Fehler oder Auslassungen nicht völlig auszuschließen sind. Für etwaige Verletzungen oder Schäden, die durch Übungen oder Therapien aus diesem Buch entstehen, können Übersetzer, Herausgeber, Fotograf, Verlag und Verlagsmitarbeiter keinerlei Verpflichtungen oder Haftung übernehmen. Korrekturhinweise sind jederzeit willkommen und werden gerne berücksichtigt.

Foto Seite 2: Morgendliche Taiji-Übungen

Inhalt

Der spirituelle Hintergrund der Heilübungen 8

KAPITEL EINS

Auch die moderne Welt profitiert von den alten Heilverfahren Chinas 10

Heilübungen und Traditionelle Chinesische Medizin 12

Grundlagen der Übungen 14

Warum Heilübungen? 16

Formen und Methoden der Heilübungen 18

Regelmäßiges Üben und Selbstbeobachtung 20

Weitere Wege zur Heilung 22

KAPITEL ZWEI

Werden Sie stark wie ein Bär und flink wie ein Hirsch 24

Einführung in Taijijuan 60

Einführung in Qigong 68

Qigong: Die Grundlagen 70

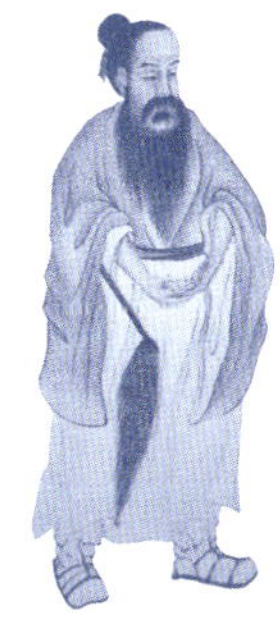

KAPITEL DREI

Heilübungen für Herz- und Kreislaufkrankheiten 94

Für wen sind Heilübungen geeignet? 96

Vorsichtsmaßnahmen für Herzpatienten 98

Stufenweise aufgebautes Gehprogramm 100

Atemübungen für Herzpatienten 102

Heilübungen bei Bluthochdruck 104

Weitere Übungen zum Senken des Blutdrucks 108

Heilübungen bei Arterienverkalkung 110

Heilübungen bei Koronarerkrankungen 114

Übungen bei Erkrankungen der Koronararterien 116

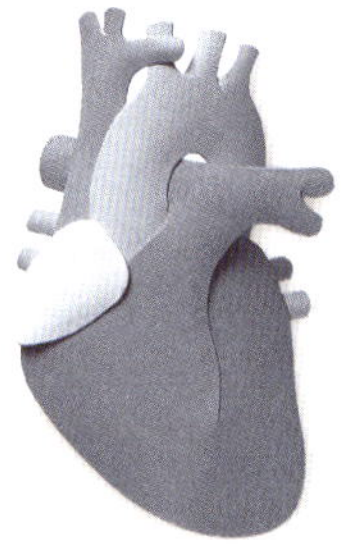

KAPITEL VIER

Heilübungen für Lungen- und Atemwegserkrankungen 122

Leichter atmen mit Heilübungen 124

Chronisch-obstruktive Atemwegserkrankungen 126

Übungen für Emphysempatienten 128

Fitnessübungen für Emphysempatienten 130

Heilübungen für ältere Bronchitispatienten 138

Übungen für Patienten mit Bronchialasthma 140

KAPITEL FÜNF

Heilübungen zur Verbesserung der Verdauung 148

Magen- und Darmgeschwüre heilen 162

Ernährung und Übungen bei Gallenblasenerkrankungen 164

Heilübungen für Dick- und Dünndarm 168

KAPITEL SECHS

Gesundes Nervensystem, gesunder Körper, gesunder Geist 174

KAPITEL SIEBEN

Mit Heilübungen den Muskelapparat und das Knochengerüst stärken 184

KAPITEL ACHT

Heilgymnastik zur Kräftigung der Unterleibsorgane 222

Ubungen für Schwangerschaft und Geburt 224

Heilübungen zur Behandlung von Varikozelen 248

Glossar 250

Register 252

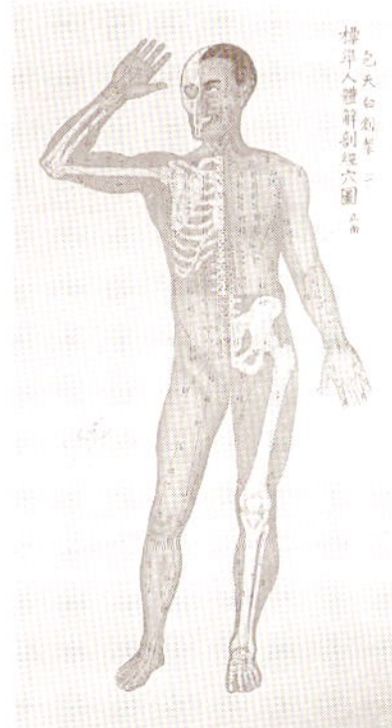

Der spirituelle Hintergrund der Heilübungen

Allein die Tatsache, dass Sie dieses Buch aufgeschlagen haben, lässt vermuten, dass Sie ein gesundes Leben führen möchten. Sie ernähren sich ausgewogen, treiben regelmäßig Sport und versuchen, wenig zu rauchen und zu trinken. Vielleicht möchten Sie auch etwas mehr über die altüberlieferten Weisheiten der chinesischen Medizin erfahren.

Taiji auf dem Platz vor dem Himmelstempel in Peking.

Wie Sie rasch sehen werden, haben die Übungen in diesem Buch sehr wenig mit Aerobic, Bodybuilding, Krafttraining oder anderen im Westen so verbreiteten Sportarten gemein. Mit Taiji oder Qigong – um nur zwei der Übungsdisziplinen zu nennen – sollen nicht Muskeln aufgebaut oder der perfekte Körper geformt werden. Bei diesen altehrwürdigen chinesischen Philosophien geht es vielmehr darum, das Fließen von Qi zu fördern und so geistiges und körperliches Wohlbefinden aufzubauen (siehe Seite 12).

Gemäß der Traditionellen Chinesischen Medizin (TCM) besteht der Körper aus den drei Einheiten Verstand, Körper und Geist, oder Shen. Mit den Übungen, die in diesem Buch vorgestellt werden, können Sie diese drei Elemente gleichzeitig fördern. Richtig ausgeführt ist es möglich, das Selbstbewusstsein aufzubauen, Ihr Immunsystem zu kräftigen und Ihnen ein neues Gefühl von »Gleichgewicht«zu vermitteln, was ein wesentliches Konzept der Traditionellen Chinesischen Medizin darstellt (siehe Seite 13). Mit Hilfe der Übungen können auch so manche Krankheitszeichen gelindert werden. Beim Üben sollten Sie sich aber stets das zugrundeliegende Prinzip von Gleichgewicht, Energie und Körpergefühl vor Augen halten.

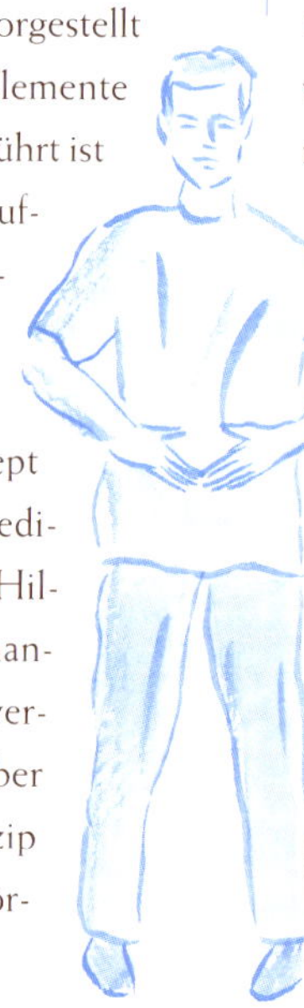

WIE MAN DIESES BUCH BENUTZT

Das Buch ist in acht Kapitel aufgeteilt, von denen sich jedes einem speziellen Thema widmet (siehe Seite 5–7). Das erste Kapitel (siehe Seite 10–23) enthält wichtige Informationen zur chinesischen Medizin (siehe Seite 12–13) und zu den Grundlagen der Heilübungen (siehe Seite 14–15). Beides sollten Sie genau studieren, bevor Sie mit den Übungen beginnen.

- Sämtliche Übungen werden Schritt für Schritt mit Fotos und genau zugeordneten Erklärungen vorgestellt.
- Unter »Wichtige Punkte« werden die wichtigsten Inhalte zu einem Thema klar und prägnant dargestellt.
- Unter »Vorsicht« finden Sie Gesundheitshinweise, die vor Beginn der jeweiligen Übung berücksichtigt werden sollten. Bitte lesen Sie diese Hinweise genau durch.
- Die Abbildungen der Füße unterhalb der Fotos zeigen Ihnen die Stellung der Füße und wie Ihr Körpergewicht verteilt sein sollte.
- Die Einführungstexte versorgen Sie mit Hintergrundinformationen zu den Übungen und anderen interessanten Aspekten. Sie enthalten auch Querverweise auf verwandte Übungen und andere Textstellen im Buch.

Qigong-Atemtechniken spielen eine zentrale Rolle für das Verständnis der Wirkung der Heilübungen.

TEXT IN FELDERN GEHT NÄHER AUF WICHTIGE EINZELHEITEN EIN

UNTER »VORSICHT« ERHALTEN SIE HINWEISE ZU ETWAIGEN GESUNDHEITSRISIKEN

WICHTIGE PUNKTE, DIE SIE BEACHTEN SOLLTEN

ABBILDUNGEN VERANSCHAULICHEN DIE BESCHRIEBENEN ÜBUNGEN

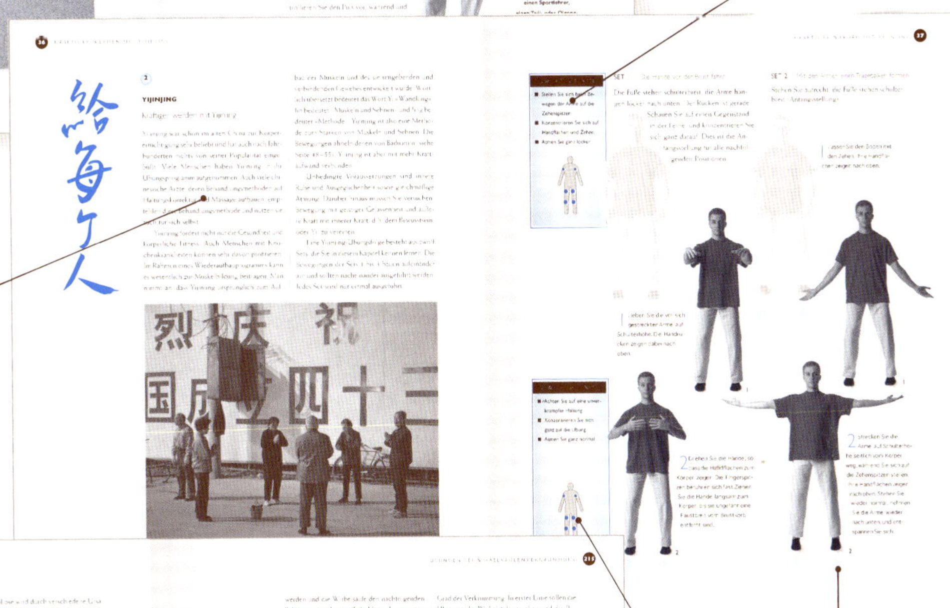

DIE EINFÜHRUNG ERKLÄRT ZUSAMMENHÄNGE UND WICHTIGE PUNKTE

FOTOS ERLÄUTERN DIE EINZELNEN ÜBUNGSSCHRITTE

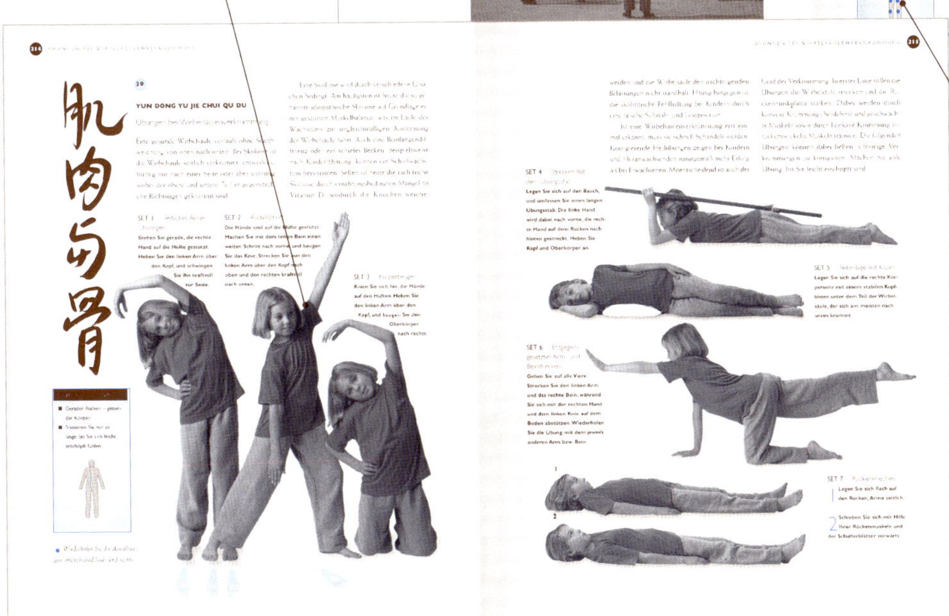

DIE BLAUEN BEREICHE KENNZEICHNEN DIE BETROFFENEN KÖRPERTEILE

DIE FUSSABDRÜCKE ZEIGEN DIE RICHTIGE STELLUNG DER FÜSSE UND DIE KORREKTE GEWICHTSVERTEILUNG

SCHLÜSSEL

25% 50% 75% 100%

Die Prozentangaben entsprechen der Gewichtsbelastung

治癒

KAPITEL EINS

Auch die moderne Welt profitiert von den alten Heilverfahren Chinas

Die Selbstheilungsübungen von heute unterscheiden sich nicht von den althergebrachten.

Die Kunst des Heilens, die Kampfsportarten und die Spiritualität ergänzen sich zu einer in China seit Urzeiten bewährten Philosophie. Die Konzepte des Tao, des Yin und Yang, des Qi und der Fünf Elemente bilden das Gerüst für Akupunktur, die chinesische Kräutermedizin, die Kampfkunst und Qigong (Selbstheilungsübungen oder die Kunst des Atmens). Dieses Buch kann nicht mehr als einen kurzen Überblick über grundlegende Bewegungsabläufe bieten, mit deren Hilfe eine Vielzahl von Beschwerden geheilt werden kann. Sie stammen aus dem Qigong und aus Kampfsportarten, die auf dem chinesischen Festland seit Jahrhunderten erfolgreich eingesetzt werden und auch heute nichts von ihrer Wirksamkeit eingebüßt haben. Wenn Sie mit Qigong eine positive Einstellung und innere Ruhe erreichen, werden Sie mit Gesundheit und Wohlbefinden belohnt. Selbstheilungsübungen balancieren die Körperenergie mit Hilfe eines Leitbahnsystems, den »Meridianen«, und stellen so die Gesundheit und Widerstandsfähigkeit des Körpers wieder her.

Die Schönheit von Chinas Landschaften spiegelt den Glauben an die Kraft innerer Ruhe wider.

Heilübungen und Traditionelle Chinesische Medizin

Qigong wird seit mehr als 6000 Jahren in China praktiziert. Bei der Entwicklung der Kunst des Atmens entdeckte man die Energiekanäle oder Leitbahnen, die durch den ganzen menschlichen Körper verlaufen. Auf deren Grundlage entwickelte sich die Systematik der Akupunktur. Kampfkünstler wiederum nahmen dieses Wissen in ihr Training auf.

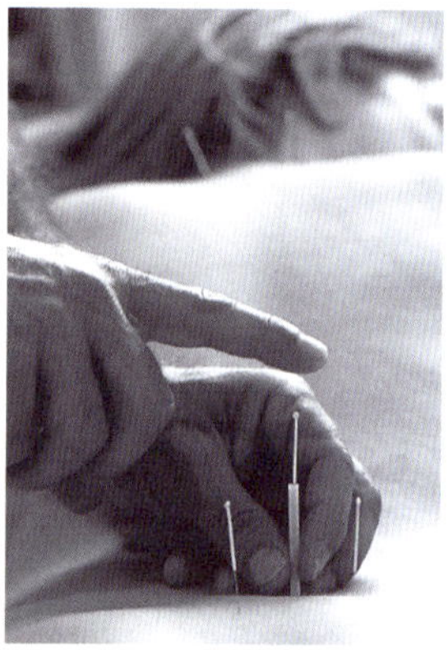

■ **Die Akupunkturpunkte liegen entlang den Energiekanälen des Körpers.**

Um optimal von den nachfolgenden Übungen zu profitieren, sollten Sie sich zunächst ein wenig mit den Grundlagen der Traditionellen Chinesischen Medizin befassen, die seit fast 5000 Jahren in China praktiziert wird. Viele dieser Prinzipien finden sich auch in den chinesischen Kampfsportarten wieder, die in diesem Buch ebenfalls vorgestellt werden.

QI

Qi ist die universelle Lebenskraft; sie tritt im Körper in verschiedenen Formen auf. Befindet sich das Qi im Gleichgewicht, genießen wir nicht nur beständige Gesundheit, sondern auch Erfüllung, Glück und Wohlbefinden. Qi ist die verantwortliche Kraft für alle Körpervorgänge und fungiert als Katalysator jeglichen Stoffwechsels sowie als Grundlage unseres Energiehaushaltes, wodurch Geist und Verstand bestimmt werden. Manche Menschen werden mit gutem Qi geboren, eine ungesunde Lebensführung erschöpft die Reserven schnell. Andere kommen mit eher trägem Qi zur Welt, reichern es aber durch sorgfältigen Umgang gleichsam an. In jedem Fall müssen wir alle unser Qi in Form halten und dafür sorgen, dass es ungehindert durch den Körper fließen kann.

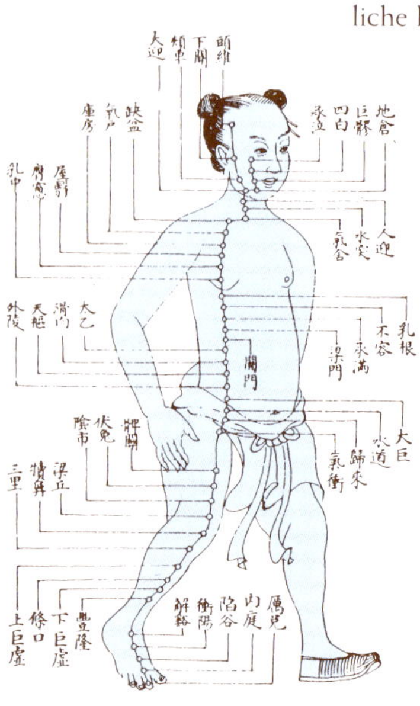

■ **In alten chinesischen Schriften ist eine Vielzahl von Akupunkturpunkten überliefert.**

LEITBAHNEN – VORDERANSICHT

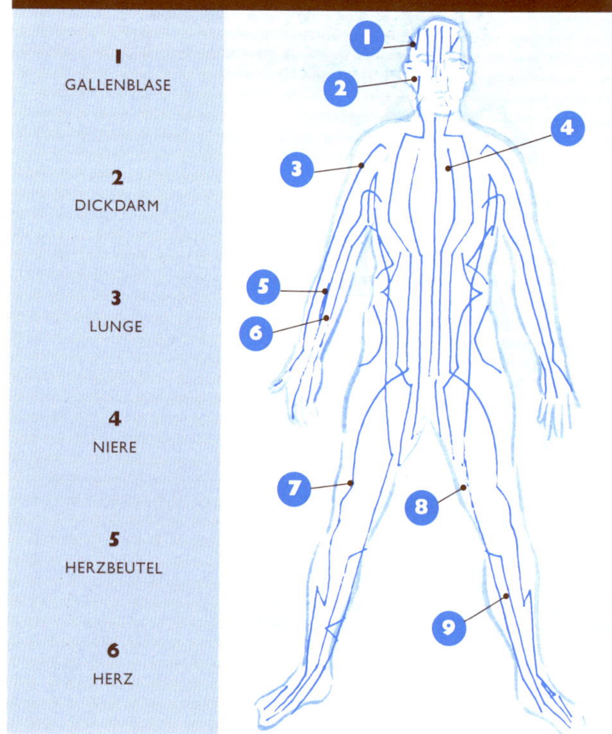

LEITBAHNEN

Als Leitbahnen oder Meridiane bezeichnet man die Energiekanäle, auf denen das Qi zu den Organen und Körperteilen gelangt. Die meisten Akupunkturpunkte liegen entlang diesen Kanäle, und auch viele Heilkräuter werden durch diese Bahnen durch den Körper transportiert. Es gibt zwölf Hauptleitbahnen, die jeweils einem der zwölf Organsysteme zugeordnet sind.

DIE ZWÖLF ORGANE

In der TCM werden die Organe bestimmten Funktionskreisen zugeordnet, die – anders als in der westlichen Medizin – nicht nur dem damaligen Kenntnisstand der Physiologie entsprechen, sondern auch eine darüber hinausgehende geistig-seelische Bedeutung haben. Erst in dieser ganzheitlichen Umfassung geben diese Organe die bestimmenden Faktoren menschlichen Lebens wieder. Den sechs Yin-Organen Lunge, Milz, Herz, Niere, Herzbeutel und Leber sind die sechs Yang-Organe Dickdarm, Magen, Dünndarm, Blase, Dreifacher Erwärmer und Gallenblase zugeordnet. Der Dreifache Erwärmer stellt einen Funktionskreis ohne fassbares Organ dar, der für die Verteilung von Energie an die anderen Organe zuständig ist. Zu jedem Organ gibt es eine entsprechende Leitbahn; die auf dieser Energieleitbahn liegenden Punkte stellen in der Akupunktur und Akupressur Einflussmöglichkeiten dar, um organbezogene Krankheiten erfolgreich zu behandeln. So werden beispielsweise Atemwegserkrankungen vornehmlich über Punkte der Lungenleitbahn therapiert, um das Qi dieses Organs zu kräftigen.

LEITBAHNEN – RÜCKANSICHT

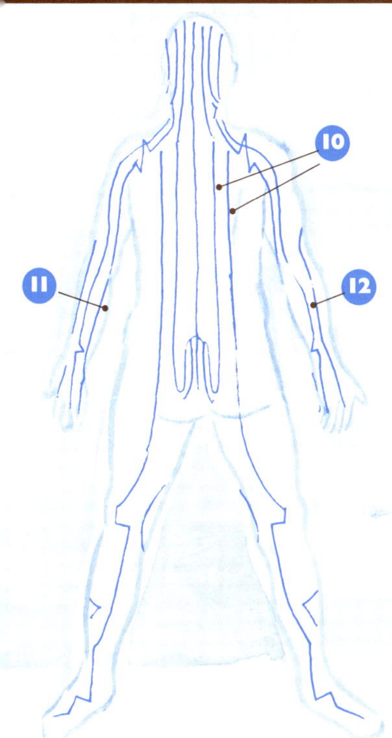

7 MAGEN

8 MILZ

9 LEBER

10 BLASE

11 DÜNNDARM

12 DREIFACHER ERWÄRMER

■ **Jedes der zwölf Hauptorgane des Körpers ist in der chinesischen Medizin mit einer Leitbahn verbunden.**

YIN UND YANG

Mit Yin und Yang erklärten sich die chinesischen Philosophen die Welt. Ausgangspunkt ist ein System konkurrierender Kräfte, die versuchen, ein Gleichgewicht zu erhalten. Die Theorie kann auf alles angewendet werden, auch auf die Abläufe innerhalb des menschlichen Körpers.

Yin wird mit folgenden Eigenschaften assoziiert: Kälte, Dunkelheit, Klammheit, Ruhe, Passivität, Bewegung nach unten, Unterstützung und Feuchtigkeit. Zu Yang hingegen gehören Wärme, Helligkeit, Trockenheit, Rastlosigkeit, Aktivität, Bewegung nach oben und Führerschaft. Nichts ist ausschließlich Yin oder Yang, alles enthält Yin und Yang, und das Verhältnis ändert sich ständig.

Für die menschliche Gesundheit ist vor allem der Gleichgewichtsaspekt von Bedeutung. TCM-Anwender führen bestimmte Symptome (Klammheit, Kälte, Lustlosigkeit) auf einen Überschuss an Yin zurück und versuchen, sie durch Stärkung von Yang zu beheben. Entsprechend behandeln sie Hitze, Fieber, Trockenheit und Reizbarkeit (zuviel Yang) mit der Förderung von Yin.

Am Beispiel Hitzschlag können wir »Ebbe und Flut« von Yin und Yang im Körper nachvollziehen. Hitze von außen (Yang) dringt in den Körper ein und wird so zu etwas Innerem (Yin). Die Hitze (Yang) verbrennt die Körperflüssigkeit (Yin) und verursacht Flüssigkeitsmangel (zu wenig Yin) und hohe Temperatur (zu viel Yang). Dem Patient werden daher Heilkräuter in Form einer Tasse Tee verabreicht. Dieser enthält kalte (Yin) Kräuter, um die Hitze (Yang) zu reduzieren, sowie stärkende (Yin) Kräuter, um den Flüssigkeitsmangel auszugleichen. Dadurch wird das Gleichgewicht zwischen Yin und Yang wieder hergestellt, und der Patient kann vollständig genesen.

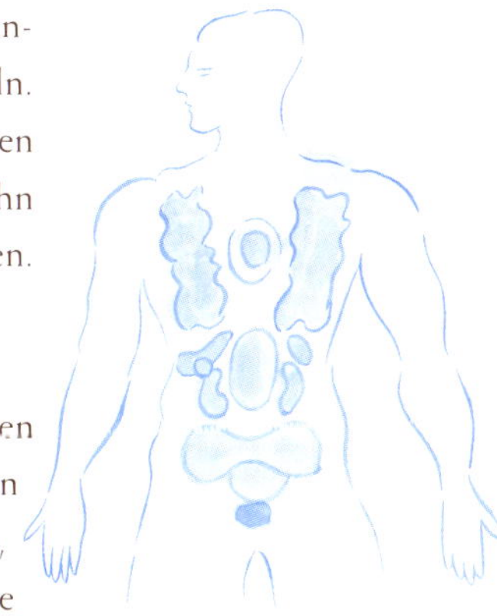

■ **Das Konzept der Organe in der chinesischen Medizin unterscheidet sich grundlegend von der westlichen Anatomie.**

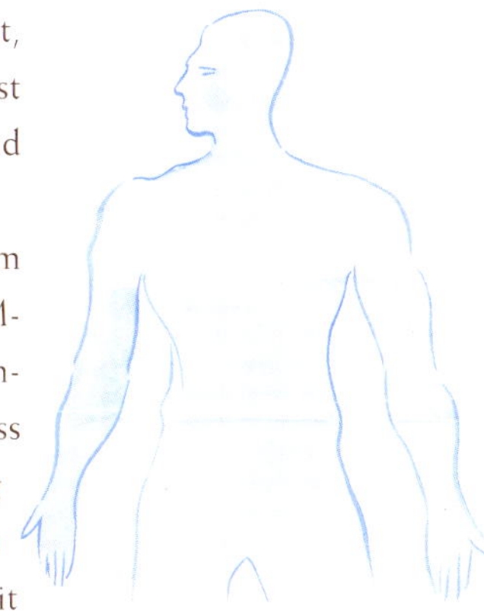

■ **Der Dreifache Erwärmer steuert den Transport von Wasser im Körper.**

■ **Das Yin-Yang-Symbol versinnbildlicht, dass Yin immer ein wenig Yang enthält und umgekehrt.**

Grundlagen der Übungen

Wer regelmäßig Selbstheilungsübungen ausführt, übermittelt seinem Immunsystem die positive Botschaft, sich selbst zu helfen, anstatt auf Hilfe von außen, z.B. durch einen Arzt oder Heilpraktiker, zu warten. Passivität hingegen gibt an den Körper das Gefühl einer Niederlage weiter und trägt in keiner Weise zur Selbstheilung bei.

Heilübungen tragen zur Langlebigkeit und guten Gesundheit der Chinesen bei.

Überall in China führen Frauen und Männer morgendliche Heilübungen aus, um ihre Gesundheit zu schützen oder zu erhalten. Was hat es damit auf sich? Es sind einfach Übungen, deren therapeutische Wirkung nachgewiesen wurde. Sie können Leiden heilen und vorbeugen.

Heilübungen unterscheiden sich in vielem von sportlichen und sonstigen therapeutischen Übungen. Sie wurden in erster Linie – aber nicht ausschließlich – für (körperlich) geschwächte Menschen entwickelt und beispielsweise zur Behandlung chronischer Beschwerden eingesetzt. Die Symptomatik sowie der Zustand und die Lebensweise eines Patienten legen die Art der Übungen fest. Einzelne Übungen können – unter fachkundiger Anleitung – individuell an die Bedürfnisse des Patienten angepasst werden.

Heilübungen haben nichts mit Kräutern, Medikamenten oder chirurgischen Eingriffen zu tun. Ihre Funktion besteht darin, den Patienten zu stärken und die Körperfunktionen zu verbessern.

Die Harmonie von Körper und Geist ist von herausragender Bedeutung. Deshalb sind Qigong (Die Kunst des Atmens) und Taijijuan (Schattenboxen) besonders wirksam bei Krankheiten, deren Entstehung eine emotionale Komponente beinhaltet wie Kolitis, Depressionen, Bluthochdruck oder Magengeschwüre.

Bei Heilübungen ist die mentale Einstellung ebenso wichtig wie die Bewegungen selbst.

■ Huangdi, Fu Xi und Shen Nong spielten eine wichtige Rolle in der chinesischen Medizin.

■ Der Gelbe Kaiser, dessen Werk *Neijing* auf die chinesische Medizin entscheidenden Einfluss nahm.

WIE SICH DIE HEILÜBUNGEN IN CHINA ENTWICKELT HABEN

Auch wenn der Begriff »Heilübung« relativ jungen Datums ist – Körperübungen zu therapeutischen Zwecken werden in China bereits seit etwa 1000 v. Chr. ausgeübt. Beim Versuch, verspannte Muskeln durch Reiben und Kneten zu lockern, entdeckten die alten Chinesen womöglich durch Zufall die Schmerz lindernde und beweglichkeitsfördernde Wirkung von Massagen und Körperübungen.

Noch früher, in der Tan-Yao-Periode (2360 v. Chr.), wurde der Tanz als Behandlungsmethode gegen Arthritis eingesetzt. In der Warring-Periode (403–221 v. Chr.) führten die Taoisten zur Behandlung und Vorbeugung bestimmter Krankheiten Dao Yin (Übungen für Körper und Geist) und Ta Na (Atemübungen) ein. Erst vor kurzem entdeckten Archäologen in Changsha Seidenmalereien mit Darstellungen verschiedener Meditationshaltungen und Körperübungen, die deren uralte Geschichte in China belegen.

Gegen Ende der Han-Dynastie ersann der Heilkundige Hua To (141–203 n. Chr.) verschiedene Körperübungen zur Stärkung der Widerstandskräfte, die er unter dem Namen »Wuqinxi« (Spiel der fünf Tiere) bekannt machte. Im Wu qinxi werden die Bewegungen von Tiger, Hirsch, Bär, Affe und Vogel nachgeahmt. In der Folge wurden Taijijuan (Schattenboxen), Baduanjin (Acht-Brokat-Übungen) und Shierduanjin (Zwölf-Brokat-Übungen) entwickelt, die aufgrund ihrer krankheitsvorbeugenden Wirkungsweise große Verbreitung fanden. In Werken wie dem *Neijing* (»Der Klassiker der Inneren Medizin«) und *Qianjin Fang* (»Die tausend Rezepte«) wurden die Entwicklung und Methodik der Übungen dokumentiert.

5000 JAHRE HEILÜBUNGEN

IM OSTEN	IM WESTEN
Um 2700 v. Chr. In China wird erstmals Seide gewoben; Gegenstände aus Bronze werden hergestellt.	**Um 2600 v. Chr.** Der König von Mesopotamien versucht, die Götter zu überlisten, um Unsterblichkeit zu erlangen.
Um 1450 v. Chr. Zhengzhou wird Hauptstadt der Shang-Dynastie.	**Um 1460 v. Chr.** Bei Karnak (Ägypten) wird ein prächtiger Tempel für die Königin Hatshepsut erbaut.
Um 630 v. Chr. Das *Shijing* (»Buch der Lieder«) wird zum Vorzeigebuch gebildeter Chinesen.	**648 v. Chr.** Pankration (eine Kombination aus Boxen und Ringen) wird zur olympischen Disziplin.
247 n. Chr. Bürgerkrieg in Japan nach der Machtübernahme durch den Bruder der toten Königin.	**260 n. Chr.** Das Römische Reich wird von allen Seiten angegriffen: im Osten, in Europa und Afrika.
477 n. Chr. Der Buddhismus erlebt eine zweite Blütezeit und wird zur Staatsreligion in China.	**Um 500 n. Chr.** In Mexico erlangt Teotihuacan große politische und religiöse Bedeutung (250.000 Bewohner).

Warum Heilübungen?

Körper, Verstand, Energie und Geist stehen miteinander in Verbindung. Während wir körperliche Aspekte relativ leicht verstehen und steuern können, entziehen sich die übrigen Bereiche unserem unmittelbaren Einfluss. Durch Stärkung des Körpers jedoch werden Verstand, Energie und Geist harmonisch aufeinander abgestimmt und verschmelzen zu einer Einheit.

Heilübungen helfen, Krankheiten zu heilen. Als Beweise können zahlreiche wissenschaftliche Experimente sowie die Erfahrungen von Patienten herangezogen werden.

Heilgymnastische Übungen vermögen Krankheiten zu verhindern oder zu heilen, indem sie mehrere Probleme gleichzeitig korrigieren. Es gibt Krankheiten, die durch die Arbeitsbedingungen hervorgerufen werden. Menschen mit überwiegend sitzender Tätigkeit haben oft eine schlechte Unterleibsmuskulatur und eine schwache Verdauung. Die Folge kann chronische Verstopfung sein. Weit verbreitet ist auch Neurasthenie, ein psychischer und körperlicher Zustand, der sich durch Lethargie, Depression, Ermüdung und Schlaflosigkeit bemerkbar macht. Ursache ist das Übergewicht geistiger Tätigkeiten. Ein Gleichgewicht aus geistiger und körperlicher Tätigkeit sollte daher immer angestrebt werden.

Regelmäßige Bewegung wirkt sich immer positiv auf die Gesundheit aus.

Krankheiten, die durch Herz- und Lungenschwäche bedingt sind, wie Emphyseme und Durchblutungsstörungen, können durch Heilübungen behoben werden. Sie stärken Lunge und Herz und dadurch Atmung und Kreislauf.

Bei der Behandlung von Krankheiten wie Tuberkulose, Bluthochdruck und Diabetes können Heilübungen unterstützend eingreifen. Haben diese Erkrankungen ein bestimmtes Stadium erreicht, wird man ohne Medikamente nicht mehr auskommen. Wenn die Organe des Patienten jedoch zu schwach und in ihrer Funktion zu sehr eingeschränkt sind, reichen Medikamente möglicherweise nicht aus. Regelmäßige Heilübungen können die inneren Organe und den Stoffwechsel stärken, sodass der Körper besser auf die Medikamente anspricht.

Manche chronisch kranken Patienten haben sich an ihr passives Leben gewöhnt und so jedes Interesse an körperlicher Betätigung verloren. Ihre Körperfunktionen haben aufgrund der Passivität gelitten, was auf längere Sicht womöglich zu Depressionen, Kurzatmigkeit, Durchblutungsstörungen, Herzschwäche, Verdauungs- und Stoffwechselproblemen sowie Muskelverspannungen und sogar Muskelschwund führt. Der Patient ist gleichermaßen anfällig für andere Krankheiten wie unfähig, eine bestehende Krankheit zu überwinden. Regelmäßige heilgymnastische Übungen wirken sich auf alle inneren Organe aus, sie verbessern die Atmungs- und Kreislaufaktivitäten und bringen die Verdauung wieder in Schwung, sodass der Patient wieder vollständig gesund werden kann.

Einige Krankheiten sind durch eingeschränkte Bewegungsfähigkeit bedingt, z. B. Unbeweglichkeit oder Versteifung von Gelenken sowie Lähmungen. Taiji kann die Beweglichkeit und Nervenfunktion verbessern, die Muskeln stärken und so die Bewegungsfreiheit zurückgeben. Durch alle Übungen wird das Fließen von Qi verbessert.

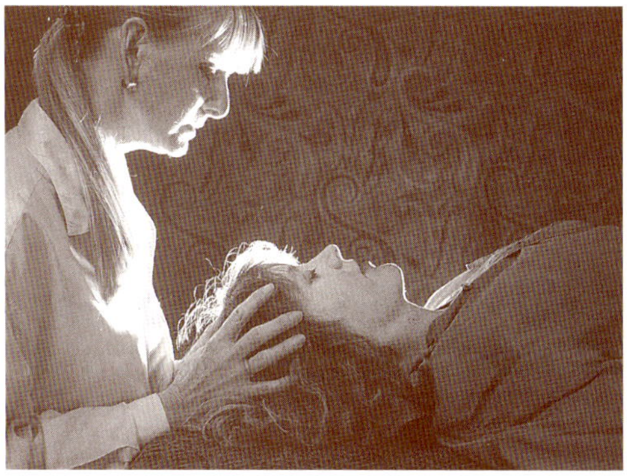

Heilübungen können sich gleichermaßen günstig auf Geist, Verstand und Körper auswirken.

Die Vorzüge der Heilübungen im Überblick

Die Vorzüge der Heilübungen sind äußerst vielfältig. Sie sind ausgesprochen einfach auszuführen, und da man keinerlei Hilfsmittel braucht, auch nicht mit Kosten verbunden. Ihre therapeutische Wirkung ist erwiesen. Die Vorteile regelmäßig und systematisch durchgeführter Übungen sind:

✱ Herz, Lunge und Gelenke werden gestärkt. Darüber hinaus fördern sie den Muskelaufbau, was durch Medikamente nicht erreicht werden kann.

✱ Heilgymnastische Übungen verfolgen einen ganzheitlichen Ansatz. Im Gegensatz zu anderen Formen setzt die Therapie nicht nur am betroffenen Körperteil an, sondern wirkt sich über die Einflussnahme auf Nervenbahnen und Durchblutung auf den ganzen Körper aus. Auch die Aufnahme und der Transport von Nährstoffen wird verbessert, was dem Immunsystem zugute kommt.

✱ Heilübungen sind eine Form der Selbstheilung. Der Patient nimmt aktiv an der Behandlung teil und entwickelt daraus eine positive und optimistische Einstellung gegenüber der Behandlung. Darüber hinaus wird ihm das Gefühl eigener Stärke vermittelt. Beides kann die Heilung ungemein beschleunigen.

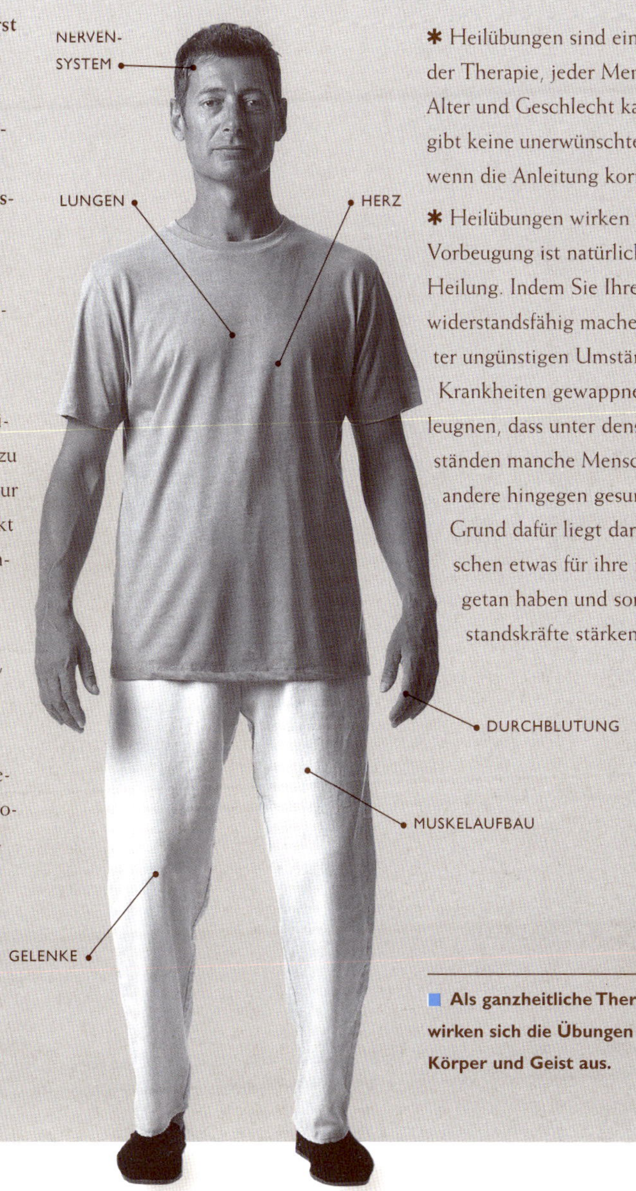

✱ Heilübungen sind eine natürliche Form der Therapie, jeder Mensch unabhängig von Alter und Geschlecht kann sie ausführen. Es gibt keine unerwünschten Nebenwirkungen, wenn die Anleitung korrekt befolgt wird.

✱ Heilübungen wirken vorbeugend, und Vorbeugung ist natürlich immer besser als Heilung. Indem Sie Ihren Körper stark und widerstandsfähig machen, sind Sie auch unter ungünstigen Umständen besser gegen Krankheiten gewappnet. Oder wollen Sie leugnen, dass unter denselben äußeren Umständen manche Menschen krank werden, andere hingegen gesund bleiben? Der Grund dafür liegt darin, dass diese Menschen etwas für ihre innere Gesundheit getan haben und somit ihre Widerstandskräfte stärken konnten.

Als ganzheitliche Therapie wirken sich die Übungen auf Körper und Geist aus.

序

Formen und Methoden der Heilübungen

Die Entscheidung, welche Übung für Sie die richtige ist, hängt von Ihrer körperlichen Verfassung, Ihrem Alter und auch davon ab, welche Art von Bewegung Ihnen am meisten Freude macht. Die hier beschriebenen sechs Kategorien gehören alle zum alten Yang-Stil des Taijijuan. Ihnen wird von den Verfassern dieses Buches Vorzug vor allen anderen Übungen eingeräumt.

■ **Nur Übungen, die die Herzfrequenz erhöhen, sind gut für das Herz.**

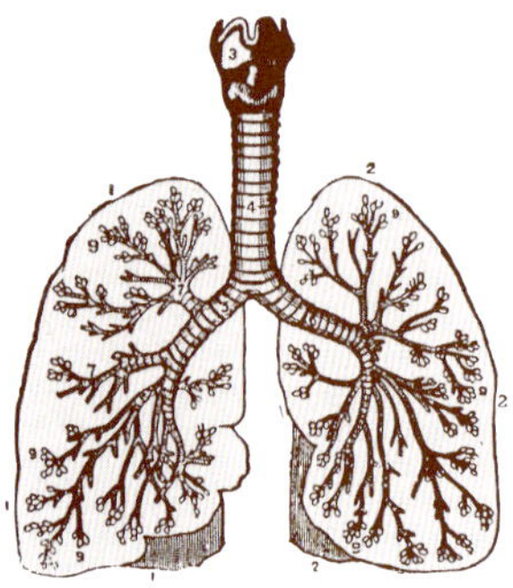

■ **Durch die vertiefte Atmung während der Übungen wird die Sauerstoffaufnahme der Lungen erhöht.**

■ **Geben Sie sich einen Ruck, und bewegen Sie sich regelmäßig, vor allem wenn Sie viel sitzen müssen.**

Heilübungen werden in die sechs Kategorien Therapeutische Gymnastik, Bewegungstherapie, Mechanische Therapie, Qigong (Die Kunst des Atmens), An Mo (Massage) und Freizeitübungen aufgeteilt.

Therapeutische Gymnastik: Aufgrund ihrer großen Wirksamkeit verdient diese Form der Heilgymnastik besondere Aufmerksamkeit. Jede Übung wird speziell für einen bestimmten Zweck ausgewählt und verfügt über eine exakt bestimmbare Wirkung. Für die Therapie von chronischer Bronchitis wird man eine andere Übung wählen als für die Behandlung von Schmerzen in der Hüfte oder im Bein; dementsprechend wird Bluthochdruck mittels einer anderen Übung therapiert als ein Emphysem.

Eine Sitzung besteht in der Regel aus fünf bis 20 verschiedenen Übungsfolgen. Jede erfordert eine spezielle Vorbereitung und Körperhaltung, hat andere Übungsinhalte und muss unterschiedlich oft wiederholt werden. Wichtig ist die korrekte Ausführung und nicht die Zahl der Wiederholungen. Bisweilen stellt sich der Heilerfolg ein, wenn man die wirksamsten Übungen nur einige Male wiederholt.

Bewegungstherapie: Diese Übungen können bestimmte Krankheiten verhindern und heilen. Dazu gehören Taijijuan, verschiedene Arten der Gymnastik, Gehen, leichte Wanderungen, Kanu fahren, ausgedehnte Spaziergänge und andere schonende Bewegungsarten. Sie eignen sich sehr zur Stärkung von Herz und Lunge, mehr noch als Therapeutische Gymnastik. Chronisch kranke Patienten profitieren am meisten davon, vorausgesetzt sie sind noch kräftig genug, um der Belastung Stand zu halten.

In China beginnen viele Menschen ihren Tag mit Übungen in einem Park oder auf einem Platz.

Mechanische Therapie: Für diese Methode, mit der man beispielsweise die Funktion von Muskeln und Gelenken wiederherstellen und Haltungsschäden korrigieren kann, ist spezielle Ausrüstung erforderlich. Mit einem Trainingsfahrrad können die Beinmuskeln trainiert werden, während ein eigens zu diesem Zweck konstruiertes Rad die Funktionalität der Schultergelenke verbessern kann.

Qigong: Qigong ist eine Kombination aus Konzentrations- und Atemübungen. Damit soll das Fließen von Qi im Körper gefördert werden. Mit Qigong können chronische Krankheiten wie Depressionen, Bluthochdruck, Magen- und Zwölffingerdarmgeschwüre geheilt werden.

An Mo: Diese Form der Massage wird vom Patienten selbst oder von einem Arzt durchgeführt. An Mo lindert Schmerzen, fördert die Durchblutung, die Beweglichkeit der Muskeln und die Verdauung, es entspannt und belebt.

Freizeitübungen: Gartenarbeit, Stricken oder andere Hausarbeiten unterstützen nicht nur den Muskelaufbau, sondern wirken auch entspannend auf das Nervensystem. Das körperliche und geistige Wohlbefinden kann auf diese Weise erheblich gesteigert werden.

Dieses Buch befasst sich vorwiegend mit Bewegungstherapie und Qigong. Bedenken Sie stets, dass keine Heilübung oder physikalische Therapie ein Allheilmittel sein kann. Wie jede Therapieform stoßen auch sie an ihre Grenzen. Sie können sehr gut zur Heilung einer bestimmten Krankheit geeignet sein, sich bei anderen hingegen als wirkungslos erweisen. Wie man in China herausgefunden hat, sind heilgymnastische Übungen besonders bei folgenden Leiden wirksam:

- Chronische Krankheiten des Atmungs-, Verdauungs- oder Fortpflanzungssystems bzw. kardiovaskulärer Natur
- Lähmungen durch beschädigte Nerven bzw. durch verminderte Durchblutung der zerebralen Blutgefäße
- Steife Gelenke aufgrund äußerer Verletzungen oder Arthritis
- Haltungsschäden, von Wirbelsäulenverkrümmungen bis hin zum Plattfuß, wenn sie ein gewisses Ausmaß nicht überschreiten
- Depressionen und Melancholie

Regelmäßiges Üben und Selbstbeobachtung

Die Wirkung von Übungen zur Selbstheilung stellt sich nach und nach ein, daher sind 10 Minuten täglich weitaus effektiver als eine Stunde einmal die Woche mit sechs Tagen Pause dazwischen. Mit jedem Mal üben entwickelt sich Ihr Körpergefühl weiter, sodass es Ihnen immer leichter fällt, die erreichten Fortschritte auch zu erkennen.

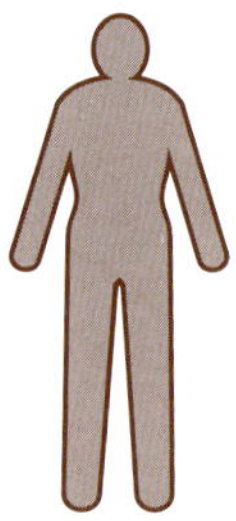

Die jeweils von den Übungen unterstützten Körperregionen werden in den folgenden Schemazeichnungen hervorgehoben.

Erst durch regelmäßiges Üben stellen sich die gewünschten Erfolge ein. Der Grund dafür liegt auf der Hand: Es braucht Zeit, Muskeln aufzubauen, die Beweglichkeit zu steigern und die Funktionen von Herz und Lunge zu verbessern. Der Erfolg stellt sich Schritt für Schritt ein und steigt, je länger Sie trainieren. Wer sich durch Heilübungen etwas Gutes tun möchte, muss sie regelmäßig und über einen längeren Zeitraum ausführen. Je länger Sie üben, desto mehr Qi-Energie sammeln Sie im Körper an. Der Körper ist wie eine aufladbare Batterie – sie muss erst vollständig geladen und dann permanent auf Spannung gehalten werden.

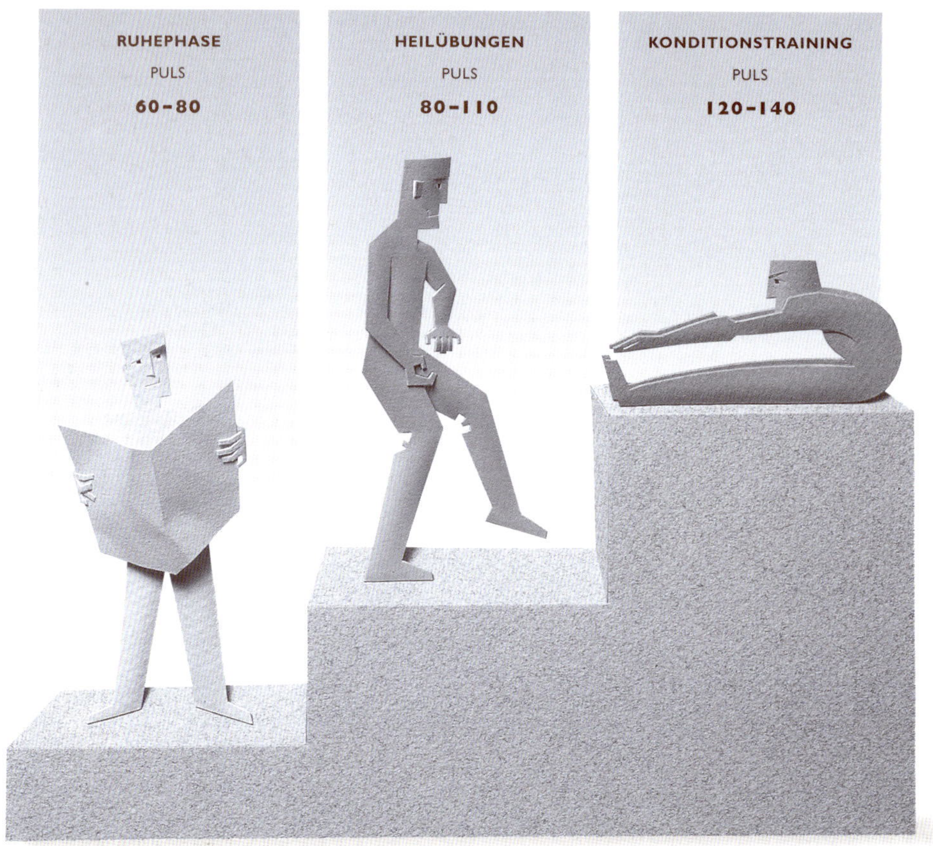

Beim Konditionstraining beschleunigen wir den Puls bis auf das Doppelte seiner normalen Frequenz. Heilübungen sind sanfter.

Kontrollieren Sie beim Üben regelmäßig Ihren Puls, und passen Sie das Training entsprechend an.

Männer über 35 und Frauen über 40, die bisher eher einem ruhigen Lebensstil nachgingen, sollten einen Arzt aufsuchen, bevor sie mit den Übungen beginnen. Insbesondere Risikopatienten sollten sich einem kardiologischen Belastungstest unterziehen. Zu den Risikofaktoren gehören unter anderem hoher Blutdruck, Diabetes, Rauchen, erhöhter Cholesterinspiegel oder familiäre Vorbelastung für Herzerkrankungen.

Wenn Sie Fieber haben, sollten Sie auf die Übungen verzichten. Anstrengende körperliche Tätigkeiten können sich dann schädlich auf den Körper auswirken.

Achten Sie bei den Übungen genau auf Ihr Befinden, und passen Sie Ausführung, Tempo und Stil der Übungen gegebenenfalls Ihren Bedürfnissen an. Die Intensität, mit der die Übungen ausgeführt werden, lässt sich grob gesagt in drei Stufen einteilen, die sich nach der Pulsfrequenz nach dem Beenden einer Übung richten. Bei einem Erwachsenen mit einem Puls von 60–80 Schlägen pro Minute steigt der Puls nach Konditionsübungen auf ca. 120–140 und nach Heilübungen auf 80–110 Schläge. Bei ruhigeren Übungen bleibt der Puls vielleicht gleich, oder er steigt geringfügig an und liegt womöglich zehn Schläge über der Normalfrequenz. Der Puls während einer Heilübung ist in der Regel unter 110 Schlägen pro Minute.

Ihren Puls messen Sie, indem Sie einen Finger an die Daumenseite Ihres Handgelenks oder an Ihren Hals legen. Zählen Sie die Zahl der Schläge 10 Sekunden lang, und multiplizieren Sie diese Zahl mit 6, um die Schläge pro Minute zu erhalten. Kontrollieren Sie den Puls vor, während und nach einer Übung, um sich nicht zu überanstrengen.

Selbstbeobachtung

Das Beobachten von Körper und Verstand ist extrem wichtig; stellen Sie sich daher die folgenden Fragen:

* Übe ich genügend, oder habe ich es übertrieben? Das Anpassen der Übungen an Ihre Fähigkeiten macht Sinn, da Sie sich so nicht überfordern. Je besser Ihr Körpergefühl ist, desto eher können Sie dasselbe Prinzip auf Ihre Gefühle anwenden.
* Drücke ich meine Gefühle angemessen aus, oder lasse ich mich von meinen Emotionen überwältigen? Auf diese Weise profitiert auch Ihr Gefühlsleben von den Übungen.

Sowohl rasche als auch sanfte, streckende Übungen gehören zum Programm.

VORSICHT

Das Überwachen Ihres Programms ist notwendig, damit Probleme sofort erkannt und die notwendigen Maßnahmen ergriffen werden können. Beenden Sie bei folgenden Symptomen das Programm sofort, und suchen Sie einen Arzt auf:

- **Fieber**
- **Schlaflosigkeit**
- **Starker Gewichtsverlust**
- **Erschöpfungszustände**
- **Verschlechterung Ihres Zustandes**
- **Schmerzen oder Schwellungen im Körper**

Wird keine medizinische Ursache festgestellt, wenden Sie sich an einen Sportlehrer, einen Taiji- oder Qigong-Lehrer, um herauszufinden, ob Sie die Übungen richtig ausführen.

序

Weitere Wege zur Heilung

Körperübungen sind nur ein Teil auf Ihrem Weg zur Genesung, es gibt auch Wege und Maßnahmen zur Unterstützung. Dazu gehört zu allererst eine ausgewogene Ernährung und eine realistische Einstellung zur Medikation. Auch Schlaf ist äußerst wichtig. Nur all diese Faktoren zusammen können Ihrer Gesundheit wirklich einen Schub geben.

Gesundheit hängt von ausreichend Bewegung, guter Ernährung, Schlaf und Erholung ab.

Therapeutische Übungen machen Sie physich kräftiger, stärken die Widerstandskräfte Ihres Körpers und unterstützen ihn bei der Bekämpfung bestehender Erkrankungen. Vielen chronischen Patienten ist zwar die Bedeutung der Übungen bewusst, sie achten aber wenig auf andere wichtige Faktoren wie Ernährung, Schlaf und psychologische Aspekte des Lebens. Bei der Bekämpfung einer Erkrankung ist kaum etwas entscheidender als eine positive Lebenseinstellung. Bei einem Patienten, der von vornherein meint, auf verlorenem Posten zu kämpfen, zeigen die Übungen vermutlich nicht die gewünschten Ergebnisse.

Eine realistische Einstellung zu den vom Arzt verschriebenen Medikamenten ist wichtig, weil weder die alleinige Behandlung mit Heilübungen noch der pure Glaube an die Wirkung von Medikamenten dem Wesen mancher Krankheit gerecht werden.

In der Anfangsphase und auch, wenn Sie die Übungen schon einige Zeit betreiben, müssen bei akuten und chronischen Beschwerden oft begleitend Medikamente eingenommen werden. Erst wenn die Übungen positive Wirkung zeigen, kann die Medikation verringert oder abgesetzt werden.

Kranke müssen auf ihre Ernährung achten, und dies betrifft feste und flüssige Nahrung gleichermaßen. Eine gute Ernährung ist vielfältig und ausgewogen, und das muss nicht teuer sein. Die Hälfte Ihrer täglichen Nahrung sollte aus Kohlehydraten bestehen, also beispielsweise Nudeln oder Reis. Nehmen Sie täglich fünf Portionen frisches Obst und Gemüse zu sich, halten Sie sich bei Eiweiß (Fleisch, Fisch, Nüsse und Milchprodukte) hingegen eher zurück. Auf ein Minimum beschränkt werden sollten Zucker und Fette. Abwechslung innerhalb dieses Grund-Speiseplans stellt sicher, dass Ihr Körper alles bekommt, was er braucht.

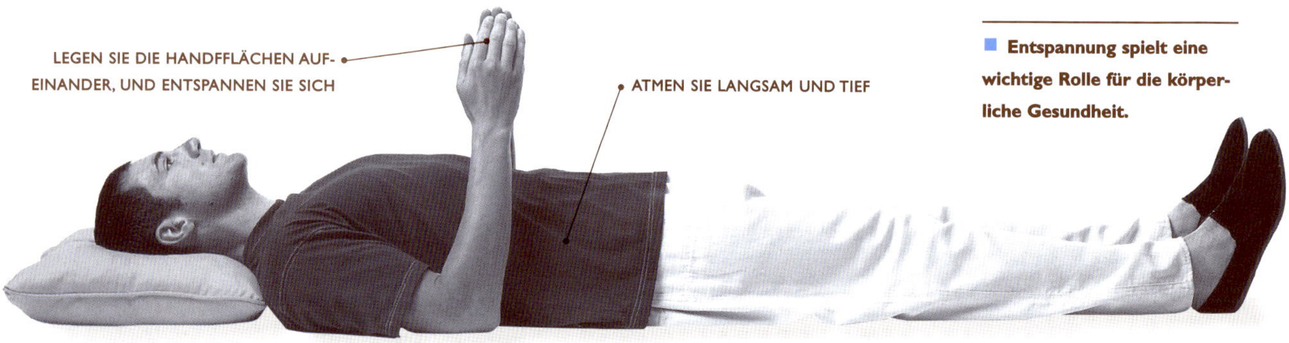

Entspannung spielt eine wichtige Rolle für die körperliche Gesundheit.

Freizeit ist genauso wichtig wie gute Ernährung und ausreichend Schlaf.

Ein ausgewogenes Verhältnis von Arbeit und Freizeit, ein fester Zeitpunkt, an dem die Übungen ausgeführt werden, sowie eine gleichbleibende Schlafenszeit sind für den Heilerfolg der Übungen von grundlegender Bedeutung. Der ideale Schlafenszeitraum liegt zwischen 23.30 Uhr und 7.00 Uhr, da sich der Körper in dieser Zeit am besten regenerieren kann. In dieser Zeit stellen die »Aktivitätshormone« ihre Arbeit ein, und die »Wartungshormone« kommen zum Zuge. Ein regelmäßiger Tagesablauf, ganz gleich in welchem Rhythmus, wird sich immer positiv auswirken.

Chronisch Kranke müssen unbedingt auf Zigaretten und Alkohol verzichten, da diese beiden Gewohnheiten nachweislich die Behandlung behindern. Tabak und Alkohol produzieren im Körper Giftstoffe, die die Leber belasten, wenn der Körper ohnehin schon unter Stress steht.Am meisten werden jene Patienten profitieren, die nicht rauchen oder trinken und die Übungen regelmäßig ausführen.

Gesunde Ernährung

Den meisten Menschen ist klar, was zu einer gesunden Ernährung gehört, sie haben nur Schwierigkeiten mit der Umsetzung. Viele wichtige Nährstoffe sind in frischem Obst und Gemüse enthalten. Sinnvoll ist es, täglich fünf kleinere Mahlzeiten zu sich zu nehmen. Idealerweise sollte sich der Speiseplan nach der Jahreszeit richten: Im Winter weniger Salate, Eiscreme und kalte Gerichte und im Sommer mehr Obst. Das Wichtigste ist aber immer die Ausgewogenheit.

Ideal ist eine Ernährung aus Obst, Gemüse und Hülsenfrüchten und wenig Eiweiß.

治癒

KAPITEL ZWEI

Werden Sie stark wie ein Bär und flink wie ein Hirsch

Menschen jeden Alters profitieren von den Übungen.

Ob Sie neun oder 90 Jahre alt sind, ob Sie Gewichte heben oder kaum Ihren Arm heben können – es gibt auch für Sie die passende Heilübung. Manche Übungen lassen Sie morgens voller Energie erwachen, andere wiederum wirken entspannend und verbessern Ihren Schlaf. Obwohl die Übungen ursprünglich die Widerstandskräfte gesunder Menschen steigern sollten, können die in diesem Kapitel vorgestellten Übungen auch das Leben chronisch Kranker erleichtern.

Einige Übungen, wie die Zwölf-Brokat-Übung oder das Spiel der fünf Tiere, werden seit Jahrhunderten angewendet und weiterentwickelt und haben schon vielen Menschen geholfen. Es gibt auch Übungen aus neuerer Zeit, die den althergebrachten in Wirkung und Beliebtheit in nichts nachstehen. Regelmäßig ausgeübt gibt Ihnen das Spiel der fünf Tiere die starken Knochen eines Tigers, die Kraft eines Bären, die Flinkheit eines Hirsches, die Wendigkeit eines Affen und die Anmut eines Kranichs. Das Beste ist, dass wirklich jeder, der die Übungen täglich macht, von ihnen profitiert.

Heilübungen führen zu erhöhter Vitalität und Konzentration.

Diese chinesische Kalligraphie hat die Botschaft »Heilübungen für jedermann«.

I

WUQINXI

Spiel der fünf Tiere

Wuqinxi wurde von Hua To, einem berühmten chinesischen Arzt der späten Han-Dynastie entwickelt. Die Übungen wurden den Verhaltens- und Bewegungsabläufen von fünf Tieren nachempfunden: der wilde Tiger, der elegante Hirsch, der tapsige Bär, der flinke Affe und der Kranich in den Lüften. Hua To vertrat einen pragmatisch-empirischen Denkansatz. Er lehnte jeden Aberglauben ab und kritisierte im selben Atemzug die traditionellen konfuzianischen Theorien des Übernatürlichen in der Medizin. Mit dem Spiel der fünf Tiere vertrat er seine Ansicht, dass Körperübungen und Medikation zusammen körperliche Fitness aufbauen und Krankheiten vorbeugen und bekämpfen können. Er entwickelte seine Übungen mehr als 1000 Jahre bevor ein vergleichbares Prinzip erstmals in Schweden erforscht wurde.

Die Bewegungsabläufe des Spiels der fünf Tiere wurden seither ständig verändert und verbessert. Die nachfolgende Variante ist einfach zu erlernen und hat sich bewährt. Sie können alle Sets oder nur einzelne ausführen.

Das Spiel der fünf Tiere baut auf Bewegungsabläufen einheimischer Tiere Chinas in ihrem Lebensraum auf.

WICHTIGE PUNKTE

- Seien Sie beim Drehen des Beckens und der Hüfte ganz locker.
- Bewegen und entspannen Sie Ihre Gelenke ganz vorsichtig.
- Setzen Sie die Füße behutsam und doch fest auf den Boden.
- Konzentrieren Sie sich ganz ruhig auf das Dantian (Elixierfeld), ein Energiezentrum ca. 7,5 cm unterhalb des Nabels, aus dem sich das Qi im Körper verteilt.

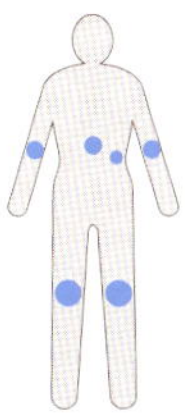

SET 1 | Der Bär

Stellen Sie sich bei dieser Übung vor, Sie seien ein großer, kräftiger Bär, der sich lässig vorwärtsbewegt. Sie sind ganz locker, schwer und kräftig, Ihre Arme hängen ohne Anspannung seitlich herab.

1 **Die Füsse stehen schulterbreit, und die Arme hängen locker nach unten. Atmen Sie 3- bis 5-mal ein und aus. Führen Sie dann eine leichte, dem Bären nachempfundene Drehbewegung von Hüfte und Becken aus.**

2 **Winkeln Sie das rechte Knie ganz leicht ab, und neigen Sie die rechte Schulter nach vorne, sodass der Arm ganz locker nach unten hängt. Gleichzeitig drehen Sie die linke Schulter nach hinten und heben die linke Hand.**

3 **Kehren Sie Schritt 2 um. Biegen Sie nun Ihr linkes Knie leicht, und neigen Sie die linke Schulter nach vorne, sodass der Arm ganz locker ist. Drehen Sie die rechte Schulter leicht nach hinten, und heben Sie die rechte Hand ein wenig.**

Diese Übung können Sie beliebig oft wiederholen. Sie verbessert die Verdauung, die Beweglichkeit der Gelenke sowie die Funktion von Milz und Magen.

SET 2 | Der Tiger

Hauptbestandteil dieser Übung ist das Nachahmen einer Tigerpranke mit Hilfe der Hände. Ziehen Sie Ihre Hände nach unten und zum Körper hin, und dehnen Sie dabei die so genannte Tigermaul-Region.

1 Lassen Sie Ihre Arme locker nach unten hängen. Hals und Kopf bilden eine Linie. Schauen Sie mit entspanntem Gesichtsausdruck nach vorne. Der Mund ist geschlossen, die Zunge berührt ganz leicht den Gaumen (sodass der Dumai (Lenker-Gefäß) mit dem Renmai (Leiter-Gefäß) verbunden ist und das Qi durch den Körper fließen kann). Neigen Sie den Oberkörper nicht, und beugen Sie sich nicht nach vorne. Die Fersen bilden ungefähr einen 90-Grad-Winkel. Sie stehen ganz gerade, bleiben dabei aber entspannt. Verharren Sie einen Moment in dieser Haltung.

2 Gehen Sie ganz leicht in die Hocke. Verlagern Sie das Gewicht auf das rechte Bein, heben Sie die linke Ferse leicht an, und drehen Sie sich zum rechten Innenknöchel. Ballen Sie gleichzeitig die Hände zur Faust, und heben Sie sie bis an den Beckenkamm an. Die Finger zeigen nach oben, der Blick nach links.

WICHTIGE PUNKTE

- Der Kampfgeist des Tigers, seine Geschwindigkeit und Anmut sind Ihr Vorbild.
- Seien Sie entspannt und doch wild zugleich.

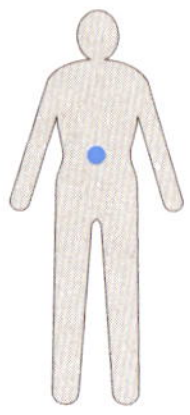

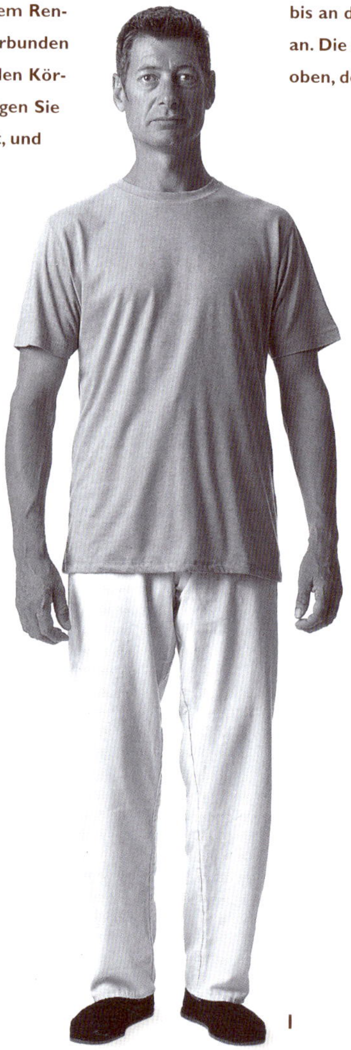

1

2

3

3 Machen Sie einen Schritt nach links vorne. Der rechte Fuß bleibt einen halben Schritt zurück. Ihre Fersen sind ca. 30 cm voneinander entfernt. Sie belasten den rechten Fuß. Heben Sie die Fäuste auf Brusthöhe. Die Finger zeigen dabei zum Körper. Haben die Fäuste die Höhe des Mundes erreicht, öffnen Sie sie und stoßen die Handflächen auf Brusthöhe nach vorne. Halten Sie die beiden Tigermäuler (der Zwischenraum zwischen Daumen und Zeigefinger) parallel zueinander, und spreizen Sie sie weit. Damit soll der Hegu-Punkt (Akupunkturpunkt Di 4) aktiviert werden. Schauen Sie mit beiden Augen auf die Spitze Ihres linken Zeigefingers.

WIEDERHOLEN DER ÜBUNG

4 Wiederholen Sie die Übung nach rechts. Stehen Sie ganz gerade, gehen Sie ganz leicht in die Hocke, belasten Sie den linken Fuß, heben Sie die rechte Ferse, und drehen Sie sie zum linken Knöchel. Fahren Sie mit Schritt 2 und 3 fort, die Bewegung erfolgt jetzt nach rechts. Sie können die Übung beliebig oft wiederholen.

4a

4b

SET 3 | Der Affe

Am meisten profitieren Sie von dieser Übung, wenn Sie die Bewegungen von Ellbogen, Knie, Hand und Fuß synchronisieren und den Körper als Einheit bewegen. Stehen Sie wie bei der Tigerübung einige Minuten ganz gerade und entspannt (siehe Seiten 28–29, Schritt 1).

1 Gehen Sie ganz leicht in die Knie. Machen Sie mit dem linken Fuß einen eleganten Schritt nach vorne. Führen Sie gleichzeitig Ihre linke Hand auf Brusthöhe. Sobald sie auf Mundhöhe ist, ballen Sie sie zu einer Klaue und werfen sie nach vorne, so als ob Sie nach etwas fassen wollten.

2 Setzen Sie dann den rechten Fuß nach vorne. Heben Sie die linke Ferse leicht an. Führen Sie gleichzeitig die rechte Hand auf Brusthöhe. Sobald sie sich auf der Höhe des Mundes befindet, ballen Sie sie zu einer Klaue und werfen sie mit angewinkeltem Handgelenk nach vorne. Führen Sie die linke Hand mit gebeugtem Ellbogen in die seitliche Position zurück.

3 Setzen Sie den linken Fuß fest nach hinten auf. Winkeln Sie das linke Knie ab, und verlagern Sie Ihr Gewicht darauf. Setzen Sie jetzt auch den rechten Fuß ein wenig nach hinten, heben Sie die Ferse an, lassen Sie dabei die Zehen auf dem Boden. Heben Sie gleichzeitig Ihre linke Hand. Sobald sie sich auf Mundhöhe befindet, werfen Sie sie zu einer Klaue geformt nach vorne und bringen die rechte Hand seitlich zum Körper.

WICHTIGE PUNKTE

- Die Bewegung der Hände und Füsse sollte aufeinander abgestimmt und fließend sein.
- Wird der linke Fuß belastet, sollte die linke Hand vorne sein, und umgekehrt.
- Bewegen Sie sich elegant und flink.

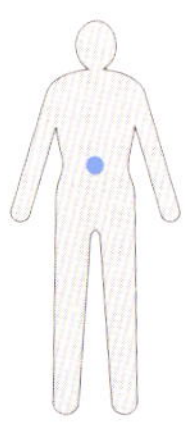

DIE RECHTE HAND BEFINDET SICH AUF MUNDHÖHE UND FORMT EINE KLAUE

4 **Setzen Sie den rechten Fuß elegant nach vorne, während Sie die rechte Hand vor die Brust bringen. Sobald die Hand die Höhe des Mundes erreicht, machen Sie eine Klaue und greifen nach etwas.**

5 **Setzen Sie zuerst den linken und dann den rechten Fuß nach vorne. Heben Sie die rechte Ferse, und lassen Sie dabei die Zehen am Boden. Führen Sie gleichzeitig die linke Hand auf Brusthöhe. Sobald sich die Hand auf Mundhöhe befindet, werfen Sie sie zur Klaue geformt nach vorne. Bringen Sie die rechte Hand mit abgewinkeltem Ellbogen zurück in die seitliche Position.**

6 **Setzen Sie Ihren rechten Fuß fest nach hinten. Winkeln Sie das rechte Knie ab, und verlagern Sie das Gewicht darauf. Setzen Sie jetzt auch den linken Fuß ein wenig nach hinten, heben Sie die Ferse an, und lassen Sie dabei die Zehen auf dem Boden. Heben Sie gleichzeitig Ihre rechte Hand auf Brusthöhe. Sobald sie sich auf Mundhöhe befindet, werfen Sie sie zu einer Klaue geformt nach vorne und bringen die linke Hand mit abgewinkeltem Ellbogen in die seitliche Position, um die Übung abzuschließen.**

4

5

6

SET 4 | Der Hirsch

Der Hirsch beeindruckt durch seine eleganten Sprünge. Möglich werden sie durch seine bewegliche und kräftige Hüfte. Die Hirschübung stärkt den Bereich des Steißbeins und macht Ihren Gang schwungvoller.

WICHTIGE PUNKTE

- Ein Hirsch wedelt oft mit dem Schwanz. Wenn Sie mit den Armen (dem Hals des Hirschen) einen größeren Kreis beschreiben, muss Ihr Steißbein (es entspricht seinem Schwanz) einen kleineren Kreis beschreiben.
- Bewegen Sie sich aus der Hüfte, nicht aus der Schulter.

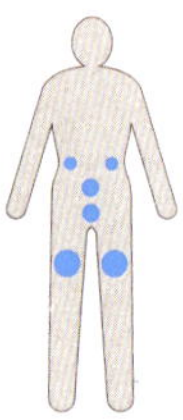

Mit dieser Übung soll die Beweglichkeit von Hüfte und Steißbein verbessert werden. Dadurch werden diese Bereiche und die Nieren gestärkt sowie die Durchblutung des Beckens und die Beinmuskulatur verbessert.

1 Biegen Sie das rechte Knie, und nehmen Sie den Oberkörper ein wenig zurück. Bringen Sie das linke Bein nach vorne, und beugen Sie es ein wenig, wobei das Gewicht auf dem rechten Bein bleibt.

1

2 Führen Sie Ihre linke Hand nach vorne. Die geöffnete Handfläche zeigt nach rechts, der Ellbogen bleibt leicht abgewinkelt. Bringen Sie dann Ihre geöffnete, mit der Handfläche nach innen zeigende rechte Hand nach vorne, bis sie auf Höhe Ihres linken Ellbogens ist.

2

3 Führen Sie mit den Armen vor dem Körper kreisförmige Bewegungen gegen den Uhrzeigersinn aus. Die Bewegung muss aus der Hüfte und dem Steißbein und nicht den Schultern kommen. Die linke Hand macht eine größere Kreisbewegung als die rechte. Wiederholen Sie die Schritte 1 bis 3.

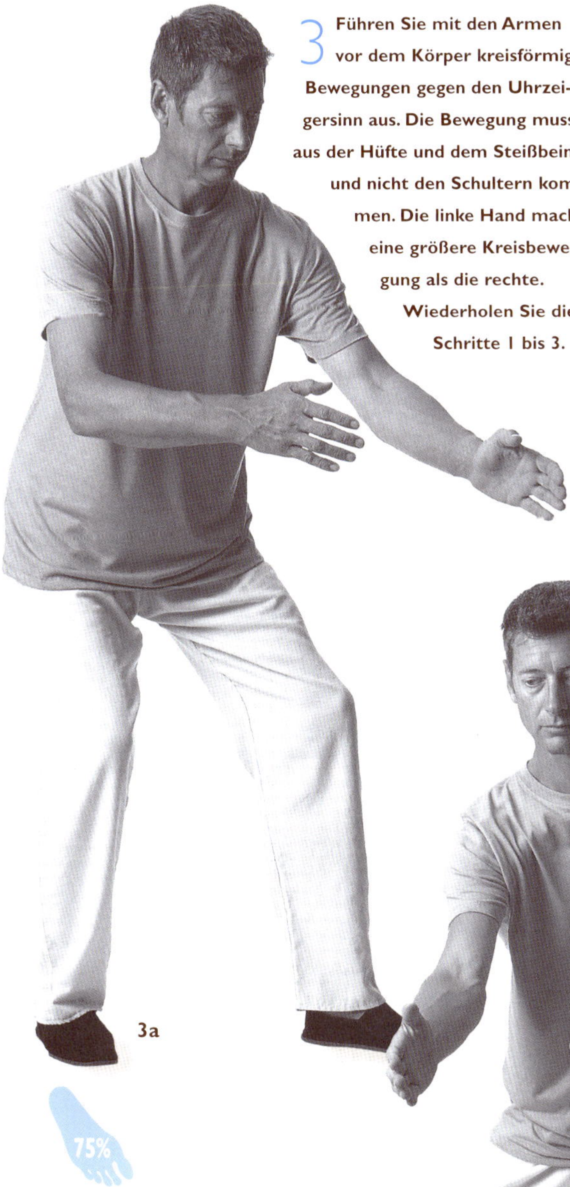

3a

3b

WIEDERHOLEN DER ÜBUNG

4 Machen Sie die Übung auf der anderen Seite. Bringen Sie jetzt den rechten Fuß nach vorne, und belasten Sie den linken Fuß. Bringen Sie die geöffnete rechte Hand mit leicht angewinkeltem Ellbogen nach vorne. Führen Sie dann die geöffnete linke Hand nach vorne, bis sie parallel zum rechten Ellbogen ist. Beschreiben Sie mit den Armen Kreisbewegungen gegen den Uhrzeigersinn. Wiederholen Sie die Übung in die andere Richtung.

4a

4b

SET 5 | Der Kranich

Diese Übung ist nur scheinbar für Arme und Beine gedacht. In Wirklichkeit werden durch das Zusammenpressen und Dehnen des Körpers Herz, Lunge und Nieren massiert und deren Funktion gestärkt.

1 Lassen Sie die Arme nach unten hängen, und schauen Sie geradeaus. Entspannen Sie ein wenig in dieser Stellung.

2 Machen Sie mit dem linken Fuß einen Schritt nach vorne, und setzen Sie dann den rechten Fuß einen halben Schritt vor. Die Zehen des rechten Fußes berühren dabei sanft den Boden. Atmen Sie bei diesen Schritten tief ein, und heben Sie die Arme nach oben, sodass sie ein grosses V bilden.

3 Stellen Sie den rechten Fuß jetzt genau neben den linken. Kauern Sie sich dann nieder, umfassen Sie dabei mit den Armen Ihre Knie, und atmen Sie tief aus.

WICHTIGE PUNKTE

- Bewegen Sie sich weich und fließend.
- Atmen Sie ein, wenn Sie die Arme ausbreiten.
- Atmen Sie aus, wenn Sie Ihre Knie umfassen.

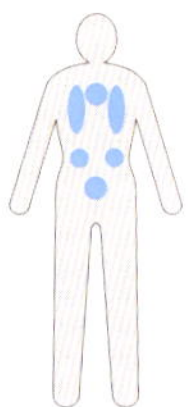

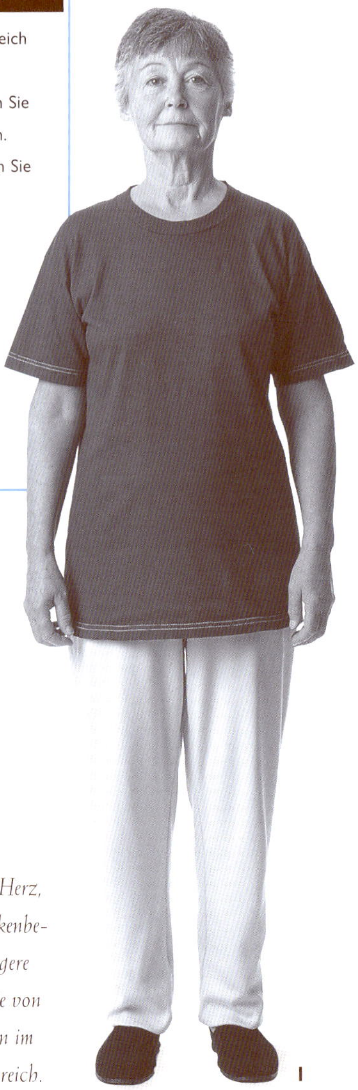

1

2

3

Diese Übung kann Herz, Lunge, Nieren und Beckenbereich stärken. Über längere Zeit ausgeübt, befreit sie von hartnäckigen Schmerzen im unteren Wirbelsäulenbereich.

4 Machen Sie beim Aufstehen mit dem rechten Fuß einen Schritt nach vorne, und ziehen Sie den linken Fuß einen halben Schritt nach. Heben Sie dabei beide Arme, bilden Sie ein V, und atmen Sie tief ein.

4

WIEDERHOLEN DER ÜBUNG

5 Wiederholen Sie die Schritte 3 und 4 mit dem gegenüberliegenden Fuß. Wiederholen Sie dann die gesamte Abfolge so oft, bis Sie sich angenehm erschöpft fühlen.

5a

5b

2

YIJINJING

Kräftiger werden mit Yijinjing

Yijinjing war schon im alten China zur Körperertüchtigung sehr beliebt und hat auch nach Jahrhunderten nichts von seiner Popularität eingebüßt. Viele Menschen haben Yijinjing in ihr Übungsprogramm aufgenommen. Auch viele chinesische Ärzte, deren Behandlungsmethoden auf Haltungskorrektur und Massage aufbauen, empfehlen diese Behandlungsmethode und nutzen sie auch für sich selbst.

Yijinjing fördert nicht nur die Gesundheit und körperliche Fitness. Auch Menschen mit Knochenkrankheiten können sehr davon profitieren. Im Rahmen eines Wiederaufbauprogramms kann es wesentlich zur Muskelbildung beitragen. Man nimmt an, dass Yijinjing ursprünglich zum Aufbau der Muskeln und des sie umgebenden und verbindenden Gewebes entwickelt wurde. Wörtlich übersetzt bedeutet das Wort Yi »Wandlung«, Jin bedeutet »Muskeln und Sehnen« und Jing bedeutet »Methode«. Yijinjing ist also eine Methode zum Stärken von Muskeln und Sehnen. Die Bewegungen ähneln denen von Baduanjin (siehe Seite 48–55), Yijinjing ist aber mit mehr Kraftaufwand verbunden.

Unbedingte Voraussetzungen sind innere Ruhe und Ausgeglichenheit sowie gleichmäßige Atmung. Darüber hinaus müssen Sie versuchen, Bewegung mit geistiger Gelassenheit und äußere Kraft mit innerer Kraft, d.h. dem Bewusstsein, oder Yi, zu vereinen.

Eine Yijinjing-Übungsfolge besteht aus zwölf Sets, die Sie in diesem Kapitel kennen lernen. Die Bewegungen der Sets 1 bis 3 bauen aufeinander auf und sollten nacheinander ausgeführt werden. Jedes Set wird nur einmal ausgeführt.

Morgendliche Übungen auf dem berühmten »Bund« in Shanghai.

1. WICHTIGE PUNKTE

- Stellen Sie sich beim Bewegen der Arme auf die Zehenspitzen.
- Konzentrieren Sie sich auf Handflächen und Zehen.
- Atmen Sie ganz locker.

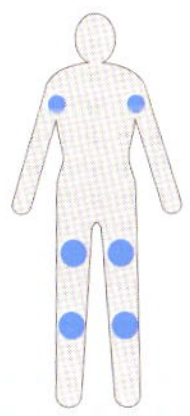

SET 1 | Die Hände vor der Brust falten

Die Füße stehen schulterbreit, die Arme hängen locker nach unten. Der Rücken ist gerade. Schauen Sie auf einen Gegenstand in der Ferne, und konzentrieren Sie sich ganz darauf. Dies ist die Anfangsstellung für alle nachfolgenden Positionen.

1

1 Heben Sie die vor sich gestreckten Arme auf Schulterhöhe. Die Handrücken zeigen dabei nach oben.

2. WICHTIGE PUNKTE

- Achten Sie auf eine unverkrampfte Haltung.
- Konzentrieren Sie sich ganz auf die Übung.
- Atmen Sie ganz normal.

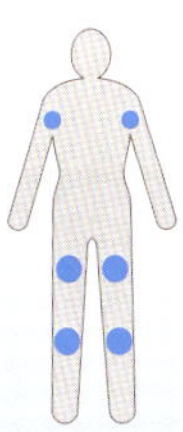

2

2 Drehen Sie die Hände, sodass die Handflächen zum Körper zeigen. Die Fingerspitzen berühren sich fast. Ziehen Sie die Hände langsam zum Körper, bis sie ungefähr eine Faustbreit vom Brustkorb entfernt sind.

SET 2 | Mit den Armen einen Tragebalken formen

Stehen Sie aufrecht, die Füße stehen schulterbreit (Anfangsstellung).

1 Fassen Sie den Boden mit den Zehen. Ihre Handflächen zeigen nach oben.

1

2

2 Strecken Sie die Arme auf Schulterhöhe seitlich vom Körper weg, während Sie sich auf die Zehenspitzen stellen. Ihre Handflächen zeigen nach oben. Stehen Sie wieder normal, nehmen Sie die Arme wieder nach unten, und entspannen Sie sich.

SET 3 | Den Himmel mit den Händen stützen

Stehen Sie ganz aufrecht, die Füße sind schulterbreit (Anfangsstellung).

1 Heben Sie beide Arme langsam seitlich auf Schulterhöhe, und richten Sie dabei die Handflächen nach oben. Strecken Sie sie über dem Kopf, und drehen Sie die Hände nach innen, sodass die Fingerspitzen sich berühren, als ob Sie den Himmel abstützen würden. Heben Sie gleichzeitig Ihre Fersen leicht an, beißen Sie die Zähne zusammen, berühren Sie mit der Zunge den Gaumen, und atmen Sie tief. Konzentrieren Sie sich ganz auf Ihre Hände.

2 Ballen Sie die Hände zur Faust, und bringen Sie die Arme wieder auf Schulterhöhe. Senken Sie die Fersen zurück auf den Boden. Führen Sie die Bewegungen langsam aus, sodass die Armmuskulatur angespannt bleibt.

WICHTIGE PUNKTE

- Atmen Sie tief.
- Konzentrieren Sie sich auf Ihre Hände, ohne jedoch auf sie zu schauen.
- Spannen Sie die Armmuskulatur an.

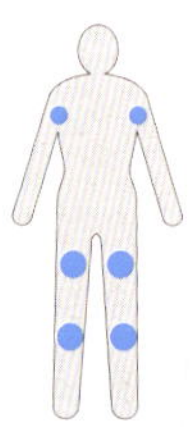

1

2

SET 4 | Die Sterne austauschen

Diese Übung baut auf der vorherigen auf. Die Beine sind schulterbreit, die Arme werden seitlich der Schultern ausgestreckt.

1 Heben Sie die rechte Hand langsam über den Kopf, und drehen Sie die Handfläche nach unten. Die Finger liegen ganz nah nebeneinander, die Fingerspitzen zeigen nach unten. Heben Sie den Kopf, und schauen Sie auf die rechte Handfläche, während Sie die linke Hand hinter die Hüfte führen. Die linke Handfläche zeigt nach außen. Bleiben Sie drei bis fünf Atemzüge lang in dieser Stellung.

2 Bringen Sie die linke Hand in dieselbe Stellung, wie zuvor die rechte. Führen Sie nun die rechte Hand hinter die Hüfte. Bleiben Sie drei bis fünf Atemzüge lang in dieser Haltung. Achten Sie auf eine gleichmäßige und ruhige Atmung.

1

2

WICHTIGE PUNKTE

- Schauen Sie auf die erhobene Hand, konzentrieren Sie sich jedoch auf die anderen Hand hinter der Hüfte.
- Atmen Sie durch die Nase ein und aus – oder durch die Nase ein und durch den Mund aus.
- Drücken Sie beim Einatmen mit dem Handrücken sanft Ihre Hüfte, lösen Sie die Hand beim Ausatmen.

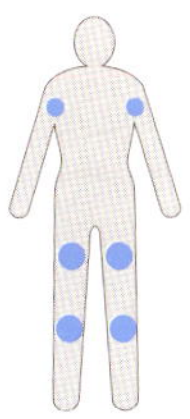

Wiederholen Sie diese Übung 3- bis 5-mal.

SET 5 | Den Schwanz der Kuh nach hinten ziehen

Fahren Sie mit der Schluss-Stellung des vorherigen Sets fort.

1 Bringen Sie Ihre rechte Hand wieder nach vorne, strecken Sie sie aus, und drehen Sie dabei die Handfläche nach unten. Sobald die Hand auf Schulterhöhe kommt, winkeln Sie den Ellbogen leicht ab, und formen Sie mit Ihren Fingern einen Haken bei gebeugtem Handgelenk. Setzen Sie nun den rechten Fuß weit nach vorne. Biegen Sie das rechte Knie (das linke Bein bleibt durchgestreckt), sodass ein Bogen entsteht. Ballen Sie gleichzeitig Ihre linke Hand zu einer lockeren Faust, und führen Sie sie hinter die Hüfte. Konzentrieren Sie sich beim Einatmen auf die rechte Hand, stellen Sie sich vor, Sie würden mit ihr den Schwanz einer Kuh nach hinten ziehen. Konzentrieren Sie sich beim Ausatmen auf die linke Hand, und stellen Sie sich vor, Sie würden mit ihr eine Kuh nach vorne schieben. Atmen Sie in dieser Stellung ein und aus. Achten Sie auf die Spannung, die sich in Beinen, Rumpf, Schultern und Ellbogen aufbaut.

2 Vertauschen Sie die Stellung Ihrer Beine: Jetzt steht Ihr linker Fuß vorne, das Knie ist gebeugt, und die linke Hand bildet vor dem Körper einen Haken. Führen Sie die rechte Hand hinter die rechte Hüfte, und ballen Sie sie zu einer lockeren Faust. Atmen Sie jetzt ein und aus, und ziehen Sie dabei im Geiste am Schwanz der Kuh, und schieben Sie sie nach vorne.

WICHTIGE PUNKTE

- Konzentrieren Sie sich ganz auf die jeweilige Hand, schauen Sie aber geradeaus.
- Entspannen Sie beim Atmen den Unterleib.
- Der ganze Körper sollte leicht gebogen sein.

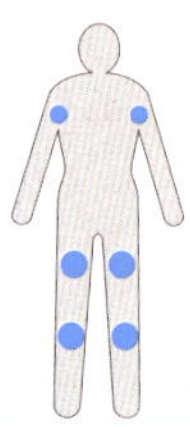

1

2

• *Wiederholen Sie die Übung 3- bis 5-mal.*

SET 6 | Die Handfläche nach vorne schieben, um die Arme zu strecken

Beginnen Sie so, wie Sie vorher aufgehört haben. Stellen Sie den rechten Fuß neben den linken. Stehen Sie gerade. Strecken Sie die Arme vor der Brust aus, die Handflächen sind nach vorne geöffnet, die Fingerspitzen weisen nach oben.

1 Halten Sie die Handflächen angewickelt nach vorne, als ob sie einen Berg wegschieben wollten. Drücken Sie die Arme beim Ausatmen vom Körper weg, bis sie ganz durchgestreckt sind. Steigern Sie die aufgewendete Kraft langsam. Achten Sie auf eine gerade Haltung, halten Sie die Augen weit geöffnet, und blicken Sie auf einen Gegenstand in der Ferne.

2 Nehmen Sie die Hände wieder vor die Brust zurück, und atmen Sie dabei ein.

WICHTIGE PUNKTE

- Steigern Sie den Kraftaufwand langsam.
- Wenn die Arme ganz durchgestreckt sind, reicht die Kraft fast aus, um einen imaginären Berg wegzuschieben.
- Die Atmung ist gleichmäßig: Atmen Sie ein, wenn Sie die Arme nach vorne drücken, und wieder aus, wenn Sie sie zurücknehmen.

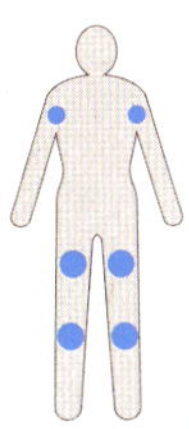

1

2

● *Wiederholen Sie die Übung 3- bis 5-mal.*

SET 7 | Ein Schwert ziehen

Leiten Sie zu dieser Übung aus der vorhergehenden über, wobei Sie wieder die Position »Berg wegschieben« einnehmen.

1 Umfassen Sie Ihren Hinterkopf mit der rechten Hand. Ziehen Sie ganz leicht am linken Ohr, der Ellbogen muss dabei hinten bleiben. Drehen Sie Ihren Kopf nach links, und schieben Sie Ihre linke Hand mit der Handfläche nach außen so hoch wie möglich zwischen die Schulterblätter. Drücken Sie beim Einatmen das linke Ohr mit der rechten Hand, behalten Sie dabei den Ellbogen hinten und den Hals gerade. Konzentrieren Sie sich auf den rechten Ellbogen. Atmen Sie aus, und lockern Sie den Griff auf das Ohr. Verharren Sie drei bis fünf Atemzüge lang in dieser Stellung.

2 Schieben Sie die rechte Hand mit der Handfläche nach außen zwischen die Schulterblätter. Legen Sie gleichzeitig die Handfläche Ihrer linken Hand auf den Hinterkopf. Ziehen Sie mit den Fingern ganz leicht am rechten Ohr. Halten Sie den Ellbogen hinten, und drehen Sie den Kopf nach rechts. Atmen Sie ein, und drücken und ziehen Sie dabei am rechten Ohr. Behalten Sie den linken Ellbogen hinten, und konzentrieren Sie sich darauf. Entspannen Sie sich, und atmen Sie aus. Drücken und ziehen Sie das Ohr 3- bis 5-mal, atmen Sie dabei ein und aus.

1

2

WICHTIGE PUNKTE

- Stehen Sie ganz gerade, drehen Sie den Rücken nicht.
- Atmen Sie die ganze Übung über ganz ruhig.

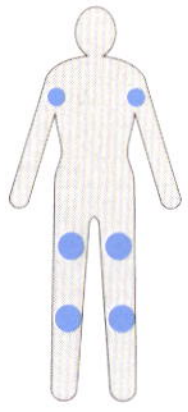

Wiederholen Sie die Übung auf beiden Seiten 3- bis 5-mal.

SET 8 | Mit den Füßen fest auf dem Boden stehen

Stehen Sie ganz gerade, aber entspannt. Machen Sie einen großen Schritt nach links, sodass Ihre Beine weiter als Ihre Schultern auseinander stehen. Heben Sie die Arme seitlich auf Schulterhöhe, die Handflächen zeigen dabei nach unten.

WICHTIGE PUNKTE

- Ihre Bewegungen sind langsam, aber kräftig.
- Berühren Sie mit der Zunge den Gaumen. Der Mund ist fast geschlossen, aber Ihre Augen weit geöffnet.
- Atmen Sie (durch den Mund) ein beim Hinuntergehen und aus beim Hochheben.

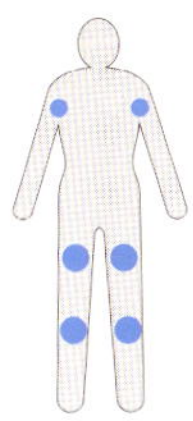

1a

1b

1 Gehen Sie in den Reitersitz, d.h. in eine leichte Hocke. Rücken und Kopf bilden eine gerade Linie. Drücken Sie in dieser Stellung die Hände nach unten, sodass sie ca. 15 cm über Ihren Oberschenkel verbleiben. Die Handflächen sind leicht gewölbt und zeigen nach unten. Die Fingerspitzen zeigen nach innen, die Finger selbst, einschließlich der Tigermaul-Region, sind gespreizt.

2a

2b

2 Drehen Sie die Handflächen nach oben, und heben Sie sie langsam ein imaginäres, schweres Gewicht hoch. Gehen Sie genauso langsam aus der Hocke hoch, und drehen Sie die Fingerspitzen nach vorne vom Körper weg.

- *Wiederholen Sie die gesamte Übung 3- bis 5-mal.*

SET 9 | Die Fäuste von links und rechts werfen

Die Beine stehen schulterbreit, die Arme hängen locker neben dem Körper. Nehmen Sie die Ellbogen ein wenig zurück, und öffnen Sie die Hände, die Handflächen zeigen dabei nach oben.

1 Drehen Sie die Hände um, und ballen Sie sie locker zur Faust. Winkeln Sie die Ellbogen leicht ab, und heben Sie die Fäuste auf Hüfthöhe. Schwingen Sie die rechte Faust nach links, und folgen Sie der Bewegung mit dem Oberkörper. Ziehen Sie gleichzeitig den linken Ellbogen zurück, und drehen Sie die Faust nach oben.

2 Schwingen Sie den rechten Arm ganz durch. Jetzt kehrt sich der Bewegungsablauf um. Ziehen Sie den rechten Arm zurück an die Seite, die Faust zeigt dann nach oben. Schwingen Sie gleichzeitig die linke Faust nach rechts. Die Faust zeigt am Schluss nach unten, wie in Schritt 1 beschrieben.

WICHTIGE PUNKTE

- Bewegen Sie die Fäuste in einer fließenden Bewegung. Das Ausschwingen und Zurückholen erfolgt als Wellenbewegung.
- Atmen Sie durch die Nase ein, wenn Sie »einen Schlag austeilen«, und atmen Sie aus, wenn der Schlag den Endpunkt erreicht hat.

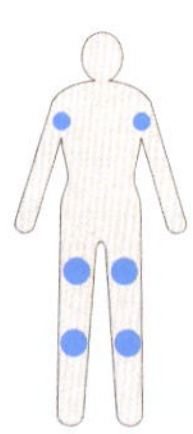

1

2

● *Wiederholen Sie die Übung 3- bis 5-mal.*

WICHTIGE PUNKTE

- Halten Sie den Hüftbereich locker und den Rücken gerade.
- Stützen Sie sich ggf. mit den Handflächen ab.
- Atmen Sie aus, wenn Sie sich nach unten oder vorne bewegen. Atmen Sie ein, wenn Sie sich nach hinten bewegen bzw. die Ellbogen durchstrecken.

SET 10 | Beute fangen wie ein Tiger

Stehen Sie entspannt und aufrecht, und lassen Sie die Arme nach unten hängen.

1 **Machen Sie mit dem rechten Fuß einen großen Schritt nach vorne, biegen Sie das rechte Knie ab, und setzen Sie den linken Fuß weit nach hinten. Lehnen Sie sich nach vorne auf die Fingerspitzen. Ihre Stellung ist ähnlich der eines Sprinters kurz vor dem Start. Halten Sie den Kopf gerade, und blicken Sie nach vorne.**

2 **Winkeln Sie Ihre Ellbogen ab, und bewegen Sie Ihren Körper leicht nach vorne. Bewegen Sie sich langsam, wie ein Tiger, der seine Beute umkreist. Gehen Sie dann mit dem Oberkörper nach oben, strecken Sie die Arme durch, und bewegen Sie sich ein wenig nach hinten. Wiederholen Sie die ganze Bewegungsfolge 3- bis 5-mal. Stehen Sie auf, und setzen Sie den rechten Fuß in die ursprüngliche Stellung.**

3 **Machen Sie mit dem linken Fuß einen großen Schritt, und wiederholen Sie die Schritte 1 und 2.**

4 **Nehmen Sie die Anfangsstellung ein. Machen Sie die Übung nur einmal für jedes Bein.**

SET 11 | Den Körper beugen

Stehen Sie entspannt und aufrecht, und lassen Sie die Arme nach unten hängen.

1 Umfassen Sie mit verschränkten Fingern Ihren Hinterkopf. Die Ellbogen sind nach hinten durchgestreckt.

2 Beugen Sie sich ab der Hüfte nach vorne, lassen Sie die Knie dabei durchgestreckt. Ihr Kopf ist wie bei einer Verbeugung gesenkt. Lassen Sie die Knie durchgestreckt.

3 Führen Sie nun die Übung Die Himmelstrommel schlagen aus. Lösen Sie die Finger voneinander, und legen Sie die Hände über die Ohren. Legen Sie die Zeigefinger auf die Mittelfinger derselben Hand, und lassen Sie die Zeigefinger dann auf den Kopf abrutschen. Klopfen Sie 10- bis 20-mal auf Ihren Kopf. Ihre Finger treffen dabei auf eine Einbuchtung unterhalb des Hinterkopfes, jeweils neben der Wirbelsäule gelegen, den Fengchi-Akupunkturpunkt. Dieser liegt als Gb20-Punkt auf der Gallenblasenleitbahn und eignet sich für die Akupunkturbehandlung von Kopfschmerzen und Schwindelgefühlen sowie Verspannungen im Nacken und Schlüsselbeinbereich. Durch Klopfen auf den Fengchi-Punkt massieren Sie genau diesen Punkt.

VORSICHT

Diese Übung ist nicht für Menschen mit hohem Blutdruck oder Arteriosklerose geeignet.

WICHTIGE PUNKTE

- Beugen Sie sich nur so weit, wie es bequem ist.
- Lassen Sie die Zähne aufeinander, die Zunge berührt den Gaumen.
- Atmen Sie leicht, oder halten Sie die Luft an, bis Sie sich wieder aufrichten.

- *Wiederholen Sie am Anfang die Übung nur 1- oder 2-mal, und steigern Sie dies auf 3- bis 5-mal.*

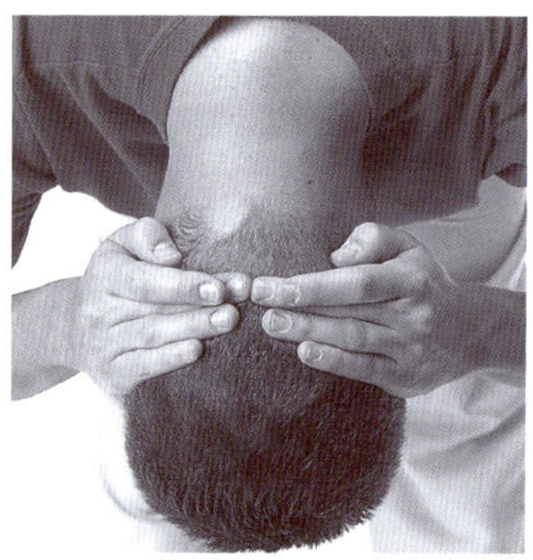

3

1

2

VORSICHT

Menschen mit hohem Blutdruck oder verhärteten Arterien im Gehirn sollten diese Übung nicht ausführen.

SET 12 | Mit dem Schwanz wedeln

Stehen Sie entspannt und aufrecht, und lassen Sie die Arme seitlich hängen.

1 **Heben Sie die Hände vor die Brust, und drücken sie mit leicht gewölbten Handflächen nach vorne, bis die Arme gestreckt sind.**

2 **Nehmen Sie die Hände zurück zur Brust, und verschränken Sie die Finger. Die Handflächen zeigen dabei nach unten.**

3 **Lehnen Sie sich nach vorne, und versuchen Sie, mit den Handflächen den Boden zu berühren. Heben Sie den Kopf ein wenig. Halten Sie die Augen weit geöffnet, und blicken Sie nach vorne.**

4 **Richten Sie sich wieder auf, lösen Sie die Finger voneinander, und strecken Sie sich auf den Zehenspitzen nach dem Himmel. Stellen Sie sich dann wieder normal hin und nehmen Sie dabei die Arme an die Seiten.**

WICHTIGE PUNKTE

- Atmen Sie aus, wenn Sie sich nach vorne beugen. Atmen Sie ein, wenn Sie sich wieder aufrichten.
- Erwarten Sie am Anfang nicht zu viel. Je mehr Sie üben, desto leichter wird es, mit den Händen den Boden zu erreichen.

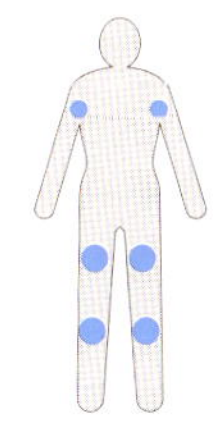

1 2 3 4

3

BADUANJIN

Acht-Brokat-Übungen

Bei Jin handelt es sich um bestickte Seidenstoffe in verschiedenen Farben. Die alten Chinesen erweiterten die Bedeutung dieses Worts vor mehr als 800 Jahren auf sorgfältig ausgewählte und zusammengestellte Körperübungen. Baduanjin besteht aus acht Sets.

Baduanjin kann stehend oder im Reitersitz, d.h. mit gespreizten Beinen in Kniebeuge ausgeführt werden. Obwohl dabei Rumpf, Kopf und Hals bewegt werden, liegt die Betonung auf den Armen. Die Übungen stärken Arme und Beine, entwickeln die Brustmuskulatur und beugen bei Menschen aller Altersstufen Haltungsschäden wie Hohlkreuz und Rundrücken vor. Es gibt zwei Arten der Ausführung – sanft und kraftvoll. Wird eine Übung kraftvoll ausgeführt, sollten die Bewegungen gleichmäßig und übergangslos erfolgen.

Sie können die Übungen beliebig oft wiederholen, 8- oder 16-mal, oder so oft Sie möchten. Nachdem Sie sich festgelegt haben, sollten Sie jedoch alle Sets immer gleich oft wiederholen. Gleichmäßige, sanfte Bewegungen bewirken, dass das Qi ungehindert fließen kann.

WICHTIGE PUNKTE

- Schauen Sie immer geradeaus.
- Atmen Sie gleichmäßig. Atmen Sie aus, wenn Sie die Arme nach oben bringen, und ein, wenn Sie sie nach unten nehmen.

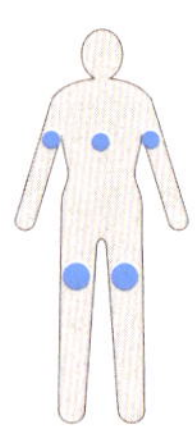

SET 1 Mit den Händen den Himmel stützen

Stehen Sie aufrecht und entspannt. Blicken Sie geradeaus.

1 Heben Sie Ihre Arme langsam seitlich über den Kopf. Verschränken Sie die Finger mit den Handflächen nach unten, und heben Sie dabei Ihre Fersen um ca. 2,5 cm an.

2 Drehen Sie die Handflächen um, die Ellbogen bleiben dabei gestreckt. Drücken Sie die Hände nach oben, und gehen Sie mit den Fersen ein wenig höher. Bleiben Sie kurz in dieser Stellung.

3 Lösen Sie die Finger voneinander, und nehmen Sie die Arme wieder nach unten. Die Fersen bleiben in der Luft.

4 Setzen Sie die Fersen vorsichtig auf den Boden, und nehmen Sie die Anfangsstellung ein.

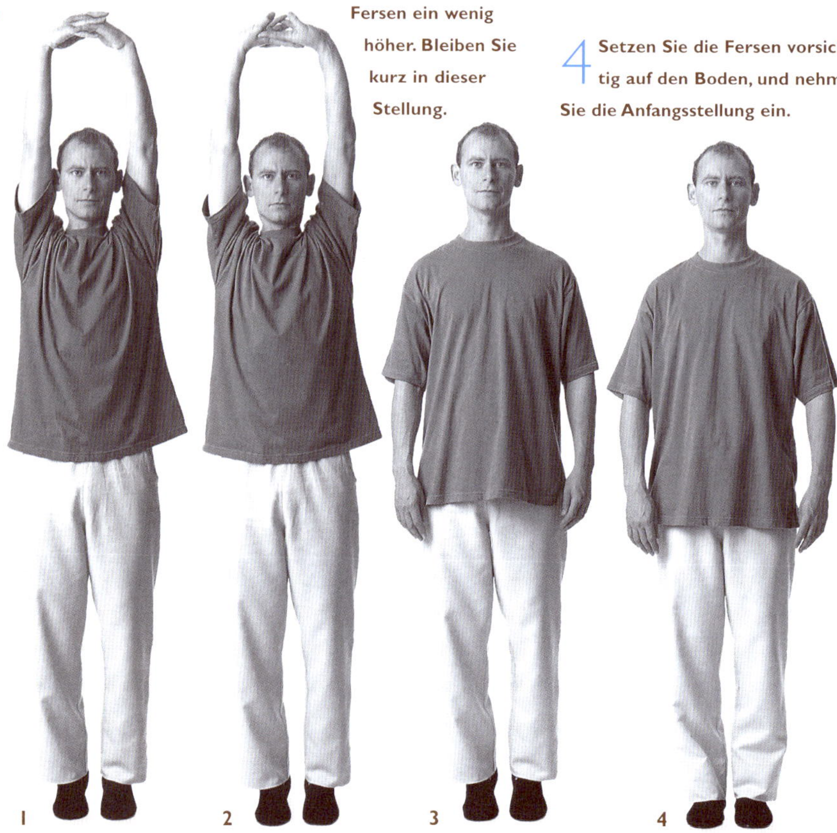

1 2 3 4

WICHTIGE PUNKTE

- Die Oberschenkel sind parallel zum Boden, die Füße sind mit der ganzen Sohle aufgesetzt.
- Konzentrieren Sie sich erst auf die geballte Faust und dann auf den gestreckten Zeigefinger der anderen Hand.

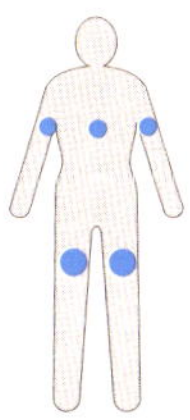

SET 2 | Einen Bogen spannen

Stehen Sie aufrecht und entspannt.

1 Machen Sie einen Schritt nach links, und gehen Sie in den Reitersitz. Die Oberschenkel sollten dabei möglichst parallel zum Boden stehen, der Rücken ist gerade. Kreuzen Sie die Arme vor der Brust. Beginnen Sie mit dem linken Arm, und legen Sie den rechten darüber. Die Finger liegen locker auseinander. Drehen Sie den Kopf nach links, und blicken Sie auf Ihre rechte Hand.

2 Ballen Sie die linke Hand zur Faust. Strecken Sie Daumen und Zeigefinger aus, die drei anderen Finger bleiben in der Faust. Strecken Sie den linken Arm langsam nach links durch. Ballen Sie gleichzeitig die rechte Hand zur Faust, und ziehen Sie sie nach rechts, so als ob Sie einen Bogen spannen würden. Der rechte Ellbogen zeigt nach rechts. Ihr Blick ist auf Ihren linken Zeigefinger gerichtet.

1 2

3 Bringen Sie die rechte und die linke Hand gleichzeitig vor die Brust zurück. Überkreuzen Sie wieder beide Arme, diesmal liegt der rechte Arm innen und der linke außen. Drehen Sie den Kopf nach rechts, und schauen Sie auf die linke Hand.

4 Ballen Sie die rechte Hand zur Faust. Strecken Sie Zeigefinger und Daumen, die anderen drei Finger bleiben eingerollt. Strecken Sie den rechten Arm langsam nach rechts durch, und ballen Sie gleichzeitig die linke Hand zur Faust. Spannen Sie erneut einen Bogen. Schauen Sie auf den rechten Zeigefinger.

3 4

SET 3 / Eine Hand heben

Stehen Sie aufrecht und entspannt, die Arme hängen locker herab. Ihre Füße stehen dicht nebeneinander flach auf dem Boden. Schauen Sie geradeaus.

1 **Überstrecken Sie das linke Handgelenk nach außen, lassen Sie dabei die Finger aneinander liegen und den Ellbogen gerade. Heben Sie den Arm nach links über den Kopf. Die Handfläche zeigt nach oben, die Finger nach rechts. Schieben Sie den rechten Arm gleichzeitig nach unten, wobei die Handfläche nach hinten zeigt.**

2 **Führen Sie die linke Hand in einem Halbkreis nach unten, sodass die Handfläche nach hinten zeigt. Überstrecken Sie gleichzeitig das linke Handgelenk, und heben Sie die Hand im Halbkreis über den Kopf. Die Handfläche zeigt nach oben, die Finger sind geschlossen und zeigen nach links. Der Arm ist ganz durchgestreckt.**

WICHTIGE PUNKTE

- Strecken Sie beide Arme ganz durch.
- Langsame Bewegung.
- Der Rumpf darf nicht gedreht werden.

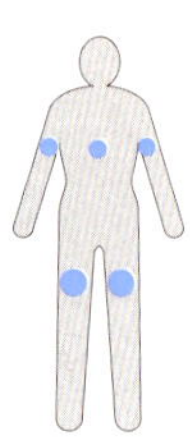

SET 4 | Nach hinten schauen

Stehen Sie aufrecht und entspannt, halten Sie den Kopf gerade. Lassen Sie die Arme nach unten hängen, die Handflächen werden an die Außenseite der Oberschenkel gedrückt.

WICHTIGE PUNKTE

- Drehen Sie den Kopf nur so weit, wie es angenehm ist. Mit der Zeit werden Sie beweglicher.
- Die Drehung erfolgt nur aus dem Nacken.
- Die Schultern bleiben gerade.

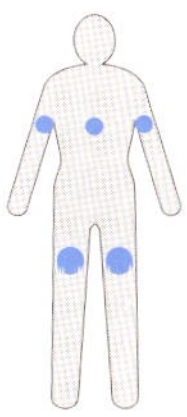

1 **Halten Sie sich aufrecht, und drücken Sie die Schultern ein wenig nach hinten. Drehen Sie gleichzeitig den Kopf leicht nach links, und blicken Sie nach hinten.**

2 **Lassen Sie Kopf und Schultern wieder locker, drehen Sie sich wieder nach vorne, und schauen Sie geradeaus.**

3 **Halten Sie sich aufrecht, und drücken Sie die Schultern ein wenig nach hinten. Drehen Sie gleichzeitig den Kopf langsam nach rechts, und blicken Sie nach hinten.**

4 **Bringen Sie Kopf und Schultern wieder in die Anfangsposition, und schauen Sie geradeaus.**

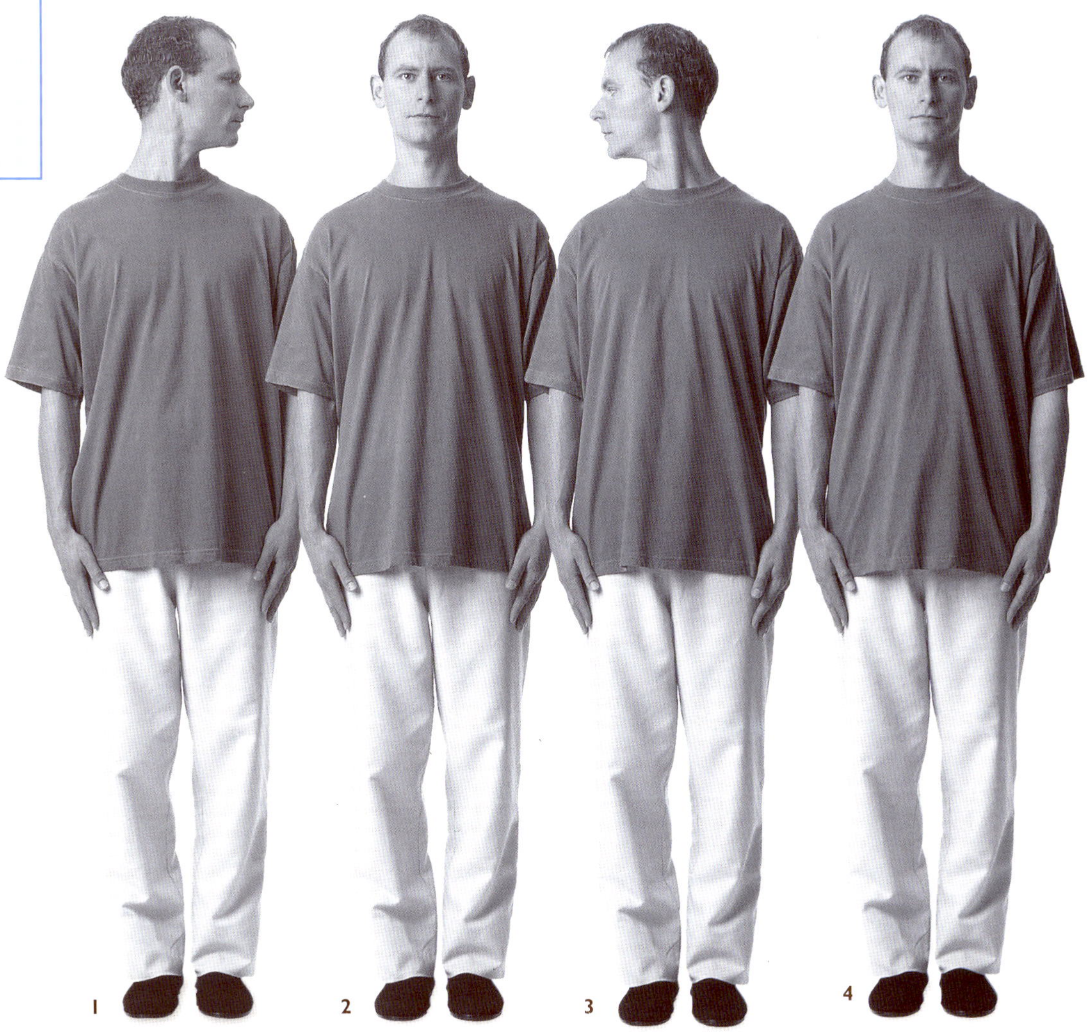

SET 5 | Mit Kopf und Schwanz wedeln

Setzen Sie Ihre Beine im Abstand von etwa drei Fußlängen auseinander. Nehmen Sie den Reitersitz ein. Stützen Sie die Hände gleich oberhalb der Knie ab, die Tigermaul-Region – der Zwischenraum zwischen Daumen und Zeigefinger – zeigt dabei zum Körper. Der Oberkörper ist gerade.

1 Neigen Sie Oberkörper und Kopf auf die linke Seite. Schwingen Sie dann in einer Halbkreisbewegung mit Kopf und Armen im Uhrzeigersinn. Dabei bewegt sich auch Ihr Gesäß, deswegen »mit Kopf und Schwanz wedeln«.

2 Führen Sie den Oberkörper nach rechts, und kehren Sie dann in die Anfangsstellung zurück: in die Hocke wie ein Reiter und mit geradem Rücken.

3 Neigen Sie den Oberkörper nach links vorne, und führen Sie einen Halbkreis gegen den Uhrzeigersinn aus. Am Ende der Kreisbewegung verharren Sie kurz im Reitersitz.

WICHTIGE PUNKTE

- Beim Drehen verlagern Sie das Gewicht von einem Bein auf das andere.

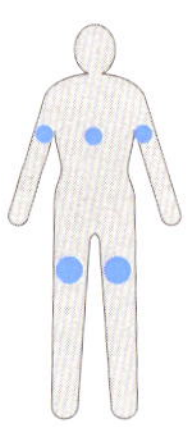

1

2a

2b

3

WICHTIGE PUNKTE

- Ihre Knie dürfen sich beim Vorbeugen nicht berühren.
- Die Beugung erfolgt in der Hüfte, nicht in der Taille.
- Mit dem Zurückbeugen stellen Sie das Gleichgewicht wieder her.

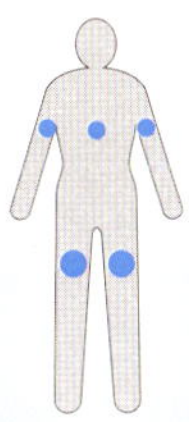

SET 6 | Die Zehen mit beiden Händen berühren

Stehen Sie aufrecht und entspannt.

1 **Neigen Sie den Oberkörper langsam mit durchgestreckten Knien nach vorne, und berühren Sie Ihre Zehen oder Knöchel. Halten Sie den Kopf leicht nach oben.**

2 **Richten Sie sich wieder auf, und kehren Sie in die Anfangsstellung zurück.**

3 **Stützen Sie die Hände auf Höhe des Kreuzbeins ein. Biegen Sie sich ganz vorsichtig nach hinten.**

4 **Richten Sie sich wieder auf, und kehren Sie in die Anfangsstellung zurück.**

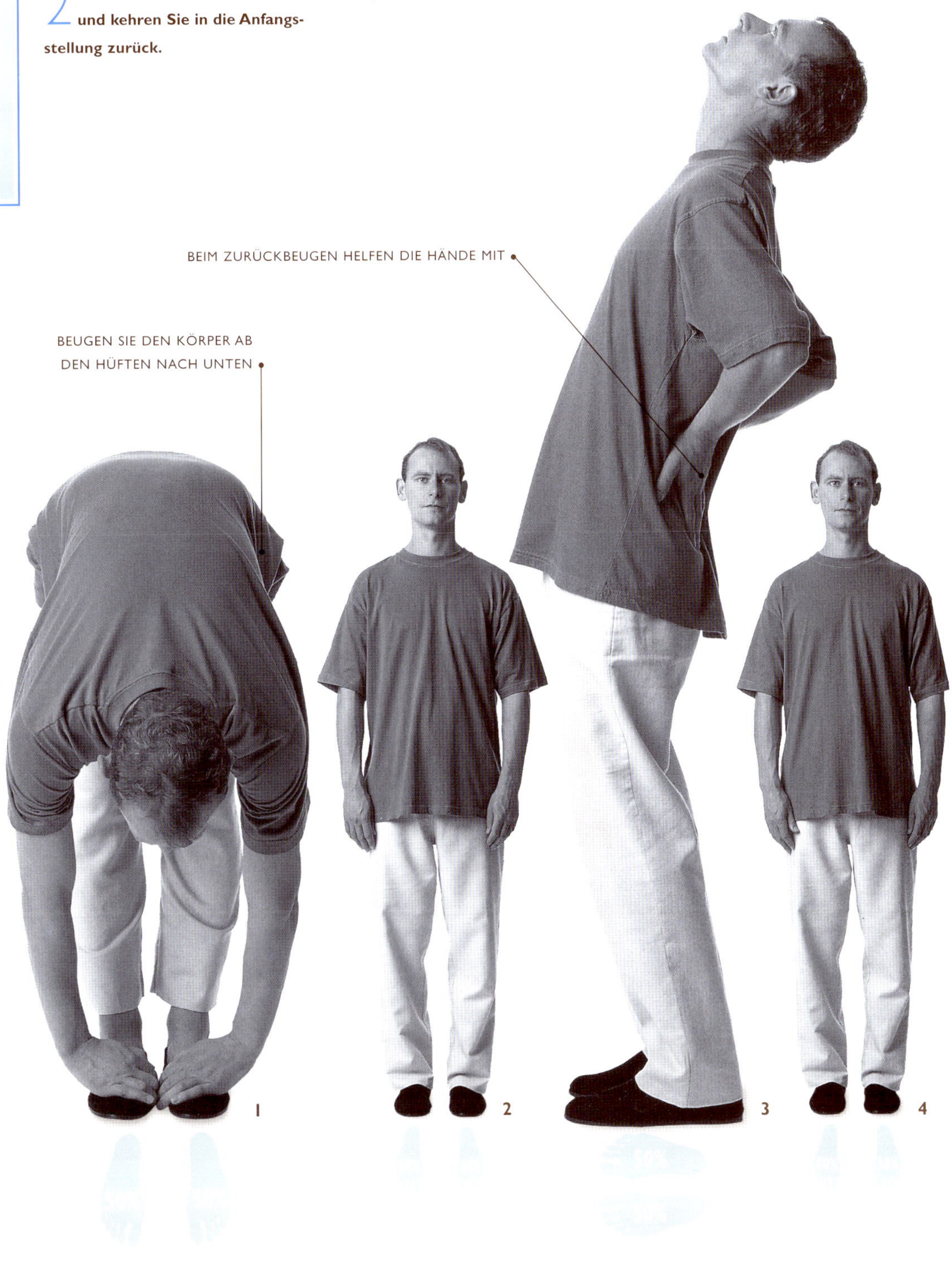

SET 7 | Die Hände zur Faust ballen und die Augen weit öffnen

Setzen Sie die Füße etwas mehr als schulterbreit auseinander. Nehmen Sie den Reitersitz ein. Die Fäuste sind seitlich an der Taille, die Finger zeigen nach oben.

1 Strecken Sie langsam den linken Arm aus, bis sich die linke Faust gerade vor dem Körper befindet. Die Finger zeigen nach unten. Ballen Sie gleichzeitig die rechte Hand zur Faust, und ziehen Sie den rechten Ellbogen nach hinten. Öffnen Sie die Augen weit, und blicken Sie für einen Moment auf Gegenstände direkt vor Ihnen.

2 Bringen Sie beide Fäuste wieder seitlich zur Taille, die Finger zeigen nach oben. Wiederholen Sie die Übung, beginnen Sie diesmal mit dem rechten Arm.

3 Gehen Sie wieder in die Anfangsstellung mit beiden Fäusten seitlich.

WICHTIGE PUNKTE

- Versuchen Sie nicht zu blinzeln, wenn Sie auf die Objekte schauen.
- Entspannen Sie die Augen, wenn Sie die Fäuste an die Seite führen.
- Achten Sie auf einen fließenden und langsamen Bewegungsablauf.

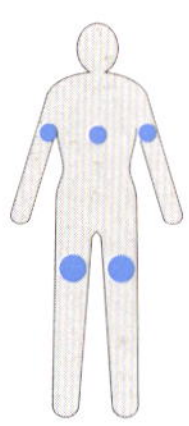

1

2

3

SET 8 | Dem Rücken einen Ruck geben

Stehen Sie ganz gerade, die Füße nebeneinander, die Handflächen an den Oberschenkeln.

1 **Stehen Sie sehr gerade. Bringen Sie den Kopf nach oben, indem Sie die Fersen anheben.**

2 **Bringen Sie die Fersen schnell wieder nach unten, und nehmen Sie wieder die Anfangsstellung ein.**

WICHTIGE PUNKTE

- Halten Sie den Kopf gerade, wenn Sie auf den Zehenspitzen stehen.
- Gehen Sie abrupt mit den Fersen nach unten, um dem Rücken einen Ruck zu geben.

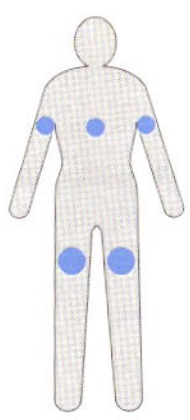

1

2

VORSICHT

Set 1 ist nicht für Menschen mit schlechtem Zahnfleisch oder schiefem Gebiss geeignet.

4

SHIERDUANJIN

Zwölf-Brokat-Übungen

Shierduanjin, eine enorm wirksame Übung, wird in China seit Jahrhunderten ausgeübt. Sie besteht aus Selbstmassage und Fitnessübungen, die auch für ältere Menschen oder Patienten mit chronischen Krankheiten geeignet sind. Die ersten elf Sets werden im Schneidersitz oder sitzend durchgeführt, das letzte im Stehen.

SET 1 | Zähneklappern

Beißen Sie 20- bis 30-mal mit Ober- und Unterkiefer aufeinander. Dadurch wird die Durchblutung des Zahnfleisches verbessert, außerdem werden die Zähne gestärkt. Auch Zahnkrankheiten wird auf diese Weise vorgebeugt.

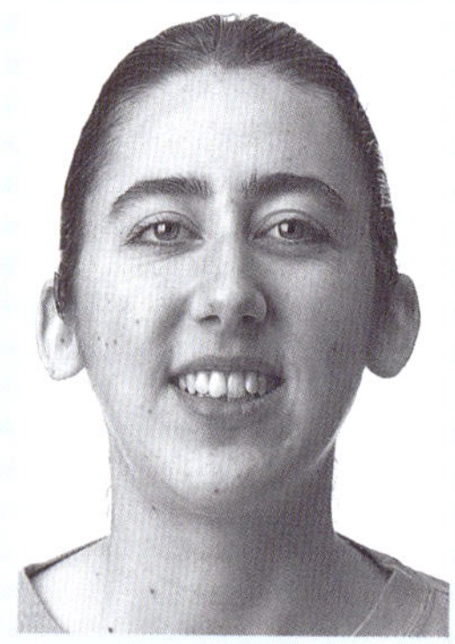

SET 2 | Die Zunge kreisen lassen

Bewegen Sie die Zungenspitze vor den Zähnen nach links, rechts, vorne und hinten, bis Ihr Mund prickelt. Durch diese Übung werden Zahnfleisch und Mundschleimhäute massiert, sie wirkt so gegen Zahnfleischbluten und freiliegende Zahnhälse. Sie reinigt auch die Mundhöhle und verbessert den Speichelfluss und damit die Verdauung. Schließen Sie die Übung ab, entspannen Sie die Magenmuskulatur, und schlucken Sie erst dann den angesammelten Speichel. Das wirkt sich positiv auf den Verdauungstrakt aus.

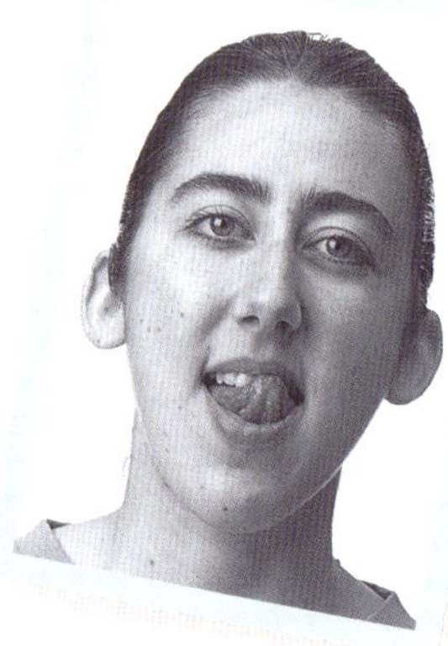

SET 3 | Das Gesicht reiben

Reiben Sie die Handflächen schnell aneinander, um sie zu wärmen und Qi darin zu sammeln. Reiben Sie dann Ihr Gesicht 20- bis 30-mal mit den Handflächen, wie nachfolgend beschrieben:

Von der Nase über die Wangen zu den Ohren.

Von der Nasenwurzel über die Stirn zu den Ohren.

Vom Kinn über die Kiefer zu den Ohren.

Diese Übung verbessert die Durchblutung und Elastizität der Haut.

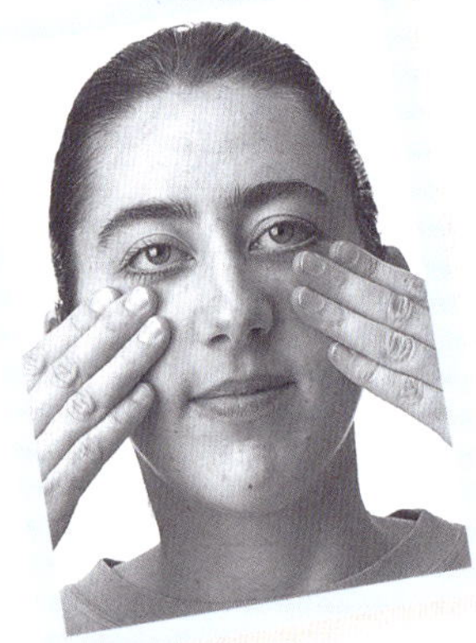

SET 4 | Die Himmelstrommel schlagen

Legen Sie die Handwurzeln über die Ohren, die Zeigefinger liegen über den Mittelfingern. Lassen Sie die Zeigefinger dann abrutschen, sodass sie auf Ihrem Hinterkopf in der Nähe des Fengchi-Akupunkturpunktes (Windteich) zu liegen kommen (Gallenblase 20, siehe auch Seite 46, Schritt 3). 20- bis 30-mal wiederholen. Sie hören trommelähnliche Schläge.

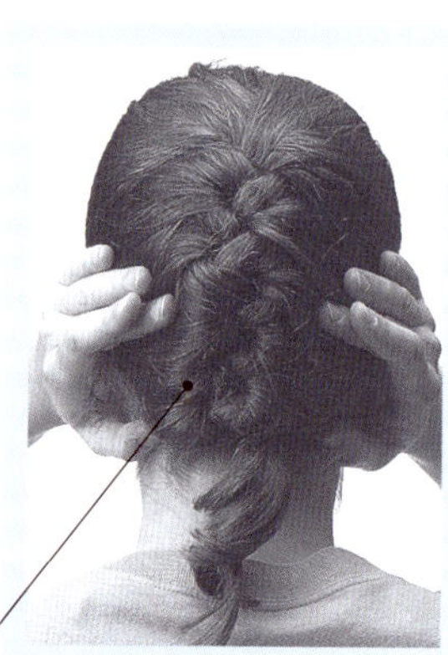

AKUPUNKTURPUNKT GALLENBLASE 20

VORSICHT

Set 3 ist nicht für Menschen mit unreiner Haut oder Akne geeignet, da sich dadurch die Entzündung ausbreitet.

SET 5 | Ein Wasserschöpfrad bewegen

Ballen Sie die Hände über dem Kopf zur Faust, die Handknöchel zeigen nach vorne. Biegen Sie die Ellbogen leicht ab, bewegen Sie die Arme dabei vor und zurück, als ob sie ein Wasserschöpfrad drehen würden. Wiederholen Sie das mindestens 10-mal. Mit dieser Übung kann Arthritis in Schultergelenken verhindert werden.

SET 6 | Den Himmel stützen

Verschränken Sie die Finger beider Hände vor dem Körper ineinander. Drehen Sie die Handflächen um, und strecken Sie die Arme über dem Kopf durch. Wiederholen Sie dies mindestens 10-mal. Mit dieser Übung können Sie den Brustkorb weiten und tiefer atmen.

SET 7 | Einen Bogen in zwei Richtungen spannen

Ahmen Sie die Bewegungen beim Spannen und Schießen eines Bogens nach (siehe Seite 49, Schritte 2, 3 und 4 – nur die Armbewegungen). Achten Sie darauf, dass der Zeigefinger nach oben zeigt, um die entsprechenden Leitbahnen zu aktivieren. Wechseln Sie von einer Seite auf die andere. Führen Sie die Übung mindestens 10-mal aus. Die Übung erweitert Ihren Brustkorb, trainiert die Schultergelenke und stärkt die Arme.

SET 8 | Den Kopf senken und die Zehen berühren

Setzen Sie sich auf den Boden, und strecken Sie die Beine ganz durch. Beugen Sie sich nach vorne, und berühren Sie die Zehen mit den Händen. Wiederholen Sie dies mindestens 10-mal. Da Hüfte und Unterleib damit bewegt werden, ist die Übung relativ anstrengend. Sie dehnt die Muskeln in Hüfte, Rücken und Oberschenkeln. Darüber hinaus verbessert sie die Beweglichkeit der Wirbelsäule und das Wohlbefinden insgesamt.

SET 9 | Das Dantian massieren (Elixierfeld)

Das Dantian liegt ungefähr 7,5 cm unterhalb des Nabels. Durch Reiben des Dantians beeinflussen Sie den unteren Bereich des Unterleibs, d. h. den Shimen-Punkt (Steintor), der den Lehren der chinesischen Medizin zufolge auf dem Akupunkturmeridian Renmai (Lenker-Gefäß) liegt. Reiben Sie diesen Bereich in einer kreisförmigen Bewegung mit drei Fingern der rechten Hand mindestens 30-mal. Die Bewegungsrichtung legen Sie selbst fest: Reiben im Uhrzeigersinn (von oben auf den Bauch schauend) stärkt den Genito-Urinal-Bereich und reduziert ungewollte Samenergüsse. Die Durchblutung und das Qi in der Bauchhöhle werden gestärkt, was sich fördernd auf die inneren Organe auswirkt. Reiben gegen den Uhrzeigersinn wirkt Bauchschmerzen, Unwohlsein und Verdauungsbeschwerden entgegen.

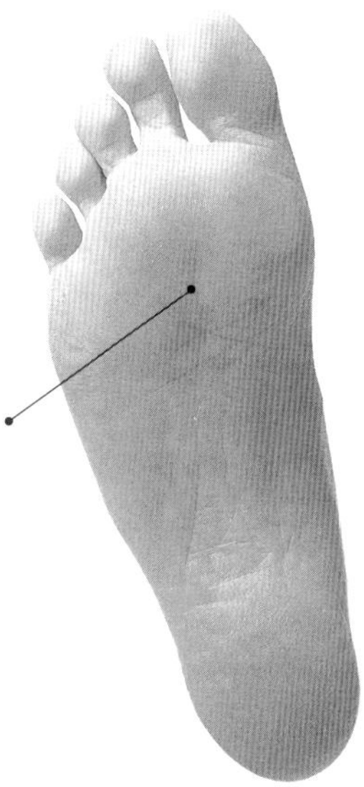

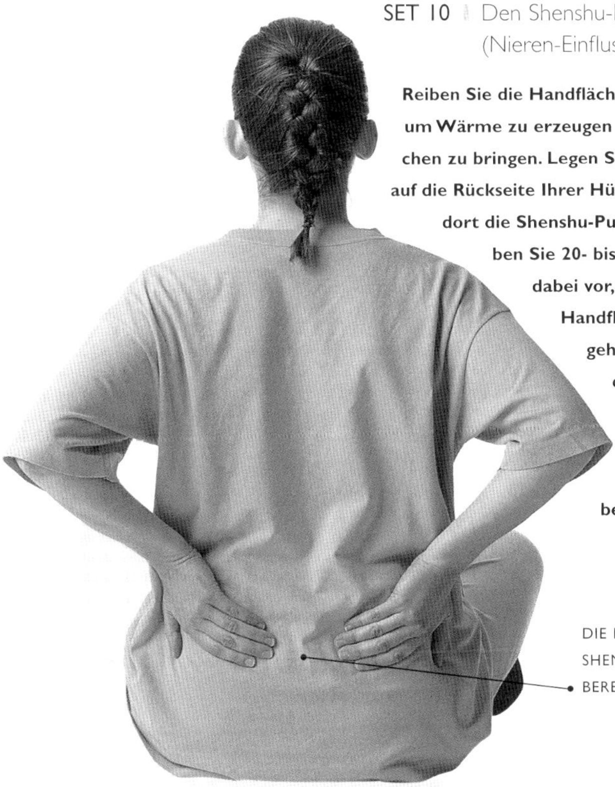

SET 10 | Den Shenshu-Punkt massieren (Nieren-Einflusspunkt)

Reiben Sie die Handflächen schnell aneinander, um Wärme zu erzeugen und Qi in die Handflächen zu bringen. Legen Sie die Handflächen dann auf die Rückseite Ihrer Hüften über die Nieren, um dort die Shenshu-Punkte zu massieren. Reiben Sie 20- bis 30-mal. Stellen Sie sich dabei vor, dass die Wärme von den Handflächen in die Nieren übergeht. Diese Übung verhindert Schmerzen im unteren Bereich der Wirbelsäule und wirkt sich positiv auf das Wohlbefinden aus.

DIE HÄNDE MASSIEREN DEN SHENSHU-PUNKT IM UNTEREN BEREICH DER WIRBELSÄULE

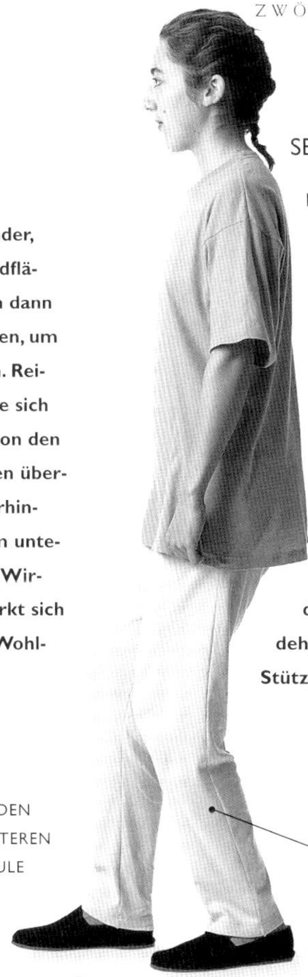

SET 12 | Fest auftreten

Diese Übung wird im Stehen ausgeführt. Setzen Sie die Füße dabei abwechselnd auf den Boden. Atmen Sie ein, wenn Sie den Fuß hoch heben, atmen Sie aus, wenn Sie ihn auf den Boden setzen. Wiederholen Sie dies mindestens 10-mal. Diese Übung belebt die Durchblutung und dehnt die Muskeln und das Stützgewebe der Beine.

DIE FÜSSE WERDEN ABWECHSELND ANGEHOBEN

SET 11 | Den Yongquan-Punkt massieren (Sprudelnde Quelle)

Reiben Sie die Handflächen aneinander, um Wärme zu erzeugen und Qi in die Handflächen zu bringen. Reiben Sie dann die linke Fußsohle mit den drei mittleren Fingern Ihrer rechten Hand, bis Wärme entsteht. Reiben Sie dann genauso die rechte Fußsohle mit der linken Hand. Der chinesischen Medizin zufolge ist der Yongquan-Punkt (Niere 1), in einer kleinen Mulde im oberen Fußdrittel angesiedelt, dem Anfangspunkt der Nierenleitbahn. Durch Massage dieses Punktes kann die so genannte Mangelhitze gelindert werden. Außerdem können damit Schlaflosigkeit, Hitzewallungen in der Menopause und Herzklopfen behandelt werden. Die Massage kann auch die Gehweise verbessern.

Einführung in Taijijuan

Taijijuan wurde vermutlich vor ca. 800 Jahren von dem taoistischen Mönch Zhang Sanfeng entwickelt. Die ursprünglich zur Selbstverteidigung entwickelte Kampfsportart dient heute zur Selbstheilung und Persönlichkeitsentwicklung. Diese Form von Qigong (Selbstheilungs- oder Energieübungen) eignet sich für alle Menschen gleichermaßen.

Zhang Sanfeng soll Taiji nach einem Traum, in dem ein Vogel mit einer Schlange kämpfte, entwickelt haben.

Die fließenden, sanften und leicht erlernbaren Bewegungen sind für jeden geeignet.

Die gesundheitsfördernde Wirkung der sanften Bewegungsabläufe von Taijijuan, meistens kurz Taiji oder auch Schattenboxen genannt, hat sich seit Jahrhunderten bewährt. Richtig lernen Sie Taiji nur von einem Meister dieser Kunst. Sie prägen sich dabei im Lauf der Zeit die tanzähnlichen Bewegungen ein und erreichen allmählich jene Geisteshaltung, die die Voraussetzung für diese Art der Entspannung darstellt. Selbst wenn in Ihrer Nähe keine Taiji-Kurse angeboten werden oder wenn Sie lieber alleine arbeiten, werden Sie von diesen großartigen Übungen profitieren.

Taiji schließt den ganzen Körper ein. Mit Taiji erlernt jeder – ob Mann oder Frau, alt oder jung, kräftig oder schwach – elegante, aufeinander abgestimmte und ausgeglichene Bewegungen. Jede Bewegung stärkt und formt eine andere Muskel-, Sehnen- oder Gelenkgruppe. Durch ständiges Üben werden die Gelenke beweglicher und die Bänder dehnbarer. Auch die Muskeln werden trainiert. Vor allem aber fördert Taiji das Qi im Körper und seine Zirkulation im Akupunktur-Leitbahnensystem und verhilft so zu Gesundheit und Langlebigkeit.

Im Taiji atmet man tief, aber ruhig, und lang, aber regelmäßig. Durch diese Atemtechnik und durch die Bewegungen selbst wird die Durchblutung des Bauchraums, d.h. die Tätigkeit des Magens und der inneren Organe gefördert.

ÜBUNGEN AUS TAIJI

Menschen, die nicht den vollständigen Taiji-Ablauf erlernt haben, können stattdessen auch einzelne Übungen ausführen. Aufbauend auf den für Taiji charakteristischen, elegant und fließend aus-

geführten Bewegungen, können Sie Ihre eigenen Bewegungsabläufe zusammenstellen. Für manche Menschen birgt dies den größeren Reiz, da es einfacher zu erlernen ist.

Entspannen Sie jede Faser Ihres Körpers, besonders Brustkorb und Zwerchfell, und atmen Sie ganz natürlich. Achten Sie beim Atmen auf Ihren eigenen, natürlichen Rhythmus. Atmen Sie entweder nur durch die Nase, oder atmen Sie durch die Nase ein und durch den Mund aus. Konzentrieren Sie sich. Um Ablenkung zu vermeiden, können Sie die Augen halb schließen oder auch ganz offen lassen, je nachdem, was für Sie am angenehmsten ist. Konzentrieren Sie sich ganz auf den Bereich um Ihren Bauchnabel.

Sobald Sie ganz entspannt sind, beginnen Sie sich sanft zu bewegen. Gehen Sie dabei immer ganz leicht in die Knie. Bewegen Sie sich im Einklang mit Taiji (siehe Seiten 62–67) in eine beliebige Richtung und auf beliebige Weise. Rumpf, Arme und Beine bewegen sich ungehindert und ohne jeden Zwang. Unterdrücken Sie die Spontaneität nicht, die sich nach einer Weile einstellt. Bewegen Sie sich einfach.

Beenden Sie die Übungen ganz langsam. Gehen Sie abschließend ein paar Schritte, und atmen Sie tief durch. Als Abschluss der Übung eignet sich auch eine Kopfmassage.

■ **Ein Taiji-Set dauert bis zu 10 Minuten.**

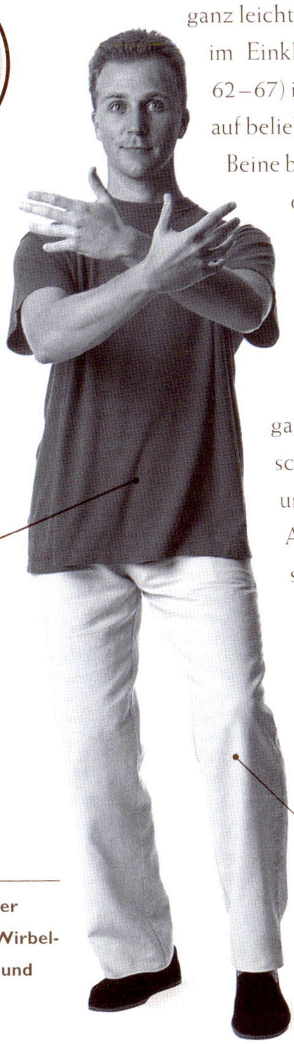

■ **Bei Taijijuan gilt der Grundsatz, dass die Wirbelsäule immer gerade und vertikal sein muss.**

HAUPTPUNKTE FÜR TAIJI

◆ Ein ganzes Set von vereinfachtem Taiji (siehe Seiten 62–67) dauert in der Regel 4–6 Minuten. Sie können sich aber auch 8 oder 9 Minuten Zeit dafür lassen.

◆ Die besten Ergebnisse erreichen Sie, wenn Sie sich eine Übung ganz verinnerlichen. Stellen Sie sich vor, wie Sie – ruhig ein- und ausatmend – die fließenden Bewegungsabläufe durchführen. Bewegen Sie sich mit der Eleganz einer Katze und der Geschmeidigkeit von Seide, die vom Ballen gewickelt wird.

◆ Anfänger sollten ganz natürlich atmen. Tun Sie Ihrer Atembewegung keinerlei Zwang an.

◆ Sobald Sie die Bewegungen beherrschen, können Sie sie auf die Atmung abstimmen. Atmen Sie aus, wenn Sie die Arme vom Körper wegbewegen, und umgekehrt. Atmen Sie mit Hilfe des Bauches, tief und natürlich.

◆ Entspannen Sie jede Faser Ihres Körpers, und achten Sie auf eine unverkrampfte Haltung, besonders im Bereich von Taille, Unterleib und Brust. Ruhe- und Aktivitätsphasen lösen sich ab. Jede bewusste Kraftanstrengung sollte vermieden werden.

◆ Lassen Sie die Rückenmuskeln durchgestreckt, Ihre Schultern hängen locker, und die Ellbogen sind völlig entspannt. So können Sie sich ganz gelöst fühlen und sich auf Ihren Schwerpunkt konzentrieren.

◆ Konzentrieren Sie sich auf die Bewegungen, und lassen Sie sich auf keinen Fall ablenken. Seien Sie innerlich ganz ruhig.

◆ Das Ziel ist es, Hsing (Körper) mit Yi (Konzentration) in eins zu setzen, und die Bewegungen, die vor dem inneren Auge ablaufen, über den Geist zu steuern.

◆ Ihre Kräfte müssen von innen kontrolliert werden. Es darf nie zur groben Kraftäußerung von Muskeln kommen.

Die Schritte 1 bis 15 umfassen überwiegend Bewegungen der Arme und Hände. An der Stellung der Füße und der Gewichtsverteilung ändert sich nur wenig.

10

11

12

13

14

15

Die Schritte 16 bis 32 umfassen weitere Bewegungen der Arme und Hände. Bei diesen Übungen wird manchmal ein Fuß angehoben oder das Gewicht verlagert.

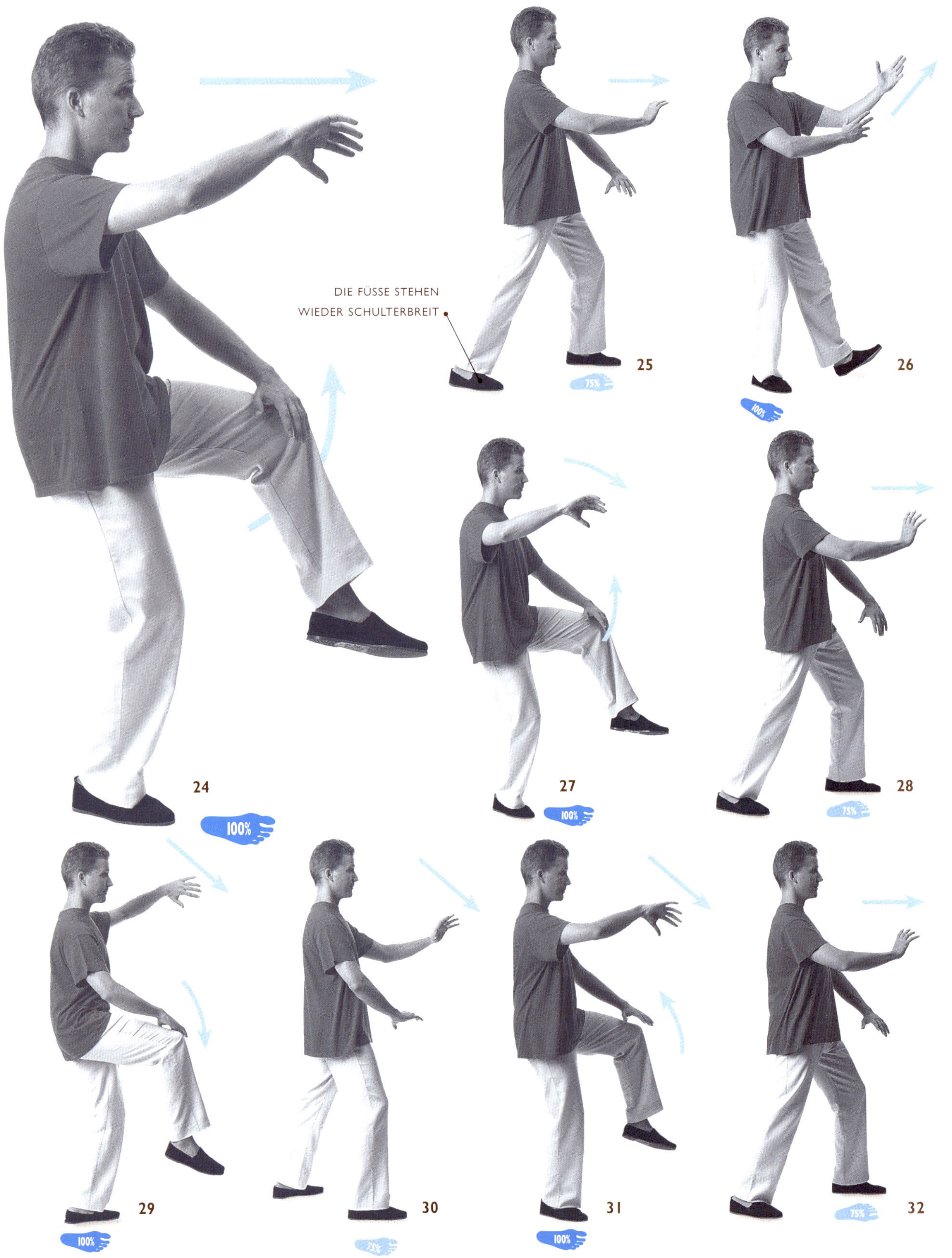
DIE FÜSSE STEHEN
WIEDER SCHULTERBREIT
24
100%
25
75%
26
100%
27
100%
28
75%
29
100%
30
75%
31
100%
32
75%

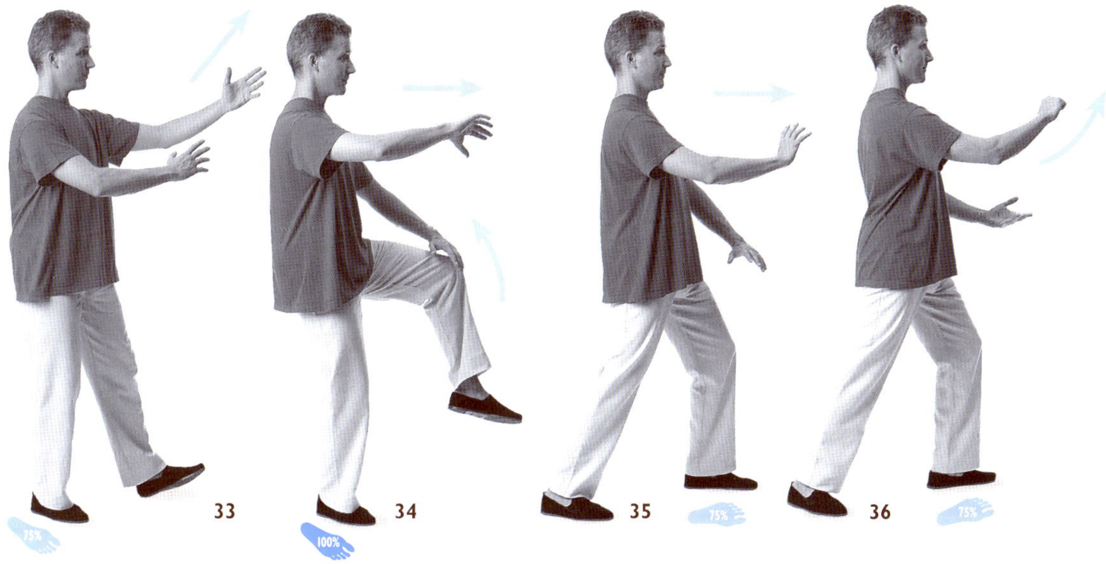

33 34 35 36

Die Schritte 33 bis 46 bestehen aus Hand- und Fußbewegungen. Zum Abschluss steht wieder die Anfangsstellung.

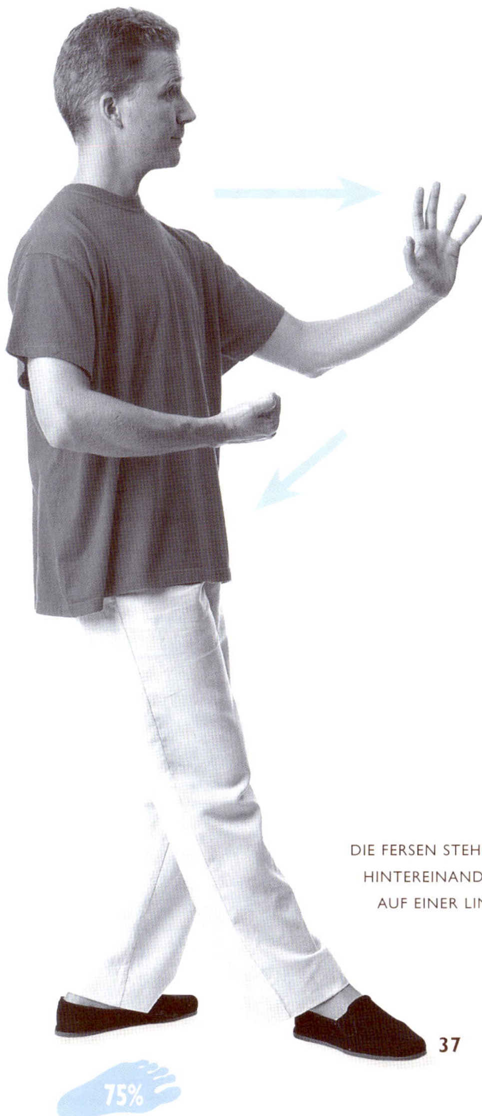

37

38

39
100%
40
75%
41
75%
42
75%
43
75%
BEIDE HANDFLÄCHEN SIND GEÖFFNET UND ZEIGEN NACH VORNE
45
75%
DIE FÜSSE SIND IM DOPPELTEN SCHULTERABSTAND VONEINANDER ENTFERNT
44
75%
46

Einführung in Qigong

Wörtlich übersetzt bedeutet Qigong »mit dem Qi arbeiten«. Wir können nur gesund sein, wenn unser Qi, d. h. unsere Lebenskraft, intakt und im Gleichgewicht ist und fließen kann. Ein Mangel an Qi schwächt die Widerstandskrafte, während stagnierendes Qi die Funktion der Körperorgane behindert und unausgeglichenes Qi die Körperabläufe durcheinander bringt.

■ **Das Meistern körperlicher oder geistiger Übungen kann als eine Form von Kung Fu bezeichnet werden.**

Qigong ist Kung Fu – das Bewältigen einer geistigen oder körperlichen Aufgabe durch systematisches Üben. Es dient dem besseren Fließen von Qi, oder Energie. In der chinesischen Medizin bezieht sich Qi sowohl auf die Luft, die man einatmet, als auch auf Yuan-Qi, die Lebensenergie, die im Körper gespeichert ist. Zusammen mit dem Qi wird das Yuan-Qi verbessert. Unter Yuan-Qi versteht man die Widerstandsfähigkeit des Körpers gegen Krankheiten im Allgemeinen sowie die Fähigkeit, sich an die Umwelt anzupassen und innere Abläufe wiederherzustellen. Qigong fördert und erhält diese wichtige Energie und somit Durchhaltevermögen und Gesundheit.

Qigong umfasst drei voneinander abhängige und mit Körper, Geist und Atmung in Verbindung stehende Bereiche, die zum Erlernen der Grundtechniken gemeinsam entwickelt werden müssen.

Qigong wirkt sich förderlich auf Ihre Haltung aus. Seien Sie ganz entspannt und natürlich. Lockern Sie Ihre Kleidung. Sind Ihre Schultern hoch gezogen oder die Brust herausgestreckt? Versuchen Sie nicht, eine bestimmte Haltung einzunehmen. Suchen Sie sich auf jeden Fall eine Haltung, die Sie nicht einem irgendwie gearteten Zwang aussetzt. Vor allem gilt es, die Muskulatur zu entspannen, insbesondere die des Unterbauches, sodass sich das Qi dort sammeln kann.

Qigong wirkt auf Ihren Geist und Ihr Nervensystem. Seien Sie ganz entspannt und locker. Ein freundlicher Gesichtsausdruck ist schon der erste Schritt. Seien Sie ganz gelassen. Konzentrieren Sie sich nur auf die Übung. So können Sie störende Einflüsse und ein Abschweifen der Gedanken auf ein Minimum beschränken. Es ist ganz normal, dass Sie als Anfänger abgelenkt werden. Sie müssen sich dann im Geiste ermahnen, geduldig zu sein, und sich damit beruhigen, dass Sie dieses Problem ganz sicher bewältigen werden. Durch ständiges Üben wird sich Ihre Konzentration immer weiter verbessern. Bei Qigong kommt es vor, dass beim Eintreten in einen Zustand von Gelassenheit das Gefühl für das Körpergewicht vorübergehend verschwindet. In einem höheren Zustand kann der Übende sich auch vorübergehend vom Selbst lösen.

DIE DREI SÄULEN DES QIGONG

Körperhaltung
Die Wirbelsäule muss nahezu immer vertikal und gerade sein, damit das Qi richtig fließen kann.

Geist und Nervensystem
Innere Gelassenheit wirkt sich auch positiv auf das gesamte Nervensystem aus.

Atmung
Richtiges Atmen lässt Qi entstehen und fließen, es wirkt sich positiv auf den Geist und auf emotionaler Ebene aus.

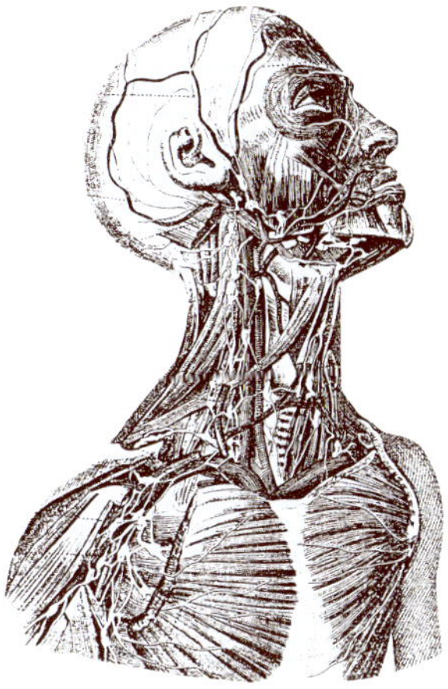

Das Akupunktur-Leitbahnsystem und das Nervensystem beeinflussen sich gegenseitig.

Qigong steuert die Atmung. Sie müssen dabei das Yi – das Bewusstsein – zusammen mit dem Qi trainieren, indem Sie Ihre Atmung steuern. Sie müssen lernen, die Bewegung von Qi mit Ihrem Bewusstsein, oder – mit anderen Worten – kraft Ihres Denkens die Regelmäßigkeit, Dauer, Tiefe und Geschwindigkeit des Atmens, zu steuern. Das Fördern von Yi wird Ihnen ermöglichen, innere Ruhe zu erreichen. Das Qi kann besser fließen, wenn Ihre Atmung voll, tief, lang, langsam, regelmäßig, weich und gleichmäßig ist. Durch diese Methode können Sie das Fließen von Qi und Yi aufeinander abstimmen.

Bei Qigong wird versucht, ohne Körperbewegungen innere Ruhe und Gelassenheit zu erreichen. Ein Gleichgewicht zwischen körperlicher Bewegung und Gelassenheit erreichen Sie durch die Kombination von Qigong mit anderen bewegungsorientierten, heilgymnastischen Übungen, beispielsweise Taiji. Qigong sollte aber immer zu Anfang ausgeführt werden.

Es gibt verschiedene Arten von Qigong. Zu den beliebtesten (auf die in diesem Buch am ausführlichsten eingegangen wird) gehören heute Fangsonggong, (Entspannungsatmen), Chiangzhuanggong (kräftigende Übungen) und Neiyanggong (Übungen zur Nährung des Inneren). Während mit Chiangzhuanggong und Fangsonggong das Yi gefördert werden soll, konzentriert sich Neiyanggong auf das Qi. Alle genannten Verfahren dienen aber letztlich der Integration von Yi und Qi.

Geist, Atem und Qi sind gleichermaßen wichtig, und die Kontrolle darüber muss zusammen geübt und entwickelt werden. Alle drei Elemente bilden eine untrennbare Einheit, das Fehlen eines Elements würde das Ende unseres Lebens bedeuten. Wenn wir alle drei gleichermaßen fördern, wird sich unser Leben hingegen verlängern.

Nutzen von Qigong

Das altehrwürdige Verfahren Qigong ist das ideale Heilmittel für viele Krankheiten unserer Zeit.

* Qigong wirkt sich beruhigend auf die Gehirntätigkeiten aus, sodass die mit Reizen überfluteten Nervenzellen der Gehirnrinde verjüngt werden.
* Dies wiederum ist hilfreich für die Behandlung von Erkrankungen, die nervlich und/oder psychisch bedingt sind, beispielsweise Depressionen, Angstzustände, Zwölffingerdarmgeschwüre und Bluthochdruck.
* Qigong wirkt energetisierend und ist so besonders für Menschen geeignet, die oft abgespannt und erschöpft sind.
* Die Atemübungen des Qigong massieren die Organe der Bauchhöhle, was sich positiv auf Magen, Darm und die Nahrungsresorption auswirkt und außerdem Darmträgheit und Verdauungsstörungen behebt. Aus diesem Grund leistet es wertvolle Dienste bei der Behandlung von chronischer Verstopfung.

Drei-Kreise-Qigong (*rechts*) kann jeder machen: Geschwächte wählen eine einfachere Version (*ganz rechts*).

Qigong: Die Grundlagen

Wie jede neue Technik erfordert auch das Erlernen von Qigong Zeit und Geduld. Möglicherweise werden Sie gewisse Anfangsschwierigkeiten haben, doch können Sie diese mit Hilfe der hier vorgestellten Tipps leichter überwinden. Wichtig ist vor allem das regelmäßige – sprich tägliche – Üben, denn nur so eröffnen sich Ihnen alle Möglichkeiten, die Qigong zu bieten hat .

Wenn Sie die Techniken fachmännisch anwenden, haben Fangsonggong, Chiangzhuanggong und Neiyanggong gemeinhin keine unerwarteten Nebenwirkungen. Bei Anfängern jedoch können sie hingegen gelegentlich auftreten, da diese sich noch nicht an die neue Körperhaltung, den Atemrhythmus und die erforderliche Konzentration gewöhnen konnten. Auch das falsche Ausführen der Übungen kann unerwartete Probleme verursachen. Im Allgemeinen aber können solche Probleme behoben oder im Vornhinein vermieden werden. Nachfolgend gehen wir auf eventuell auftretende Probleme ein und verraten Ihnen auch, wie sie gelöst werden können.

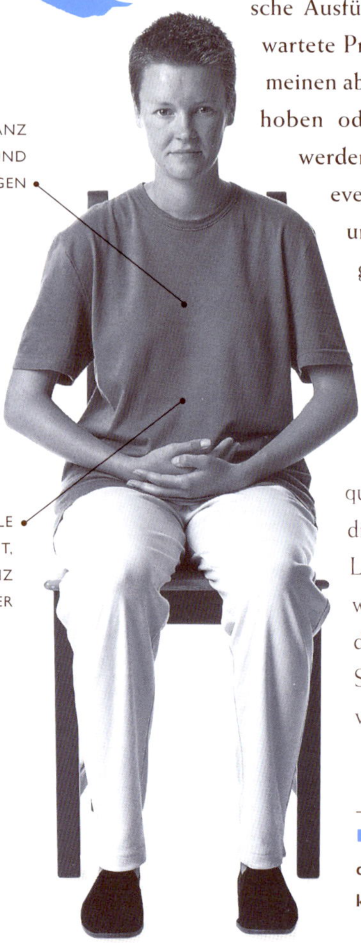

Haltungsprobleme: Die Ursache von Schmerzen im Hüftbereich und Rücken ist meistens eine falsche oder unbequeme Sitzposition. Führen Sie die Übung dann vorerst nur im Liegen aus. Auch wenn Sie müde werden, sollten Sie in die liegende Stellung wechseln. Zu langes Sitzen sollte ohnehin vermieden werden.

Es kann eine Weile dauern, bis Sie die Übungen im Sitzen ausführen können.

Atemprobleme: Viele Anfänger sind zu ungeduldig und können das Atmen nicht einfach »geschehen lassen«. Als Folge davon atmen sie unregelmäßig und fühlen sich dabei unwohl. Viele versuchen, in einem bestimmten Rhythmus oder sehr tief zu atmen, anstatt einen eigenständigen und ursprünglichen Atemrhythmus zuzulassen. Machen Sie sich also nicht zu viele Gedanken über Ihre Atmung. Manchmal hilft es auch, vor Beginn der Übung ein paar Schritte zu gehen, um sich auf diese Weise abzulenken.

Manche Qigong-Neulinge klagen über ein beklemmendes Gefühl in der Brust und Schmerzen im Rippenbereich. Diese Beschwerden können auftreten, wenn man entweder zu kräftig atmet oder die eingeatmete Luft zu lange anhält. Es kommt auch vor, dass jemand nicht richtig durchatmet, d. h. der Atem nur bis zur Kehle oder Brust gelangt. Alle diese Beschwerden werden durch das richtige Atmen behoben.

Konzentrationsprobleme: Wenn Sie Ihre Qigong-Übungen im Liegen ausführen und ohnehin etwas müde sind, werden Sie bei möglicherweise schläfrig werden. Wechseln Sie dann in eine sitzende Stellung, oder öffnen Sie die Augen ein wenig, und schauen Sie auf Ihre Nasenspitze, um das Problem zu beheben.

Im Allgemeinen sollten Sie für Qigong ausgeruht sein. Es kommt aber durchaus vor, dass Anfänger dabei einschlafen. Ein wenig heißer Tee oder Umhergehen vor den Übungen sind gute Mittel gegen Schläfrigkeit.

WICHTIGE PUNKTE FÜR QIGONG

◆ Qigong ist Kung Fu und muss daher täglich ausgeführt und langsam gesteigert werden. Der Erfolg stellt sich erst nach und nach ein.

◆ Die richtige Körperhaltung und Atemtechnik erlernen Sie nur, wenn Sie mit den leichten Übungen beginnen und sich langsam zu den schwierigen Übungen durcharbeiten.

◆ Nur wenn Sie die Übungen Schritt für Schritt ausführen, erreichen Sie Rujing – den Zustand innerer Ruhe.

◆ Nehmen Sie sich 10–15 Minuten vor den Übungen Zeit, um sich von seelischem und körperlichen Ballast zu befreien.

◆ Qigong gleich nach dem Essen oder mit leerem Magen ist nicht gut. Wir raten auch davon ab, wenn Sie Fieber oder Durchfall haben oder schwer erkältet bzw. erschöpft sind.

◆ Beginnen Sie mit kurzen Übungsphasen von 15 oder 20 Minuten. Sie können später auf bis zu 30 Minuten ausgedehnt werden.

◆ Legen Sie Ihre individuelle Übungszeit ganz nach Gesundheitszustand, Fitness und Stimmung fest. Stehen Sie nicht unmittelbar danach auf. Reiben Sie Ihr Gesicht mit beiden Händen (siehe Seite 56, Set 3), und massieren Sie sanft die Augen. Stehen Sie erst danach langsam auf. Strecken Sie sich.

◆ Gehen Sie der Ursache für eine unregelmäßige oder zu flache Atmung während einer Übung immer auf den Grund. Oft ist dies durch falsches Atmen, die falsche Geisteshaltung, mangelndes Interesse für die Übung oder Ablenkung von außen bedingt. Korrigieren Sie dies, bevor Sie fortfahren.

◆ Treten Kopfschmerzen, Schwindel oder ein Schweregefühl im Kopf auf, sind Sie möglicherweise zu verkrampft, was durch Ungeduld und Unausgeglichenheit verursacht sein kann. Die Folge ist unregelmäßiges Atmen. Finden Sie die Ursache, und stellen Sie sie ab.

■ Eine Tasse heißer Tee kann Schläfrigkeit beheben, besonders wenn Sie Qigong im Liegen ausüben.

Wenn Sie einen Zustand innerer Ruhe erreicht haben, kann sich ein Brennen, Jucken oder Taubheitsgefühl auf der Haut einstellen oder ein Gefühl, als ob Insekten darauf krabbeln würden. Diese Empfindungen deuten darauf hin, dass das tiefe Atmen Ihre Energien geweckt hat.

Andere Symptome: Manche Menschen klagen über Herzklopfen, was oft durch zu tiefes Atmen, aber auch durch Aufregung verursacht wird. Atmen Sie einfach ganz ruhig, und entspannen Sie sich.

Bei seitlich ausgeführten Übungen tritt bisweilen ein Pochen in der Schläfenschlagader auf. Drehen Sie dann den Kopf, um den Druck auf das Ohr zu reduzieren.

■ Massieren Sie nach dem Üben sanft Ihr Gesicht und den Bereich um die Augen.

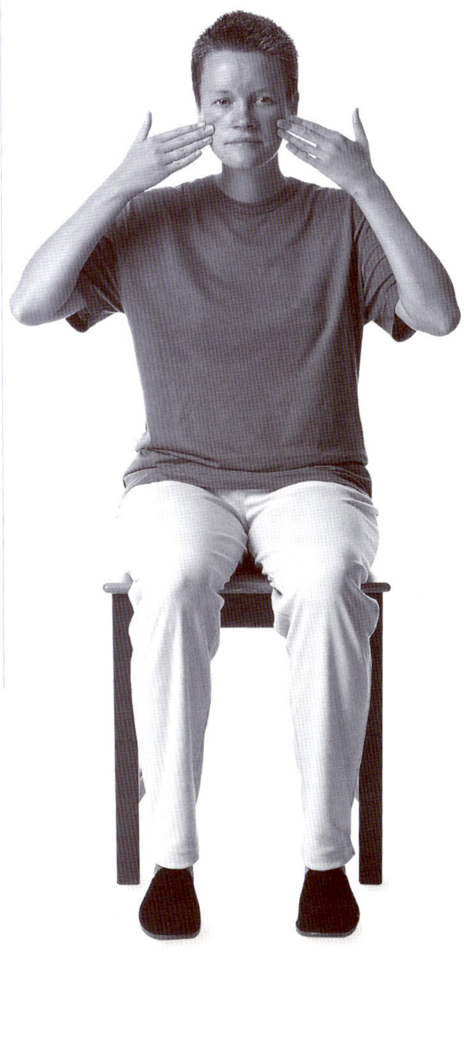

5

FANGSONGGONG

Entspannungsatmen

Fangsonggong ist relativ einfach und kann viele chronische Krankheiten lindern, besonders die des Atmungsapparates und jene neurologischer Natur.

Für Rujing – dem Eintritt in einen Zustand innerer Ruhe – werden bestimmte entspannungsfördernde Worte eingesetzt. Denken Sie beim Einatmen an »ruhig«, und beim Ausatmen an »entspannen«. Entspannen Sie bei diesem Wort gleichzeitig und bewusst einen bestimmten Teil Ihres Körpers, und gehen Sie bei jedem Atemzug weiter: Kopf, Arme, Hände, Brust, Becken, Rücken, Hüfte, Po, Beine und Füße. Nachdem Sie die Muskeln entspannt haben, fahren Sie mit den Blutgefäßen, Nerven und inneren Organen fort.

Im alten China dienten Gedichte als Anleitung zum Entspannen für Analphabeten. Auf der gegenüberliegenden Seite sehen Sie ein Beispiel für ein solches Entspannungsgedicht.

WICHTIGE PUNKTE

- Entspannen Sie Schritt für Schritt alle Körperteile vom Kopf bis zu den Füßen.
- Atmen Sie gleichmäßig, ganz so, wie Sie sonst auch atmen würden.

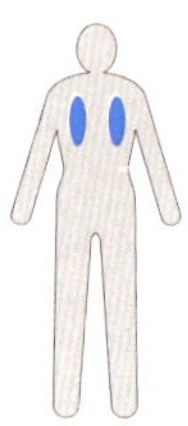

1 Sie liegen auf dem Rücken. Legen Sie ggf. ein dickes Kissen unter den Kopf, und unterstützen Sie Schultern und Rücken mit einem Handtuch.

2 Der Kopf ist gerade, die Arme liegen seitlich neben dem Körper. Die Beine sind locker ausgestreckt. Die Augen sind halb geschlossen.

3 Schließen Sie den Mund, die Zähne des Ober- und Unterkiefers berühren sich leicht. Die Zungenspitze liegt am Gaumen.

4 Atmen Sie ganz normal durch die Nase ein und aus. Das Atmen spielt bei Fangsonggong eine wichtige Rolle: Es sollte voll, gleichmäßig und lautlos, also mit einem Wort frei sein. Fangsonggong sollte mit der gleichen Frequenz wie Chiangzhuanggong (siehe Seite 77) ausgeführt werden.

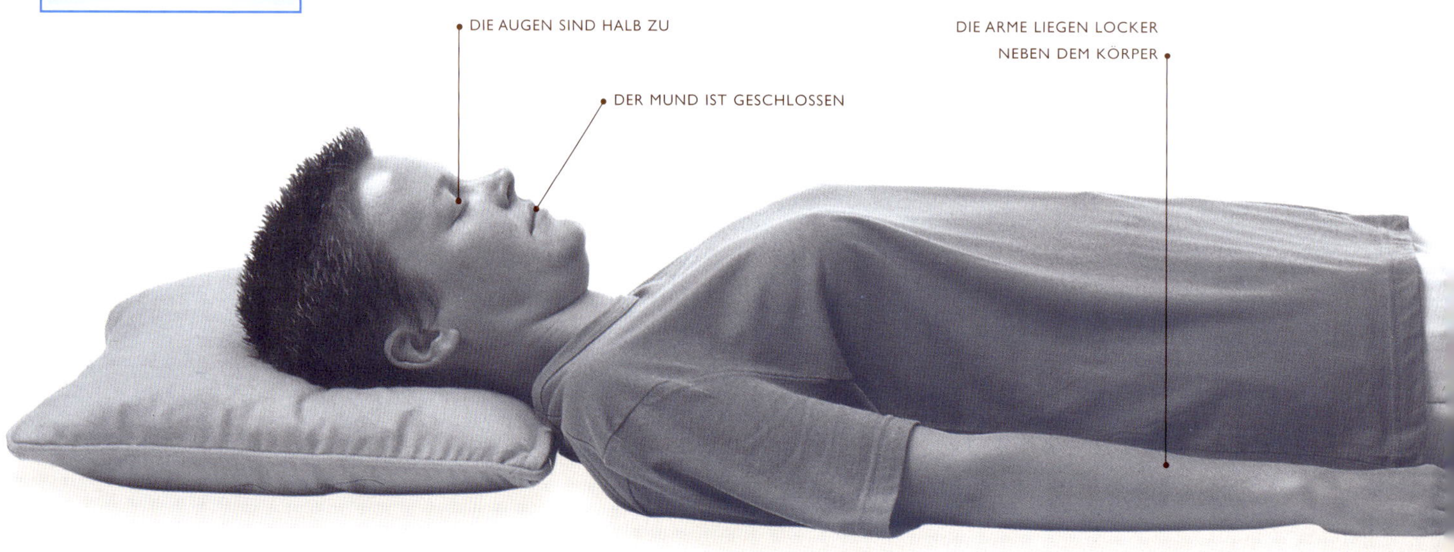

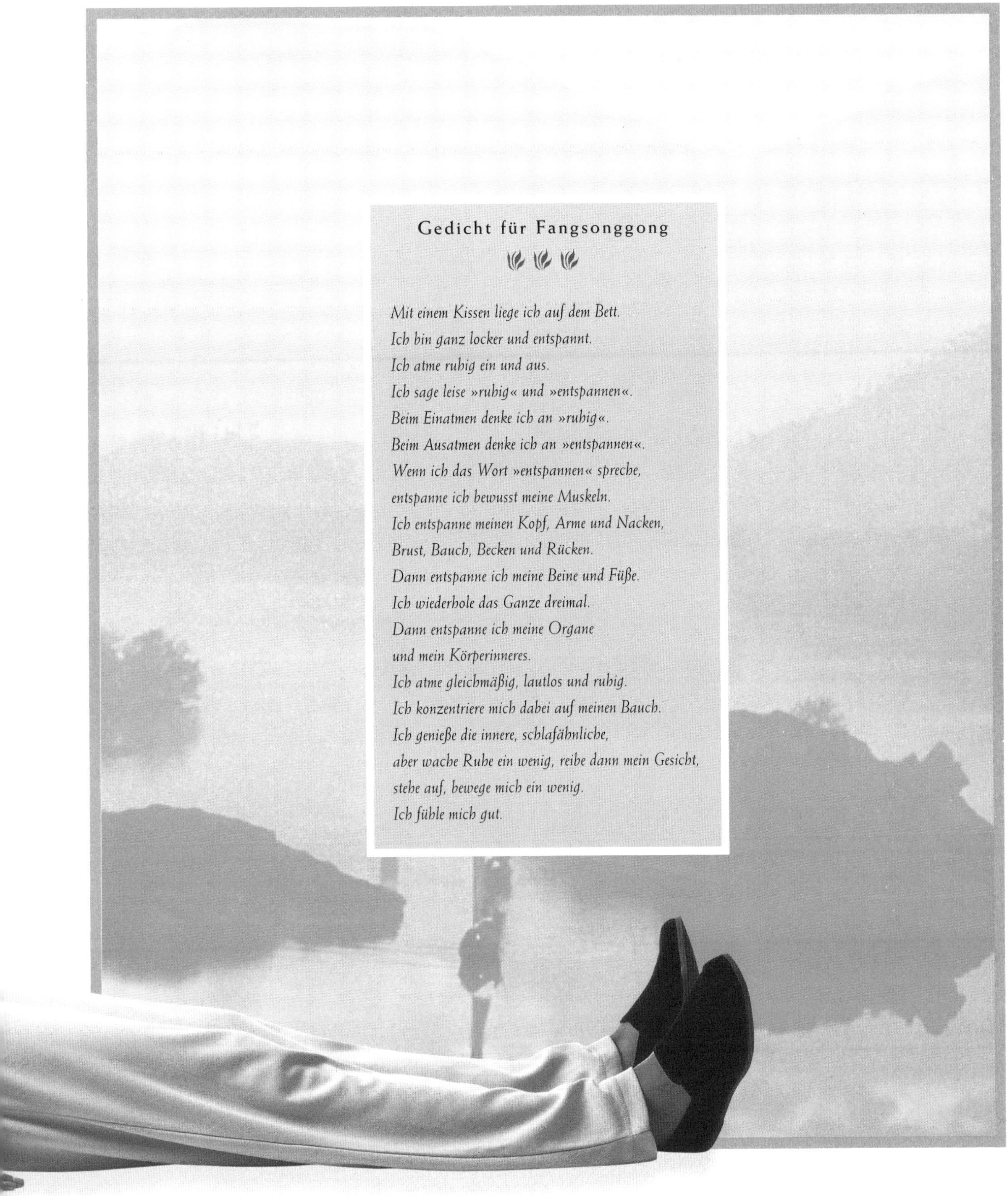

Gedicht für Fangsonggong

Mit einem Kissen liege ich auf dem Bett.
Ich bin ganz locker und entspannt.
Ich atme ruhig ein und aus.
Ich sage leise »ruhig« und »entspannen«.
Beim Einatmen denke ich an »ruhig«.
Beim Ausatmen denke ich an »entspannen«.
Wenn ich das Wort »entspannen« spreche,
entspanne ich bewusst meine Muskeln.
Ich entspanne meinen Kopf, Arme und Nacken,
Brust, Bauch, Becken und Rücken.
Dann entspanne ich meine Beine und Füße.
Ich wiederhole das Ganze dreimal.
Dann entspanne ich meine Organe
und mein Körperinneres.
Ich atme gleichmäßig, lautlos und ruhig.
Ich konzentriere mich dabei auf meinen Bauch.
Ich genieße die innere, schlafähnliche,
aber wache Ruhe ein wenig, reibe dann mein Gesicht,
stehe auf, bewege mich ein wenig.
Ich fühle mich gut.

6

CHIANGZHUANGGONG

Kräftigende Übungen

Mit Chiangzhuanggong können Angstzustände und Depressionen behandelt werden. Es kann auch Bluthochdruck, Herzkrankheiten und Emphyseme lindern. Für diese Form des belebenden Atmens ist das Eintreten in einen Zustand innerer Ruhe, Rujing, von äußerster Wichtigkeit. Der Atemrhythmus jedoch spielt hier, im Vergleich zu anderen Arten von Qigong, keine so entscheidende Rolle.

Die Übungen werden überwiegend im Sitzen (auf einem Stuhl) durchgeführt. Auch der Schneidersitz oder eine stehende Position ist möglich. Körperlich geschwächte Menschen können auf der rechten Seite oder dem Rücken liegen (siehe Seite 72). Sie sollten niemals auf der linken Seite liegen, da sonst das Körpergewicht auf das Herz drückt und seine Funktion und somit die Durchblutung behindert.

Wir empfehlen, auf einem stabilen Stuhl oder Hocker zu sitzen.

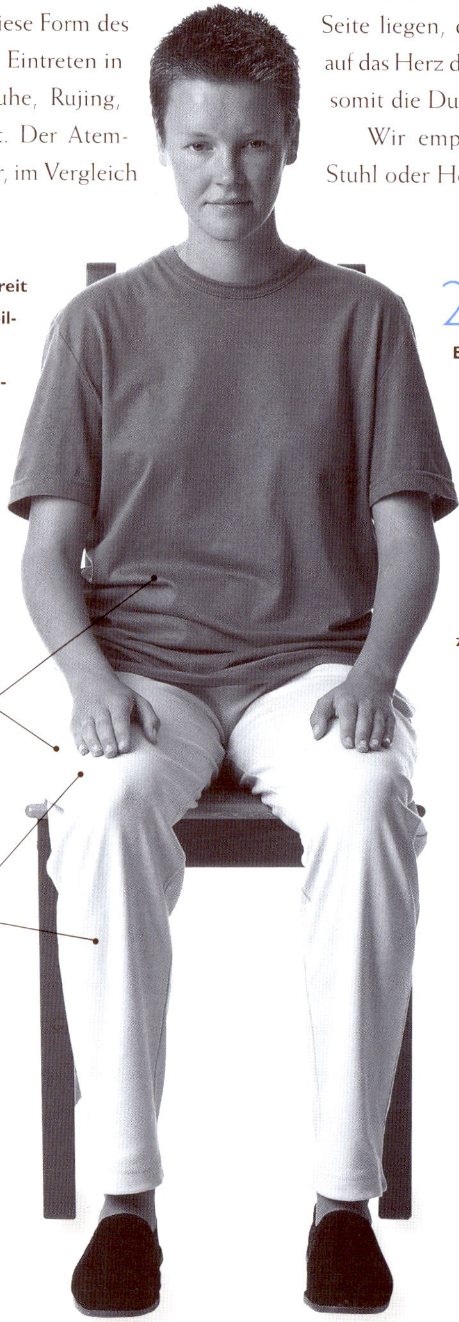

1 Die Füße stehen schulterbreit auf dem Boden. Die Knie bilden, wie auch der aufrechte Oberkörper zu den Oberschenkeln, einen 90-Grad-Winkel.

2 Die Handflächen liegen locker auf den Oberschenkeln, die Ellbogen sind leicht angewinkelt. Halten Sie Kopf, Becken und Rücken gerade. Lassen Sie die Schultern locker und Brust und Kinn ein wenig sinken. Die Augen sind halb geschlossen. Schließen Sie den Mund, die Zahnreihen berühren sich dabei. Die Zungenspitze liegt am Gaumen.

RUMPF UND OBERSCHENKEL BILDEN EINEN 90-GRAD-WINKEL

AUCH UNTER- UND OBERSCHENKEL SIND IM 90-GRAD-WINKEL

WICHTIGE PUNKTE

- Atmen Sie tief durch den Bauch.
- Pausieren Sie nach dem Ausatmen, und sprechen Sie etwas Beruhigendes.
- Halten Sie nicht den Atem an, und verspannen Sie sich nicht.

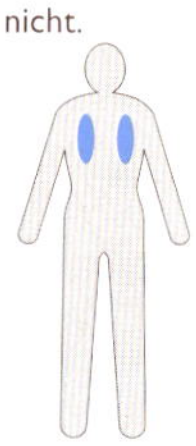

SET 1 | Lotossitz

Nehmen Sie den Lotossitz ein. Legen Sie die Hände in der Nähe des Nabels oder auf dem Bauch aufeinander, die Daumen liegen übereinander. Die Augen sind halb geschlossen. Schließen Sie den Mund, dabei berühren sich die Zahnreihen. Die Zungenspitze liegt am Gaumen.

SET 2 | Schneidersitz

Auch der Schneidersitz ist geeignet: Die Füße liegen unter den Beinen, die Knie sind über dem Boden, und das Gesäß ragt ein wenig nach hinten hinaus. Sitzen Sie so aufrecht wie möglich. Dadurch kann das Qi über den Dumai (Lenker-Gefäß) nach oben steigen. Halten Sie Kopf und Becken gerade. Die Brust ist ein wenig nach innen gesenkt. Lassen Sie die Schultern locker fallen. Legen Sie auf dem Bauch eine Hand über die andere. Dabei überkreuzen sich die Daumen.

Wenn Sie lieber stehen, eignet sich die Drei-Kreise-Qigong-Haltung für Sie am besten. Voraussetzung dafür ist allerdings, dass Sie einigermaßen gesund sind.

In dieser Stellung können Sie entweder normal oder tief durch den Bauch atmen. Zum normalen Atmen atmen Sie einfach durch die Nase ein und aus, wie für Fangsonggong beschrieben (siehe Seiten 72–73).

Bei der Bauchatmung können Sie das Heben und Senken der Bauchdecke beobachten oder durch Auflegen der flachen Hand mitverfolgen (siehe unten). Atmen Sie mit jedem Atemzug ein wenig tiefer ein und aus, um so die Zahl der Atemzüge auf 6 bis 8 pro Minute zu reduzieren. Obwohl Ihr Atmungszyklus dadurch verlängert wird, sollten Sie nach wie vor ganz natürlich und entspannt atmen. Spannen Sie keine Muskeln an, wenden Sie keine Kraft an, und zwingen Sie sich keine unnatürliche Art zu atmen auf.

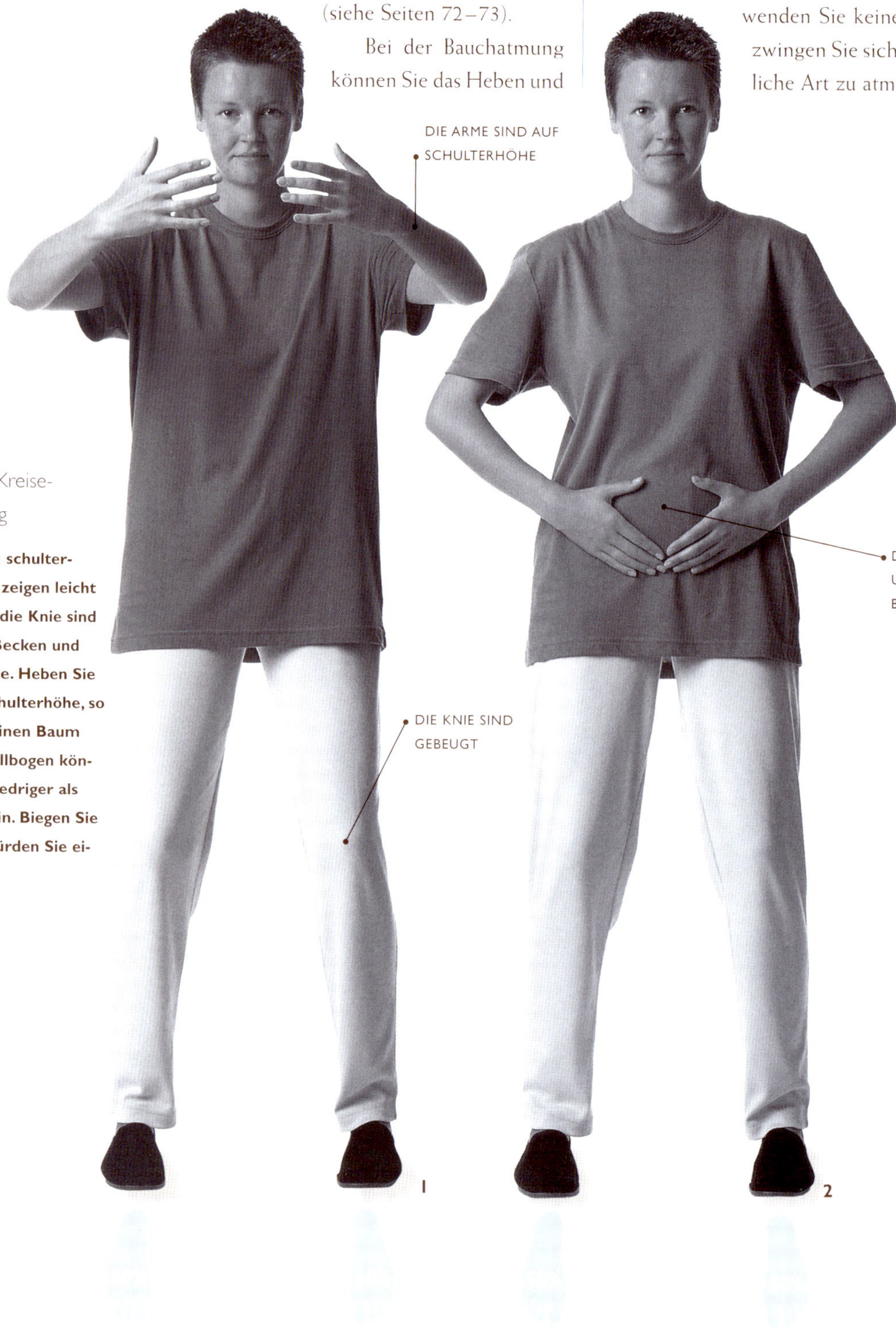

SET 3 | Drei-Kreise-Qigong-Haltung

Die Füße stehen schulterbreit, die Zehen zeigen leicht nach innen, und die Knie sind leicht gebeugt. Becken und Brust sind gerade. Heben Sie die Arme auf Schulterhöhe, so als wollten Sie einen Baum umarmen. Die Ellbogen können ein wenig niedriger als die Schultern sein. Biegen Sie die Finger, als würden Sie einen Ball halten.

Rujing, das Eintreten in den Zustand innerer Ruhe, ist der Schlüssel. Das Hauptprinzip von Chiangzhuanggong ist es, das Yi, Ihr Bewusstsein, ganz auf den Unterleib zu konzentrieren. Diese Konzentration erreichen Sie anfangs durch leises Zählen oder Beobachten Ihrer Atemzyklen. Mit der Zeit wird es Ihnen immer leichter fallen, diese Konzentration völlig mühelos aufzubauen.

Zählen Sie jedes Ein- und Ausatmen. Zählen Sie dabei die Atemzüge von eins bis zehn, und dann wieder zurück bis eins. Wenn Sie abgelenkt werden, beginnen Sie einfach wieder von vorne. Sich auf den eigenen Atem zu konzentrieren ist eine natürlichere Methode als das Zählen der Atemzüge. Verfolgen Sie in Gedanken Ihre Atemzüge. Konzentrieren Sie sich ganz auf das Atmen. Werden Sie abgelenkt, kehren Sie wieder zu Ihren Gedanken zurück, und lenken Sie sie auf Ihre Atemzüge.

Auch mit der Yi-Konzentrationsmethode können Sie einen Zustand innerer Ruhe erreichen. Sie konzentrieren sich dabei auf das Energiezentrum Dantian ca. 7,5 cm unterhalb Ihres Bauchnabels. Versuchen Sie ganz entspannt, Ihre Gedanken darauf zu konzentrieren, um das Qi zu aktivieren. Seien Sie ganz unverkrampft und natürlich. Zwingen Sie sich nicht, sich zu konzentrieren. Lassen Sie es einfach geschehen. Werden Sie einmal abgelenkt, beginnen Sie einfach von Neuem.

Die einzelnen Phasen bei Chiangzhuanggong

	WOCHE 1	WOCHEN 2–4	AB WOCHE 5
Haltung	Im Liegen oder auf einem Stuhl sitzend	Auf einem Stuhl oder im Schneidersitz	Sitzend oder stehend
Atmen	Anfangs natürliches Atmen, Steigerung zu tiefem Atmen	Tiefes Bauchatmen	Tiefes Bauchatmen
Bewusstsein	Atemzüge zählen; Atemzüge beobachten	Yi, das Bewusstsein, auf den Unterbauch konzentrieren	Yi, das Bewusstsein, auf den Unterbauch konzentrieren
Häufigkeit und Dauer	3- bis 4-mal täglich, 15–20 Minuten	3- bis 4-mal täglich 30 Minuten	3- bis 4-mal täglich 30–40 Minuten
Wichtige Punkte	▲ Richtige Haltung ▲ Atmung ist tief, gleichmäßig, aber noch nicht zwanglos ▲ Ablenkungen ausschalten	▲ Längeres und tieferes Atmen, Qi dringt in Dantian ein ▲ Erster Zustand der inneren Ruhe ▲ Regelmäßiges Üben	▲ Atmung ist jetzt tief, lang, von gleichmäßiger Sanftheit ▲ Vollständige innere Ruhe oder Rujing ▲ Interesse an Qigong

7

NEIYANGGONG

Übungen zur Nährung des Inneren

Wenn Sie oft erschöpft sind oder an Unterleibsbeschwerden, wie Magengeschwüren oder chronischer Verstopfung, leiden, ist Neiyanggong für Sie genau richtig. Dabei wird großer Wert auf die Atemtechnik selbst gelegt. Bei dieser Übung liegen Sie am besten auf der Seite oder sitzen wie bei Chiangzhuanggong (siehe Seiten 74–75). Sie können aber auch, wie bei Fangsonggong (siehe Seiten 72–73), auf dem Rücken liegen.

Das richtige Atmen, zu dem auch einige neue Techniken gehören, ist bei dieser Qigong-Übung sehr wichtig. Atmen Sie durch die Nase in den Bauch ein und aus (siehe Seiten 76–77). Legen Sie zwischen jedem Atemzyklus mit Hilfe folgender Technik eine Pause ein: Atmen Sie ein und aus, legen Sie die Zunge an den Gaumen, sprechen Sie leise einige Worte, bevor Sie die Zunge zurück nach unten nehmen und wieder einatmen. Die Worte, die Sie sprechen, sollten etwas Posi-

SET I | Qi-Atemübungen in ruhender Lage

Sie liegen leicht gekrümmt auf der rechten Seite, mit einem Kissen unter dem Kopf. Winkeln Sie den rechten Arm neben der Brust ab, und legen Sie die Hand ungefähr 5 cm vom Kopf entfernt auf das Kissen. Die Handfläche zeigt nach oben. Legen Sie den linken Arm auf der linken Körperseite ab, wobei die Handfläche auf der Hüfte ganz zu liegen kommt. Das linke Bein kommt auf dem rechten zu liegen, dabei winkeln Sie beide Knie etwas an.

WICHTIGE PUNKTE

- Atmen Sie tief in den Bauch hinein.
- Pausieren Sie nach dem Ausatmen, und sprechen Sie leise einen Satz.
- Verkrampfen Sie sich nicht.

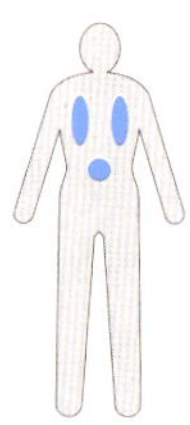

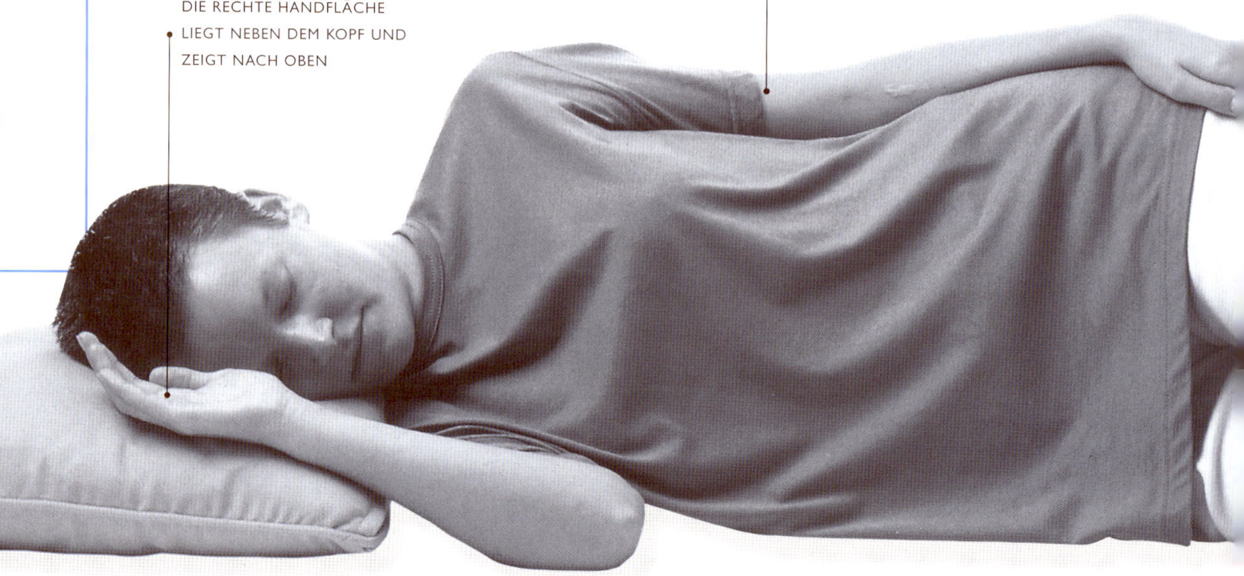

tives zum Inhalt haben, wie »es ist gut, entspannt zu sein«, »Entspannung fördert die Gesundheit« oder »ich bin ganz ruhig«.

Verkrampfen Sie sich in der Pause nicht, und halten Sie auch nicht den Atem an. Lassen Sie die Luft überall hinströmen. Halten Sie den Atem nicht im oberen Bauch oder der Kehle an. Versuchen Sie, sich auf den unteren Bauchbereich zu konzentrieren und dabei kurz innezuhalten. Je nachdem, wieviele Worte Sie sprechen, kann die Pause kürzer oder länger ausfallen. Für ein Wort brauchen Sie ungefähr eine Sekunde, die meisten Menschen sprechen drei bis sieben Worte. Indem Sie Ihre Atmung mit dem Sprechen koordinieren, lenken Sie Ihre Konzentration und erreichen innere Ruhe. Untersuchungen dieser Atempause haben ergeben, dass sich dadurch der Druck in der Bauchhöhle steigert. Dadurch wird die Durchblutung und Bewegung der inneren Organe verbessert und somit die Wandlung von Energie erhöht.

SET 2 | Lotossitz

Sie sitzen ganz aufrecht im Lotossitz. Lassen Sie die Schultern locker, und machen Sie ein entspanntes, freundliches Gesicht. So entsteht positives Qi.

SET 3 | Qi-Atemübungen im Liegen

Strecken Sie sich in voller Länge und mit einem Kissen unter dem Kopf auf dem Boden aus. Entspannen Sie sich, und spüren Sie den Boden unter sich. Lassen Sie sich im Geiste von der Sonne durchwärmen, und fühlen Sie die Harmonie mit Ihrer Umgebung.

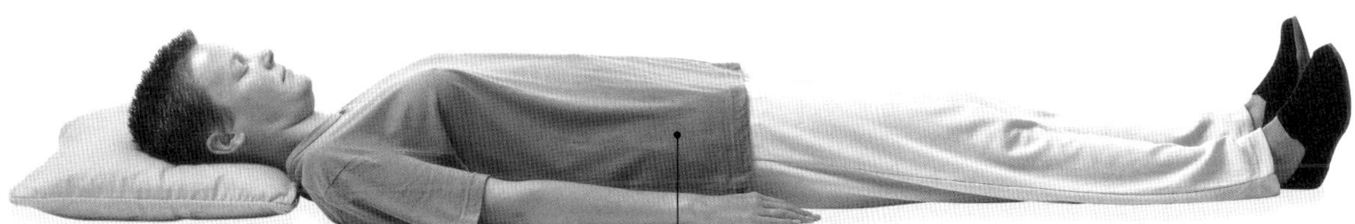

SIE SIND GANZ ENTSPANNT

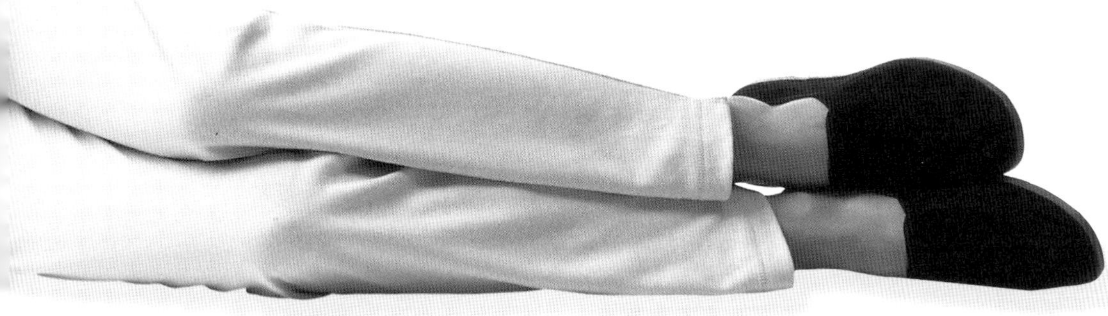

8

SHENHUXI YUNDONG

Bewegungen zur tieferen Atmung

Diese einfache, aber wirksame Atemübung kann Ihre allgemeine Konstitution verbessern. Bei dieser langsam ausgeführten Übung, die den ganzen Körper miteinbezieht und dabei Atmung und Bewegung aufeinander abstimmt, atmen Sie in einem langen und gleichmäßigen Rhythmus.

WICHTIGE PUNKTE

- Atmen Sie bei der Aufwärtsbewegung ein.
- Atmen Sie aus, wenn Sie die Arme senken.
- Achten Sie auf einen gera den Oberkörper.

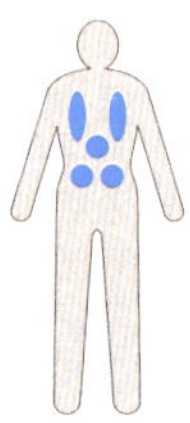

Diese Übung verbessert die Durchblutung, die Verdauung sowie die Sauerstoffaufnahme und die Kohlendioxidabgabe. Sie stärkt die Brust- und Bauchmuskulatur, insbesondere die Atemmuskulatur.

1 Entspannen Sie sich. Die Füße stehen schulterbreit, die Arme hängen locker herab. Konzentrieren Sie sich ganz auf die Bewegungen, die Sie langsam und gleichmäßig ausführen. Atmen Sie ganz normal.

WÄHREND SIE IN DIE HOCKE GEHEN, NEHMEN SIE DIE ARME MIT NACH UNTEN

2 Winkeln Sie die Arme leicht an, ballen Sie die Hände zu einer lockeren Faust, und heben Sie die Hände von vorne über den Kopf. Atmen Sie gleichzeitig ein. Das Einatmen beginnt, wenn Sie die Hände nach oben nehmen, und endet, wenn die Hände über dem Kopf angelangt sind.

1 2 3a

3 Gehen Sie langsam in die Knie, öffnen Sie die Hände, senken Sie die Arme, und beginnen Sie, in die Hocke zu gehen.

3b

4 Senken Sie mit geradem Oberkörper die Arme vor den Körper und atmen Sie dabei aus. Das Niederkauern, Senken der Arme und Ausatmen beginnt und endet zeitgleich. Sobald Sie ganz tief in der Hocke und die Arme ganz unten sind, nehmen Sie die Hände neben die Beine.

4

5 Stehen Sie dann wieder auf, heben Sie gleichzeitig die Arme vor dem Körper bis über den Kopf. Atmen Sie dabei ein. Das Hinkauern und anschließende Aufstehen zählen zusammen als eine Übung. Abhängig von Ihrem Gesundheitszustand können Sie sie 10- bis 20-mal wiederholen. Allzu häufiges Wiederholen kann aber Schwindelgefühle verursachen. Fühlen Sie sich nach der Übung erfrischt, war die Anzahl der Wiederholungen richtig.

5

6 Sobald Sie diese Bewegung ausreichend beherrschen, können Sie beim Stehen zusätzlich den Körper von einer Seite auf die andere drehen. Drehen Sie den ganzen Körper, auch Kopf und Nacken, nach links und rechts. Die Drehung erfolgt im Stehen, die Arme sind erhoben. Während der Drehbewegung atmen Sie aus.

6

9

TAIJI GUN

Taiji-Stock

Als eine der uralten chinesischen Körperertüchtigungen gleicht Taiji-Stock sehr stark dem Taiji, es konzentriert sich jedoch intensiver auf die Bereiche Entspannung, innere Ruhe und spontane Bewegung. Auch hier wird Bewegung mit innerer Ruhe verbunden. Man verwendet dabei einen 30 cm langen Stab, daher die Bezeichnung Taiji-Stock oder Taiji Ruler. Der Durchmesser des Stabs spielt keine Rolle, wichtig ist nur, dass er aus Holz ist. Die einfache Übung kann im Sitzen oder Stehen ausgeführt werden. Körperlich geschwächte oder kranke Menschen können sich auch hinlegen. Sie führen einfache Kreisbewegungen vor der Brust aus oder bewegen die Hände auf und ab. Sorgen Sie zur Übung für frische Luft, und suchen Sie sich ein ruhiges Plätzchen.

Entspannen Sie sich. Schließen Sie die Augen ein wenig, und atmen Sie

SET 1 | Im Sitzen

Setzen Sie sich zunächst ganz bequem hin. Nehmen Sie den Stab zwischen die Handflächen. Winkeln Sie die Ellbogen an, und beschreiben Sie vor dem Unterleib Kreisbewegungen.

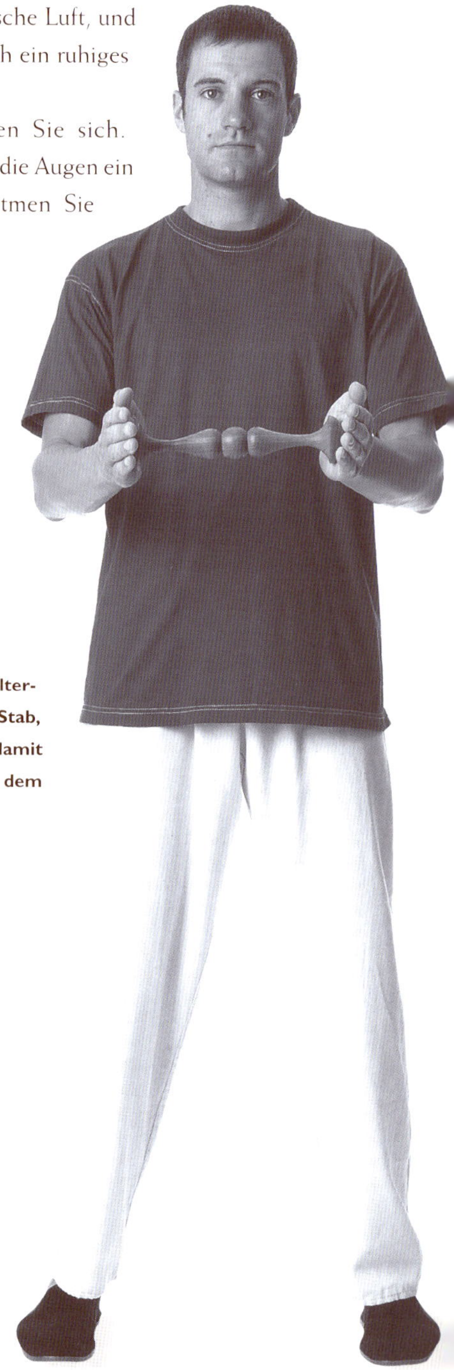

SET 2 | Im Stehen

Die Füße stehen schulterbreit. Halten Sie den Stab, und beschreiben Sie damit Kreisbewegungen vor dem Becken.

WICHTIGE PUNKTE

- Führen Sie die Bewegungen weich und langsam, locker und bequem durch.
- Steigern Sie langsam Dauer und Häufigkeit der Übungen – Übung macht den Meister.

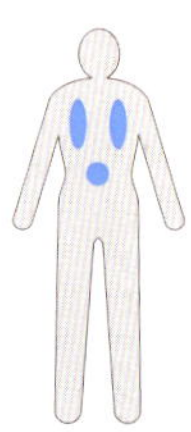

VORSICHT

Diese Übung ist nicht für Menschen mit akuten Erkrankungen, Fieber oder Blutungen geeignet.

ganz natürlich. Lenken Sie Yi, das Bewusstsein, ganz auf Ihren Unterbauch. Verharren Sie ein wenig in der gewählten Position. Nehmen Sie den Stab zwischen die Handflächen, halten Sie ihn vor Ihren Bauch, und ahmen Sie dann damit das Drehen eines Rads nach.

Die anfängliche Übungszeit beträgt 2–5 Minuten, sie kann nach 20–30 Tagen auf 5–10 Minuten erhöht werden. Nach weiteren 1–2 Monaten können Sie die Zeit auf 10–20 Minuten steigern. Sie können Taiji-Stock 2- bis 3-mal täglich ausüben. Wie bei Qigong (siehe Seiten 70–71) können sich nach einem bestimmten Zeitraum bestimmte körperliche Reaktionen einstellen. Dazu zählen Hitzewallungen, Schweißausbrüche, Juckreiz, geschwollene Finger oder Muskelzucken. Die Bewegungen bei Taiji-Stock wirken sich auch auf Magen und Darm aus, was sich durch Bauchgeräusche oder den vermehrten Abgang von Winden bemerkbar machen kann. Auch ein gesteigerter Appetit kann die Folge sein.

SET 4 | Im Gehen

Sobald Sie ein wenig kräftiger geworden sind, können Sie die Übung steigern, indem Sie dabei gehen oder auf der Stelle treten. Beim Gehen auf der Stelle setzen Sie einen Fuß nach vorne und den anderen nach hinten. Heben Sie einen Fuß, und setzen Sie ihn auf die gleiche Stelle zurück. Dann folgt der andere Fuß. Beschreiben Sie mit dem Stab einen Kreis, wenn sich der Fuß in der Luft befindet. Ist er am Boden, beschreiben Sie wieder einen Kreis. Dabei ist immer abwechselnd der linke oder rechte Fuß vorne. Beim Gehen entspricht ein Schritt einer Kreisbewegung. Achten Sie darauf, stets leicht in die Knie zu gehen.

SET 3 | Im Liegen

Wenn Sie die Übung auf dem Rücken liegend ausführen, winkeln Sie die Ellbogen ab und lassen sie die ganze Zeit über auf der Unterlage. Drücken Sie die Handflächen gegen die Enden des Stabes, und schwenken Sie ihn in einer fließenden Bewegung nach oben und unten.

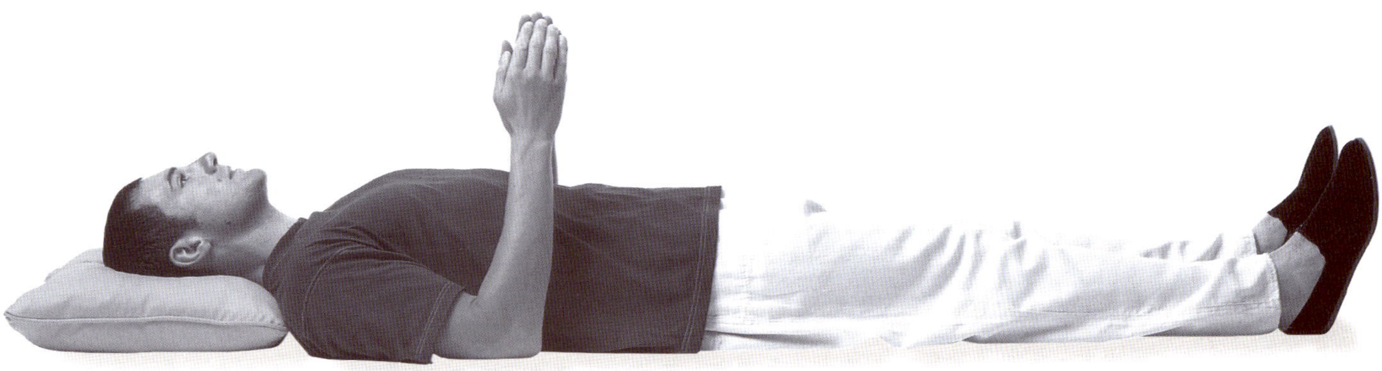

10

ZAFUPEI

An das Lebenstor klopfen

Die uralte, einfache Übung Zafupei (wörtlich übersetzt bedeutet dies »den Bauch und Rücken klopfen«) kombiniert Massage, Klopfen und Hüftbewegungen und kann überall ausgeführt werden.

Den Bereich ca. 7,5 cm unterhalb des Nabels nennt man in der Traditionellen Chinesischen Medizin Dantian. Aufgrund seiner Bedeutung wurde ihm ein zweiter Name gegeben, Qian Mingmen (Vordertür des Lebens). Sein Gegenstück auf dem Rücken heißt Mingmen (Lebenstor) oder Hou Mingmen (Hintertür des Lebens). Da man bei dieser Übung in die Gegend der Mingmen-Punkte klopft (der Punkt am Rücken liegt auf dem zweiten Lendenwirbel auf dem Len-

1 Seien Sie ganz entspannt. Gehen Sie ganz leicht in die Hocke, und ballen Sie die Hände locker zur Faust. Die Arme hängen herab. Lenken Sie Ihr Yi, das Bewusstsein, auf Ihren Nabel.

1

2 Legen Sie die Fäuste auf das vordere und hintere Lebenstor. Drehen Sie sich dann aus der Hüfte, sodass die Arme mitschwingen. Die linke Faust trifft genau unterhalb des Nabels auf den Bauch, die rechte auf dem Mingmen-Bereich auf dem Rücken.

2

WICHTIGE PUNKTE

- Um ein natürliches Klopfen zu erzielen, müssen Sie insgesamt locker lassen und die Hüfte als Drehachse begreifen.
- Richten Sie besondere Aufmerksamkeit auf die Lockerheit Ihrer Arme.
- Atmen Sie ganz ungezwungen durch die Nase oder durch Nase und Mund gleichzeitig.

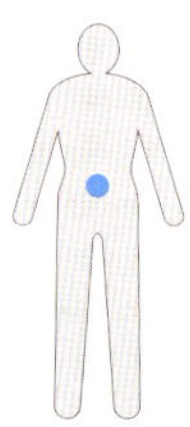

ker-Gefäß), nennt man die Übung auch An das Lebenstor klopfen.

Die beste Zeit für Zafupei ist morgens, wenn die Luft noch frisch ist. Üben Sie nicht gleich nach dem Essen, sondern lassen Sie mindestens eine Stunde verstreichen. Das Klopfen belebt die inneren Organe und verbessert die Verdauung und Durchblutung.

Der eigentliche Mittelpunkt der Lebensenergie befindet sich im Inneren des Körpers, genau zwischen Qian Mingmen (auf der Vorderseite des Körpers) und Mingmen (auf dem Rücken). Qian Mingmen und Mingmen dienen lediglich als Eintrittspunkte. Das Energiezentrum ist das Dantian. Dantian bedeutet wörtlich »Elixierfeld«. Unser Ziel ist es, mehr Qi in unserem Dantian zu sammeln und so Langlebigkeit und Vitalität zu erreichen.

3 Lassen Sie jetzt die rechte Faust auf dem Bauch und die linke auf dem Rücken auftreffen. Drehen Sie die Hüfte nach links und rechts, und lassen Sie die Arme dabei wie Seile mitschwingen. Die Fäuste dienen dabei als »Gewichte«. Das Klopfen entsteht lediglich aus dem Schwung der Drehbewegung, nicht aus den Armen. Sie können Dauer und Frequenz des Klopfens ganz an Ihre Bedürfnisse anpassen. Sie machen die Übung dann richtig, wenn Sie entspannt sind, sich wohl fühlen und ein wenig schwitzen. Steigern Sie die Bewegung langsam, aber überfordern Sie sich nicht.

3

11

LISHOU

Händeschwingen

Diese Übung mit ihren einfachen Bewegungen wurde in China von Generation zu Generation weitergereicht. Sie stärkt die Widerstandskräfte und die körperliche Verfasssung und ist insbesondere für ältere, schwache oder für Patienten mit chronischen Krankheiten geeignet. Je nach Tagesform können Sie die Anzahl der Schwünge pro Sitzung und die Anzahl der Übungssitzungen pro Tag variieren.

Achten Sie bei Lishou auf eine lockere und entspannte Körperhaltung, bewegen Sie sich unverkrampft, und führen Sie die Übungen korrekt aus. Wie bei anderen Übungen auch, sollten Sie Ihr Pensum nur langsam steigern. Das Prinzip »Viel hilft viel« gilt hier nicht. Eher das Gegenteil ist der Fall, da Sie mit zu viel Üben eher Schaden anrichten können.

Es gibt mehr als zehn Ausführungsvarianten von Lishou, von denen wir die grundlegendste und beliebteste ausgesucht haben. Sie ist für ihre ausgezeichnete Heilwirkung bekannt.

Entspannen Sie während der gesamten Übung bewusst die Nacken- und Gesichtsmuskeln. Ein freundlicher Gesichtsausdruck ist schon der erste Schritt. Lippen und Zähne berühren sich im geschlossenen Mund, die Zunge liegt flach im Mund. Lockern Sie Ihre Kleidung, und stellen Sie die Füße schulterbreit. Stehen Sie gerade, und blicken Sie nach vorne. Die Arme hängen locker an den Seiten. Stehen Sie wirklich bequem? Zehen, Sohlen und Fersen haben Bodenkontakt, die Zehen zeigen nach vorne.

Stehen Sie ganz aufrecht, aber entspannt. Strecken Sie die Brust nicht heraus. Der Hüftbereich ist unverkrampft, auch der Bauch sollte nicht herausgestreckt werden. Wenn Sie die Anleitung genauso befolgen, fühlt sich der Unterleib schwer und voll an.

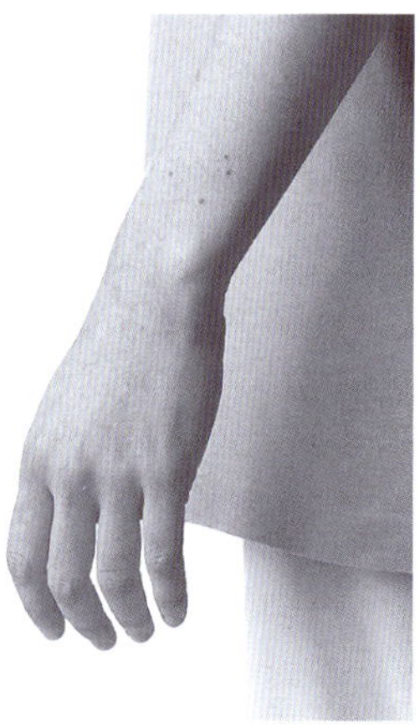

Beim Schwingen der Hände sind die Finger etwas auseinander, die Handflächen zeigen nach innen und sind leicht gewölbt.

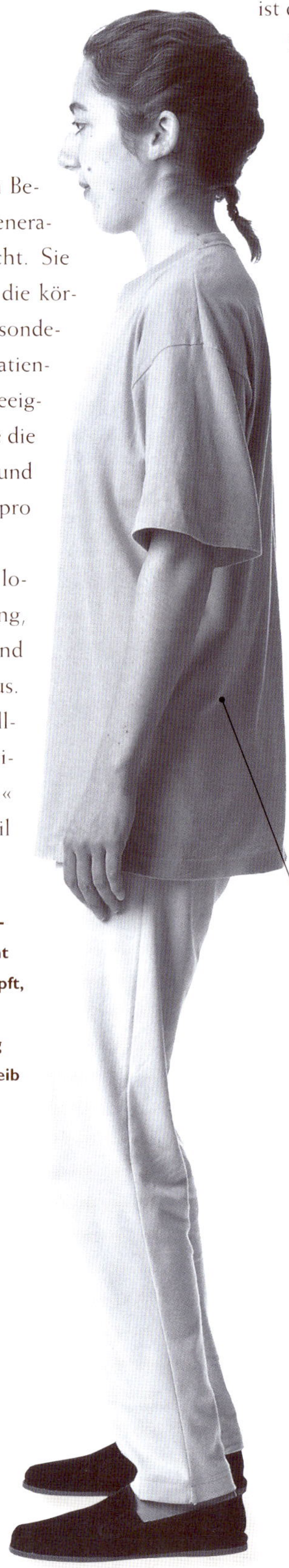

DIE WIRBELSÄULE IST AUFRECHT, DIE BAUCHMUSKULATUR GANZ ENTSPANNT

1

2 Die Schultern hängen, wie die Arme, entspannt nach unten. Die Arme liegen dabei nicht eng am Körper an – lassen Sie ein wenig Platz in den Achselhöhlen. Strecken Sie die Ellbogen nicht durch. Die Finger liegen nicht aufeinander, strecken oder biegen Sie sie auch nicht durch. Die Handflächen sind leicht gewölbt und zeigen nach innen. Entspannen Sie Körper und Geist jetzt für 1–2 Minuten. Schwingen Sie die Hände dann in fließenden Bewegungen nach vorne und hinten.

2

3 Wenn die Arme nach vorne schwingen, sollten die Daumen nie höher als der Nabel sein. Beim Schwingen nach hinten sollten die Außenkanten der kleinen Finger nicht höher als Ihr Gesäß sein.

DIE HÄNDE SCHWINGEN NICHT HÖHER ALS DAS GESÄSS

3

WICHTIGE PUNKTE FÜR LISHOU

◆ Üben Sie Lishou in einer ruhigen Umgebung mit frischer Luft aus. Beenden Sie die Übung bei Gewitter, da die elektrische Aktivität in der Atmosphäre das Fließen von Qi im Körper behindert.

◆ Üben Sie nicht nach einem opulenten Mahl oder wenn Sie hungrig sind.

◆ Sie müssen völlig entspannt sein, ganz besonders Schultern, Arme und Hände. Dadurch wird die Zirkulation von Qi und die Durchblutung gefördert, sodass sie nach unten fließen können. Ihr Unterleib wird in der Folge fest und schwer, sodass Sie sich beim Schwingen der Arme oben ganz leer und unten ganz voll fühlen. In China bezeichnte man dies als Oben-leer-unten-schwer-Gefühl.

◆ Bewegen Sie zusammen mit den Armen auch Hüfte und Beine. Schwingen Sie nicht nur die Arme. Die Hüftbewegung kann sich positiv auf die inneren Organe auswirken und die Wirkung der Übung noch verstärken.

◆ Versuchen Sie nicht krampfhaft, Ihre Atmung auf die Bewegungen abzustimmen. Wenn Sie lernen, mit dem Bauch zu atmen, erreichen Sie viel mehr.

◆ Ihre Arme sind so locker wie Seile, Ihre Finger sind locker voneinander getrennt. Spannen Sie keine Muskeln an.

◆ Verbinden Sie Ihre Bewegungen mit Ihrer inneren Ruhe. Herrscht Harmonie zwischen den beiden, werden sich Ihre Bewegungen ganz spontan ergeben, und Sie fühlen sich rundherum wohl.

◆ Sammelt sich Speichel in Ihrem Mund an, schlucken Sie ihn hinunter, anstatt ihn auszuspucken.

◆ Einmal Vor- und Zurückschwingen zählt als eine Bewegung. Wieviel Schwünge Sie machen wollen, hängt ganz von Ihnen ab. In jedem Fall sollten Sie sie langsam steigern, anstatt zu versuchen, sich selbst zu überbieten. Zählen Sie beim Schwingen leise mit, oder üben Sie immer gleich lang.

◆ Schließen Sie leicht die Augen, und konzentrieren Sie sich auf den Bauchnabel.

◆ Wenn Sie die Anleitung genau befolgen, sollten Sie sich während und nach der Übung wohl fühlen.

◆ Bei Schwindel, Schmerzen in der Brust, Übelkeit oder Müdigkeit sollten Sie die Anzahl der Sitzungen reduzieren oder sie vorübergehend ganz absetzen. Der Grund dafür ist oft zu häufiges oder zu heftiges Schwingen, bei denen die Hände über dem Nabel oder dem Po sind.

◆ Bleiben Sie nach der Übung 1–2 Minuten stehen. Machen Sie dann ein paar Entspannungsübungen, bevor Sie Ihre normalen Aktivitäten wieder aufnehmen.

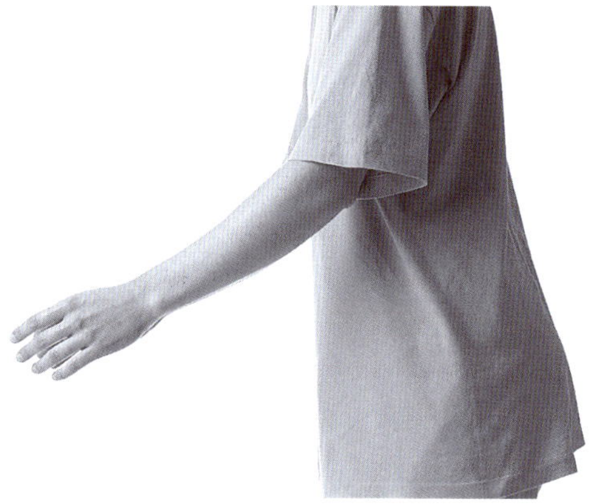

Unterstützen Sie das Schwingen der Hände durch Hüftbewegungen. Führen Sie beide Bewegungen mit derselben Intensität aus.

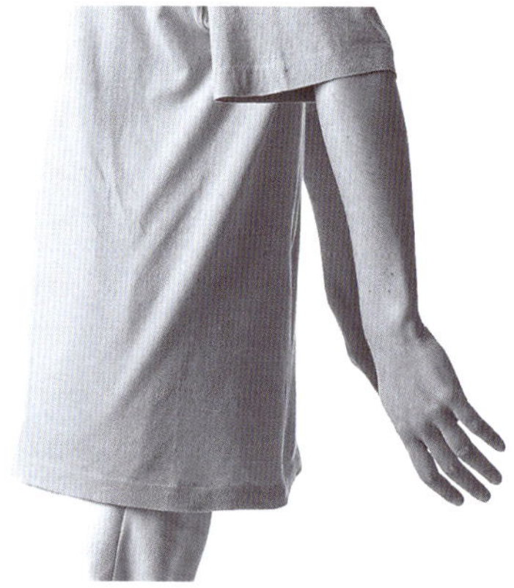

Achten Sie darauf, dass die Finger leicht abgespreizt sind und dass die Hände nicht zu hoch oder zu heftig schwingen.

Beim Schwingen kann Ihnen kalt oder warm werden, Sie hören möglicherweise Geräusche aus dem Bauch oder haben das Bedürfnis, einen Wind streichen zu lassen. Auch Taubheitsgefühle sowie leichte Schmerzen oder Insektenkribbeln auf der Haut können auftreten. Manche Menschen fühlen das Qi im Körper zirkulieren, und andere machen unwillkürliche Bewegungen. Es handelt sich hierbei um normale, aber keineswegs bei allen Menschen auftretende, körperliche Erscheinungen, die durch die Harmonie von körperlichen Bewegungen und innerer Ruhe bedingt sind und in ähnlicher Form bei Qigong auftreten können. Sie sollten ihnen nicht zu viel Aufmerksamkeit schenken und auch nicht versuchen, sie bewusst hervorzurufen.

Die sanfte Armschwingen massiert in Verbindung mit den Hüftbewegungen die inneren Organe, es erhöht die Zirkulation des Qi und verbessert das Wohlbefinden.

Bleiben Sie nach dem Schwingen noch einige Minuten stehen, und machen Sie abschließend ein paar Entspannungsübungen.

Im Sitzen

Sie können Lishou auch im Sitzen ausführen, dabei können Sie aber nicht die Hüfte mitbewegen. Sitzen Sie aufrecht, die Ober- und Unterschenkel sind fast im rechten Winkel. Entspannen Sie die Schultern, und schwingen Sie die Arme, wie vorher für die stehende Position beschrieben.

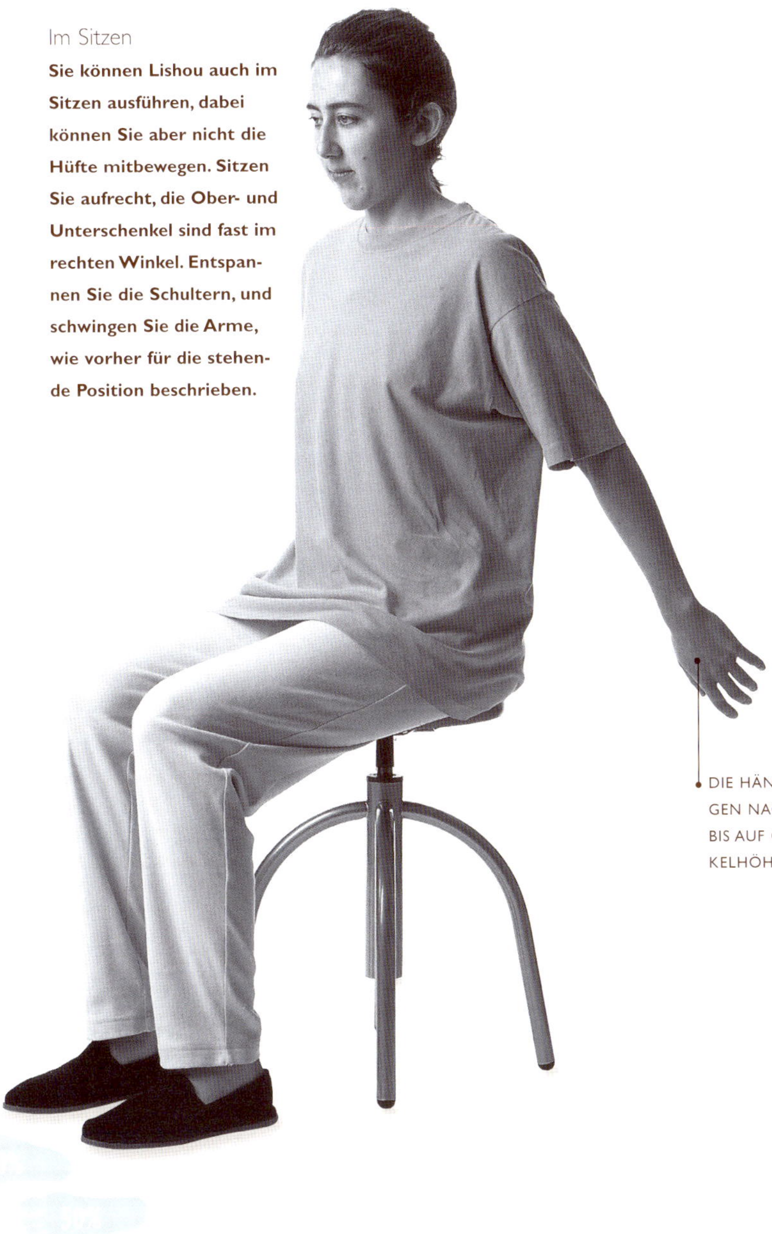

DIE HÄNDE SCHWINGEN NACH HINTEN BIS AUF OBERSCHENKELHÖHE

12

YANBUYUNDONG

Augenübungen

Augenübungen und Selbstmassage zum Erhalten der Sehfähigkeit waren im alten China weit verbreitet. Folgende Methoden waren historischen Zeugnissen zufolge am verbreitetsten:

- Sie schielen 7-mal abwechselnd nach links und rechts. Schließen Sie dann für kurze Zeit fest die Augen, und reißen sie wieder weit auf.
- Sie drücken 27-mal in die Mitte der kleinen Einbuchtung unter dem Mittelpunkt der Augenbraue. Drücken Sie dieselbe Stelle mit dem angewinkelten Daumen 36-mal.
- Sie drücken den Punkt zwischen dem Augenwinkel und dem Nasenrücken 36-mal.

Die in den letzten Jahren in China neu entwickelten Augenübungen bauen auf der Erkenntnis auf, dass Kurzsichtigkeit bei Erwachsenen bisweilen durch falschen Gebrauch der Augen verursacht wird. Wird beispielsweise ein Buch zu nah an die Augen gehalten, können die Augen ermüden oder die Augenlidmuskeln ziehen sich krampfartig zusammen. Dadurch verdickt sich möglicherweise die Augenlinse, da sich kurzzeitig ihre Form verändert. Man nennt dies Pseudo-Kurzsichtigkeit, da die Brechungswinkel noch nicht dauerhaft verlängert wurden.

Die Augenübungen können Abhilfe schaffen. Das Massieren der Akupunkturpunkte um die Augen hilft gegen Kurzsichtigkeit, da es die Anpassungsfähigkeit der Augenmuskeln verbessert, Verkrampfungen reduziert und die Durchblutung verbessert.

WICHTIGE PUNKTE

- Augenübungen können 1- oder 2-mal täglich ausgeführt werden. Wiederholen Sie jede Massage 20- bis 30-mal.
- Reiben Sie genau die Akupunkturpunkte.
- Die Bewegungen sollten weich und langsam sein.
- Beenden Sie die Massage, wenn sich ein Bereich taub anfühlt.

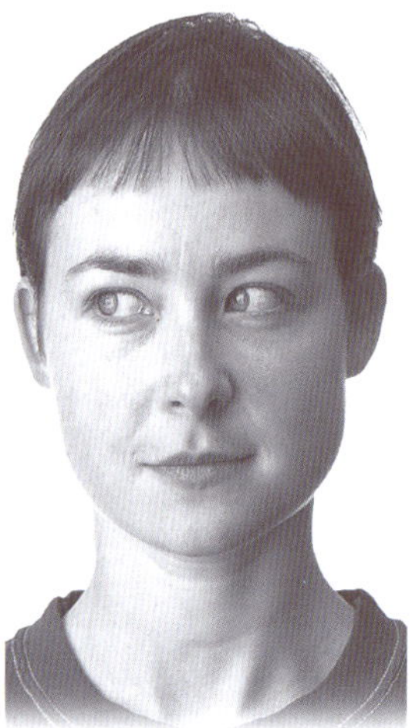

Eine uralte chinesische Therapie: Sie schielen 7-mal nach links und rechts, schließen die Augen und öffnen sie plötzlich wieder.

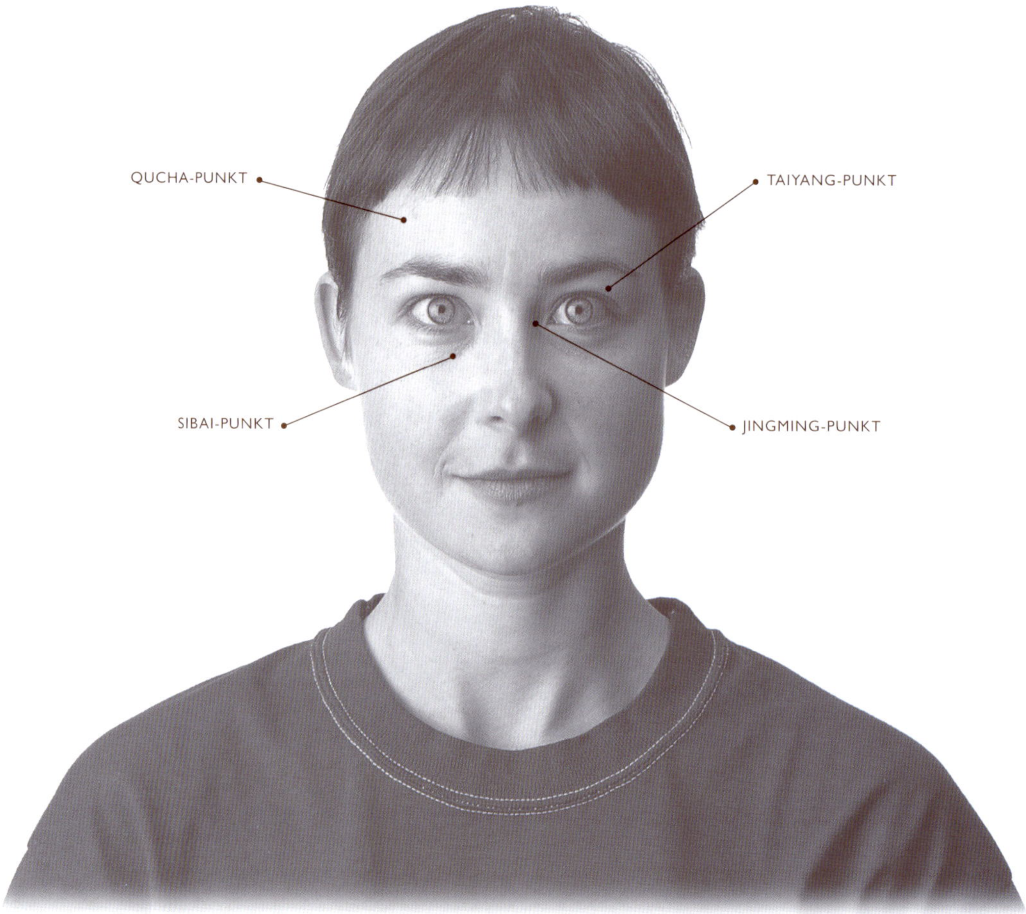

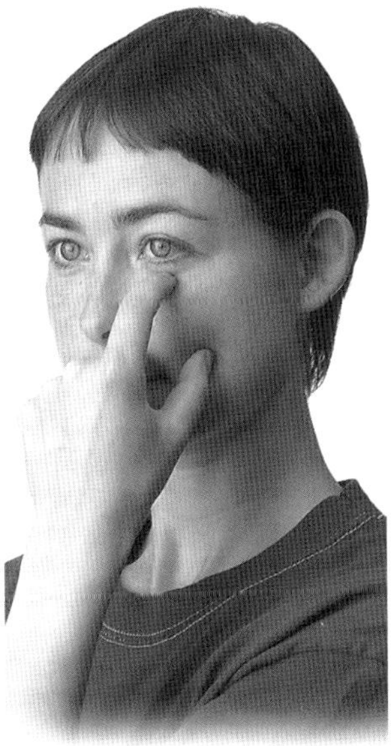

Kneten Sie den Sibai-Punkt. Drücken Sie die Zeige- und Mittelfinger zusammen, und legen Sie sie auf beide Seiten des Nasenrückens. Ihr Daumen schmiegt sich dabei an den unteren Wangenknochen. Lassen Sie den Daumen wo er ist, und suchen Sie mit dem Zeigefinger den tiefsten Punkt des unteren Augenhöhlenrandes. Rollen Sie die anderen Finger ein, und kneten Sie den Bereich ganz leicht.

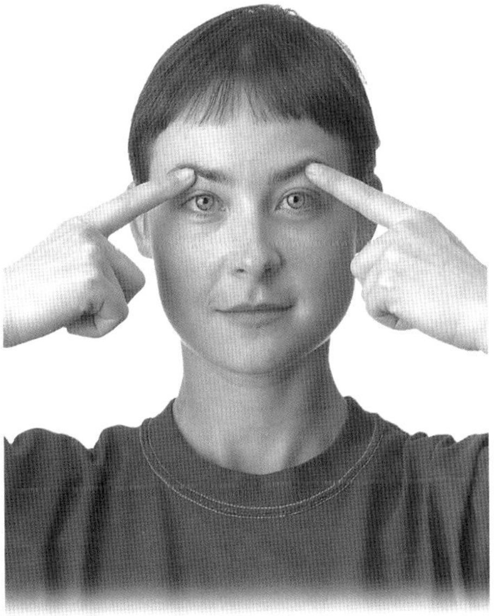

Krümmen Sie den Zeigefinger, und streichen Sie mit der Außenseite des zweiten Fingergliedes um den oberen Augenhöhlenrand. Beginnen Sie dabei oben neben der Nase. Dadurch massieren Sie gleichzeitig mehrere Akupunkturpunkte: Zanzhu, Yuyao, Sizhukong, Tongziliao und Chengqi.

Reiben Sie sanft mit dem Daumen den Qucha-Akupunkturpunkt, der zwischen Augenbraue und oberem Augenhöhlenrand liegt.

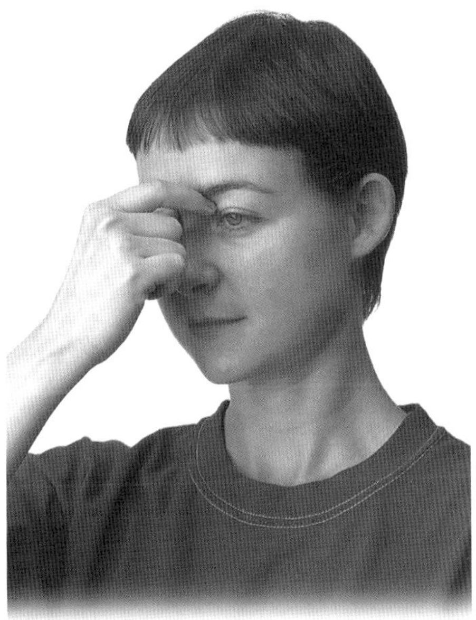

Drücken Sie mit Daumen und Zeigefinger die Jingming-Punkte, die gleich neben dem inneren Augenwinkel auf dem Nasenflügel liegen. Drücken Sie zuerst nach unten, dann nach oben.

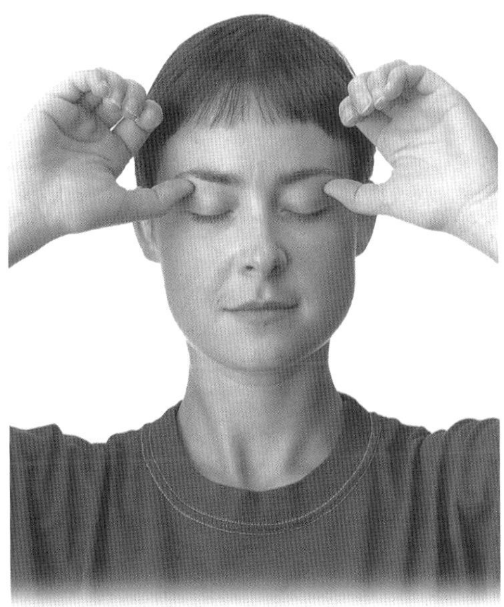

Reiben Sie mit dem Daumen den Taiyang-Punkt gleich unter der Augenbrauenspitze.

13

TUOFA

Haarausfall

Zu den verschiedenen Ursachen für Haarausfall gehören Vererbung, Blutarmut, Eisenmangel, Medikamente, Autoimmunschwäche-Krankheiten, Reaktionen des Immunsystems oder andere gesundheitliche Gründe. Bisher wurde keine zufriedenstellende Behandlungsmethode gefunden. Einige chinesische Methoden haben jedoch bei gesundheitsbedingtem Haarausfall beachtliche Erfolge erzielt.

Chinesische Ärzte empfehlen schon sehr lange das Massieren der Kopfhaut gegen Haarausfall und graue Haare. Auch die moderne Medizin vertritt die Ansicht, dass dadurch die Haarfollikel gestärkt und das Wachstum der Haare verbessert wird. Das Massieren entfernt außerdem Talg oder Fett, das Schuppen entstehen lässt, und abgestorbene Hautzellen, die dann keinen Schaden mehr anrichten können.

Bei Haarausfall können Sie auch Chiangzhuanggong, Kräftigende Übungen (siehe Seiten 74–77), oder Neiyanggong, Übungen zur Nährung des Inneren (siehe Seiten 78–79), anwenden.

Manche Menschen konnten mit Hilfe von Massage und Qigong ihren Haarausfall stoppen, wenn nicht gar rückgängig machen. Achten Sie begleitend zu diesen Übungen auf bessere Ernährung. Bei Anämie und Eisenmangel empfehlen wir Vitamin B_{12}, Folsäure und Eisenpräparate. Sprechen Sie auch mit Ihrem Arzt. Chinesische Ärzte empfehlen gegen übermäßige Talgproduktion Vitamin B_6 und Zystin.

WICHTIGE PUNKTE

- Verbinden Sie die Übungen mit der Umstellung Ihrer Ernährung sowie Atemübungen.

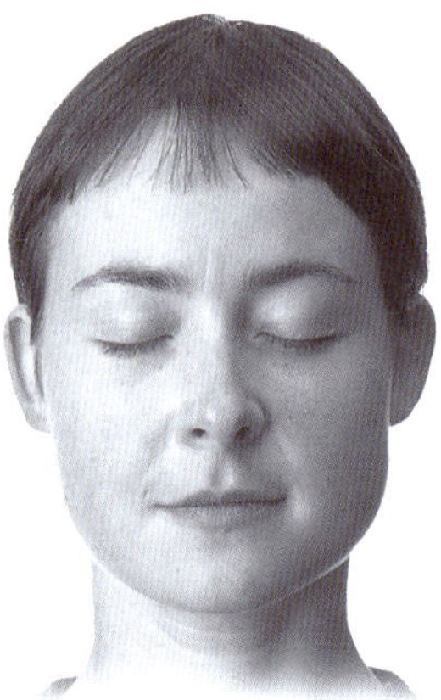

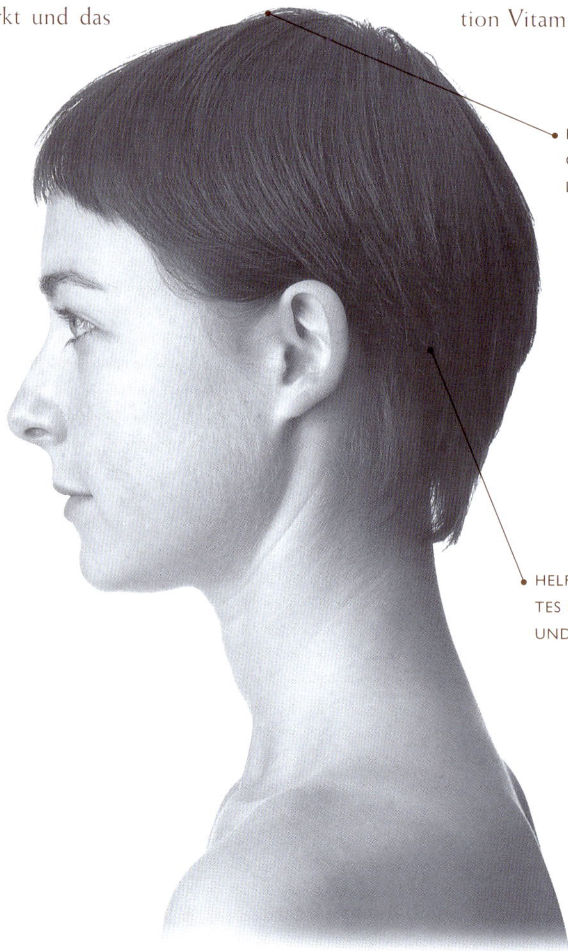

Vor langer Zeit führte ein weiser Mann die Methode ein, sich »nach oben« zu konzentrieren, um graue Haare zu vermeiden. Bei Qigong konzentrieren Sie sich nur auf den Baihui-Punkt. Zusammen mit der geistigen Energie gelangt das Qi in den Kopf, was die Durchblutung verbessert und die Haarwurzeln kräftigt.

VORSICHT

Nehmen Sie nie größere Mengen von Zusatznährstoffen ohne den Rat Ihres Arztes ein.

1 Bei der Punktmassage klopfen Sie jeden Punkt Ihres Kopfes 50- bis 100-mal.

2 Massieren und kneten Sie die Kopfhaut anschließend mit den Fingerspitzen 50- bis100-mal.

3 Nehmen Sie ein Büschel Haare zwischen Daumen und Zeigefinger jeder Hand, und ziehen Sie es ganz sanft, aber ruckartig nach oben. Verfahren Sie so mit jedem Büschel 20- bis 30-mal.

治癒

KAPITEL DREI

Heilübungen für Herz- und Kreislauf-krankheiten

Wandern ist eine der besten Möglichkeiten, Herzkrankheiten vorzubeugen.

Herz-/Kreislauf- und Arterienkrankheiten nehmen heutzutage immer mehr zu. Auf den ersten Blick ergibt sich kein Zusammenhang zwischen diesen Krankheiten, sie haben jedoch alle eine innere Gemeinsamkeit und oft ähnliche Ursachen. Zunächst ist die Zusammensetzung des Blutes wichtig. »Der Mensch ist, was er isst«, d. h. eine gesunde Ernährung wirkt sich auch auf das Blut aus, sodass der Herzmuskel und die Arterienwände optimal versorgt werden können. Eine fettreiche Ernährung lässt das Blut verdicken und die Arterienwände verhärten. Herzkrankheiten oder Thrombosen sind die Folge. Ideal ist eine fettarme Ernährung mit viel Obst und Gemüse.

Eine wichtige Rolle spielen auch körperliche Bewegung und das richtige Atmen. Taiji, Wandern und viele andere Sportarten unterstützen die Durchblutung und lassen das Qi besser fließen. Vor mehr als einem Jahrhundert entwickelte ein Arzt ein durch stufenweise Belastungssteigerung gekennzeichnetes Gehprogramm zur Behandlung von Patienten mit Herzkrankheiten.

Besonders ältere Menschen leiden an Herz-/Kreislaufkrankheiten, die jedoch durch die Übungen gelindert werden können.

Für wen sind Heilübungen geeignet?

Heutzutage können wir sowohl mit Hilfe der altüberlieferten chinesischen Medizin als auch der modernen Medizin, d.h. altbewährten Heilmethoden als auch modernen Therapieansätzen, Krankheiten vorbeugen und heilen. Heilübungen bieten dem, der seiner Gesundheit aus eigener Kraft ein wenig Aufschwung geben möchte, unzählige Möglichkeiten.

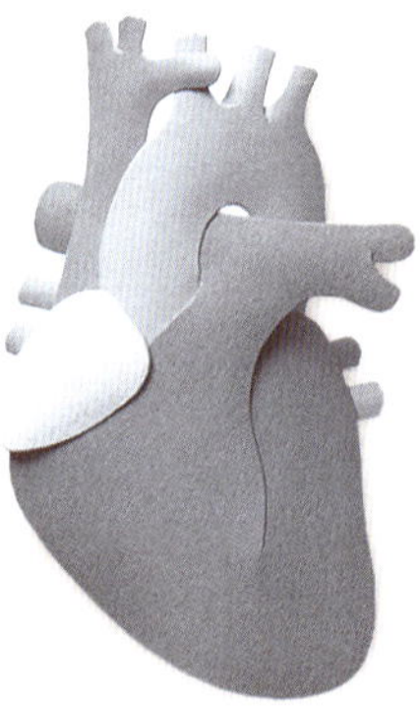

Das Herz ist ein äußerst komplexes Organ und für zahlreiche Störungen anfällig.

Extreme Vorsicht ist bei Übungen für Herzpatienten das oberste Gebot . Zunächst muss zusammen mit einem Arzt entschieden werden, ob ein Patient körperlich überhaupt in der Lage ist zu üben. Falsch ausgeführte Übungen können eher schaden als nutzen und das Herz überanstrengen, anstatt es zu stärken. In vielen Fällen ergibt sich durch die Heilübungen jedoch eine wesentliche Verbesserung des Allgemeinzustands und der Herzgesundheit der Patienten. Ein Übungsprogramm muss grundsätzlich mit dem zuständigen Arzt abgestimmt und ständig begleitet werden.

Bevor man sich ein Übungsprogramm zusammenstellt, ist der Arztbesuch in jedem Fall empfehlenswert. Dringend erforderlich ist eine Untersuchung, wenn einer oder meherere der folgenden Punkte auf Sie zutrifft: Sie waren bereits wegen Ihrer Herzkranzgefäße in Behandlung; Sie sind Raucher; Ihr Cholesterinspiegel ist erhöht; in Ihrer Familie sind bereits Herzkrankheiten aufgetreten. Ein erhöhtes Risiko besteht auch für Männer über 35 und Frauen über 40, die sich wenig bewegen.

Der Gesundheitszustand bzw. die jeweiligen Herzbeschwerden eines Patienten bestimmen die Zusammenstellung der Übungen. Nachfolgend finden Sie zunächst eine allgemeine Übersicht. In den weiteren Abschnitten dieses Kapitels werden dann die Übungen und ihr jeweiliger Einsatzbereich besprochen.

Krankheiten der Herzklappen: Verengung und unvollständiges Schließen der Mitral- oder Aortenklappe. Die Patienten können in der Regel zwar keine Mannschaftssportarten, in den meisten Fällen aber therapeutische Übungen durchführen. Für Patienten mit guter Durchblutung sind das Gehprogramm (siehe Seite 100–101), Taiji (siehe Seite 60–67), Badminton, Tischtennis und einfache Gymnastik geeignet.

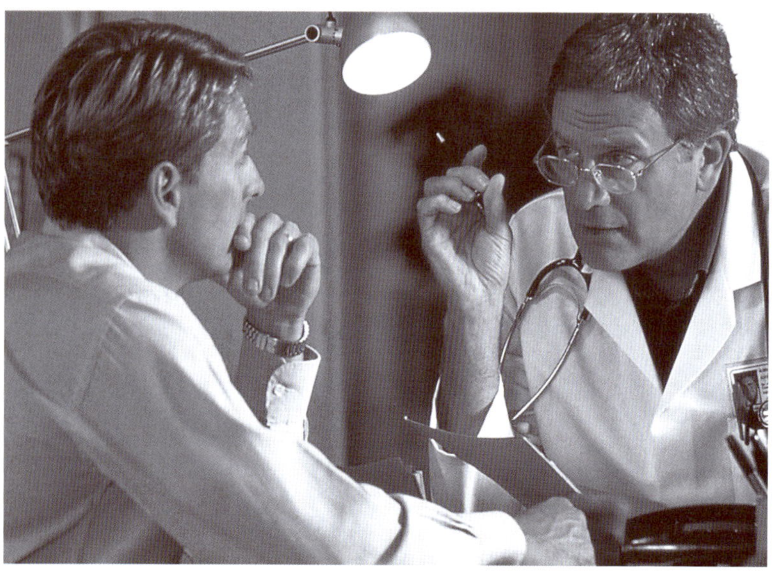

Patienten mit Herzerkrankungen sollten immer ein ausführliches Gespräch mit ihrem Arzt führen, bevor sie ein Übungsprogramm aufnehmen.

■ Tischtennis ist anstrengender, als man denkt – mit Bedacht ausgeübt jedoch eine ideale Form sportlicher Betätigung.

Angeborene Herzfehler (Abnormitäten der Herzklappen, Herzwände oder Herzgefäße): Diese Fehler werden oft in der Kindheit diagnostiziert, können sich aber auch erst später beim Sport durch Ermüdung, Atembeschwerden und eine veränderte Gesichtsfarbe bemerkbar machen. Manche junge Menschen mit Herzfehlern sollten – auch bei schwach ausgeprägten Symptomen – keinen Mannschaftsport, sondern nur schonende Sportarten ausüben, wie Wandern und Taiji. Für andere Menschen sind auch anstrengendere Übungsprogramme geeignet. Ihr Arzt wird Ihnen sagen können, was am besten für Sie geeignet ist.

■ Menschen mit angeborenen Herzfehlern können z. B. durch Laufen ihre Ausdauer steigern.

Herzfunktionsstörungen: Bei diesen Patienten sind die Beeinträchtigungen der Herzfunktion eher durch Störungen des Nervensystems als durch eigentliche Herzschäden bedingt. Körperliche Anstrengung überfordern sie. Sie ermüden rasch, kommen schnell außer Atem und haben beim Sport Schmerzen im Herzbereich. Der Herzschlag im Ruhezustand übersteigt manchmal 90 Schläge in der Minute (normal sind 60 bis 80 Schläge), und bisweilen tritt unregelmäßiger Puls auf. Sie sind oft gereizt und leiden unter Schlafstörungen. Für diese Gruppe von Herzpatienten sind schonende Übungen, wie Wandern und Taiji geeignet, Übungen mit raschen Bewegungen sind weniger ratsam.

Arrhythmie (Herzrhythmusstörung): Die Störung des Herzrhythmus wird in der Regel durch eine zusätzliche Systole, d.h. eine vorzeitige Kontraktion des Herzens ausgelöst. Patienten, bei denen organische Gründe vorliegen, können möglicherweise keinen Sport treiben. Menschen mit gelegentlicher Arrhythmie können die Übungen unter ärztlicher Aufsicht ausführen.

Krankheiten der Herzkranzgefäße: Patienten mit diesen schweren Herzerkrankungen, die sich als Angina pectoris, zunehmender Verschlechterung von Herzmuskel und -klappen oder gar als Herzinfarkt bemerkbar gemacht haben, können die Übungen nicht ausführen.

■ Die sanften Bewegungen von Taiji sind auch für Menschen mit Herzkrankheiten geeignet.

Vorsichtsmaßnahmen für Herzpatienten

Jeder Kranke, der ein Übungsprogramm beginnt, sollte immer besondere Vorsicht walten lassen. Ganz besonders gilt dies für Herzpatienten. Einige einfache Vorsichtsmaßnahmen und eine ständige ärztliche Überwachung können jedoch sicherstellen, dass auch Herzpatienten voll von den Übungen profitieren können, ohne sich sorgen zu müssen.

Durch regelmäßiges Pulszählen können Sie sich bewusst machen, wie stark Ihr Körper belastet wird.

Herzpatienten müssen ganz besonders darauf achten, ihr Herz nicht zu überanstrengen. Nur unter dieser Voraussetzung kann der Nutzen des Übungsprogramms wirklich ausgeschöpft werden. Die Zusammenstellung und der Umfang des Programms müssen – zusammen mit einem Arzt – genau auf den Zustand des Herzens abgestimmt werden.

Achten Sie vor, während und nach den Übungen genau auf Ihren Puls und etwaige körperliche Reaktionen. Beginnen Sie nie eine Übung, wenn Ihr Pulsschlag im Ruhezustand mehr als 90 Schläge pro Minute beträgt. Nach der Übung kann der Puls um bis zu 20 oder 30 Schläge pro Minute ansteigen, was völlig normal ist. Alarmzeichen, die ein sofortiges Abbrechen erforderlich machen, sind Kurzatmigkeit, pfeifender Atem, Herzklopfen, Herzschmerzen oder unregelmäßiges Schlagen des Herzens.

Patienten mit Fieber sollten keine Übungen ausführen, da dadurch das Herz zusätzlich strapaziert wird. Pro Grad Celsius erhöhter Körpertemperatur muss das Herz im Ruhezustand 10- bis 20-mal öfter pro Minute schlagen.

Wandern ist ideal für Herzpatienten und sorgt zudem dafür, dass sie an die frische Luft kommen.

Kategorien von Herzpatienten

Übungen für chronische Herzpatienten können nach der Schwere der Erkrankung in vier Gruppen aufgeteilt werden.

GRUPPE A

Diese Patienten sind im Vergleich zu Gesunden körperlich schwach, obwohl sie ihre täglichen Aufgaben erledigen können. Sie können aber nicht so schnell laufen oder Treppen steigen wie Gesunde.

GRUPPE A

GRUPPE B

Angehörige dieser Kategorie können in gemächlichem Tempo und ohne Anstiege ungefähr 30 Minuten gehen, ohne außer Atem zu kommen. Schnelles Gehen oder langes Treppensteigen fällt ihnen schwer.

Patienten der Kategorien A und B können ihre Durchblutung und die Widerstandsfähigkeit Ihres Herzens durch gut zusammengestellte Übungen verbessern. In dem Maß, wie die gesunde Herzfunktion wiederhergestellt wird, steigt der Nutzen der Übungen soagr noch an. Grundlage des Übungsprogramms ist das stufenweise aufgebaute Gehen (siehe Seite 100–101).

GRUPPE B

GRUPPE C

In diese Gruppe fallen Patienten, die langsam ein paar Hundert Schritte gehen können, durch Hausarbeit jedoch sehr angestrengt werden. Bisweilen haben Sie auch Probleme mit dem Atmen.

GRUPPE C

GRUPPE D

Patienten der Gruppe D befinden sich in einem kritischen Stadium. Ihre Herzfunktion ist so eingeschränkt, dass sich Wasser in der Lunge sammelt und das Atmen für sie schwierig ist.

Patienten der Gruppen C und D können von den Übungen nur eingeschränkt profitieren. Sie müssen sich – unter ärztlicher Aufsicht – eher darauf konzentrieren, ihr Herz zu schützen, weniger, es zu stärken. Am besten geeignet ist Qigong (siehe Seite 68–71), Vereinfachter Taiji-Faustkampf (siehe Seite 60–67) und Gehen. Geeignet sind nur Übungen, die den Puls nicht zu stark erhöhen oder das Herz übermäßig belasten.

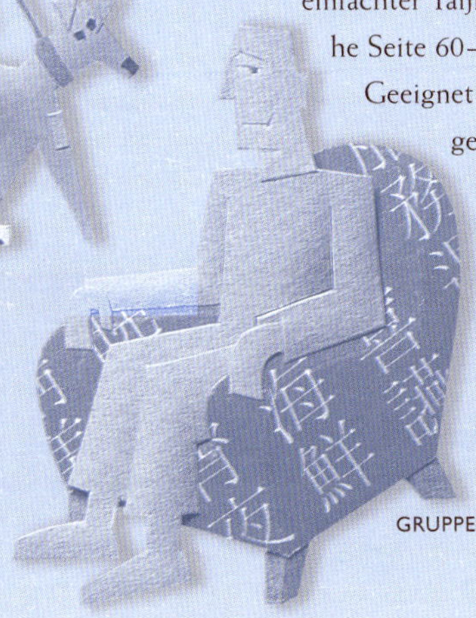

GRUPPE D

Stufenweise aufgebautes Gehprogramm

Am meisten profitieren Sie von dem Gehprogramm in der frischen Luft eines Parks oder auf dem Land. Die Bäume, Pflanzen und die Schönheit der Natur im Allgemeinen wirken beruhigend und aufbauend auf Geist und Seele und sind so auch gut für das Herz. Ein Spaziergang in einer harmonischen Umgebung fördert so die Genesung von Herzpatienten.

Der Vorteil des stufenweise aufgebauten Gehprogramms liegt darin, dass es ortsungebunden ist. Ideal ist ein Park oder eine wenig befahrene Nebenstraße. Das Programm besteht aus Strecken bestimmter Länge und Steigung, die in einer festgelegten Geschwindigkeit zurückgelegt werden. Auch ein regelmäßiger Pausenrhythmus muss eingehalten werden.

Sie brauchen lediglich eine Uhr mit Minutenzeiger oder eine Stoppuhr sowie ein Instrument, mit dem Sie Strecken abmessen können. Verwenden Sie ein Maßband (für die kürzeren Strecken) oder einen Schrittzähler, der in Sportgeschäften erhältlich ist. Sehr lange Strecken können Sie auch mit dem Auto abfahren und so die Route festlegen.

Beginnen Sie mit 300 m auf ebener Strecke. Erhöhen Sie diese Strecke langsam auf 500 m. Je nach Ihrer körperlichen Verfasssung steigern Sie die Strecke auf 1000 m, 1500 m und schließlich 2000 m – oder auch mehr. Gehen Sie zuerst langsam – 60 bis 80 Schritte in der Minute –, und legen Sie mehrfach Pausen ein. Steigern Sie die Geschwindigkeit dann auf 80 bis 100 Schritte die Minute. Patienten, die besser trainiert sind, können sich für kurze Zeit auch an einer leicht ansteigenden Strecke (1–2 Prozent) versuchen.

Je nach Witterung und körperlichem Befinden können Sie jeden zweiten Tag oder sogar täglich gehen. Wenn das auf der gegenüberliegenden Seite beschriebene Programm gewissenhaft befolgt und regelmaßig praktiziert wird, ist es für Menschen in der Rekonvaleszenz von Infektionskrankheiten, chronische Herzpatienten sowie für Menschen mit übergewichtbedingten Herzkrankheiten äußerst förderlich.

Das folgende fünfmonatige Gehprogramm wurde speziell für Herzpatienten entwickelt. Beginnen Sie mit dem Pensum des ersten Monats, selbst wenn Sie meinen, mehr bewältigen zu können. Sie sollten immer einen ganzen Monat lang auf einer Stufe bleiben und erst dann zur nächsten Stufe weitergehen, wenn Sie das Pensum mühelos bewältigen. Sie müssen sich nicht sklavisch an die vorgeschriebenen Strecken und Geschwindigkeiten halten. Es hat sich aber gezeigt, dass dieses Programm gerade dann Herzpatienten hilft, wenn es mit System betrieben wird.

Das Gehpensum wird genau festgelegt und gesteigert und an Ihre Bedürfnisse angepasst.

Fünfmonatiges Gehprogramm

1 — 2–3 Min. — 600m

2 — 3–4 Min. — 800m

3 — 15–18 Min. — 1500m

4 — 18 Min. — 2000m

5 — 25 Min. — 2000m

MONAT 1

Gehen Sie auf ebener Strecke 200–600 m mit einer Geschwindigkeit von 2–3 Minuten für 100 m.

Machen Sie alle 100 m 5 Minuten Pause.

MONAT 2

Gehen Sie auf ebener Strecke 400–800 m mit einer Geschwindigkeit von 3–4 Minuten für 200 m.

Machen Sie alle 200 m 3 oder 5 Minuten Pause.

MONAT 3

Gehen Sie auf ebener Strecke 800–1500 m. Legen Sie die gesamte Strecke in 15–18 Minuten zurück.

Pausieren Sie auf halber Strecke und nach Abschluss 5 Minuten.

MONAT 4

Gehen Sie auf ebener Strecke 2000 m in zwei gleichen Abschnitten. Legen Sie jeden Abschnitt in 18 Minuten zurück.

Machen Sie zwischen den Abschnitten 3 bis 5 Minuten Pause.

MONAT 5

Gehen Sie auf ebener Strecke 2000 m. Schließen Sie zwei Strecken von 100 m mit einer Steigung von 1–2 Prozent ein. Legen Sie die ersten 1000 m einschließlich des Anstiegs in 20–25 Minuten zurück, und machen Sie eine Pause von 8 Minuten. Kehren Sie in der gleichen Zeit an den Anfangspunkt zurück, und legen Sie wieder eine Pause ein.

Machen Sie nach jedem Abschnitt 8 Minuten Pause.

■ Je genauer Sie sich an dieses Programm halten, desto größer ist der Nutzen für Ihr Herz!

Atemübungen für Herzpatienten

Die emotionale Ebene steht mit dem Herzen in direktem Zusammenhang, nicht umsonst spricht man von gebrochenen Herzen. Emotionaler Stress und Anspannung machen sich körperlich durch eine verschlechterte Herzfunktion und Durchblutung bemerkbar. Entspannungsübungen, wie z. B. Qigong, sind daher besonders gut für das Herz.

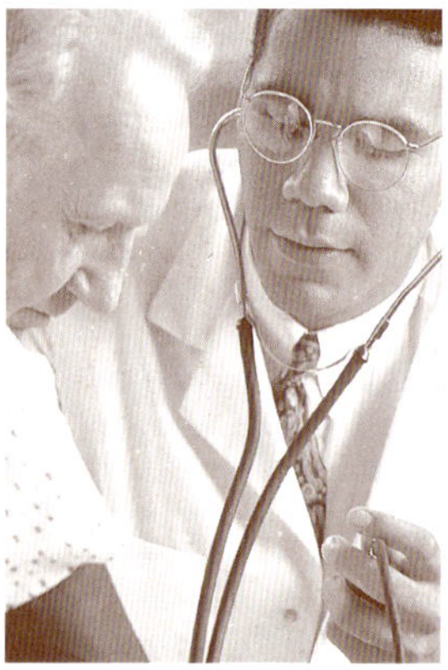

Das Messen des Blutdrucks vermittelt ein Bild des Funktionszustandes von Herz und Gefäßen.

Mediziner in China haben in den letzten Jahren mit Qigong, den klassischen Atemübungen, bei der Behandlung von Herzkrankheiten sehr gute Erfolge erzielt. Qigong hilft bei Herzklopfen, verbessert die Atmung, vermindert Schwindelgefühle und verhilft zu mehr Energie. Darüber hinaus wirkt es entspannend, verbessert den Schlaf und fördert den Appetit. Auch ermüden die Patienten nicht mehr so schnell. Bei Qigong ist es wichtig, ganz natürlich, frei und ungezwungen zu atmen. Wenn Sie versuchen, in einem bestimmten Rhythmus zu atmen, erreichen Sie damit nur einen erhöhten Puls und Schwindelgefühle.

Qigong wirkt entspannend auf Körper und Geist – und beruhigt somit auch das Herz.

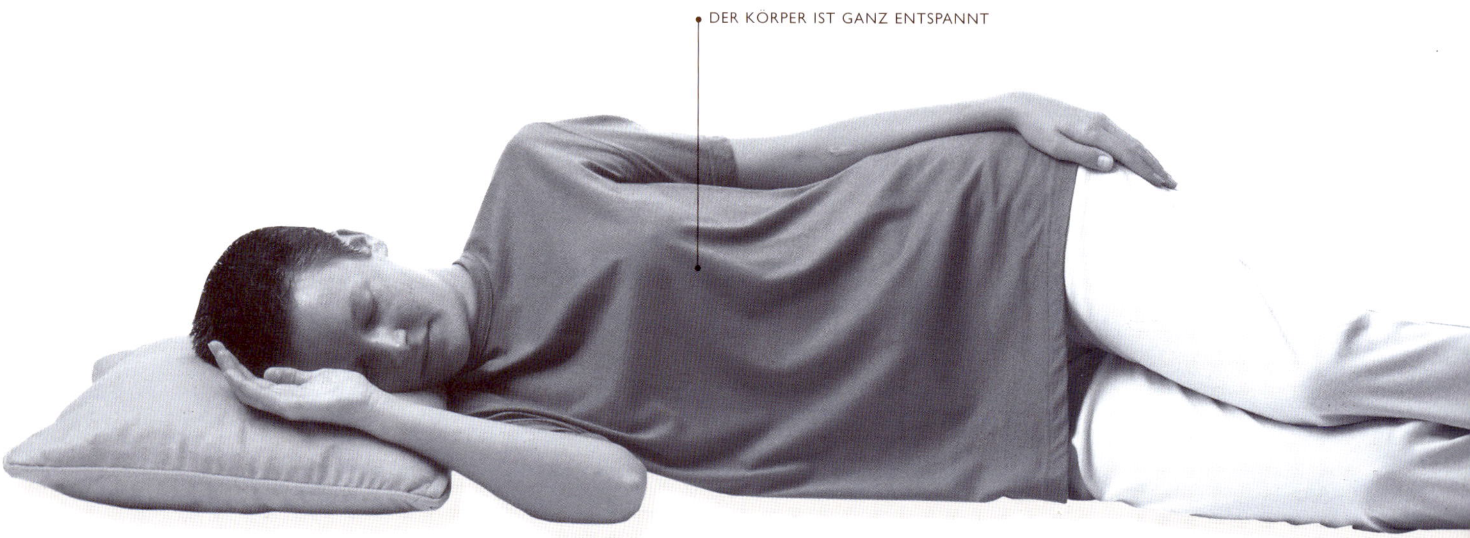

VORSICHT

Die Atmungsübungen sind nicht für Patienten mit folgenden akuten Krankheiten geeignet:

- **Angeborene Herzfehler**
- **Bluthochdruck oder Hypertonie**
- **Arteriosklerose**
- **Arrhythmie**

Fangsonggong oder Entspannungs- oder Lockerungsübungen (siehe Seite 72–73) löst Verspannungen und lässt Sie innerlich ruhig werden. Daher ist diese Qigong-Form ideal für Herzpatienten. Sie wird im Liegen ausgeführt, Sie können aber auch auf einem Stuhl sitzen, wenn Sie sich im Liegen unwohl fühlen.

Atmen Sie so natürlich und spontan wie möglich. Nach jedem Atmungszyklus entspannen Sie sich ein bisschen mehr. Die Wirkung ist kumulativ, d.h. wenn Sie körperlich entspannter sind, atmen Sie auch entspannter, was sich wiederum positiv auf körperlicher Ebene auswirkt. Durch Übung erreichen Sie einen Zustand tiefer Entspannung und Ruhe. Wenn Sie die Übung 2- bis 3-mal täglich jeweils 30 Minuten lang ausführen, bleiben die Ergebnisse sicher nicht aus.

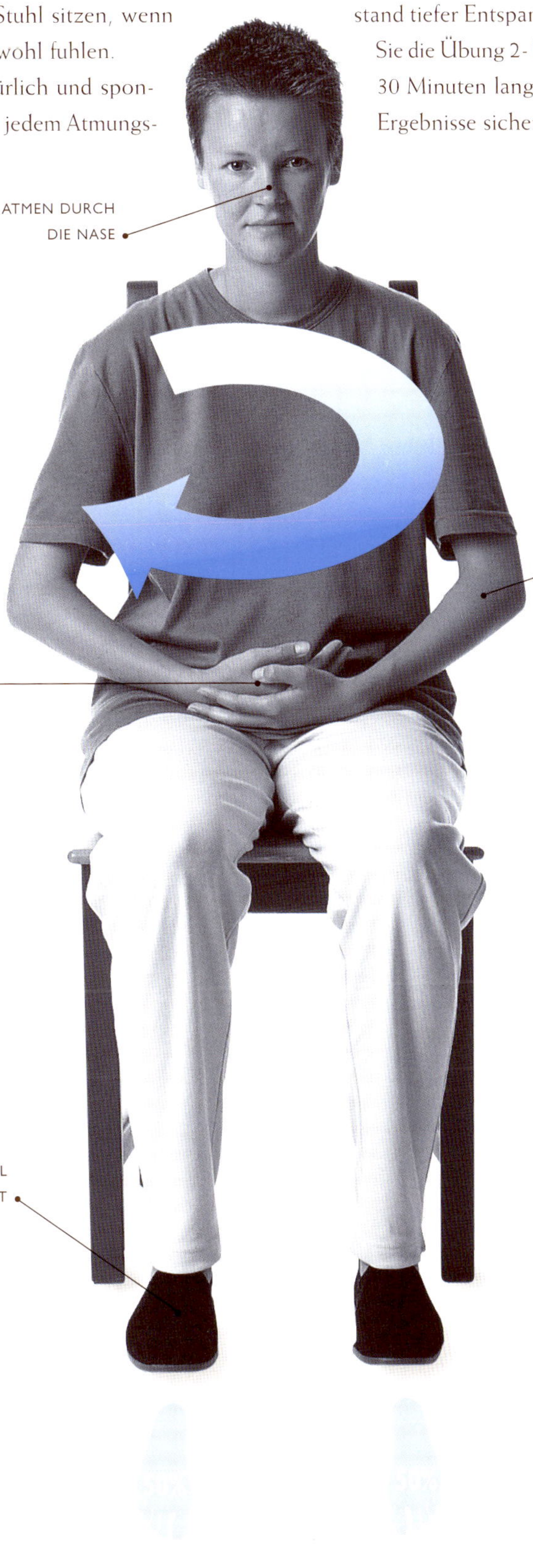

Am meisten Nutzen bringen die Atemübungen, wenn die Sitzungen jeweils eine halbe Stunde dauern.

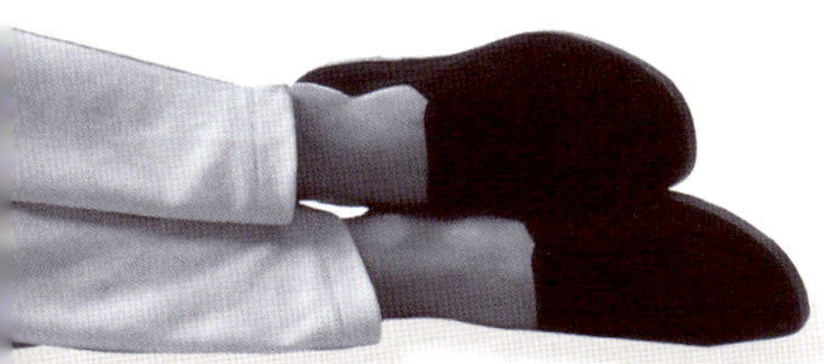

Fangsonggong fördert die körperliche Entspannung und auch das entspannte Atmen.

Heilübungen bei Bluthochdruck

Die schonenden Übungen von Taiji beleben in Verbindung mit der gefäßerweiternden Wirkung der Entspannungsübungen und den Drehbewegungen sanft die Durchblutung, ohne das Herz anzustrengen. Bei regelmäßiger Ausübung über einen längeren Zeitraum gewinnt das Herz seine alte Kraft zurück, und die Blutdruckwerte verbessern sich.

Feldarbeit ist, wie andere Formen körperlicher Betätigung, gut für das Herz.

Es ist statistisch erwiesen, dass körperlich aktive Menschen, ob Athleten oder Arbeiter, selten an Bluthochdruck leiden. Im Vergleich zu Menschen, die eine überwiegend sitzende Tätigkeit ausüben, treten Bluthochdruckprobleme bei Menschen, die sich regelmäßig körperlich betätigen, 10–15 Jahre später auf.

Auch »sanfte« Sportarten helfen, Bluthochdruck zu vermeiden. Menschen, die die sanften Bewegungsfolgen von Taiji ausüben, haben beispielsweise einen niedrigeren Blutdruck als Menschen, die diese Übungen nicht machen.

Die positive Wirkung der Heilübungen auf den Blutdruck ist vielfältig. Die entspannende Wirkung hemmt die Überaktivität der Großhirnrinde und im vasomotorischen Zentrum, über das die Größe der Blutgefäße, also u. a. der Blutdruck, gesteuert wird. Körperliche Bewegung verringert auch die Erregbarkeit des Sympathikus, der mit Hochdruckbeschwerden in Verbindung gebracht wird. Schonende körperliche Bewegung, die systematisch ausgeführt wird, regt den Vagusnerv an, der wiederum den Herzschlag verlangsamt.

Die Übungen verbessern die Durchblutung und die Anpassungsfähigkeit an körperliche Belastung. Bei körperlicher Bewegung steigen Puls und systolischer Druck bei mit Bluthochdruckpatienten rasch an. Regelmäßig ausgeführte Übungen bewirken, dass diese körperlichen Reaktionen weniger drastisch ausfallen, die Patienten können so körperlich aktiver werden.

Der Blutdruck bei Patienten mit leichter Hypotonie schwankt in der Regel zwischen normal und hoch. Sie leiden unter Kopfschmerzen, Ohrensausen, Schwindel und Reizbarkeit. Von gelegentlichem Herzklopfen und Kurzatmigkeit abgesehen, treten bei ihnen aber keine Schmerzen im Brustbereich auf. Für sie sind Taiji (siehe Seite 60–67), Qigong (siehe Seite 68–71), Gehen und Selbstmassage am besten geeignet, also schonend und langsam ausgeführte Bewegungen. Mit diesen Übungen wird der Blutdruck gesenkt, nicht das Herz gestärkt. Anstrengende Übungen

Intensiver Sport setzt Herz und Blutdruck extremer Belastung aus.

können den Herzschlag und Blutdruck erheblich beeinflussen sowie Kopfschmerzen und Schwindel bewirken.

Menschen mit Bluthochdruck sollten ein Gleichgewicht von aktiven und inaktiven Phasen anstreben. Patienten mit leicht erhöhtem Blutdruck treiben idealerweise 2- bis 3-mal die Woche eine Stunde lang Sport, mit anstrengenderen Phasen von jeweils 20 bis 30 Minuten. Patienten mit mäßigem Bluthochdruck sollten 2- bis 3-mal die Woche jeweils 30 Minuten lang Sport treiben. Diese 30 Minuten können in 15 Minuten morgens und abends aufgeteilt werden, mit relativ »inaktiven« Phasen dazwischen.

Taiji und Bluthochdruck

Taiji reguliert die Durchblutung, die Herzfunktion und das Nervensystem, die sich gegenseitig beeinflussen und voneinander abhängig sind. Mit täglichem Taiji können Sie Ihren Bluthochdruck senken und innere Ausgeglichenheit erreichen.

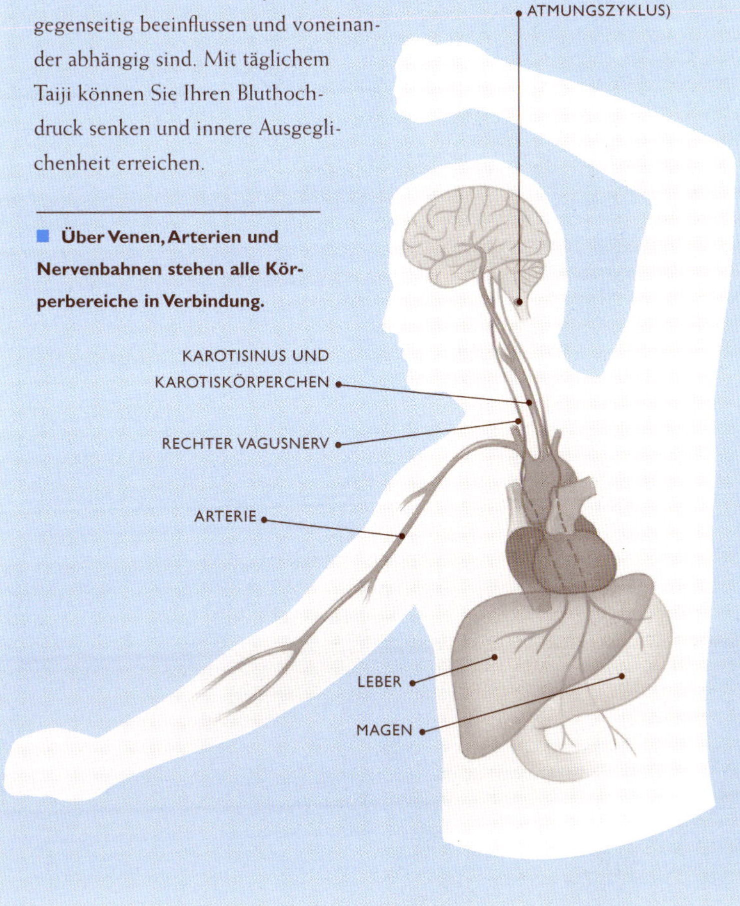

Über Venen, Arterien und Nervenbahnen stehen alle Körperbereiche in Verbindung.

Vorsichtsmaßnahmen für Hochdruckpatienten

* Wenn Sie nicht nur an Bluthochdruck, sondern auch an anderen Krankheiten wie Arrythmie, Tachykardie, Vasospasmus oder Angina Pectoris leiden, sollten Sie die Übungen auf jeden Fall unter ärztlicher Aufsicht durchführen.
* Machen Sie keine Übungen, die Ihren Puls auf über 125 Schläge pro Minute beschleunigen.
* Bleiben Sie während der Übungen ganz locker, und spannen Sie keine Muskeln an.
* Atmen Sie ganz normal, halten Sie nicht den Atem an.
* Heben Sie keine Gewichte oder schweren Lasten.
* Halten Sie den Kopf aufrecht, um Schwindel zu vermeiden.
* Bei Schmerzen in der Brust, Kopfschmerzen, Schwindel, Arrythmie, Husten und Erbrechen müssen Sie die Übungen sofort abbrechen und Ihren Arzt aufsuchen.
* Achten Sie bei anstrengenden Übungen auf Ihren Herzschlag. Er sollte sich ca. 5 Minuten nach Abschluss der Übung wieder auf den Puls vor der Übung normalisieren.
* Spätestens 2 Stunden nach der Übung sollten Sie sich erholt haben. Sind Sie danach noch müde, kann es sein, dass Sie sich überfordert haben und Ihr Pensum entsprechend anpassen müssen.
* Die Übungen sollten im Freien oder in einem luftigen, lärmgeschützten Raum ausgeführt werden.
* Bleiben Sie mit Ihrem Arzt in Kontakt, und informieren Sie sich über die Abläufe und Techniken bei körperlicher Bewegung.

14

FANGSONG YUNDONG

Entspannungsübungen

Hauptziel von Qigong ist Entspannung, Beruhigung und Sammlung von Energie. Diese uralten Atemtechniken senken den Blutdruck, indem sie die Aktivität des sympathischen Nervensystems dämpfen und gleichzeitig das parasympathische aktivieren. Der Sympathikus reagiert auf Stress durch beschleunigten Puls, wodurch der Blutdruck steigt. Der Körper wird in Alarmbereitschaft versetzt. Der Parasympathikus verlangsamt den Herzschlag, senkt den Blutdruck und regt das Verdauungssystem an. Ein ausgewogenes Verhältnis dieser beiden Anteile des vegetativen Nervensystems dient der Senkung von Bluthochdruck.

Es gibt viele verschiedene Qigong-Techniken. Hier eine ganz einfache Entspannungsübung: Setzen Sie sich auf einen Stuhl, atmen Sie ganz normal, und sagen Sie sich leise die Worte »ruhig« und »entspannt« vor. Gehen Sie bewusst Ihren Körper von oben bis unten durch. Fühlen Sie, wie langsam die Spannung in Nerven, Herz und Blutgefäßen nachlässt.

Eine andere Qigong-Technik ist das Drei-Kreise-Qigong. Sie stehen mit den Füßen schulterbreit, die Knie sind leicht gebeugt und Ihr Rücken gerade. Halten Sie die Arme vor sich, so als ob Sie einen Globus in der Mitte umfassen würden. Atmen Sie tief, und geben Sie sich angenehmen Gedanken hin: Eine heilende Energie durchströmt Ihren Körper. Sie spielen auf einer sonnenüberfluteten Wiese und spüren die Sonnenstrahlen auf der Haut. Sie sind gelassen und glücklich.

Die Entspannung stellt sich fast ganz von alleine ein, wenn Sie sich eine schöne Landschaft vorstellen.

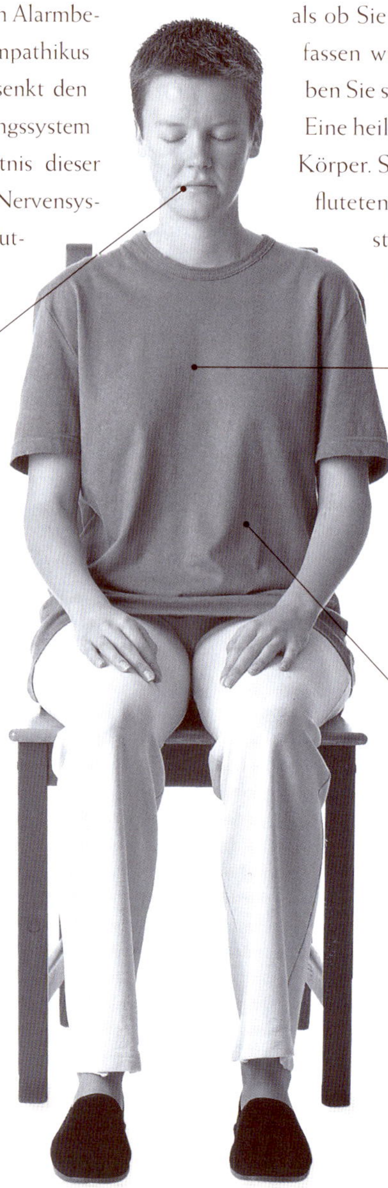

VORSICHT

Patienten mit sehr hohem Blutdruck sollten die Übung nicht im Stehen ausführen.

Körperlich geschwächte Menschen sollten auf die Möglichkeit zurückgreifen, Übungen im Stehen und im Sitzen auszuführen. Erhöhen Sie die Dauer für die Übungen im Stehen von 3 Minuten allmählich auf 20 Minuten. Legen Sie eine Pause ein, wenn Sie müde werden.

Die Atemübung im Stehen scheint bei Bluthochdruck wirksamer zu sein als im Sitzen. Der Grund dafür ist womöglich, dass das Oben-Fülle-Unten-Leere-Syndrom (shishangxuxia) dadurch eher behoben wird. Menschen, die unter diesem Syndrom leiden, empfinden ihren Kopf als schwer und aufgebläht, während die unteren Bereiche schmerzen,leicht ermüden und sie das Gefühl haben, nicht sicher auf dem Boden zu stehen.

Die Übung im Stehen regt die Beinmuskulatur an und legt den Körperschwerpunkt in den Unterbauch. Sie bringt auch das Qi, oder die Energie, wieder ins Gleichgewicht. Stellen Sie sich vor, wie die Energie aus Ihrem Kopf in Ihren Unterleib und zu Ihren Fußsohlen fließt. Die Autosuggestion, das Zusammenziehen der Muskeln und das regelmäßige Atmen lenkt das Blut nach unten, vermindert die Schwere im Kopf und senkt den Blutdruck. Die Patienten fühlen sich erfrischt und frei im Kopf, auch das wackelige Gefühl in den Beinen ist weg.

Patienten mit Bluthochdruck sollten die Qigong-Übungen regelmäßig ausführen, sodass alle Körperbereiche als weniger reizbar empfunden werden und sich der ganze Körper entspannen kann.

Weitere Übungen zum Senken des Blutdrucks

Durch kleine Änderungen Ihrer Lebensweise und körperliche Bewegung können Sie etwas für sich tun, vielleicht sogar ohne Medikamente und Operationen auskommen und Ihre geistige und körperliche Fitness wiedergewinnen. Wählen Sie die Übungen zum Senken des Blutdrucks entsprechend Ihres Alters und Gesundheitszustands.

Basketbälle in den Korb zu werfen macht Spaß und unterstützt die Gesundheit.

Taiji, therapeutische Übungen, Spazierengehen und Schwimmen sind gut für Menschen mit Bluthochdruck. Menschen mit leicht erhöhtem Blutdruck können auch joggen und wandern. Wichtig ist dabei, sich realistische Ziele zu setzen und sofort eine Pause zu machen, wenn Beschwerden auftreten.

Taiji: Seine weichen, fließenden und harmonischen Bewegungen machen Taiji ideal für Patienten mit Bluthochdruck. Es fördert die Konzentration und innere Ruhe und kommt völlig ohne Kraftausübung aus. Muskelentspannung durch Taiji bewirkt einen Entspannungsreflex in den Blutgefäßen, der wiederum den Blutdruck senkt. Körperlich trainierte Patienten können das ganze Set von vereinfachtem Taiji-Faustkampf (siehe Seite 62–67) absolvieren. Schwächere Patienten sollten nur die Hälfte der Übungen, und sehr schwache Patienten bzw. Patienten mit schlechtem Gedächtnis sollten nur einige der Bewegungsabläufe (siehe Seite 60–61) exerzieren.

Ein ausgewogenes Bewegungsprogramm für Hochdruckpatienten besteht aus Atemübungen,

Schwimmen ist auch für weniger Trainierte geeignet. Sie sollten sich dabei aber nicht überanstrengen.

Überfordern Sie sich beim Wandern nicht. Geeignet sind nur ebene oder sehr leicht ansteigende Strecken.

Entspannungstechniken, sanften Streck- und Dehnübungen für Arme, Beine und Rumpf sowie Gehen und Spielen, z. B. Badminton. Dazwischen können Taiji-Übungen ausgeführt werden. Das gesamte Programm sollte 20–30 Minuten dauern und 1- bis 2-mal täglich alleine oder in der Gruppe praktiziert werden.

Gehen: Regelmäßiges Gehen kann Bluthochdruck senken. Ideal ist es, wenn Sie 1- bis 2-mal die Woche auf ebener Strecke in mäßiger Geschwindigkeit gehen. Die Gehzeit (15 Minuten bis zu einer Stunde) hängt ganz von Ihrer körperlichen Verfassung ab. Schon allein wegen der kühleren Temperaturen sind der Morgen und Abend die beste Zeit dafür.

Schwimmen: Da das Wasser das Gewicht des Körpers trägt, ist Schwimmen auch für weniger fitte Menschen geeignet. Achten Sie auf weiche und langsame Bewegungen.

Spiele: Sportarten, die entspannen und Spaß machen, wie Badminton und Basketball, sind gut geeignet. Gehören Sie aber zu den ehrgeizigen Zeitgenossen, die Spiele allzu ernst nehmen, ist für Sie eher Schwimmen oder Gehen das Richtige.

Jogging und Walking: Durch die Bewegungsintensivität dieser Sportarten schnellt der Puls von Bluthochdruckpatienten beträchtlich nach oben. Sie sind daher möglicherweise nicht geeignet. Gehen Sie zum Test 1–2 km mit einer Geschwindigkeit von 8–10 Minuten pro Kilometer. Fühlen Sie sich danach wohl, können Sie das Gehprogramm ausbauen oder langsam joggen. Achten Sie immer auf Ihren Puls. Nach sportlicher Betätigung ist er im Durchschnitt um 20 bis 30 Schläge pro Minute beschleunigt.

Taiji ist ideal für Bluthochdruckpatienten, auch wenn sie körperlich nicht so fit sind.

Jogging beeinflusst Herz und Kreislauf sehr und sollte daher genau überwacht werden.

Wandern: Unter normalen Umständen können junge Menschen mit leichtem Bluthochdruck wandern. Sie gehen überwiegend in der Ebene, mit kurzen, ansteigenden Abschnitten. Beginnen Sie mit einer Steigung von 10–12 Prozent über höchstens 50 m. Legen Sie danach eine Pause ein. Überfordern Sie sich auf keinen Fall.

Heilübungen bei Arterienverkalkung

Die Beschaffenheit der Arterienwände wird durch die Beschaffenheit des Blutes und diese wiederum durch die Ernährung beeinflusst. Gesundheit und gute Ernährung hängen also unmittelbar zusammen. Das Beste für Blut, Arterien und Herz ist eine Ernährung mit sehr viel Obst und Gemüse sowie Taiji und anderer körperlicher Betätigung.

Die Koronararterie ist eines der wichtigsten Blutgefäße des Körpers, da sie das Herz mit Blut versorgt. Beginnt diese oder eine andere Arterie zu verkalken, verliert sie an Elastizität, wodurch der Transport des Blutes im Körper behindert wird. Körperliche Bewegung kann eine Verkalkung der Arterien, auch Arteriosklerose genannt, sowohl vermeiden, als auch beheben. Wissenschaftliche Untersuchungen belegen, dass bei körperlich aktiven Menschen Arterienverkalkung und Koronarerkrankungen seltener auftreten.

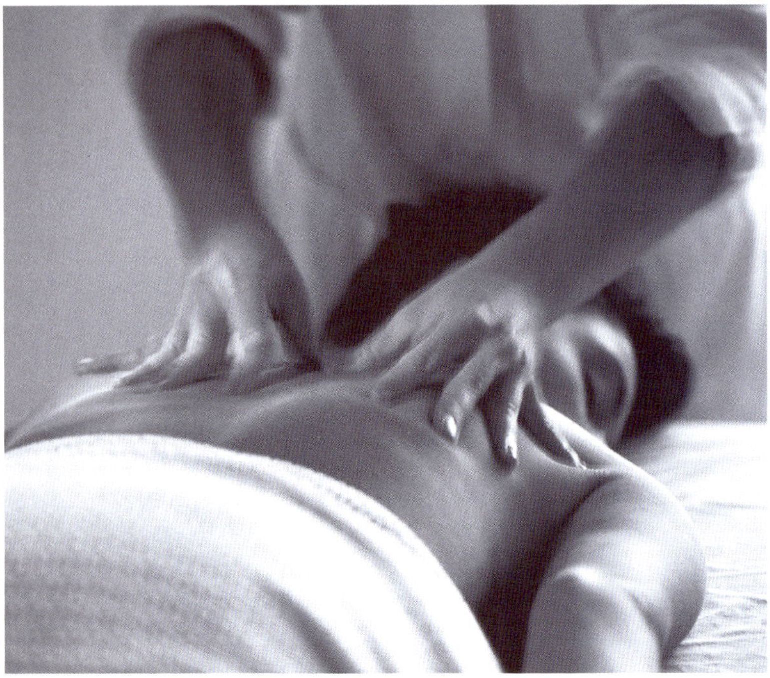

Fachmännische Massagen können die Durchblutung verbessern.

Körperliche Betätigung wirkt zweifach: Sie vermindert zum einen geistige Anspannung und somit das Risiko für Angiospasmen, d.h. das Verkrampfen und Blockieren der Blutgefäße. Zum anderen trägt sie entscheidend zur Senkung eines erhöhten Cholesterinspiegels bei. Zu viel Cholesterin im Blut wird als eine der Hauptursachen fur Arterienverkalkung betrachtet.

Die Heilübungen für Patienten mit Arteriosklerose sind dieselben wie für Patienten mit Bluthochdruck, von denen viele auch an Arteriosklerose leiden. Bei schweren Fällen müssen die Übungen für Arteriosklerosepatienten jedoch ein wenig entschärft und vereinfacht werden. Geeignet sind Spazierengehen, vereinfachter Taiji-Faustkampf, Therapeutische Gymnastik und Massage. Insgesamt sollte die Übungszeit 45 Minuten täglich nicht überschreiten.

Gehen: Die ideale Zeit für das Gehen ist im Sommer morgens oder abends, um die Mittagshitze zu vermeiden. Gehen Sie in einer harmonischen Umgebung je nach körperlicher Verfassung 400–800 m. Legen Sie diese Strecke in 5–10 Minuten zurück. Dieses langsame Gehen verbessert Ihren Schlaf und regt die Verdauung an.

Taiji: Machen Sie – abhängig von Ihrer körperlichen Verfassung – ein komplettes oder halbes Set (siehe Seite 62–67) oder nur einzelne Bewegungsabläufe.

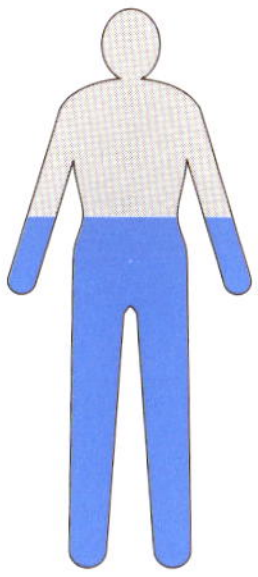

Nach 2 Monaten täglichen Trainings kann der Cholesterinspiegel gesenkt werden.

Arterienverkalkung

Arterienverkalkung tritt auf, wenn sich atheromatöse Plaque, d.h. Blutfette, insbesondere Cholesterol, an den Arterienwänden ablagern. Der Transport von Blut durch die Arterie wird dadurch behindert. Bei besonders dicken Ablagerungen staut sich das Blut in der Arterie, ein Blutgerinnsel oder eine Thrombose kann die Folge sein. Eine fettarme Ernährung mit viel Obst und Gemüse verbessert die Beschaffenheit des Blutes und mindert somit das Risiko für Arteriosklerose

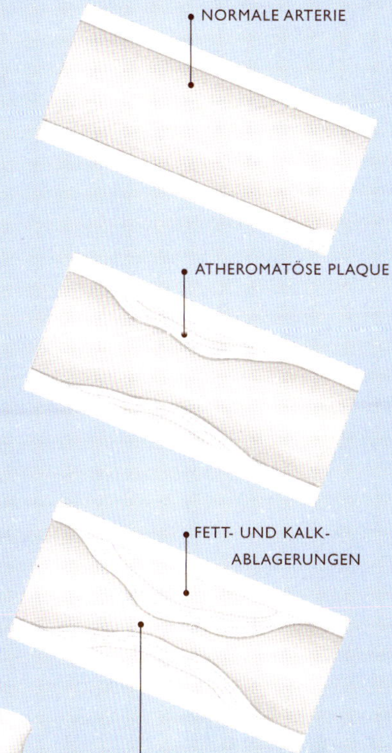

Fettablagerungen verstopfen eine Arterie, das Blut staut sich, und ein Blutgerinnsel kann entstehen.

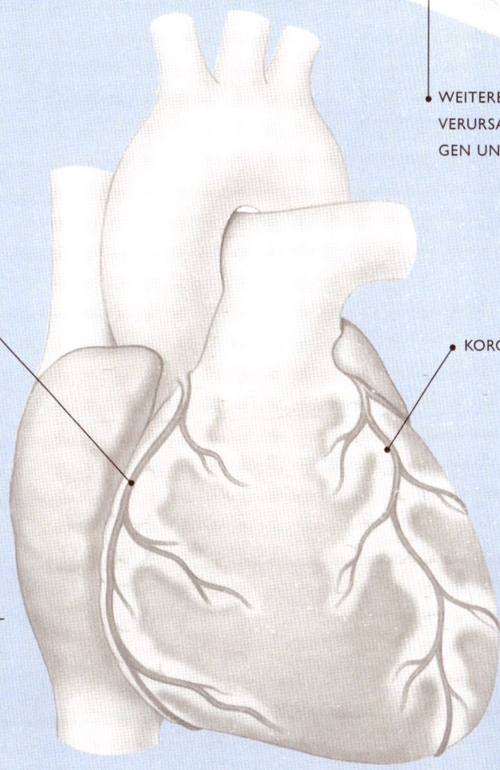

Die Koronararterien versorgen die Herzmuskeln mit Blut, d. h. mit Nährstoffen und Sauerstoff.

15

ZHILIAOXINGTICAO JI ANMO

Therapeutische Gymnastik und Massage

Therapeutische Gymnastik und Massage sollen die körperliche Verfassung, insbesondere die Durchblutung der Glieder verbessern. Bei den nachfolgenden Übungen sitzen Sie auf einem Stuhl, die Füße berühren den Boden. Besonders wichtig für Qigong ist ein gerader Rücken.

SET 1 | Oberkörper drehen

Legen Sie beide Hände in den Nacken, und strecken Sie die Ellbogen durch. Bewegen Sie den Oberkörper langsam ca. 20-mal hin und her. Beenden Sie die Übung, falls Ihnen schwindlig werden sollte.

SET 2 | Hände zur Faust ballen

Ballen Sie die Hände zur Faust, während Sie einatmen. Öffnen Sie die Hände beim Ausatmen wieder. Wiederholen Sie die Übung 20-mal.

WICHTIGE PUNKTE

- Überanstrengen Sie sich beim Ausstrecken der Beine nicht.
- Die Bewegungen dehnen verschiedene Körperbereiche. Seien Sie möglichst entspannt.

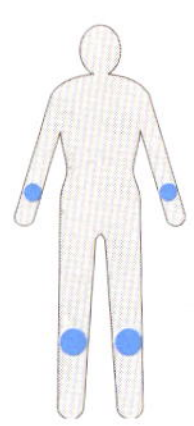

SET 3 | Fußkreisen

Strecken Sie die Beine nach vorne aus. Halten Sie sich an der Stuhlkante fest, und beschreiben Sie mit den Füßen kleine Kreise im Uhrzeigersinn, dann entgegengesetzt. Achten Sie darauf, sich nicht zu überanstrengen.

SET 4 | Beine strecken

Halten Sie sich an der Stuhlkante vorne fest. Strecken Sie abwechselnd ein Bein einige Sekunden lang nach vorne.

SET 5 | Hüfte beugen

Strecken Sie beide Beine nach vorne aus, die Fersen bleiben dabei auf dem Boden. Legen Sie die Hände auf die Oberschenkel. Lassen Sie die Hände entlang der Beine nach unten gleiten, während Sie ausatmen. Richten Sie sich dann wieder auf, und atmen Sie dabei ein. Nehmen Sie die Hände wieder nach oben. Wiederholen Sie diese Übung mehrmals.

1

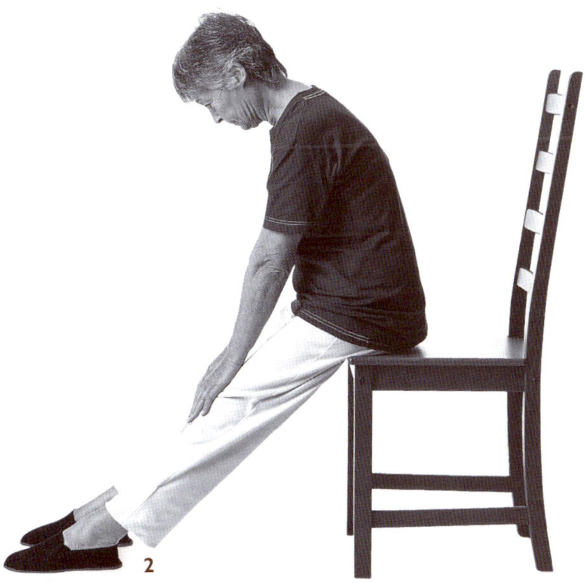

2

SET 6 | Selbstmassage

Die Massage sollte frühmorgens, vor dem Schlafengehen oder nach dem Sport ausgeführt werden. Massieren Sie zunächst Ihre Kopfhaut mit den Fingerspitzen in kleinen kreisförmigen Bewegungen. Ballen Sie dann die rechte Hand zu einer lockeren Faust, schlagen Sie damit auf die linke Schulter, und setzen Sie die Bewegung den Arm entlang fort. Verfahren Sie genauso mit der linken Hand und der rechten Schulter. Schlagen Sie dann einige Minuten lang nicht zu fest mit den geöffneten Handflächen auf die Oberschenkel. Beugen Sie sich nach vorne, und bearbeiten Sie so auch Ihre Beine, d.h. von den Oberschenkeln bis zu den Füßen.

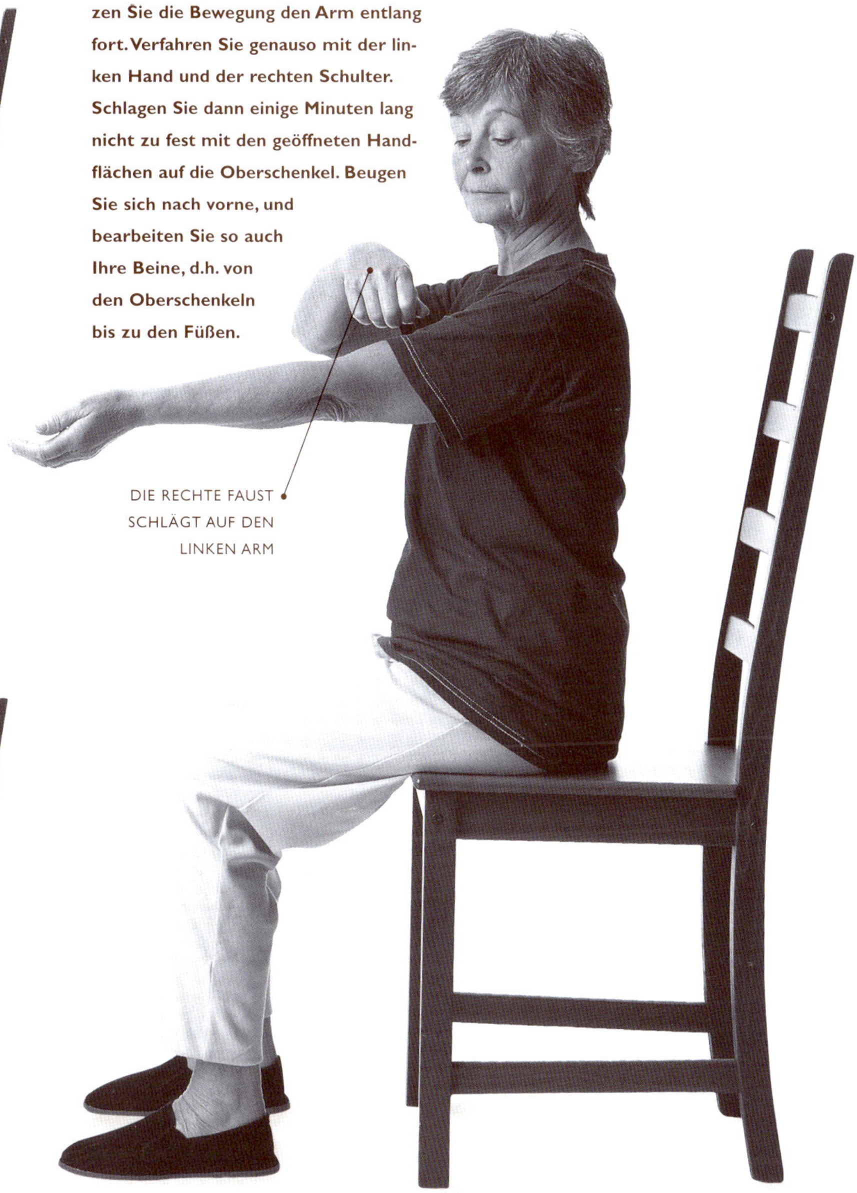

Heilübungen bei Koronarerkrankungen

Forschungen in China und anderen Ländern beweisen, dass Menschen über 40, die sich regelmäßig bewegen, viel seltener an Erkrankungen der Herzkranzgefäße leiden – mittlerweile ein typische Ziviliationskrankheit – als inaktive Zeitgenossen. Erkranken diese Menschen dennoch einmal, zeigen die Heilübungen bei ihnen viel größere Wirkung.

Bei Aerobic wird die Sauerstoffaufnahme erhöht, was Menschen mit Krankheiten der Koronararterien gut tut.

Bei Erkrankungen der Koronararterien sind die Wände der Blutgefäße, die zum Herzen führen, verdickt. Dadurch gelangt weniger Blut zum Herzen und der Herzmuskel wird nicht ausreichend mit Sauerstoff versorgt. Beim Patienten äußert sich dies in einem drückenden Schmerz in der Brustmitte, der in den Arm, den Halsbereich oder den Kiefer ausstrahlen kann und manchmal auch mit Kurzatmigkeit verbunden ist. Bei einer plötzlichen Unterbrechung des Blutzuflusses oder längeren Unterversorgung des Herzmuskels tritt der Myokard- oder Herzinfarkt ein.

Zwischen dem Mangel an körperlicher Bewegung und der Entstehung von Krankheiten der Herzkranzgefäße scheint es einen Zusammenhang zu geben. In den letzten Jahren wurde speziell dafür eine therapeutische Gymnastik entwickelt und mit gutem Erfolg angewendet. Bei Patienten, die noch keinen Herzinfarkt hatten, konnen sie die körperliche Fitness verbessern und verstopfte Arterien freimachen.

Körperliche Bewegung versorgt den Herzmuskel besser mit Sauerstoff, da die kollaterale Gefäßversorgung verbessert wird. Der Sauerstoffbedarf des Herzens vermindert sich, weil es effizi-

Sanfte Bewegungsabläufe, wie die Übung Einen Bogen spannen (siehe Seite 49), wirken heilend und entspannend.

VORSICHT

Die Hinweise zu Übungsintensität und Herzfrequenz sind nur grobe Richtlinien. Beenden Sie die Übungen bitte sofort, wenn Sie Beschwerden haben, und sprechen Sie mit Ihrem Arzt.

enter arbeitet. Außerdem wird der Fettstoffwechsel des Körpers optimiert. Regelmäßiger Sport senkt den Cholesterinspiegel und baut Ablagerungen an den Arterienwänden ab. Fibringerinnsel – eine proteinähnliche Substanz – werden in lösliche Fragmente aufgespalten, sodass die Blutgefäße nicht verstopfen können. Körperliche Bewegung hebt die Stimmung, lenkt von der Krankheit ab und vermittelt ein Gefühl von Gesundheit und Zuversicht. All diese Faktoren helfen mit, eine Wiederholung schmerzhafter Herzattacken oder anderer Herzprobleme zu vermeiden.

Art und Umfang der Übungen sind bei der Behandlung von Erkrankungen der Koronararterien von entscheidender Bedeutung. Zu leichte Übungen verbessern die Herzleistung nicht, während zu anstrengende Übungen Angina pectoris oder andere Symptome hervorrufen können und so lebensbedrohlich sein können. Sprechen Sie daher immer vorher mit Ihrem Arzt.

Mit Hilfe der Herzfrequenz können Sie die Übungsintensität am besten festlegen, da sie direkt mit der Sauerstoffaufnahme und der körperlichen Belastbarkeit zusammenhängt. Sie gibt genaue Auskunft über die Sauerstoffversorgung des Herzmuskels mit Hilfe der Herzkranzgefäße. Die optimale Übungsintensität ermitteln Sie, indem Sie Ihre maximale Herzfrequenz bei maximaler körperlicher Belastung berechnen und mit 0,8 multiplizieren. Die maximale Herzfrequenz wiederum errechnet sich nach der Formel: 200 minus Ihrem Lebensalter. Auf der folgenden Übersicht sehen Sie die optimale Herzfreqenz beim Sport und die jeweils dafür geeigneten Sportarten.

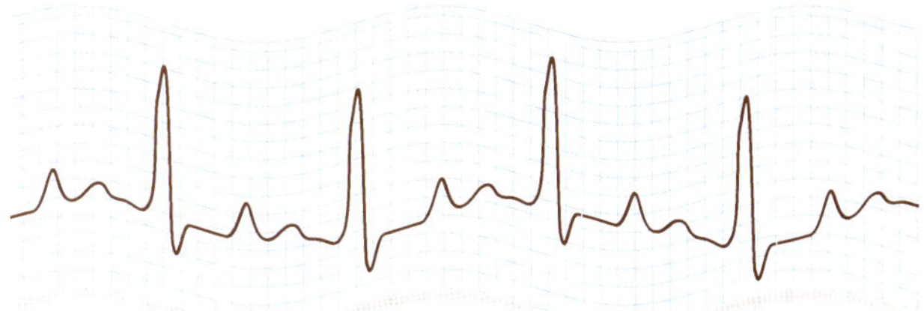

Bei einem EKG werden die Aktionspotentiale des Herzens gemessen.

Herzfrequenz für Koronarpatienten bei Heilübungen

ALTER	MAX. HERZSCHLAG (MHS) BEIM SPORT (200 MINUS ALTER)	IDEALER HERZSCHLAG BEIM SPORT (80 % DES MHS)
35	165	132
40	160	128
45	155	124
50	150	120
55	145	116
60	140	112
65	135	108
70	130	104

Durchschnittliche Herzfrequenz für die verschiedenen Sportarten

SPORTART	HERZFREQUENZ
Vereinfachter Taiji-Faustkampf	90–105
Schnelles Gehen	100–110
Schwimmen 100 m bei mittlerer Geschwindigkeit	105–108
Tischtennis	95–126
Jogging (mittellange Strecke)	120–140
Fußball, Basketball	140–180
Kampfsport	150–172
Laufen (Mittel-/Langstrecken)	180

Übungen bei Erkrankungen der Koronararterien

Wenn das Qi in Bewegung bleibt, kann auch das Blut ungehindert fließen. Mit Taiji (oft auch »In der Luft schwimmen« genannt) oder Qigong mobilisieren wir das Qi auf ganz sanfte Art und Weise. Mit schnellem Gehen oder Schwimmen wird es kräftiger in Bewegung versetzt. Fließende Bewegungsabläufe lassen das Blut und Qi im Körperinneren fließen.

Ideal ist ein flotter Spaziergang, 45 Minuten täglich.

Beim stufenweisen Gehprogramm achten Sie genau auf eine bestimmte Geschwindigkeit.

Wählen Sie abhängig von Alter, körperlicher Verfassung oder persönlichen Vorlieben eine oder mehrere der folgenden Sportarten aus. Sie verbessern damit Ihr allgemeines Wohlbefinden und die Beschaffenheit Ihrer Arterien.

Gehen: Schnelles Gehen – 100 Schritte pro Minute – wirkt sich eher auf das Herz aus als normales Gehen. Es kann den Puls auf 100 Schläge oder mehr beschleunigen. Gehen Sie so, wie es Ihnen behagt. Sie sollten dabei nicht außer Atem kommen. Verlangsamen Sie Ihr Tempo, wenn Sie müde werden – selbst dann werden Sie davon profitieren. Ist dies Ihre einzige Form von Bewegung, sollten Sie mindestens 45 Minuten (oder 2-mal jeweils die Hälfte) täglich gehen.

Schwimmen Sie bis zu 40 Minuten, 2- bis 3-mal die Woche.

Langsames Joggen: Langsames Joggen ist für Menschen geeignet, die regelmäßig Sport getrieben haben. Sie können eine kurze Strecke, d.h. 50–200 m oder eine lange Strecke, d.h. bis zu 3 km laufen. Ihre Herzfrequenz sollte 120 Schläge pro Minute nicht übersteigen. Treten dabei Herzbeschwerden auf, müssen Sie eine andere Übungsform wählen.

Stufenweise aufgebautes Gehprogramm: Menschen mit ernsthaften Beschwerden beginnen mit der ersten Stufe und steigern das Pensum dann langsam.

Zu Beginn gehen Sie 3000 m auf ebener Strecke. Legen Sie das erste Drittel in 20 Minuten zurück, machen Sie dann 5 Minuten Pause. Für das zweite Drittel sollten Sie 16–18 Minuten brauchen, auch danach folgen 5 Minuten Pause. Nehmen Sie sich 20 Minuten für das letzte Drittel.

Achten Sie beim Joggen darauf, dass Ihr Herzschlag nicht über 120 Schläge pro Minute ansteigt.

Bei der zweiten Stufe gehen Sie 4000 m. Legen Sie die Hälfte der Strecke in ca. 40 Minuten zurück, und machen Sie auf halber Strecke eine Pause von 5 Minuten. Steigen Sie dann 30 Minuten lang einen Hügel mit einer Steigung von 10–12 Prozent hinauf. Nach einer Pause von 5–10 Minuten gehen Sie wieder nach unten zurück zum Ausgangspunkt.

Schwimmen: Wenn Sie körperlich einigermaßen fit sind und gerne schwimmen, könnte dies die ideale Sportart für Sie sein, da Schwimmen die Fähigkeit des Körpers, Sauerstoff aufzunehmen, erhöht. Die Herzfrequenz beim Schwimmen entspricht der beim schnellen Gehen. Allerdings werden die Gelenke davon nicht belastet. Schwimmen Sie 2- oder 3-mal die Woche jeweils 20 Minuten, und steigern Sie langsam auf 30 oder 40 Minuten.

Qigong: Üben Sie Fangsonggong (siehe Seite 72–73) oder Chiangzhuanggong (siehe Seite 74–77) sitzend oder liegend aus. Atmen Sie nicht zu tief oder in einem bestimmten Rhythmus. Qigong ist besonders für körperlich schwache und nervöse Menschen geeignet. Qigong verbessert die Durchblutung der Körperextremitäten. Sie fühlen sich heiterer, Schwindelgefühle verschwinden, Herzbeschwerden treten seltener und schwächer auf.

Taiji: Die sanften Bewegungsabläufe von Taiji (siehe Seite 60–67) sind ideal für Menschen mit Bluthochdruck sowie für nervöse Menschen.

Wichtige Punkte für Patienten mit Erkrankungen der Herzkranzgefäße

* Patienten mit Angina Pectoris bzw. Patienten, die einen Herzanfall erlitten haben, müssen Umfang und Art der körperlichen Bewegung mit ihrem Arzt besprechen.
* Beginnen Sie jede Sitzung mit Aufwärmübungen, und lassen Sie sie langsam ausklingen. Ideal ist es, wenn sich das Herz auf anstrengende Übungen einstellen und auch langsam wieder zur normalen Frequenz zurückkehren kann. Nur so vermeiden Sie Angina Pectoris und Beklemmungsgefühle in der Brust.
* Versuchen Sie nie mit Gewalt, eine bestimmte Herzfrequenz zu erreichen.
* Zählen Sie vor jeder Sitzung Ihren Puls. Zählen Sie die Schläge 10 Sekunden lang, und multiplizieren Sie das Ergebnis mit 6. Messen Sie ihn erneut während einer körperlichen Anstrengung und noch einmal 2 Minuten nach Abschluss der Übung. So können Sie die Intensität der Übungen genau auf Ihre Bedürfnisse abstimmen.
* Kommen Sie während der Übung außer Atem oder wird Ihnen schwindlig, sollten Sie längere Pausen einlegen oder in regelmäßigen Abständen Atemübungen machen.
* Wenn Sie sehr erschöpft sind, ein beklemmendes Gefühl in der Brust haben oder Kurzatmigkeit, ein Druckgefühl oder Schmerz in der Herzgegend, dem linken Oberarm oder linken Nackenbereich auftritt, müssen Sie die Übungen sofort beenden und Ihren Arzt aufsuchen.

Ruhen Sie nach den Übungen mindestens 10 Minuten.

WICHTIGE PUNKTE

- Regen Sie die Durchblutung ganz sanft an.
- Richtige Ernährung spielt eine große Rolle.

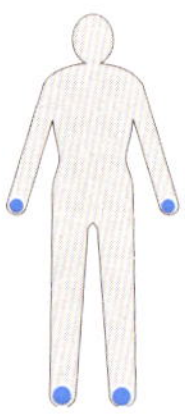

16

BAGEBISHING

Winiwarter-Buerger-Krankheit

Thromboangitis obliterans, auch als Winiwarter-Buerger-Krankheit bekannt, ist eine Durchblutungsstörung, die sich auf die kleineren Arterien und Venen auswirkt. Sie ist charakterisiert durch die Entzündung der Blutgefäße sowie die Bildung von Blutgerinnseln. Das Gewebe wird dadurch unzureichend mit Blut, Sauerstoff und Nährstoffen versorgt. In schweren Fällen kann auch Gangrän entstehen. Die Ursachen sind noch nicht voll erforscht, ein Zusammenhang mit dem Rauchen ist jedoch sicher. Vertreter der TCM führen die Krankheit auf den Mangel an Qi und Blut sowie stagnierendes Qi und falsche Ernährung zurück, d.h. zu stark gewürzte und fettige Speisen. Erste Anzeichen der Krankheit, die vorwiegend bei jungen Männern auftritt, sind Taubheits- und Kältegefühle in den Extremitäten. Die Beine nehmen eine helle Farbe an, und fühlen sich schwach und schwer an, manche Patienten hinken auch. Nachts treten starke Schmerzen auf. Im Spätstadium verlieren die Patienten jegliche Empfindung im betroffenen Körperteil, weil das Nervengewebe geschädigt ist.

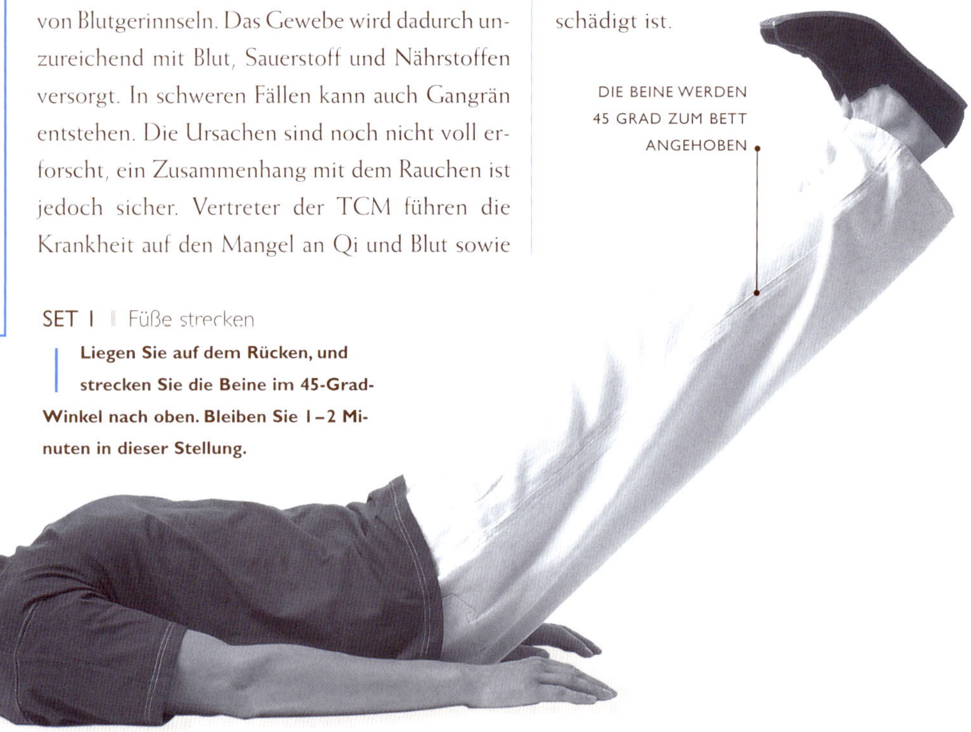

SET 1 | Füße strecken

1 **Liegen Sie auf dem Rücken, und strecken Sie die Beine im 45-Grad-Winkel nach oben. Bleiben Sie 1–2 Minuten in dieser Stellung.**

2 **Lassen Sie die Beine 2–5 Minuten über die Bettkante hängen. Strecken Sie die Zehen, und bewegen Sie dabei die Füße. Heben und senken Sie den Fuß im Sprunggelenk, lassen Sie die Fußspitze nach außen und innen schauen. Mindestens 10-mal wiederholen.**

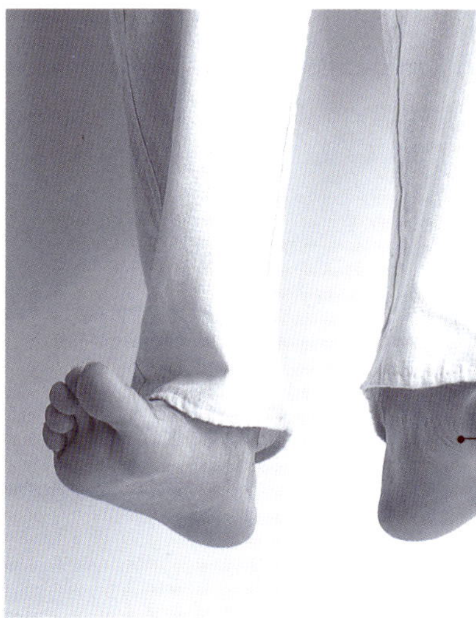

Da die Heilübungen die Muskeln und Blutgefäße stärken und die Durchblutung fördern, können Nichtraucher mit ihrer Hilfe der Krankheit vorbeugen. Im Frühstadium können Übungen die Beschwerden lindern, besonders wenn sie mit Akupunktur und chinesischer Arzneipflanzentherapie kombiniert werden.

Für die Beine sind eine halbe Stunde Gehen täglich in der Ebene, Stretching, Kallisthenie, Taiji oder Kanu fahren ideale Übungen.

SET 2 | Arme und Beine schütteln

Legen Sie sich auf den Rücken, und strecken Sie Arme und Beine gerade nach oben. Schütteln Sie sie in dieser Stellung locker 1–2 Minuten hin und her. Nehmen Sie sie wieder nach unten, machen Sie eine Pause, und wiederholen Sie die Übung 5- bis 6-mal. Wiederholen Sie dies 3- bis 5-mal am Tag.

WICHTIGE PUNKTE

- Ausreichend warme Nahrung sorgt im Winter für die Energieversorgung.
- 70 Prozent der Körperwärme werden über den Kopf abgegeben. Tragen Sie im Freien eine Mütze.

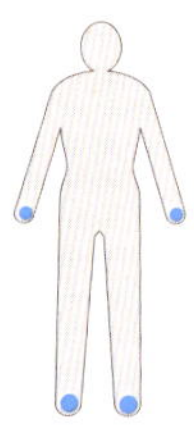

17

SHI BINGDONG SHOUZUU HENAN

Kalte Hände und Füße wärmen

Manche Menschen leiden zu jeder Jahreszeit unter eiskalten Händen und Füßen, was durch eine schlechte körperliche Konstitution oder unzureichende Versorgung der Kapillaren bedingt sein kann. In den meisten Fällen jedoch kann die Körpertemperatur bei diesen Menschen nicht richtig gesteuert werden.

Im Sommer schwitzen sie so sehr, dass ihre Hände und Füße ständig feucht und kalt sind. Im Winter versucht der Körper Energie zu sparen, indem er die kleineren Arterien verengt und so die Versorgung der Extremitäten reduziert.

Mehrere Heilübungen können diesen Zustand lindern. Massage verbessert die Durchblutung der Hände und Füße. Klopfen Sie dazu Ihre Arme und Beine mit einer locker geschlossenen Faust oder der geöffneten Handfläche.

Das Beheben der Ursache ist aber nur möglich, wenn Sie Ihre körperliche Verfassung und die Steuerung der Körpertemperatur verbessern. Dazu ist ein systematisches und regelmäßig ausgeführtes Übungsprogramm, wie schnelles Gehen und Radfahren, notwendig.

Auch Qigong (siehe Seite 68–71) und Taiji (siehe Seite 60–67) können diese Beschwerden lindern. Im Rahmen von Forschungen durchgeführte, objektive Messungen haben eine höhere Hauttemperatur von Händen und Füßen während der Übungen ergeben. Dies wurde auch von den Patienten selbst bestätigt.

Klopfen Sie Ihre Arme und Beine mit der offenen Handfläche. Entspannen Sie sich, aber konzentrieren Sie sich ganz auf die Übung.

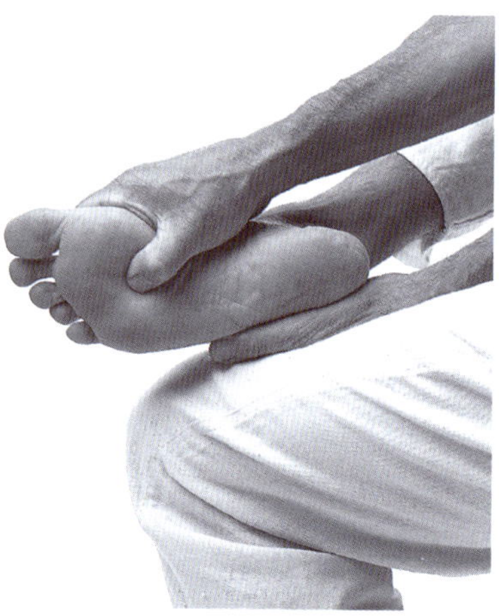

Kalte Füße können durch Reiben des Yongquan-Akupunkturpunkts (Sprudelnde Quelle) behoben werden. Er befindet sich im oberen Fußdrittel in der kleinen Mulde, in dem die Zehen eingerollt werden (siehe Seite 58–59). Machen Sie die Übung gleich nach dem Aufstehen morgens und vor dem Schlafengehen. Reiben Sie, bis der Fuß warm ist.

PURPURA UND HEILÜBUNGEN

Bei Purpura (Hautblutungen) gelangt Blut in die Haut, das Unterhautgewebe und die Schleimhäute. Nach außen erkennbar ist dies durch Verfärbungen, die blauen Flecken sehr ähneln. Purpura thrombocytopenica und allergica, zwei weit verbreitete Varianten der Krankheit, können mit therapeutischen Übungen leider nicht behandelt werden. Bei schweren Fällen wird sogar Bettruhe verordnet.

Bei thrombozytopenischer Purpura sind zu wenig Blutplättchen vorhanden, außerdem ist die Gerinnung (Koagulation) verlängert. Die Anzahl der Blutplättchen liegt oft unter 50.000 pro cm³ Blut. Bei Purpurea allergica, das sehr plötzlich ausbrechen kann, ist die Anzahl der Blutplättchen und die Koagulation in der Regel normal. Auf der Haut der unteren Extremitäten erscheinen blaurote Flecke sowie blasse oder rote Striemen. Zu den Symptomen gehören auch starke Schmerzen im Unterleib, geschwollene, schmerzende Gelenke und Blut im Stuhl oder Urin.

Bei der dritten Art von Purpura, die oft falsch diagnostiziert wird, kann körperliche Bewegung helfen. Sie wird durch angestautes Blut in den Venen nach zu langem Sitzen oder Stehen verursacht. Typische Symptome sind geschwollene, schmerzhafte blau-rote Flecken auf den Beinen. Die Anzahl der Blutplättchen und die Koagulationszeit sind normal.

Kallisthenie, Stretching, Gehen, Taiji und Therapeutische Übungen können diese Art von Purpura vermeiden oder heilen. Die Symptome klingen meist nach etwa einer Übungswoche ab.

SET 1 | Oberkörper drehen

Legen Sie die Hände hinter dem Nacken übereinander. Drehen Sie den Oberkörper langsam von einer Seite zur anderen. Wiederholen Sie die Übung ca. 20-mal (seltener, wenn Ihnen schwindlig wird).

SET 2 | Fäuste machen

Atmen Sie ein, und ballen Sie die Hände zur Faust. Atmen Sie aus, und lassen Sie die Hände wieder locker. Wiederholen Sie die Übung 20-mal.

KAPITEL VIER

Heilübungen für Lungen- und Atemwegserkrankungen

治癒

■ **Schwimmen erhöht die Sauerstoffaufnahme der Lungen erheblich.**

Der Atmungsapparat ist, wie alle anderen komplexen Körpermechanismen auch, anfällig für Störungen aller Art. Dabei kann es sich um einen Husten oder eine Erkältung, Bronchitis, Emphyseme oder auch Asthma handeln. Insbesondere Asthma hat in letzter Zeit stark zugenommen. Viele Krankheiten des Atmungssystems sind durch die Lebensweise bedingt. Ein Beispiel dafür ist Rauchen (aktiv oder passiv). Chinesische Ärzte haben nachgewiesen, dass körperliche Bewegung Lungenprobleme lindern kann.

Der Traditionellen Chinesischen Medizin zufolge wird über die Lungen nicht nur Sauerstoff ein- und ausgeatmet, sondern auch das Qi aufgenommen. Wie bereits mehrfach angesprochen, ist der harmonische Fluss des Qi für die Gesundheit unerlässlich. Aufgabe der Lungen ist der TCM gemäß auch die Versorgung der Nieren mit Flüssigkeit. Eine eingeschränkte Lungenfunktion hat daher möglicherweise Wasseransammlungen in verschiedenen Körperteilen zur Folge. Für alle Betroffene bieten Heilübungen, Massage und Atemübungen jedoch Abhilfe.

■ **Auch Asthma und Bronchitis können durch die Heilübungen gelindert werden.**

Leichter atmen mit Heilübungen

Qigong (Mit dem Qi arbeiten) ist bei Atemwegserkrankungen sehr förderlich, ganz besonders in Verbindung mit Taiji. Das richtige Atmen stellt die Sauerstoffversorgung des Bluts sicher und erhöht das Qi im Körper. Da Atmen aber nicht nur auf die Lungen beschränkt ist, müssen nicht nur die Lungen, sondern der ganzen Körper gekräftigt werden.

■ **Husten und Erkältungen gehören zu den am weitesten verbreiteten Erkrankungen der Atemwege.**

Ärzte und Fitness-Experten glauben, dass eine Kombination aus Atemübungen und körperlicher Bewegung für Patienten mit Lungenproblemen förderlich ist und auch schwerste Fälle davon profitieren können.

Ein Indikator für eine gesunde Lunge ist ihre Vitalkapazität, d. h. wieviel Sauerstoff maximal bei einem Atemzug ausgeatmet werden kann. Bei Frauen sind dies ungefähr 2500–3000 ml, bei Männern ca. 3500–4000 ml. Menschen mit einer zu niedrigen Kapazität im Bereich von 2000–2500 ml, leiden oft an Lungenkrankheiten wie Lungenentzündung, Emphysemen oder Bronchitis; sie kommen bei körperlicher Bewegung oder Arbeit leicht außer Atem.

Tiefes Atmen kann zwar die Vitalkapazität erhöhen, muss aber nicht immer die Atmung insgesamt verbessern. So haben wissenschaftliche Studien ergeben, dass Sportarten wie Schwimmen, Kanufahren, Basketball und Joggen die Lungenfunktion am wirksamsten verbessern, da sie die größten Anforderungen an den Atmungsapparat stellen. Ein Basketballspieler in voller Aktion beispielsweise atmet 7- bis 14-mal mehr Luft

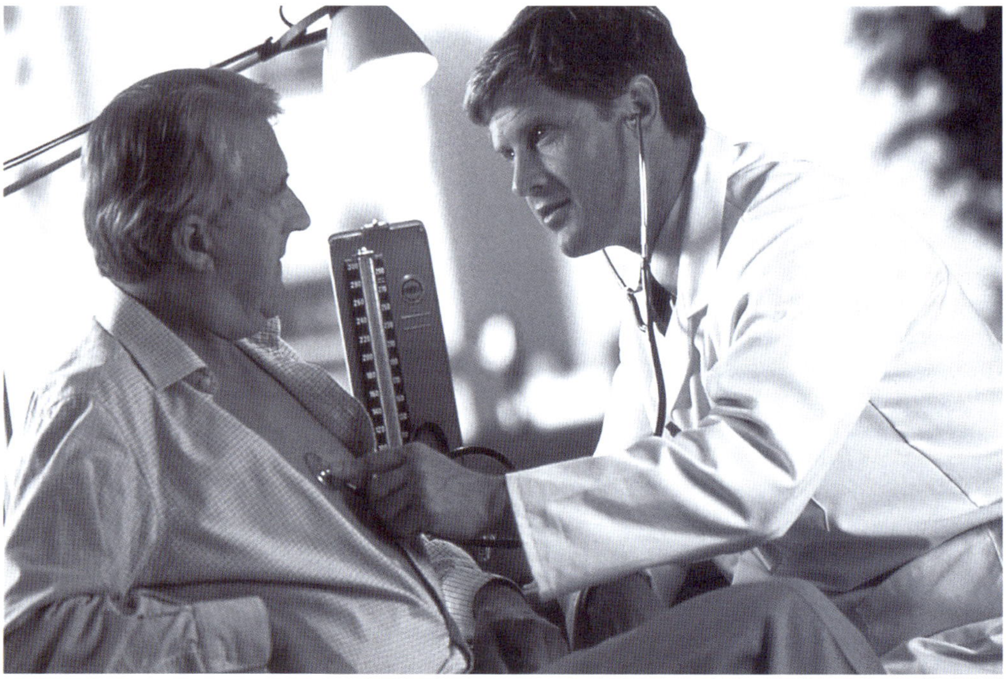

■ **Eine Stethoskop-Untersuchung gibt wertvolle Hinweise auf die Lungenfunktion.**

ein als im Ruhezustand, ein Jogger sogar 15- bis 20-mal mehr.

Auch andere Faktoren spielen eine Rolle. Schwimmen und Kanu fahren kräftigen z. B. die Brustmuskulatur. Der Druck des Wassers gegen den Brustkorb beim Schwimmen wirkt sich günstig auf die Funktion des Atmungssystems aus.

Lungenprobleme gehen oft Hand in Hand mit Durchblutungsstörungen. Anstrengendere Sportarten sind daher für die Betroffenen zu riskant. Ideal für diese Patienten sind schonende Sportarten wie Taiji, Walking und langsames Joggen. Sie haben außerdem den Vorteil, dass sie das ganze Jahr über ausgeübt werden können.

■ **Basketball verbessert die Funktion des gesamten Atmungsapparates.**

VORSICHT

Menschen mit Lungen- oder Atemproblemen sollten auf jeden Fall mit ihrem Arzt sprechen, bevor sie anstrengende Sportarten aufnehmen.

Erkältungen mit Selbstmassage vorbeugen

Vor mehr als 1000 Jahren entdeckten die Chinesen, dass Nebenhöhlenprobleme bei Erkältungen durch Massieren der oberen Nasenflügel gelindert werden konnten. In der Akupunktur spielte dafür später der Yingxiang-Punkt (Duft empfangen) eine wichtige Rolle. Daraus schloss man auf die positive Wirkung durch Massieren dieser Punkte bei Erkältungen. Die Massage soll die Durchblutung und den Stoffwechsel der Schleimhäute verbessern und damit auch die Widerstandskraft gegen Infektionen.

* Reiben Sie beide Seiten des Nasenbeins mit dem Zeigefinger, bis sich die Stellen warm anfühlen.
* Reiben Sie den Fengchi-Punkt (Windteich) auf beiden Seiten des Nackens mit den Handflächen 30- bis 60-mal.

■ **Das Massieren der Punkte auf den Nasenflügeln lindert verstopfte Nebenhöhlen.**

* Drücken Sie die Yingxiang-Punkte auf den Nasenflügeln. Sie liegen an der höchsten Stelle neben den Nasenlöchern. Reiben Sie diesen Punkt 1–3 Minuten lang sanft mit dem Zeigefinger.
* Reiben Sie den Brustkorb. Massieren Sie die linke Brust um die Brustwarze herum mit der rechten Handfläche und umgekehrt. Beschreiben Sie 10–20 Kreise auf jeder Seite.

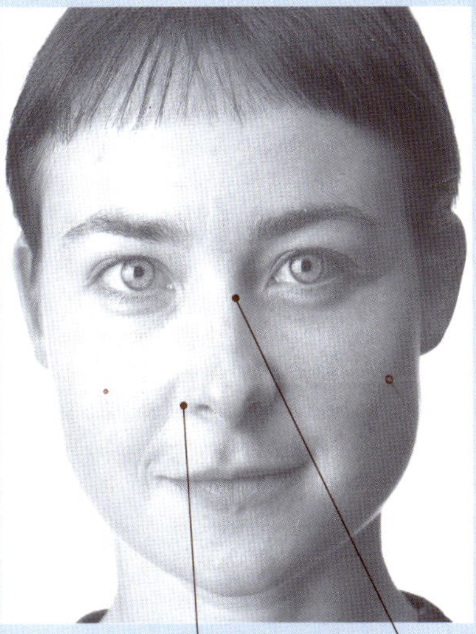

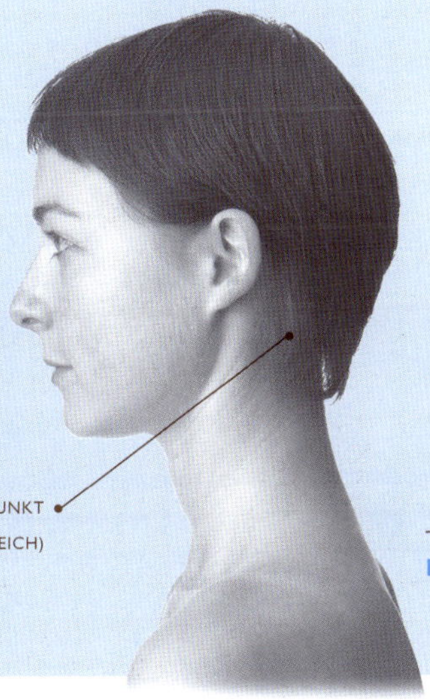

■ **Das Massieren des Nackens bringt Linderung bei Erkältungen.**

肺

Chronische-obstruktive Atemwegserkrankungen

In Verbindung mit Qigong ist Taiji ein wirksames Mittel gegen chronische-obstruktive Atemwegserkrankungen. Das Vermeiden von extremen Wetter ist insofern wichtig, als trockene, heiße Luft einen trockenen Husten verschlimmert und bei nasskaltem Wetter die Bronchien noch mehr Schleim produzieren.

Chronische Bronchienentzündungen zählen zu einer Gruppe von Krankheiten, die die Lungenfunktion langfristig verschlechtern und Atemschwierigkeiten zur Folge haben. Am weitesten verbreitet sind Emphyseme und chronische Bronchitis, die oft zusammen mit Asthma auftreten.

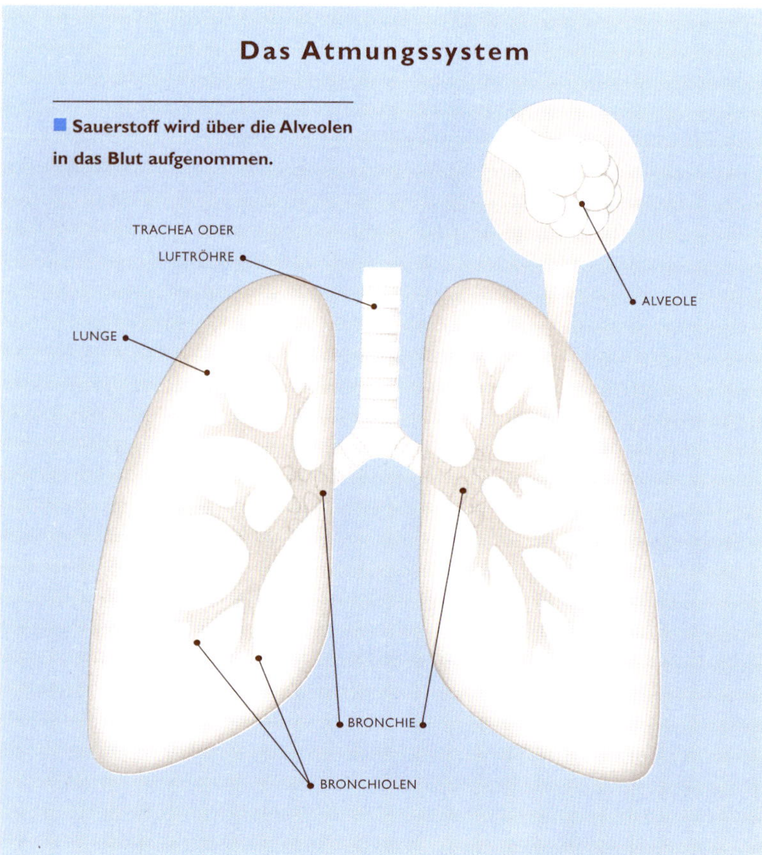

Bei Patienten mit Emphysemen werden die Lungenbläschen, oder Alveolen, langsam zerstört. Die Alveolen geben Sauerstoff aus der Lunge in den Blutkreislauf ab und nehmen Kohlendioxid aus dem Blut auf, das dann ausgeatmet wird. Durch die Zerstörung der Lungenbläschen verkleinert sich die Oberfläche, über die Sauerstoff und Kohlendioxid ausgetauscht wird, das Gewebe verliert außerdem an Elastizität. In der Folge dieser strukturellen Schäden der Lunge wird das Ausatmen erheblich erschwert. Die ungenügende Befüllung der Lunge mit Luft führt zu Verklebungen und Vernarbungen, einem Emphysem, was zu Kurzatmigkeit führt.

Bei einer chronischen Bronchitis sind die Bronchien, die Luftkanäle der Lunge, entzündet. Die Bronchien und Bronchiolen produzieren Schleim, worauf sie verengen und verstopfen, was wiederum zu Folge hat, dass die Luft nicht mehr ungehindert durch sie strömen kann. Es treten daraufhin Beschwerden beim Einatmen auf. Zu den Symptomen gehören ständiger Husten, zäher Schleim und Kurzatmigkeit.

Der Begriff Asthma bezeichnet eine temporäre Verengung oder Verkrampfung der bronchialen Luftwege. Als Auslöser kommen allergische Reaktionen, Stress, Infektionen oder Entzündungen in Frage, an denen Patienten mit chronischer Bronchitis gehäuft leiden. Asthma äußert sich oft durch pfeifenden Atem, Husten und vermehrte Schleimproduktion.

Immer mehr junge Menschen haben Asthma und brauchen ein Inhalationsgerät.

Infektionen des Atmungsapparates, wie Lungenentzündungen, können die Atembeschwerden noch weiter verschlimmern. Langfristig kann auch die Herzfunktion beeinträchtigt werden, und Herzkrankheiten können die Folge sein. Heilübungen lindern zusammen mit der traditionellen Medizin die Symptome bei Menschen mit Atemwegserkrankungen und stabilisieren den Zustand der Patienten.

Bei der Behandlung von Emphysemen versucht man, eine Infektion (überwiegend Bronchitis und akute Lungenentzündung) zu vermeiden bzw. in den Griff zu bekommen, die Entzündung einzudämmen, Bronchialkrämpfe zu lindern sowie die Lungenfunktion und den Allgemeinzustand des Patienten zu verbessern. Mit Heilübungen, die ganz an die Belastbarkeit des Einzelnen angepasst werden müssen, kann dies erreicht werden.

Radfahren ist eine ideale Art, sich zu bewegen, aber nur, wenn Sie an der frischen Luft radeln.

Sowohl Akupunktur als auch die Traditionelle Chinesische Medizin bieten wirksame Behandlungsmöglichkeiten.

Kategorien für Emphysempatienten

Man teilt Patienten mit Lungenemphysemen ihrer Fitness beim Gehen nach in Gruppen ein:

GRUPPE A

Diese Patienten können beim Gehen auf ebener Strecke mit Gleichaltrigen mithalten und sind fit genug für Bodybuilding. Sie kommen beim Gehen nicht außer Atem. Beim Treppen- oder Bergsteigen haben sie jedoch im Vergleich zu gesunden Menschen Probleme.

GRUPPE B

Patienten dieser Gruppe können in gemächlicher Gangart 1 km gehen, ohne dabei außer Atem zu kommen. Sie können aber auf ebener Strecke nicht so schnell gehen wie gesunde Menschen. Dieses frühe Stadium ist der ideale Zeitpunkt, ein Übungsprogramm zu beginnen, da dann die besten Erfolge erzielt werden und darüber hinaus verhindert werden kann, dass sich die Krankheit verschlimmert.

GRUPPE C

Diese Patienten kommen nach nur wenigen Metern Gehen auf ebener Strecke außer Atem.

GRUPPE D

Bei diesen Patienten ist die Erkrankung am weitesten fortgeschritten. Sie kommen schon bei einfachen Betätigungen, wie Anziehen oder Sprechen, außer Atem.

Die Heilübungen sind auch für Patienten der Gruppen C und D geeignet. Voraussetzung ist, dass sie behutsam und systematisch ausgeführt werden und der Arzt konsultiert wurde. Die Krankheit darf aber nicht durch akute Infektionen oder Herzprobleme kompliziert werden.

Wann jemand beim Gehen außer Atem kommt, bestimmt die Schwere seiner Bronchienerkrankung.

肺

Übungen für Emphysempatienten

Patienten, für die Akupunktur oder eine Behandlung mit chinesischer Kräutermedizin nicht möglich ist, kann Taiji in Verbindung mit Qigong Linderung verschaffen. Auch andere Heilübungen, beispielsweise verschiedene Massageformen, wirken Schleim lösend. Sie fördern die Atmung und entspannen gleichzeitig die Brustmuskulatur.

Selbsthilfe spielt bei der Behandlung von Lungenemphysemen eine wichtige Rolle.

Ein ganzheitlicher Heilungsansatz, der nicht ausschließlich auf die Verbesserung der Lungenfunktion abzielt, ist bei Lungenemphysemen besonders wichtig. Die Therapie beschränkt sich somit nicht nur auf Atemübungen, sondern beinhaltet auch Übungen zur Verbesserung des kardiovaskulären Systems sowie des Allgemeinzustands der Patienten. Ein umfassender Therapieansatz, bei dem auch andere Organe berücksichtigt werden, kann die Symptome von Emphysemen am wirksamsten lindern.

Therapien für Lungenemphysempatienten werden in drei Kategorien eingeteilt:

- Massage zur Vorbeugung von Erkältung und zur Linderung von Beklemmungsgefühlen in der Brust.
- Bewegungsübungen zur Verbesserung der Ausdauer und des Allgemeinzustands sowie zur Kräftigung.
- Atemübungen, mit denen das Atmen verbessert, schlechte Haltung korrigiert und die Atemmuskulatur entspannt wird.

Taiji, Qigong und Massage ergänzen sich sehr sinnvoll.

VORSICHT

Lungenpatienten, die auch an Herzkrankheiten leiden, müssen mit ihrem Arzt sprechen, bevor sie ein Übungsprogramm aufnehmen.

BRUSTMASSAGE

Am wirksamsten ist eine Brustmassage unmittelbar vor den Atemübungen. Viele Patienten können die Massage selbst ausführen. Bei ausgeprägten Symptomen oder besonders geschwächten Patienten sollte dies eine Fachkraft übernehmen. Alle nachfolgenden Methoden erleichtern das Atmen, entspannen die Brustmuskulatur und wirken Schleim lösend. Die Massage wird täglich 2- bis 3-mal oder öfter ausgeführt.

SET 1 | Vibrationsmassage

Setzen Sie sich in einen Stuhl mit gerader Lehne, und »umarmen« Sie sich selbst. Ihre Hände sollten 2,5–5 cm unter den Armen liegen. Reiben Sie jetzt mit den Händen seitlich des Brustkorbs in einer vibrierenden Bewegung auf und ab. Obwohl Sie die Hände leicht und zügig bewegen, üben Sie dabei ein wenig Druck aus. Diese Massage dauert mehrere Minuten.

SET 2 | Brustklopfen

Wölben Sie die rechte Hand, als ob Sie applaudieren wollten, und klopfen Sie dann die linke Brustseite. Beginnen Sie an der Außenseite (von oben nach unten), über den unteren Brustkorb, wieder nach oben, bis zum Schlüsselbein. Wiederholen Sie dies 3- bis 5-mal, und klopfen Sie dann mit der linken Hand die rechte Brustseite. Wird die Massage von einer Fachkraft ausgeführt, können beide Seiten gleichzeitig geklopft werden.

SET 3 | Reibende Massage

Bei dieser Massage führen Sie mit der offenen Handfläche leichte, kreisförmige Bewegungen um die Brustwarze aus. Verwenden Sie die rechte Hand für die linke Brust, und umgekehrt. 10–12 Kreise auf jeder Seite.

Fitnessübungen für Emphysempatienten

Mit Fitnessübungen für Emphysempatienten versucht man, deren Ausdauer und körperlichen Zustand insgesamt zu verbessern, da sich dies auch positiv auf die Lungen auswirkt. Eine wichtige Rolle spielt auch die Durchblutung und das Fließen des Qi. Bei den Übungen stellt Letzteres daher den Hauptaspekt dar.

✲ Gehen: Beginnen Sie mit einer Distanz von 400–1200 m täglich in einer Ihnen angenehmen Geschwindigkeit. Teilen Sie die Strecke in drei Abschnitte. Legen Sie den ersten Abschnitt langsam, den zweiten etwas schneller, und den dritten Abschnitt sehr langsam zurück.

✲ Treppensteigen: Führen Sie diese Übung einmal täglich auf einer Treppe mit einer Stufenhöhe von 15–20 cm aus. Am ersten Tag steigen Sie eine Stufe hinauf und eine Stufe hinunter. Jeden weiteren Tag steigern Sie das Pensum auf eine Stufe mehr, und zwar so lange, bis Sie 24 Stufen erreicht haben. Danach erhöhen Sie langsam die Geschwindigkeit, sodass Sie die 24 Stufen in 18–20 Sekunden hinauf- und wieder hinuntersteigen können.

Körperlich schwache Patienten beginnen mit einer Stufe. Kräftigere Patienten können 5 Minuten täglich Treppensteigen.

Mit einem Heimtrainer können Sie Ihre körperliche Konstitution verbessern.

✲ Radfahren: Radfahren erhöht die Ausdauer. Verwenden Sie ein Fahrrad, bei dem man den Tretwiderstand einstellen kann, und beginnen Sie auf der untersten Stufe. Treten Sie in einer Geschwindigkeit, die Ihnen angenehm ist. Trainieren Sie täglich 5–7 Minuten. Nach einer Weile können Sie 2- bis 3-mal täglich trainieren. Später können Sie die Trainingszeiten auch auf 15–20 Minuten pro Einheit, mit gleichbleibendem Widerstand, steigern. Steigern Sie dann den Tretwiderstand langsam. Durch dieses schrittweise aufgebaute Training können Sie sowohl Ihre Ausdauer als auch Ihr Durchhaltevermögen sehr effektiv steigern.

✲ Unterschiedlich schnelles Gehen: Gehen Sie die ersten 30 Sekunden lang schnell und danach 60 Sekunden ganz gemächlich. Wiederholen Sie dies 30-mal. Ideal ist das Training 2- bis 3-mal wöchentlich. Nach 3–6 Monaten sollten Sie sich wesentlich kräftiger fühlen.

Steigern Sie das Pensum beim Treppensteigen langsam. Jedes erreichte Ziel bedeutet einen kleinen Erfolg.

Andere Sportarten

Kallisthenie und Dehnübungen sind für Patienten geeignet, die körperlich fit sind. Taiji (siehe Seite 60–67) ist für alle geeignet. Diese Übungen lindern Anspannungen und Angstgefühle, die bei Patienten mit Atemschwierigkeiten oft auftreten. Basketball, Schwimmen, Wandern und Joggen sind gut geeignet für junge Patienten mit Lungenproblemen, die darüber hinaus keine anderen gesundheitlichen Probleme haben.

Taiji-Übungen überanstrengen die Lunge nicht.

Wandern leistet wertvolle Dienste für die Gesundheit und sorgt zudem dafür, dass Sie an die frische Luft kommen.

Beim Schwimmen braucht man gute Atemkontrolle und tut so auch etwas für die Lunge.

肺

18

HUXIYUNDONG

Atemübungen

Die positive Wirkung von Atemübungen bei Emphysempatienten ist durch mehrere Faktoren bedingt: Durch die Übungen wird die Atemmuskulatur gestärkt. Ganz besonders profitiert davon das Zwerchfell, das durch die ständige Belastung einen Teil seiner Dehnbarkeit eingebüßt hat. Kleine Verbesserungen zeigen hier große Wirkung: Forschungen zufolge verbessert eine erhöhte Dehnbarkeit des Zwerchfells um 1 cm die Lungenkapazität um 250 ml. Über einen längeren Zeitraum kann eine Steigerung von 2 cm mit entsprechender Kapazitätssteigerung der Lunge erreicht werden.

Die Übungen bieten zudem die Möglichkeit, sich die Bauchatmung mit ihren langen, langsamen und tiefen Atemzügen zur Gewohnheit zu machen. Emphysempatienten atmen häufig mit sehr flachen, schnellen Zügen und beanspruchen auf diese Weise lediglich die Brustmuskulatur. In der Folge wird nicht nur die Lunge unzureichend mit Sauerstoff versorgt, auch die Brustmuskeln verspannen sich und ermüden rascher. Bauchatmen behebt diese Probleme und sorgt für einen besseren Austausch von Kohlendioxid und Sauerstoff.

WICHTIGE PUNKTE

- Mit Hilfe der Bauchatmung können Sie sich optimal entspannen.
- Verkrampfen Sie sich nicht. Spüren Sie, wie der Boden Sie unterstützt.

Am besten erlernen Sie die Bauchatmung, wenn Sie auf dem Rücken liegen. Legen Sie beide Hände auf den Unterleib. Konzentrieren Sie sich dann darauf, langsam, tief und entspannt zu atmen.

1

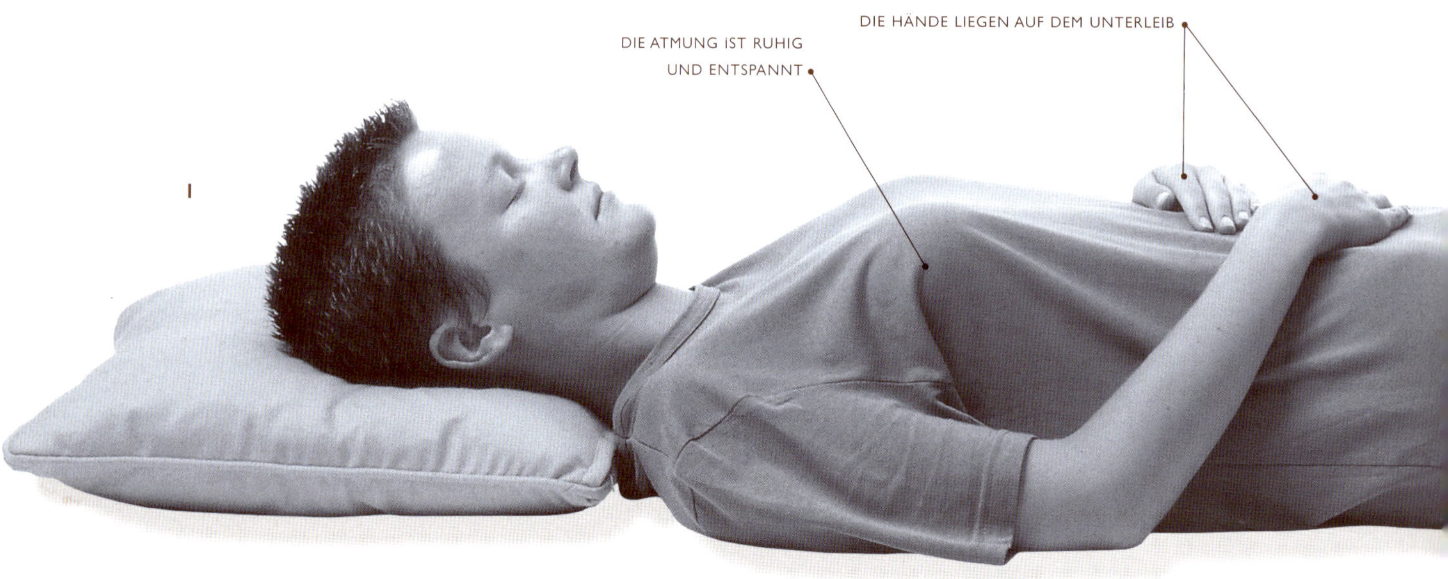

Darüber hinaus lösen die Atemübungen Verspannungen und wirken so positiv auf Körper und Geist. Beginnen Sie Entspannungsübungen grundsätzlich mit einigen Atemübungen. Eine Kombination dieser beiden Übungsarten ist ideal gegen Anspannungen. Last, but not least, wirken die Atemübungen Schleim lösend und machen so die Atemwege frei.

Atemübungen für Emphysempatienten zielen insbesondere auf die Verbesserung der Bauchatmung ab, was auch das Ausatmen erleichtert. Bei der Bauchatmung ziehen sich die Muskeln zwischen Unterleib und Zwerchfell zusammen. Beim Einatmen dehnt sich das Zwerchfell nach unten aus, durch den Druck, der sich dabei aufbaut, hebt sich die Bauchhöhle, und der Brustkorb vergrößert sich. Umgekehrt verhält es sich beim Ausatmen. Das Zwerchfell nimmt wieder seine ursprüngliche Stellung ein, und die Bauchdecke senkt sich wieder.

Bauchatmungsübungen können auch mit anderen Übungen kombiniert werden. Gut geeignet sind Qigong-Übungen, insbesondere Chiangzhuanggong, d.h. Kräftigende Übungen (siehe Seite 74–77). Die Bauchatmung sollte 2- bis 3-mal täglich, jeweils 10–20 Minuten lang geübt werden, um die neue Atemtechnik dauerhaft zu verinnerlichen.

2 Konzentrieren Sie sich auf Ihren Unterleib, und versuchen Sie, die Luft überall darin zu verteilen. Wenn Sie einatmen, hebt sich die Bauchdecke, und wenn Sie ausatmen, senkt sie sich wieder.

2

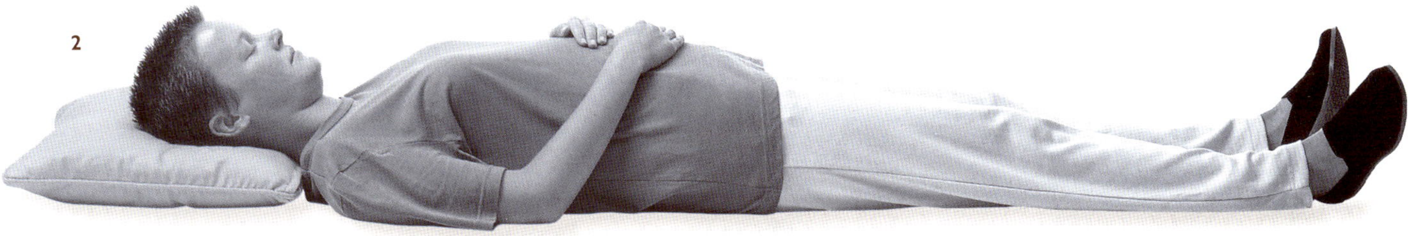

Machen Sie die folgenden Atemübungen 2-mal täglich 5–10 Minuten lang. Wiederholen Sie die Übungen nicht zu oft, damit Ihnen nicht schwindlig wird. Am wirksamsten sind diese Heilübungen erst, nachdem die Entzündung des Atmungsapparates abgeklungen ist. Darüber hinaus sollten sie regelmäßig und über einen längeren Zeitraum ausgeführt werden. Das Ziel ist dann erreicht, wenn die Bauchatmung Ihnen richtig zur Gewohnheit wird.

SET 1 | Faden wegblasen

Hängen Sie ein Stück Faden in ca. 50 cm Entfernung von Ihrem Gesicht auf. Setzen Sie sich mit geradem Rücken auf einen Stuhl, beugen Sie sich dabei aber nicht nach vorne. Atmen Sie aus, sodass der Faden sich bewegt. Je kräftiger Sie werden, desto größer kann die Entfernung zum Faden sein.

SET 2 | Blasen machen

Machen Sie mit einem Strohhalm Luftblasen in einem Wasserglas. Halten Sie möglichst lange durch. Versuchen Sie, Ihre Leistung jeden Tag ein wenig zu steigern.

WICHTIGE PUNKTE

- Erzwingen Sie nichts.
- Spannen Sie sich nicht unnötig an.
- Heben Sie den Bauch mit Hilfe des Atems, nicht durch Muskelkraft

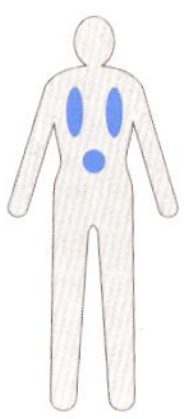

SET 3 | Erweitertes Ausatmen

Stehen Sie mit den Händen locker auf den Hüften. Atmen Sie tief, und nehmen Sie sich doppelt so lange Zeit für das Ausatmen wie für das Einatmen. Atmen Sie durch die Nase ein. Atmen Sie durch den Mund aus, und deuten Sie mit den Lippen ein Pfeifen an. Lassen Sie die Luft durch die Öffnung zwischen Ober- und Unterkiefer oder durch die Lippen strömen. Vergessen Sie nicht, durch den Bauch zu atmen.

SET 4 | Den Atem fühlen

Stützen Sie im Stand die Hände seitlich gegen die Hüfte, während Sie durch die Nase einatmen. Bewegen Sie beim Ausatmen durch den Mund die Hände nach oben, und drücken Sie sie seitlich gegen den Brustkorb, um das Ausstoßen der Luft zu unterstützen.

SET 5 | Drehungen

Setzen Sie sich mit geradem Rücken auf einen Hocker. Verschränken Sie die Finger hinter dem Nacken. Drehen Sie nun den Oberkörper langsam zuerst nach links, dann nach rechts. Diese Übung stärkt die Verbindungen zwischen den Rippen und Wirbeln, sodass Sie intensiver atmen können. Bewegen Sie sich gleichmäßig und langsam, besonders wenn Ihnen schwindlig wird.

WICHTIGE PUNKTE

- Fühlen Sie, wie der Atem durch den Unterleib fließt.
- Entspannen Sie ganz bewusst die Arm- und Schultermuskulatur.

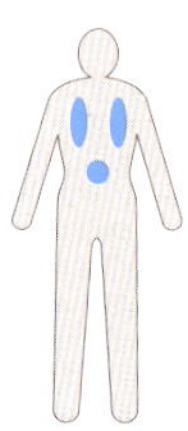

SET 6 | Luft herauspressen

Strecken Sie die Arme seitlich aus, und atmen Sie durch die Nase ein. Pressen Sie beim Ausatmen durch die Nase die Unterarme gegen den Oberbauch, um die Luft herauszupressen.

1

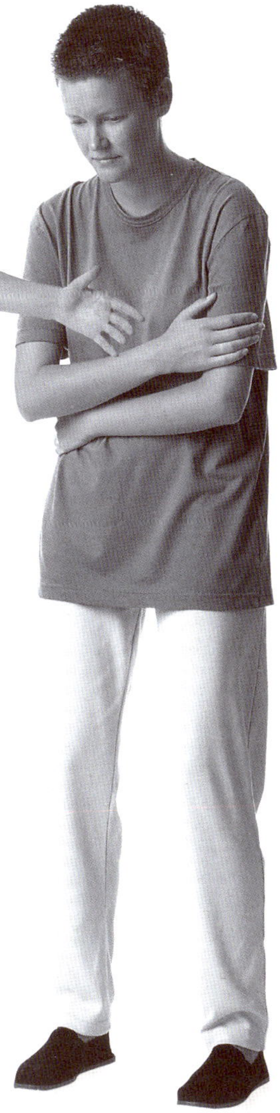

2

SET 7 | Niederkauern

Stehen Sie mit den Füßen schulterbreit, lassen Sie dabei die Arme locker an den Seiten nach unten hängen. Atmen Sie tief ein, und heben Sie den Kopf dabei leicht an. Kauern Sie sich beim tiefen Ausatmen nieder, und pressen Sie beide Hände fest auf den Bauch.

1

2

肺

Heilübungen für ältere Bronchitispatienten

Viele ältere Patienten mit chronischer Bronchitis leiden auch an Emphysemen. Aber auch ihnen kann mit therapeutischen Übungen geholfen werden. Auch Bronchitispatienten ohne Lungenemphyseme sollten mit Heilübungen ihre allgemeine Fitness und Lungenfunktion verbessern und auf diese Weise akuten Entzündungen der Luftröhre vorbeugen.

Nichts spricht gegen schonende Körperübungen bis ins hohe Alter.

Mit einer Kombination aus Medikamenten und Heilübungen erzielten chinesische Ärzte in den letzten Jahren entscheidende Erfolge bei der Vorbeugung von chronischer Bronchitis. Patienten, die die Übungen regelmäßig und über einen längeren Zeitraum durchführten, bekamen seltener Erkältungen. Die Lungenkapazität und Sauerstoffaufnahme wurde erhöht sowie das Zwerchfell gestärkt. Kurzatmigkeit und Beklemmungsgefühle in der Brust, beides häufige Erscheinungen bei chronischer Bronchitis, konnten gelindert werden.

Therapeutische Übungen für ältere Patienten mit chronischer Bronchitis ähneln den Übungen für Patienten mit Lungenemphysemen (siehe Seite 132–137), sie umfassen aber auch eine Massage als Vorbeugung gegen Erkältungen (siehe Seite 124–125) und Übungen zur Gewöhnung an kaltes Wasser.

Chinesische Ärzte haben herausgefunden, dass die Gewöhnung an kaltes Wasser Bronchitis und Erkältungen vorbeugt und den Körper gegen niedrige Temperaturen abhärtet. Beginnen Sie damit im Sommer, sodass sich der Körper langsam daran gewöhnen kann. Waschen Sie Ihr Gesicht, auch die Nase, jeden Morgen mit kaltem Wasser – bis in den Winter hinein. Solange es warm ist, können Sie auch kaltes Wasser auf der Brust oder dem ganzen Körper verteilen.

Wenn Sie trotz Ihrer chronischen Bronchitis körperlich fit sind, können Ihnen Walking, Treppensteigen (siehe Seite 130–131), Joggen, Wandern, Taiji (siehe Seite 60–67) oder eine andere Sportart gut tun. Wichtig ist vor allem, dass Sie viel Bewegung an der frischen Luft bekommen.

Patienten, deren Bronchien stark verschleimt sind, kann die richtige Körperhaltung zusammen mit therapeutischen Übungen helfen , z. B. Krankengymnastik oder Brustmassage (siehe Seite 128–129). Sie liegen dazu auf der Seite, der untere Brustkorb wird von einem Kissen unterstützt, sodass ein Bogen entsteht. Der Physiotherapeut massiert den Brustkorb und klopft gleichzeitig auf den Rücken, um den Schleim zu lösen, der dann abgehustet werden kann. Die Massage dau-

Das Waschen des Gesichts mit kaltem Wasser beugt Erkältungen und Bronchitis vor.

ert 5–10 Minuten. Zu Hause können Sie jemanden bitten, Ihnen den Rücken zu klopfen, während Sie Ihren Brustkorb massieren.

Akupunktur, TCM und Taiji, in Verbindung mit Qigong, haben sich bei der Behandlung von chronischer Bronchitis bestens bewährt. Die Bewegung zur tiefen Atmung (siehe Seite 80–81) und Händeschwingen oder Lishou (siehe Seite 86–89) werden dafür besonders empfohlen.

Auch ältere Menschen können im Park joggen – ärztliche Zustimmung und die entsprechende Konstitution vorausgesetzt.

Wichtig ist auch der Jahreszeit angemessene Kleidung und gesunde, ausbalancierte Ernährung. Wasseranreicherungen vermeiden Sie beispielsweise durch eine salzarme Ernährung, die reich ist an diuretischen Nahrungsmitteln, wie Sellerie, Petersilie und Löwenzahnblättern, die harntreibend wirken. Rosmarin, Nelken, Thymian und Zimt wirken Schleim lösend und sollten daher in Ihrem Speiseplan nicht fehlen.

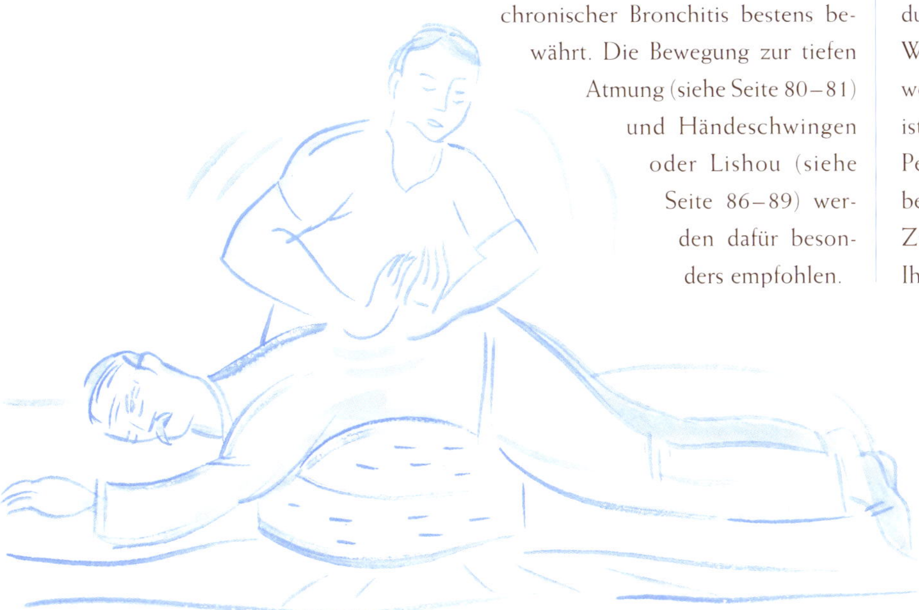

Auch Krankengymnastik kann Schleim lösen – er kann dann leichter abgehustet werden.

Übungen für Patienten mit Bronchialasthma

Viele Asthmapatienten fragen sich, ob Heilübungen bei einer so schwierig zu behandelnden Krankheit überhaupt wirksam sind. Einer Studie zufolge wurden bei 70 Prozent der Patienten, die Heilübungen machten, die Symptome deutlich gelindert. Insgesamt verbessern diese Übungen den Allgemeinzustand, sodass sich auch die Lunge besser erholen kann.

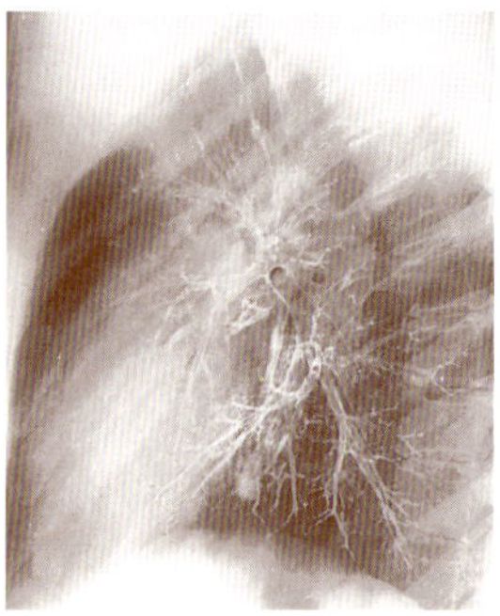

Bei gesunden Lungen sind die Bronchialverästelungen auf dem Röntgenbild deutlich zu erkennen.

Obwohl die Behandlung von Bronchialasthma nicht einfach ist, vermindern spezielle Übungen die Häufigkeit der Anfälle und die Ausprägung der Symptome. Atemübungen vor oder zu Beginn eines Anfalls können diesen abschwächen bzw. verkürzen.

Menschen mit Asthma haben oft eine verringerte Vitalkapazität oder eine eingeschränkte Lungenfunktion und neigen außerdem zu Emphysemen. Heilübungen stärken die Atemmuskulatur, einschließlich der Brust- und Zwerchfellmuskeln, und verbessern den Austausch von Kohlendioxid und Sauerstoff. Sie lassen Bronchialkrämpfe seltener auftreten und verbessern die Durchblutung der Lunge. Der Schleim in den Bronchiolen wird verdünnt und ist leichter abzuhusten, was zur Linderung der Symptome beiträgt.

Therapeutische Übungen für diese Patienten umfassen Atemübungen mit Sprechen, korrigierendes Atmen, Entspannungsübungen, Massage und Qigong.

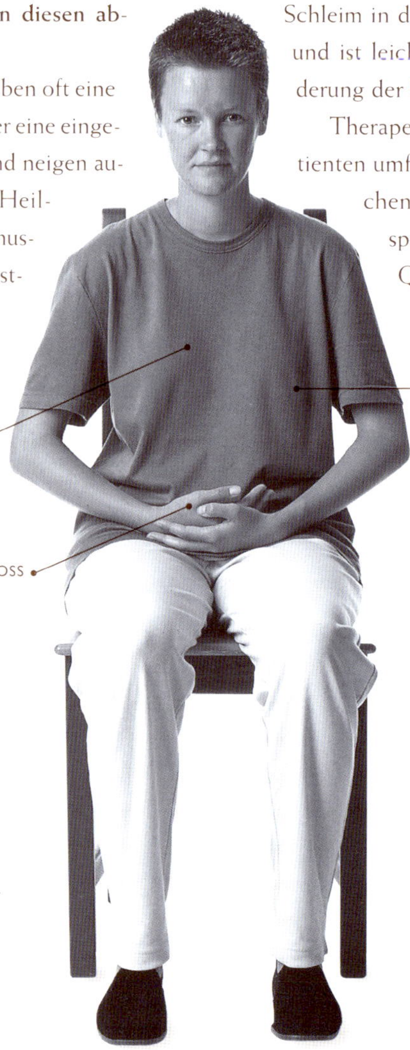

Atem- und Entspannungsübungen können auch im Sitzen ausgeführt werden.

■ **Junge Asthmapatienten können ihre Atmung mit Heilübungen erheblich verbessern und sind in der Folge weniger auf Inhaliergeräte angewiesen.**

KORRIGIERENDES ATMEN

Die hier angewendeten Methoden sind dieselben wie für Patienten mit Lungenemphysemen. Ziel ist es, die Bauchatmung zu verinnerlichen (siehe Seite 132–133) und das Ausatmen zu stärken und zu verlängern (siehe Seite 134–137).

ATEMÜBUNGEN MIT SPRECHEN

Durch das Sprechen von Wörtern beim Ausatmen erlernen Sie neue Atemtechniken besser, da Sie sie dann mit einem bestimmten Klang in Verbindung bringen. Bei der Übung können Sie sitzen oder stehen. Sprechen Sie beim Ausatmen durch den Mund die Silben »wu«, »ii« und »ah«. Dehnen Sie jede Silbe zunächst für 5–6 Sekunden, und steigern Sie diesen Zeitraum im Lauf der Zeit auf 30–40 Sekunden. Legen Sie ggf. eine Pause ein, um sich nicht zu überfordern.

QIGONG

Fangsonggong, d. h. Entspannungs- oder Lockerungsübungen (siehe Seite 72–73), und Chiangzhuanggong, Kräftigende Übungen (siehe Seite 74–77), sind gut für Patienten mit chronischem Asthma geeignet. Die Sitzungen sollten 1- oder 2-mal täglich, jeweils 20–30 Minuten lang ausgeführt werden.

Die beste Sportart ist Schwimmen, da dadurch die Häufigkeit von Bronchialkrämpfen gesenkt wird. Patienten mit Heuschnupfen oder häufigen Ohrentzündungen sollten jedoch nicht tauchen oder beim Schwimmen mit dem Kopf eintauchen.

Kurze Spielzeiten von 1–2 Minuten bei Sportarten wie Tischtennis und Badminton oder einfaches Körbewerfen beim Basketball vermindern die Wahrscheinlichkeit eines Anfalls, indem sie das Risiko für eine Verengung der Atemwege vermindern. Je schlechter der Zustand des Patienten vor dem Spiel, desto positiver wirken sich die wenigen Spielminuten aus.

Vorsichtsmaßnahmen für Asthmapatienten

* Während eines Asthma-Anfalls dürfen Sie keine Übungen machen. Ausgenommen sind leichtere Attacken.

* Körperlich beanspruchende Übungen sollten nie länger als 5 Minuten dauern, wenn Ihr Zustand sich noch nicht stabilisiert hat. Kurze, intensive körperliche Anstrengungen von 1–2 Minuten können Blockaden der Atemwege lindern.

* Bei Kurzatmigkeit und Beschwerden in der Brust während der Übungen sollten Sie eine Pause einlegen.

* Beenden Sie die Übungen, wenn Anfälle häufig auftreten und Ihre körperliche Fitness sich nicht verbessert.

* Schnäuzen Sie sich vor den Übungen, um die Nase von Schleim zu befreien.

* Die Übungszeit sollte 30–40 Minuten, auf drei oder vier Sitzungen verteilt, nicht übersteigen. Zum Beispiel:
Qigong (20 Min.), Selbstmassage (3–5 Min.), Sprech-Atemübungen mit Pausen (3–5 Min.) und Entspannungsübungen (1–2 Min.). Teil des Programms können auch ein oder zwei Sets mit Bauchatmungsübungen sein.

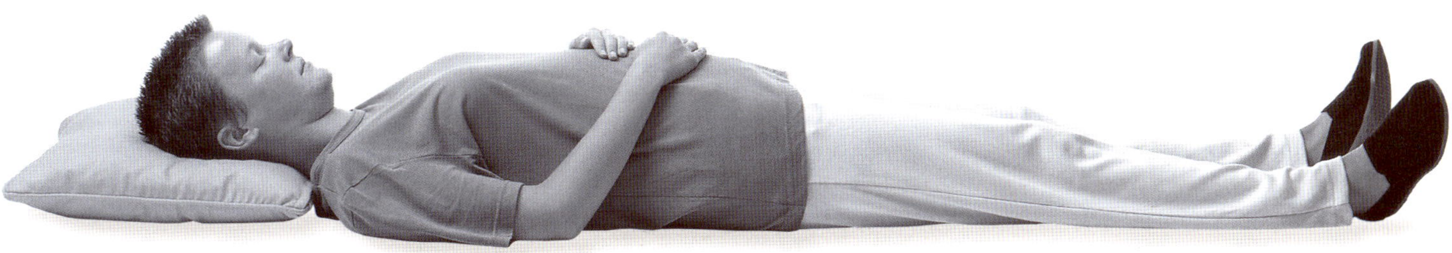

SET 1 | Entspannungsübung

Stehen Sie mit den Füßen schulterbreit, die Arme hängen locker nach unten. Drehen Sie die Schultern in einer lockeren Drehbewegung nach beiden Seiten. Wiederholen Sie die Übung 10-mal. Sie können die Schultern auch nach vorne und hinten drehen. Versuchen Sie, die Schultergelenke zu entspannen.

WICHTIGE PUNKTE

- Lassen Sie die Schultern so locker wie möglich.
- Lassen Sie keine Anspannung entstehen.

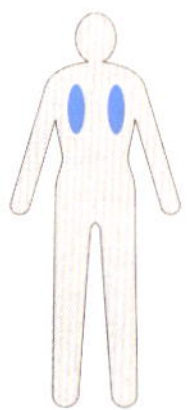

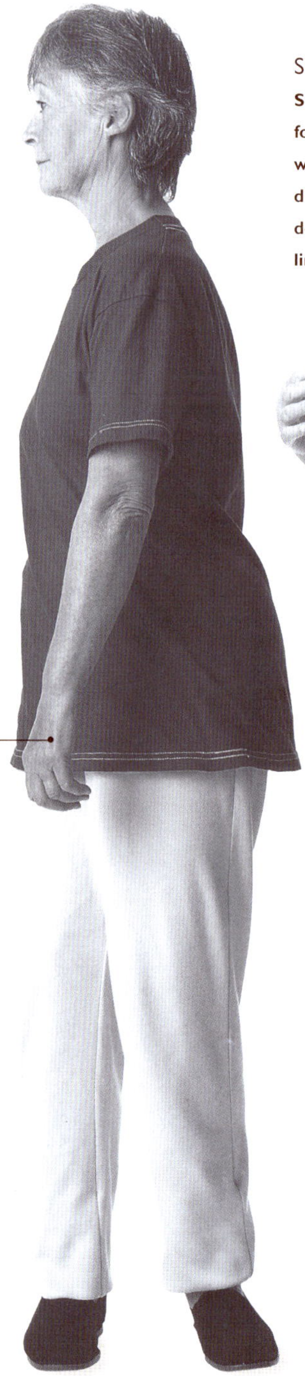

SET 2 | Entspannungsübung

Setzen Sie sich auf einen Stuhl, und formen Sie mit den Armen einen waagerechten Kreis. Entspannen Sie die Schultergelenke. Bewegen Sie den Kreis ungefähr 10-mal nach links, danach nach rechts.

SET 3 | Massage

Bei Beschwerden im Brust- und Rückenbereich kann eine Massage lindernd wirken. Sie können sie entweder selbst oder von einer Fachkraft ausführen lassen. Massieren Sie die Muskeln über den Rippen, indem Sie den Bereich drücken und reiben.

Bitten Sie jemanden, Ihren Rücken im Nierenbereich mit der lockeren Faust zu klopfen, während Sie sich nach vorne beugen. Man glaubt, dass die Nieren die Lungenfunktion unterstützen. Sie können diese Übung so lange machen, wie es Ihnen angenehm ist.

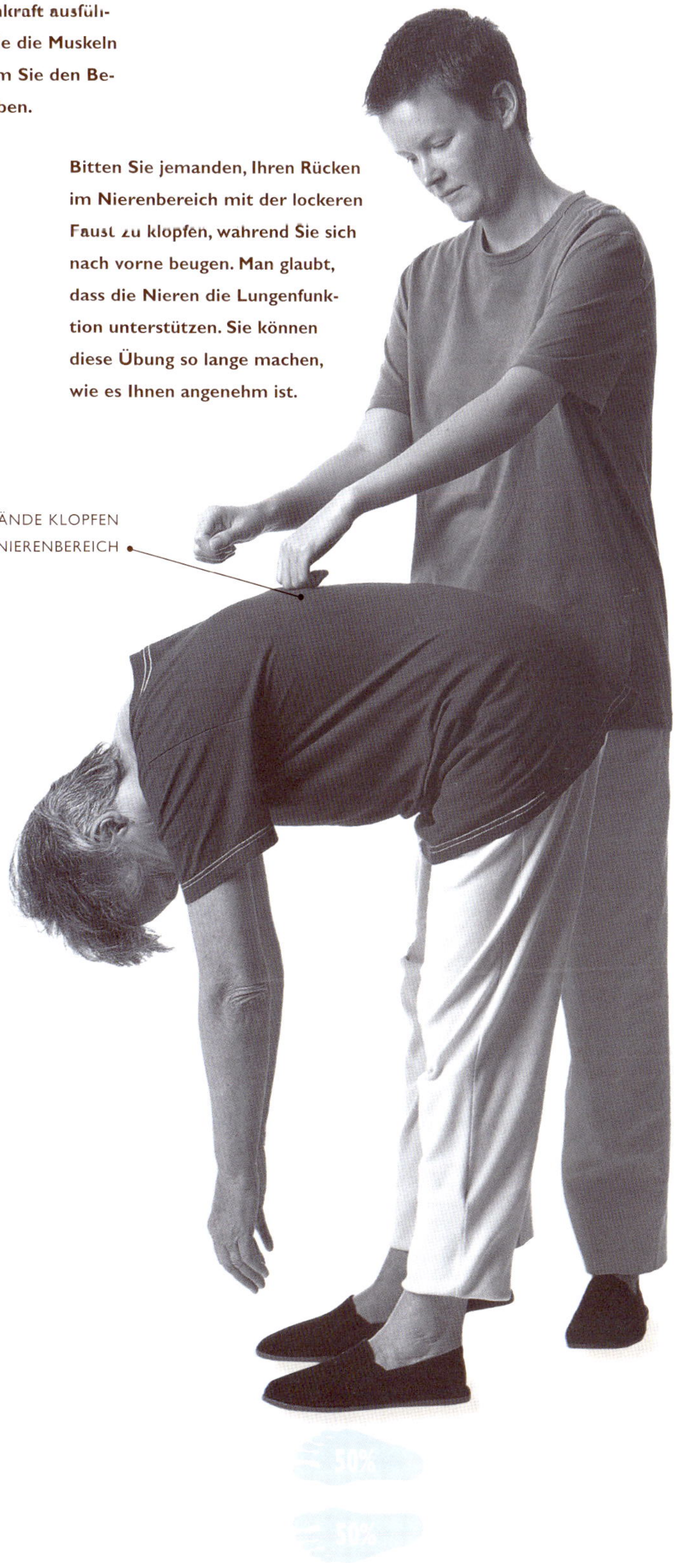

肺

19

YUNDONG YU FA CHEN AI CHEN ZHUO BING BINGREN

Übungen für Silikosepatienten

Silikose ist eine Lungenkrankheit, die häufig bei Bergleuten sowie Gießerei- und Metallarbeitern auftritt. Kieselsäurehaltiger Staub reizt das Lungengewebe und verursacht Atembeschwerden sowie Gesundheitsschäden. Die Betroffenen erkranken zudem häufiger an Tuberkulose.

Im Rahmen einer umfassenden Behandlung verbessern therapeutische Übungen die Atmung und den Gesundheitszustand der Patienten insgesamt. Husten, Atemnot und Brustschmerz werden gelindert und der Austausch von Kohlendioxid und Sauerstoff verbessert. Therapeutische Programme für Silikosepatienten setzen sich überwiegend aus Atemübungen, Taiji (siehe Seite 60–67), Qigong-Atemübungen, Kallisthenie und anderen Fitnessübungen zusammen.

Mit den Atemübungen soll der Durchmesser des Zwerchfells erhöht und die Ausatemzeit verlängert werden. Gut sind neben Bauchatemübungen (siehe Seite 132–133) auch Atemübungen, bei denen Druck auf den Bauch oder den unteren Brustkorbbereich ausgeübt wird (siehe Seite 136–137).

Auch Entspannungsübungen und eine Kombination aus Bewegungs- und Atemübungen, wie die nachfolgend beschriebene, sind geeignet.

WICHTIGE PUNKTE

- Lassen Sie das Atmen aus der Bewegung entstehen.
- Entspannen Sie jeden Muskel Ihres Körpers.

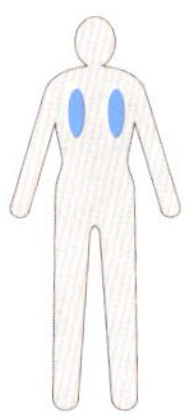

- *Wiederholen Sie die ersten drei Schritte 7- bis 14-mal. Gehen Sie dann auf der Stelle.*

1 **Setzen Sie sich breitbeinig auf die Kante eines Bettes oder eines Stuhls, und strecken Sie die Beine aus. Legen Sie die Handflächen auf den Bauch.**

2 **Atmen Sie tief ein. Beugen Sie sich dann mit dem Oberkörper nach vorne, bis der Kopf tiefer ist als die Knie. Drücken Sie gleichzeitig beide Hände gegen den Bauch, um das Zwerchfell nach oben zu bewegen und so viel Luft wie möglich auszuatmen.**

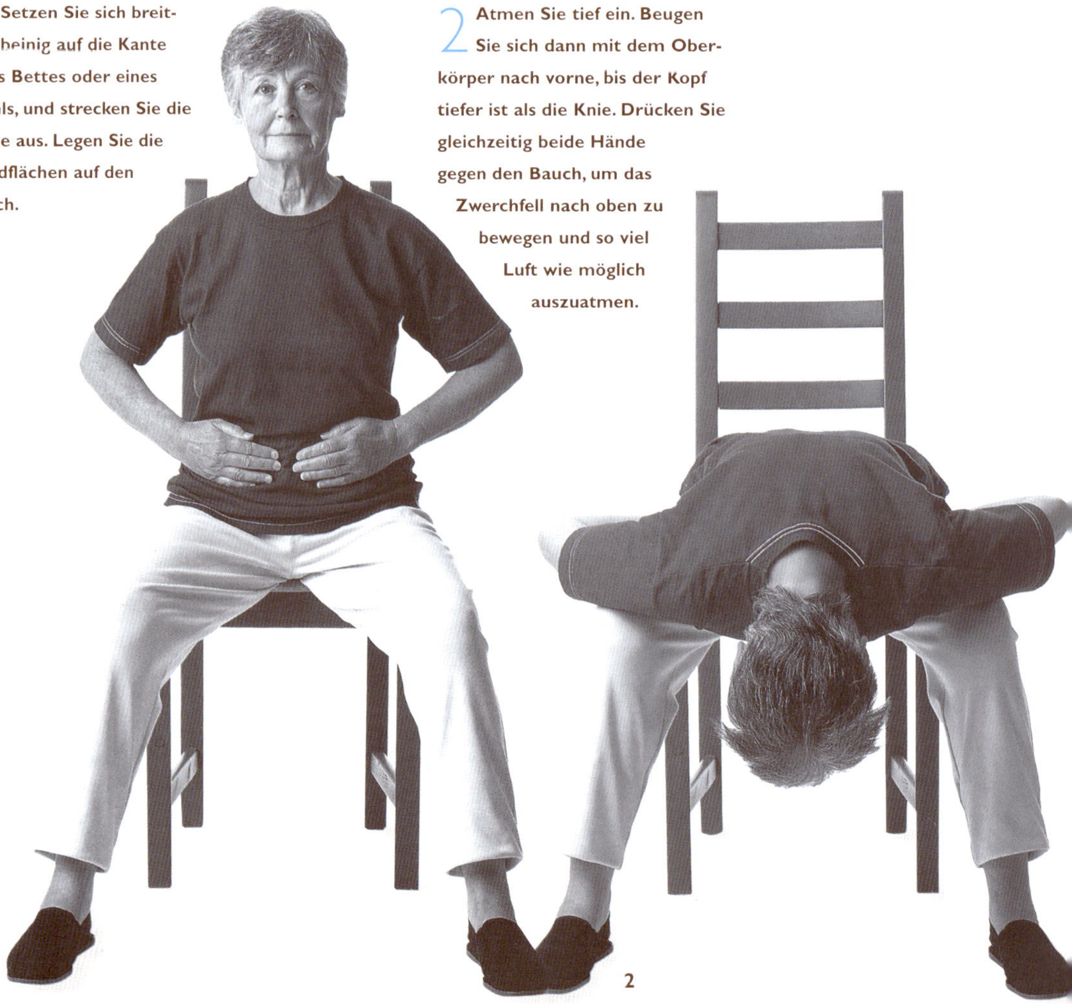

1

2

VORSICHT

Patienten mit offener Tuberkulose oder Herzproblemen oder Patienten, die Blut spucken, sollten die Heilübungen nicht machen.

Atemübung im Stehen

Stehen Sie mit den Füßen schulterbreit oder ein wenig breiter, und gehen Sie mit geradem Rücken leicht in die Knie. Halten Sie das Kinn oben, und entspannen Sie Schulter und Becken. Heben Sie die Arme mit den Handflächen nach oben an. Die Daumen sollten leicht abgespreizt sein, um den Lungenmeridian zu aktivieren. Atmen Sie leicht (kurz) durch die Nase ein und tief (lang) durch den Mund aus. Atmen Sie ganz natürlich und ohne jede Anstrengung.

3 **Lockern Sie dann die Hände, heben Sie den Kopf, strecken Sie den Nacken nach vorne, während Sie einatmen und langsam in die Ausgangsstellung zurückkehren. Das Einatmen sollte abgeschlossen sein, sobald Sie wieder aufrecht sitzen.**

4 **Marschieren Sie 1 oder 2 Minuten auf der Stelle. Gehen Sie zum Abschluss 7- oder 8-mal in die Hocke.**

3

4

100%

20

YUNDONG SHI RU HE DUI YING XIONG BU BU SHI

Brustschmerz während der Übungen lindern

Patienten mit ernsthaften Atembeschwerden haben bei körperlicher Betätigung oft Brustschmerzen. Dies können Schmerzen sein, die sich beim Sprechen, Atmen oder Husten verstärken. Dieser Schmerz kann bedrohlich stark werden, obwohl auf dem Röntgenbild oder bei einer Untersuchung keine Schwellung, Blutung, ein Bruch oder andere Veränderungen erkennbar sind.

Die Schmerzen können mehrere Ursachen haben (siehe gegenüberliegende Seite), die alle mit einfachen Techniken gelindert werden können. Bei sehr starken Schmerzen sollten Sie aber unbedingt einen Arzt aufsuchen.

Zu den ganz einfachen Methoden gehört es z. B., sich auf das Bett zu legen und den Körper hin und her zu rollen.

WICHTIGE PUNKTE

- Entspannung ist immer gut für die Gesundheit.
- Steuern Sie die Lungenfunktion mit der Atmung, nicht mit den Muskeln.

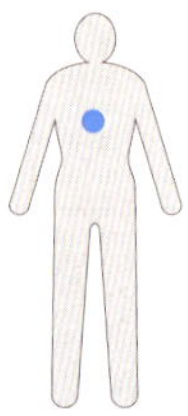

Atmen Sie tief ein, halten Sie die Luft an, und klopfen Sie dabei von oben nach unten mit lockeren Fäusten auf den Brustkorb. Wiederholen Sie dies öfter, bzw. bis der Schmerz aufhört.

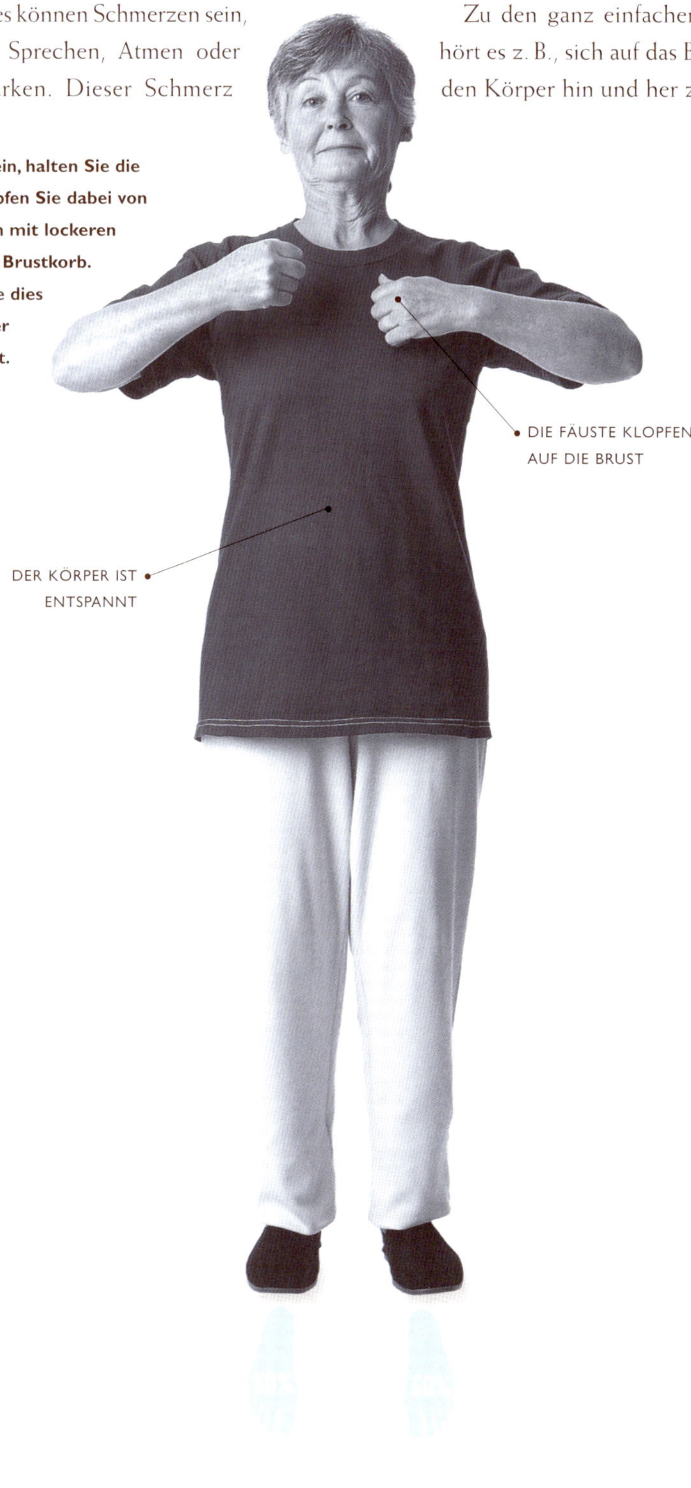

Bitten Sie jemanden, Ihren Brustkorb seitlich und von hinten mit lockeren Fäusten zu klopfen. Mehrmals wiederholen, bzw. bis der Schmerz aufhört.

DIE FÄUSTE KLOPFEN AUF DIE SEITEN UND AUF DEN RÜCKEN

Mögliche Schmerzursachen

* Sie haben die anstrengenden Übungen begonnen, ohne sich richtig aufzuwärmen und vorzubereiten.
* Sie haben bei den Übungen nicht auf eine tiefe Atmung geachtet und stattdessen ohne einen bestimmten Rhythmus aus- und eingeatmet.
* Ihr Atemrhythmus war zu schnell, sodass der Körper nicht genügend Sauerstoff bekommen konnte.
* Ihre Atemmuskeln waren schon über längere Zeit sehr verspannt.
* Sie sind körperlich zu schwach und ausgelaugt.
* Sie haben schon längere Zeit keinen Sport mehr getrieben.

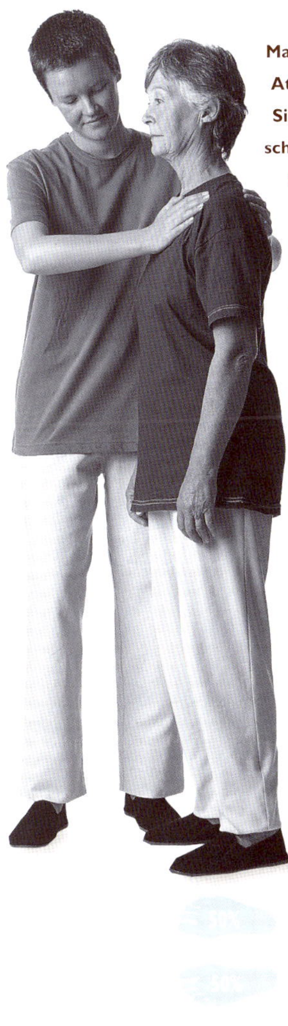

Machen Sie einige tiefe Atemzüge, und pressen Sie Ihre Hand auf die schmerzende Stelle. Der Schmerz sollte dann verschwinden. Haben Sie jemanden gebeten, die Stelle für Sie zu drücken, bitten Sie ihn, genau gegenüber am Rücken zu drücken. Dann kann er oder sie mit den Handflächen die Stelle von beiden Seiten massieren und drücken.

KAPITEL FÜNF

Heilübungen zur Verbesserung der Verdauung

治癒

Chinesen messen dem Verdauungssystem seit jeher große Bedeutung zu.

Sprichwörter wie »der Mensch ist, was er isst«, die so oder ähnlich von vielen Kulturen überliefert sind, belegen die Bedeutung, die der Mensch den Verdauungsorganen beimisst. Die Chinesen erweisen dem Verdauungssystem besonders hohen Respekt. Dieses Kapitel widmet sich den von den Chinesen entwickelten Heilmethoden für Verdauungsprobleme, angefangen bei weit verbreiteten Problemen, wie Verstopfung und Hämorrhoiden, bis hin zu Magengeschwüren und Gallensteinen.

Das Kochen, d. h. die Vorbereitung der Nahrung, stellt den ersten Schritt der Verdauung dar. Der zweite Schritt ist das Kauen und das Aufspalten der Nahrung mit Hilfe der Magensäure. Dick- und Dünndarm entziehen dem Nahrungsbrei die Nährstoffe und entsorgen Abbauprodukte. Der Körper kann nur gesund sein, wenn all diese Prozesse reibungslos ablaufen. In China hat man mehrere Übungen entwickelt, die die Verdauung, die Aufnahme von Nährstoffen und die Ausscheidung von Schlacken fördern, damit der Körper gesund und kräftig bleibt.

Viel Trinken ist Teil einer gesunden Ernährung und versorgt die Haut mit Feuchtigkeit.

消化

21

ZHI LIAO BIAN BI

Maßnahmen gegen Verstopfung

Veränderte Ess- und Lebensgewohnheiten werden oft als Gründe für Verstopfung angegeben. Tatsächlich aber ist mangelnde Bewegung der häufigste Grund. Regelmäßige Bewegung, ein fester Tagesablauf und vernünftige Ernährung bieten wirksame Abhilfe. Essen Sie ausreichend grüne Gemüsearten und frisches Obst, außerdem Vollkornprodukte, Kleie, Linsen und Bohnen. Auch frisches Wasser – mindestens acht Gläser täglich – ist enorm wichtig. Gut ist auch Honig in kleineren Mengen.

SET 1 | Beine anwinkeln

1 **Legen Sie sich auf den Rücken, und strecken Sie die Beine aus.**

WICHTIGE PUNKTE

- Der Bauch ist bei dieser Übung sehr wichtig. Lassen Sie Schultern und Nacken locker.
- Achten Sie darauf, den Rücken nicht zu sehr zu beanspruchen.

1

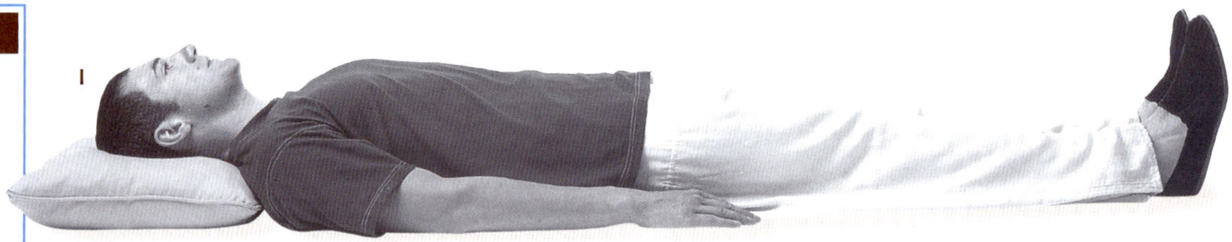

2 **Winkeln Sie die Beine an, und ziehen Sie sie an den Bauch. Kehren Sie in die Anfangsstellung zurück. Wiederholen Sie die Übung mindestens 10-mal.**

2

SET 2 | Radfahren

Legen Sie sich auf den Rücken, und fahren Sie »Luftfahrrad«. Versuchen Sie möglichst schnell, gleichmäßig und ohne Unterbrechung zu treten. Radeln Sie jeweils 20–30 Sekunden lang.

Therapeutische Übungen

Insbesondere Übungen für Bauch und Becken oder Übungen, bei denen man springen und intensiv atmen muss, regen die Darmmuskulatur an und helfen so gegen Verstopfung. Sie stärken darüber hinaus die Bauchmuskeln und beeinflussen das Nervensystem positiv, schon dadurch wird einer Verstopfung vorgebeugt.

Menschen mit chronischer Verstopfung profitieren am meisten von therapeutischen Übungen, Bewegungsübungen, Qigong, Taiji und Selbstmassage.

Auch die nachfolgenden Übungen sollten in einer bestimmten Reihenfolge ausgeführt werden, um eine optimale Wirkung zu erzielen.

SET 3 | Beine heben

1 **Legen Sie sich auf den Rücken, und strecken Sie die Beine aus. Heben Sie beide Beine gleichzeitig, ohne die Knie anzuwinkeln.**

2 **Heben Sie die Beine, bis sie rechtwinklig zum Körper stehen. Senken Sie sie dann langsam wieder. Die Knie bleiben durchgestreckt. 10-mal oder öfter wiederholen.**

1

2

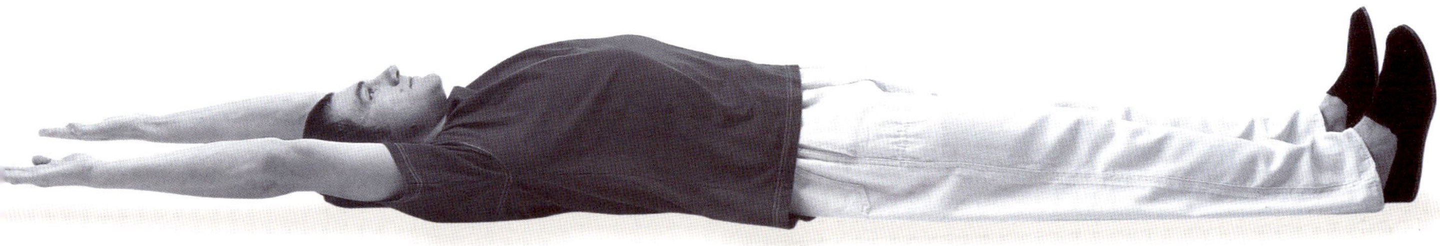

1

SET 4 | Sit-ups

1 **Legen Sie sich mit durchgestreckten Armen und Beinen auf den Rücken.**

2 **Strecken Sie die Arme ganz durch, bis die Finger die Zehenspitzen berühren. 7- oder 8-mal wiederholen. Wenn Ihnen die Übung zu schwer fällt oder Ihren Rücken belastet, können Sie bei den Sit-ups die Knie anwinkeln und die Arme an die Seite nehmen.**

2

WICHTIGE PUNKTE

- Ideal ist eine Kombination von Taiji mit Qigong-Atemübungen.

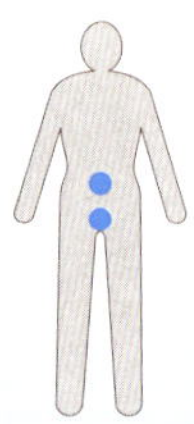

Körperliche Bewegung

Die idealen Sportarten sind Gehen, Joggen und Kanufahren. Der frühe Morgen ist die beste Zeit für das Gehen. Legen Sie gleich nach dem Aufstehen 30 Minuten in einer flotten Gangart zurück. Wenn Sie körperlich nicht so fit sind, können Sie – mit Einverständnis Ihres Arztes – nach dem Frühstück 15 Minuten langsam gehen. Trinken Sie dann ein Glas Wasser, und gehen Sie auf die Toilette. Gut ist auch ein regelmäßiger Spaziergang von 2,5–3,5 km während des Tages.

Die Bewegungen beim Laufen und Springen fördern den Stuhlgang. Für Menschen mit guter körperlicher Verfassung sind Joggen, Basketball und ähnliche Sportarten geeignet. Auch die Ruderbewegungen beim Kanufahren regen die Darmtätigkeit an.

Qigong

Bei Verstopfung ist Neiyanggong (Übungen zur Nährung des Inneren, siehe Seite 78–79) hilfreich. Führen Sie die Bauchatmungsübungen, im Liegen oder im Sitzen, 2- bis 3-mal täglich für jeweils 30 Minuten aus.

Qigong behebt und beugt Verstopfung vor, da es Sie ausgeglichener macht. Es stellt das Gleichgewicht zwischen Sympathikus und Parasympathikus her, was für eine ungestörte Verdauung unabdingbar ist. Bei tiefer Bauchatmung bewegt sich das Zwerchfell auf und ab und massiert dabei Magen und Darm gleichzeitig. Das Zwerchfell ist bei Bauchatmung 3- bis 4-mal aktiver als normal. Würde jemand sein Ohr an Ihre Bauchdecke legen, könnte er oder sie die Auswirkungen von Qigong ganz deutlich hören.

Massage

Eine sanfte Bauchmassage kann Verdauungsbeschwerden beheben. Gehen Sie dabei kreisförmig vor. Massieren Sie jeden Punkt 30- bis 40-mal. Sie können aber auch 10 Minuten für die ganze Massage ansetzen. Richten Sie sich danach auf, und klopfen Sie im Lendenbereich leicht auf das Kreuzbein . Die Massage kann 1- oder 2-mal täglich ausgeführt werden, idealerweise nach Therapeutischer Gymnastik oder Qigong.

Legen Sie sich flach auf den Rücken, winkeln Sie die Beine leicht an, und platzieren Sie ein Kissen unter die Knie. Legen Sie eine Hand über die andere, und massieren Sie mit leichtem Druck den Bauch. Beginnen Sie im rechten unteren Bereich, und gehen Sie nach oben zu den Rippen weiter. Setzen Sie den Kreis auf der linken Seite fort, über den Nabel bis nach links unten. Reiben und drücken Sie diesen Bereich langsam, aber fest, und kehren Sie dann zum Ausgangspunkt zurück.

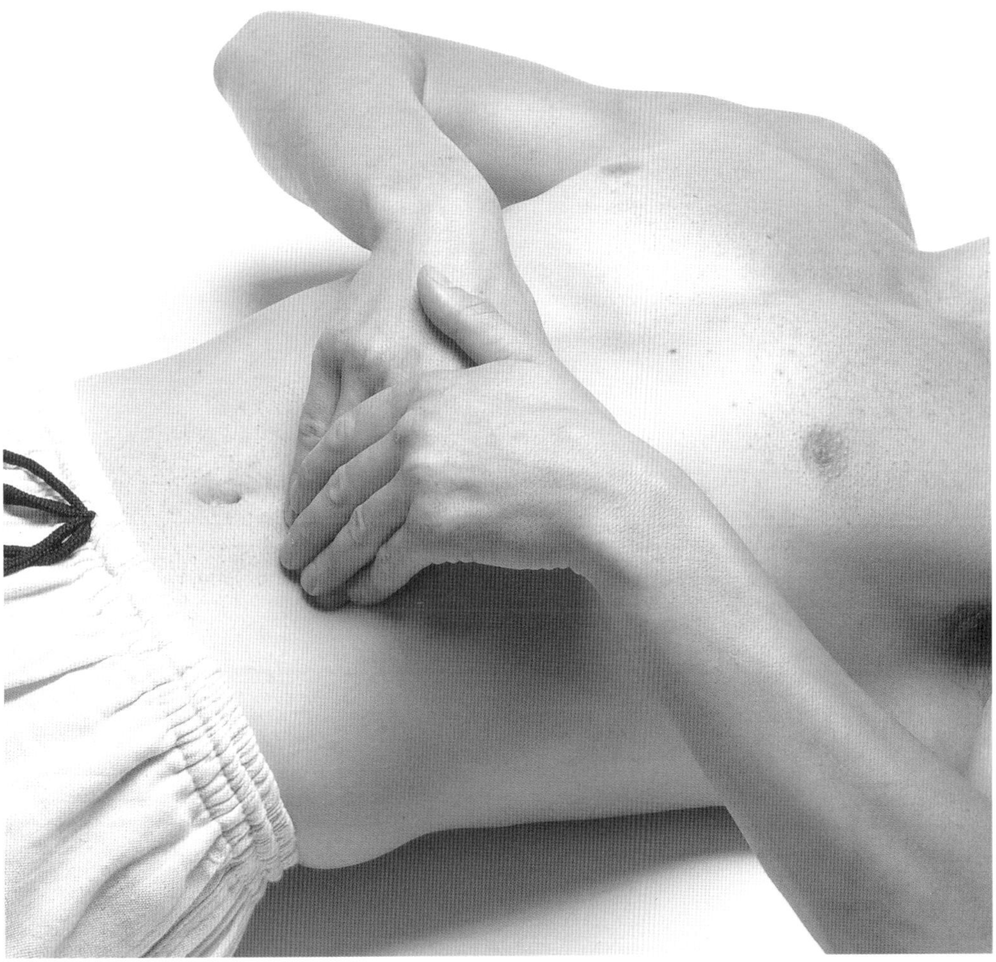

消化

22

AN-MO GAISHAN XIAO-HUABULIANG

Massage bei Verdauungsbeschwerden

Patienten, deren Verdauung nicht richtig arbeitet, müssen oft aufstoßen oder leiden an Übelkeit, Erbrechen, Bauchschmerzen und Blähungen. Massagen können diese Symptome lindern. Sie werden seit jeher zur Vorbeugung und Heilung in der chinesischen Medizin eingesetzt. Einem überlieferten medizinischen Text zufolge können Verdauungsbeschwerden durch Massieren des Unterleibs mit beiden Händen und einem anschließenden Spaziergang von 100 Schritten gelindert werden. Dort findet sich auch der Hinweis, dass das Massieren des Unterleibs nach einer Mahlzeit die Funktion der Milz fördert und Verdauungsproblemen vorbeugt. Studien zufolge regen Unterleibsmassagen nicht nur die Magen- und Darmtätigkeit an, sondern verbessern darüber hinaus die Durchblutung der Bauchhöhle. Auch das Massieren der entsprechenden Akupunkturpunkte (siehe Seite 166–167) wirkt lindernd.

Massage bei Verdauungsbeschwerden

Eine Bauchmassage sollte ca. 20 Minuten dauern. Sie können sie selbst durchführen oder sich von jemand anderem massieren lassen, was entspannender sein kann.

WICHTIGE PUNKTE

- Reiben Sie sich vor der Massage die Hände, um sie anzuwärmen.
- Stellen Sie sich vor, mit den Händen Qi zu übertragen.

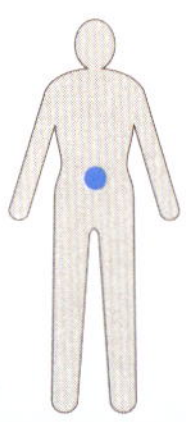

SET 1 | Den Unterleib massieren

1 **Reiben Sie den linken Oberbauch mit der linken Handfläche. Ist dieser Bereich durch Gase aufgebläht, klopfen Sie leicht mit den Fingern darauf.**

2 **Gehen Sie zum rechten Unterbauch, und massieren Sie in kreisförmiger Bewegung um den Nabel, d. h. von unten nach oben und von rechts nach links. Üben Sie dabei leichten Druck aus.**

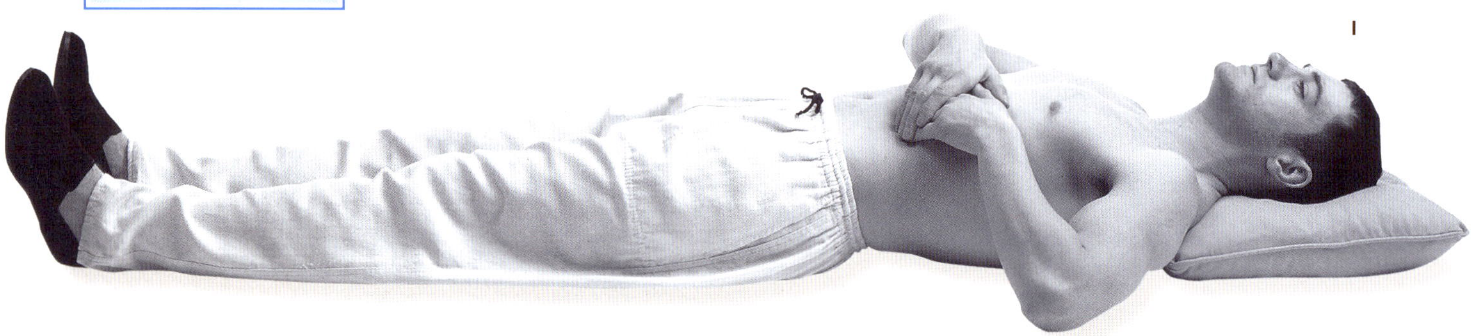

1

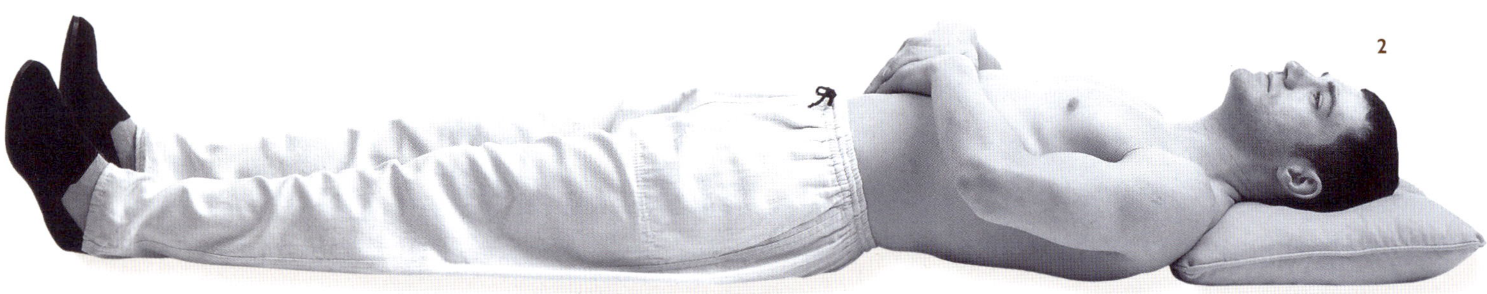

2

VORSICHT

Verdauungsproblemen kann eine Reihe von körperlichen Ursachen zugrunde liegen. Leiden Sie an starken und wiederkehrenden Symptomen, sollten Sie einen Arzt aufsuchen. In einigen Fällen wurden Herzbeschwerden als Verdauungsprobleme interpretiert. Bei Schwindel, Kurzatmigkeit, Schwäche und Schweißausbrüchen zusammen mit Verdauungsproblemen sollten Sie unbedingt Ihren Arzt aufsuchen.

Die Muskeln der Bauchdecke stärken

Bei Menschen mittleren Alters und Frauen nach der Schwangerschaft verlieren die Bauchdeckenmuskeln ihre Elastizität, wodurch der Bauch ausgeweitet wird und nach vorne-unten durchhängt. Fettpolster, die sich in der Bauchdecke einlagern, können das Problem verstärken und behindern darüber hinaus die Durchblutung und den Verdauungsvorgang.

Wenn das Problem länger unbehandelt bleibt, können schlaffe Bauchdeckenmuskeln, auch andere Leiden, wie z. B. Verstopfung, bewirken, da sie zu schwach sind, um sich richtig zusammenzuziehen. Die Bauchdecke kann dann nicht genügend Druck auf die Gedärme ausüben, um Stuhlgang zu ermöglichen. Taiji-Übungen in Verbindung mit Qigong-Atemübungen stärken die Muskulatur der Bauchdecke.

Bedingt durch den aus der Form geratenen Unterleib, verlagert sich auch der Körperschwerpunkt. Beim Versuch, dies auszugleichen, drehen sich die Lendenwirbel nach vorne und belasten dadurch die Rückenmuskulatur. Aus diesem Grund leiden Menschen mit schlechten Bauchdeckenmuskeln häufiger an tief sitzenden Rückenschmerzen oder Hexenschuss (siehe Seite 198–201) als gut trainierte Menschen.

Sie können nun gezielt die schwachen Bauchdeckenmuskeln stärken oder Übungen ausführen, die sich auf den ganzen Körper auswirken. Letztere sind besonders für übergewichtige Menschen wichtig, da dabei mehr Energie verbraucht wird und Fettreserven verbrannt werden können. Die therapeutischen Übungen gegen Verstopfung (siehe Seite 150–151) stärken die Bauchdeckenmuskeln besonders effektiv.

SET 2 | Scherenübung

1 **Legen Sie sich auf den Rücken, und strecken Sie die Beine im 45-Grad-Winkel nach oben. Drücken Sie die Beckenrückseite auf den Boden.**

2 **Bewegen Sie die Beine wie die Blätter einer Schere, bis sie müde werden. Machen Sie 1 Minute Pause, und wiederholen Sie die Kickbewegungen dann 3- bis 4-mal.**

1

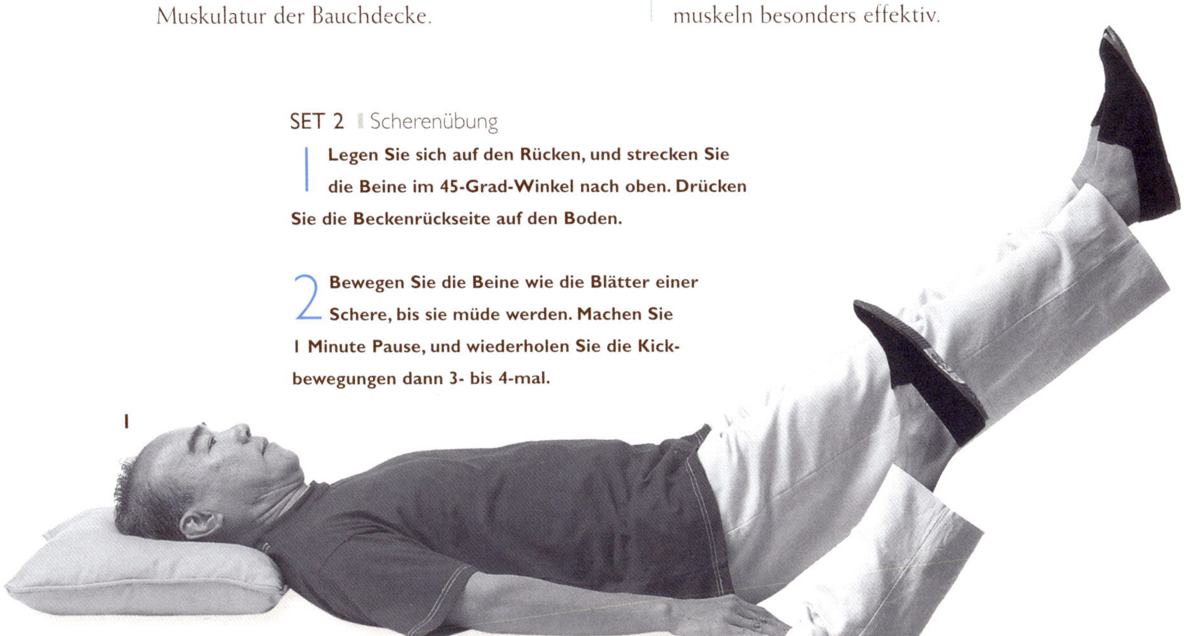

2

23

FANG ZHI ZHI JI

Hämorrhoiden vorbeugen

Die Hauptursachen für Hämorrhoiden sind chronische Verstopfung, schlechte Ernährungsgewohnheiten (u. a. zu stark gewürzte Speisen), ständiger Durchfall oder Dysenterie sowie chronische Magen- und Darmkrankeiten. Sie können auch altersbedingt sein oder mit einem allgemeinen Schwächezustand oder einer Muskelschwäche zusammenhängen. Andere Faktoren sind u.a. ein erhöhter Druck der Pfortadern, Zirrhose, ein erhöhter Druck im Unterleib aufgrund von Tumoren oder in der Schwangerschaft, hoher Blutdruck, Arteriosklerose oder eine chronische Entzündung des Rektums.

Der wichtigste Faktor ist vielleicht ganz einfach, dass der Mensch auf zwei Beinen geht. Tiere leiden nicht an Hämorrhoiden, da die Bauchhöhle bei ihnen die Verdauungsorgane nicht unterstützen muss. Auch der Blutkreislauf ist in diesem Zusammenhang von Bedeutung. Beim

SET 1 | Innenseiten der Oberschenkel aneinander drücken

Legen Sie sich ganz entspannt auf den Rücken, und legen Sie ein Bein über das andere. Drücken Sie dann die Innenseiten der Schenkel zusammen, heben Sie das Becken leicht an, und spannen Sie die Aftermuskeln. Wiederholen Sie das Anspannen 10- bis 30-mal. Nach einiger Zeit können Sie die Übung mit einer Atemtechnik kombinieren: Atmen Sie ein, während Sie die Muskeln anspannen, und wieder aus, wenn Sie sich entspannen.

WICHTIGE PUNKTE

- Kombinieren Sie die Übung mit Atemtechniken, sobald Sie sie gut beherrschen.
- Beim Anspannen des Afters sollte sich ein ziehendes Gefühl nach innen und oben einstellen.

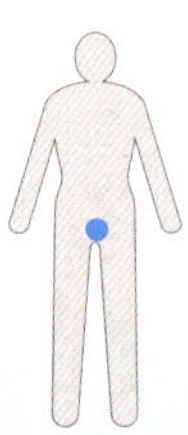

SET 2 | Arme heben

1 **Legen Sie sich auf den Rücken, die Arme liegen dabei neben dem Körper. Entspannen Sie sich.**

2 **Strecken Sie die Arme, ohne die Ellbogen anzuwinkeln, nach oben, nach hinten und über den Kopf. Atmen Sie dabei tief ein. Atmen Sie aus, während Sie die Arme wieder neben den Körper nehmen. 5- bis 6-mal wiederholen.**

1

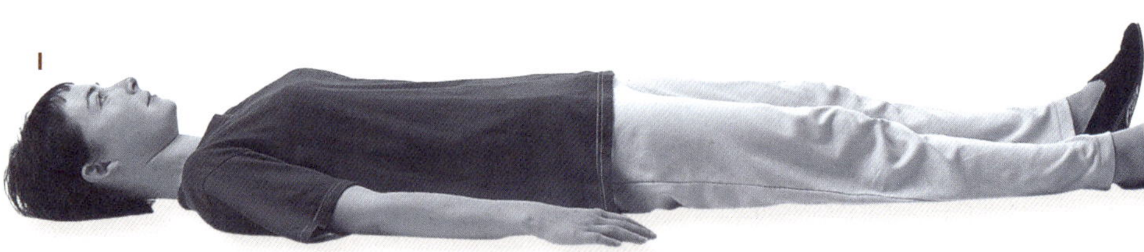

2a

VORSICHT

Diese Übungen sind nicht für Menschen mit einer Analfissur oder einem Analprolaps mit akuten Entzündungen geeignet. Akute Entzündungen müssen vor Aufnahme der Übungen medikamentös behandelt werden.

Rücktransport des venösen Blutes zum Herzen spielen Muskelkontraktionen und die Venenklappen eine wichtige Rolle. Sie stellen sicher, dass das Venenblut nur zum Herzen hin fließt. Erreicht wird dies durch Klappen in allen Venen, die unter dem Herzniveau liegen. Ausgenommen davon sind die Venen im Rektum, denn die Evolution hatte vorgesehen, dass sie auf gleicher Höhe mit dem Herzen liegen. Blut kann sich so in diesen Gefäßen stauen, und aus Schwerkraft, Anspannung und anderen Faktoren baut sich Druck auf, der Hämorrhoiden entstehen lässt.

Die folgenden neun Übungen sind gegen Hämorrhoiden wirksam. Vorausgesetzt, Sie üben 1- bis 3-mal täglich, werden sich die ersten Erfolge nach ca. drei Monaten einstellen. Bei Zeitmangel sollten Sie auf jeden Fall folgende drei Übungen ausführen: Innenseiten der Oberschenkel aneinander drücken, Mit verkreuzten Beinen sitzen und stehen sowie Spannen und lockern.

Sobald die Krankheit unter Kontrolle ist, können Sie die Genesung mit den Kontraktionsübungen beschleunigen. Diese sollten regelmäßig ausgeführt und langsam gesteigert werden.

SET 3 | Das Becken heben

1 **Legen Sie sich mit angewinkelten Knien auf den Rücken. Die Füße stehen flach auf dem Boden, die Hände liegen unter dem Kopf.**

2 **Heben Sie Becken und After an, und spannen Sie dabei die Aftermuskeln. Nehmen Sie dann das Becken wieder nach unten, und entspannen Sie sich. Versuchen Sie nach einer Weile, beim Anheben und Anspannen einzuatmen und beim Lockerlassen auszuatmen. Bis zu 8-mal wiederholen.**

1

2

SET 4 | Selbstmassage

Legen Sie die Hand auf den Unterleib, sodass der Qihai-Punkt (Meer des Qi), der sich ca. 3,75 cm unter dem Nabel befindet, in der Mitte liegt. Reiben Sie die Bauchmuskeln zuerst 20- bis 30-mal gegen den Uhrzeigersinn, dann genauso oft in der Gegenrichtung.

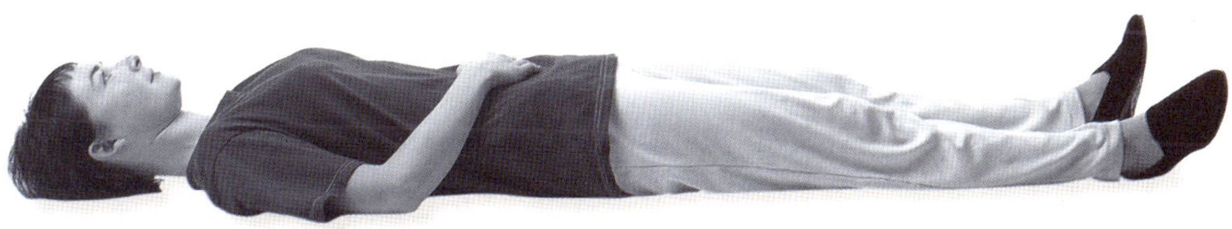

2b

SET 5 | Mit gekreuzten Beinen sitzen und stehen

1 Setzen Sie sich im Schneidersitz auf den Boden. Entspannen Sie sich.

2 Stehen Sie mit gekreuzten Beinen auf, drücken Sie sie fest gegeneinander, und spannen Sie die Aftermuskeln an. Setzen Sie sich mit gekreuzten Beinen wieder hin, und entspannen Sie sich. 10- bis 30-mal wiederholen.

1

2

WICHTIGE PUNKTE

- Beim Anspannen sollte sich ein ziehendes Gefühl nach innen und und oben einstellen.

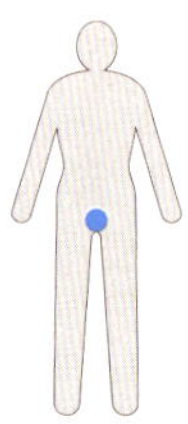

SET 6 | Spannen und lockern

1 Stehen Sie mit gekreuzten Beinen, drücken Sie die Beine gegeneinander, und spannen Sie die Aftermuskeln an.

2 Bleiben Sie so stehen, und entspannen Sie sich durch und durch. Wiederholen Sie die Abfolge Anspannen und Lockern 20- bis 50-mal, je nach körperlicher Verfassung.

1

2

VORSICHT

Das Bauchklopfen ist nicht für Schwangere oder menstruierende Frauen geeignet.

SET 7 | Bauchklopfen

Stehen Sie mit gekreuzten Beinen. Atmen Sie ein, während Sie die Beine gegeneinander drücken und die Aftermuskeln anspannen. Nachdem Sie vollständig eingeatmet haben, beginnen Sie auszuatmen und klopfen dabei mit lockeren Fäusten auf den Bauch. Wiederholen Sie diese Abfolge 20- bis 40-mal. Steigern Sie die Intensität des Klopfens ganz vorsichtig. Klopfen Sie sachter, wenn sich Bauchschmerzen einstellen.

SET 8 | Arme auf den Zehenspitzen durchstrecken

Die Füsse stehen dicht nebeneinander, und die Arme hängen herab. Strecken Sie die Arme über den Kopf, und atmen Sie tief ein, während Sie sich auf die Zehenspitzen stellen. Atmen Sie aus, und kehren Sie in die Anfangsposition zurück. 5- bis 6-mal wiederholen.

1

2

SET 9 | Verbeugen

1 Sie stehen mit den Füßen schulterbreit. Ballen Sie die Hände locker zur Faust, und heben Sie sie seitlich auf Höhe der Brustwarzen. Atmen Sie dabei ein. Die Ellbogen zeigen nach hinten, die Brust ist herausgestreckt, der Kopf gerade.

2 Beim Ausatmen beugen Sie sich elegant nach vorne, die Hände sind nach oben durchgestreckt, die Handflächen geöffnet. 5- bis 6-mal wiederholen.

消化

24

YU FANG ZHI CHANG XIA CHUI

Übungen bei Rektumprolaps und für den Darm

Bei einem Rektumprolaps schieben sich die Schleimhäute im Rektum nach unten. Sie lösen sich von der Rektumwand und ragen aus dem After heraus.

Für einen Rektumprolaps kommen verschiedene Ursachen in Frage. Bei jungen Patienten kann es vorkommen, dass sich die Beckenbodenmuskulatur noch nicht ausreichend entwickelt hat, um das Rektum zu unterstützen. Darüber hinaus kann ein schlechter Allgemeinzustand, falsche Ernährung und häufiger Durchfall die Ursache sein. Bei älteren Patienten sind oft allgemeingesundheitliche Gründe, schwache Muskeln und Bänder sowie ein Absinken des Magen- und Darmbereichs verantwortlich. Bei Frauen, die mehrere Kinder zur Welt gebracht haben und sich wenig bewegen, erschlaffen manchmal die Muskeln des Rektums. Weitere Faktoren sind chronischer Husten, ein diffuser Druck auf den Unterleib, Hämorrhoiden, eine Schließmuskelschwäche und Rektalfissuren.

Die Traditionelle Chinesische Medizin macht eine Reihe von Ursachen für Rektumprolaps verantwortlich. Chinesische Ärzte glauben, dass Blutmangel sowie der Mangel an innerer Energie zu den Hauptgründen gehören. Sind diese nicht ausreichend vorhanden, kann der Körper nicht genügend Nährstoffe aufnehmen.

WICHTIGE PUNKTE

- Reiben Sie vor der Massage die Hände aneinander, um sie mit Qi anzureichern.

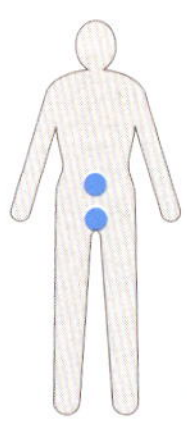

SET I | Den Unterleib kneten

Kneten und reiben Sie mit einer Hand kreisförmig gegen den Uhrzeigersinn um den Nabel. Die beste Zeit ist morgens vor dem Aufstehen und abends vor dem Schlafengehen. Beschreiben Sie 30–100 Kreise. Üben Sie mäßigen, aber keinesfalls zu starken Druck aus. Kneten Sie dann 30- bis 100-mal mit der anderen Hand im Uhrzeigersinn.

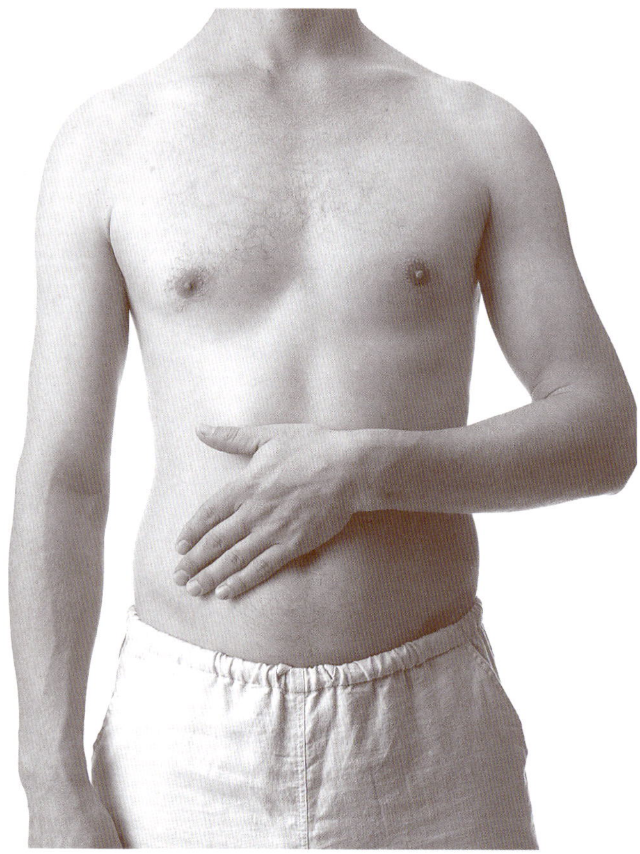

Bei regelmäßiger Anwendung lindert die Fingerspitzenmassage nicht nur Magen- und Darmbeschwerden. Sie fördert darüber hinaus das allgemeine Wohlbefinden und sorgt für erholsamen Schlaf.

VORSICHT

Machen Sie diese Übungen nicht nach einer üppigen Mahlzeit, bei akuten Entzündungen, einem Tumor, Blutungen oder hohem Fieber.

Chinesische Mediziner gehen von einem engen Zusammenhang zwischen allgemeiner Gesundheit und dem Zustand des Beckenbodens und des Afters aus. Die Gesundheit insgesamt kann durch den Aufbau der Aftermuskeln verbessert werden. Altehrwürdige Mediziner empfahlen eine Übung, genannt »Das Tor schließen«, bei der die Aftermuskeln angespannt werden. Bei vielen chinesischen Kampfsportarten spielt das Anheben des Afters ebenfalls eine wichtige Rolle.

Wie die Arm- und Beinmuskeln kann auch die Beckenbodenmuskulatur durch spezielle Übungen aufgebaut werden. Diese Übungen können auch einem Rektumprolaps vorbeugen. Dieselben Übungen, mit denen Hämorrhoiden behandelt werden können (siehe Seite 156–159), sind auch für Patienten mit Rektumprolaps geeignet. Diese Patienten sollten die Übungen jedoch überwiegend im Liegen ausführen. Vor den Übungen müssen vorgefallene Schleimhautteile schonend repariert werden. Wichtig ist auch, dass die Übungen schrittweise und ganz vorsichtig ausgeführt werden. Akute Entzündungen sollten unbedingt vorher behandelt worden sein.

Geschwüre, Magenverstimmungen, Magensenkung, Reizkolon und chronische Verstopfung können mit Selbstmassage behandelt werden. Wählen Sie von den unten beschriebenen Techniken jene aus, die Ihnen am meisten zusagt.

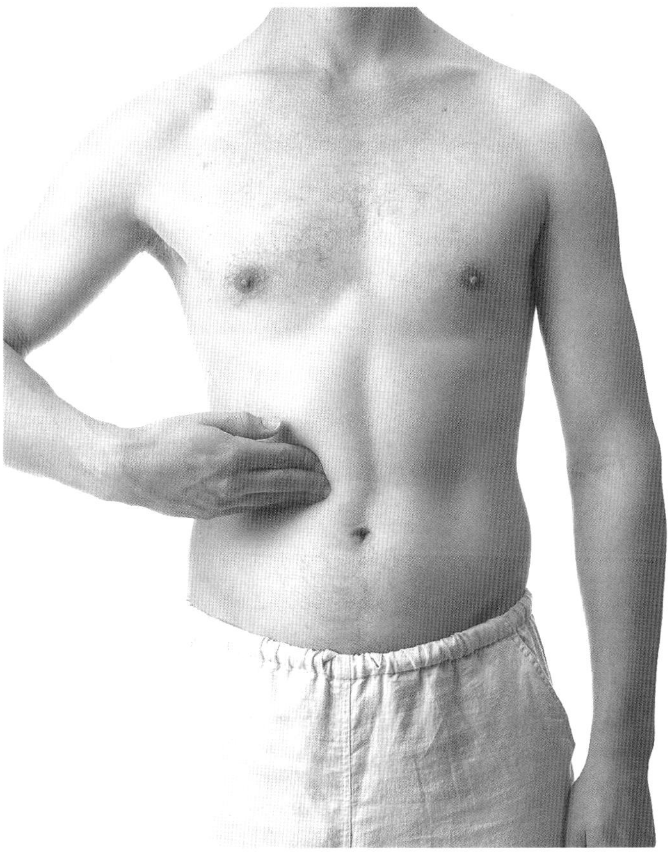

SET 2 | Fingerspitzenmassage

Drücken Sie beliebige Stellen des Bauches mit den Fingerspitzen. Üben Sie dabei leichten Druck aus. Drücken Sie so tief wie nur möglich, es sollte aber nicht schmerzen. Lockern Sie den Druck langsam. Drücken Sie jeden Punkt 3- bis 5-mal. Zwar können Sie die Fingermassage an einem beliebigen Punkt beginnen, am besten ist jedoch der Oberbauch. Gehen Sie nach System vor, z. B. von außen nach innen. Die Übung kann so lange dauern, wie es Ihnen angenehm ist.

Magen- und Darm-geschwüre heilen

Versuchen Sie, emotionale Stress-Situationen in den Griff zu bekommen oder gar nicht erst aufkommen zu lassen, da diese Magen- und Darmgeschwüre verschlimmern können. Aus demselben Grund sollten Sie stark gewürzte, frittierte, geräucherte und eingelegte Speisen, feurige Chilli- und Currygerichte sowie Peperoni von Ihrem Speiseplan streichen.

VORSICHT

Wenn Ihre körperliche Verfassung kritisch ist, sollten Sie mit den Übungen warten, bis sie sich gebessert oder stabilisiert hat. Sprechen Sie auf jeden Fall mit Ihrem Arzt. Zu anstrengende Übungen können starke Schmerzen, Blutungen oder gar eine Magenperforation zur Folge haben.

Qigong hat sich bei der Behandlung von Magen- und Zwölffingerdarmgeschwüren (Letztere bilden sich im oberen Bereich des Dünndarms aus) bewährt. Die Übungen wirken entspannungsfördernd und hemmen auf diese Weise die Aktivität der Großhirnrinde, d. h. das aktive Denken. Überaktivität in der Großhirnrinde, hervorgerufen durch Ängste, Nervosität oder extreme Reizbarkeit, führt zur Fehlregulation des vegetativen Nervensystems und in der Folge zu Geschwüren. Eine optimistische Lebenseinstellung wirkt sich positiv auf den Heilungsprozess aus, während Ängste und Ungeduld das Gegenteilige bewirken.

Gefühlsleben und Ernährung haben Einfluss auf die Entstehung von Magen- und Darmgeschwüren.

Sowohl Neiyanggong- (siehe Seite 78–79) als auch Fangsonggongübungen (siehe Seite 72–73) sind sehr gut für Patienten mit Geschwüren geeignet. Die Übungen führt man in der Seitenlage oder im Sitzen aus. Die Sitzungen von jeweils 30 Minuten Dauer werden 2- oder 3-mal täglich praktiziert.

Neben Qigong kann Taiji (siehe Seite 60–67) für Patienten mit Magen- und Darmgeschwüren gut sein. Für den Heilungsprozess förderlich sind auch Unterleibsmassagen (siehe Seite 153). Wichtig ist in jedem Fall ein Gleichgewicht zwischen Anspannungs- und Entspannungsphasen. Achten Sie darauf, sich bei den Übungen nicht zu überanstrengen.

Atemtechniken spielen eine wichtige Rolle bei der Behandlung von Geschwüren.

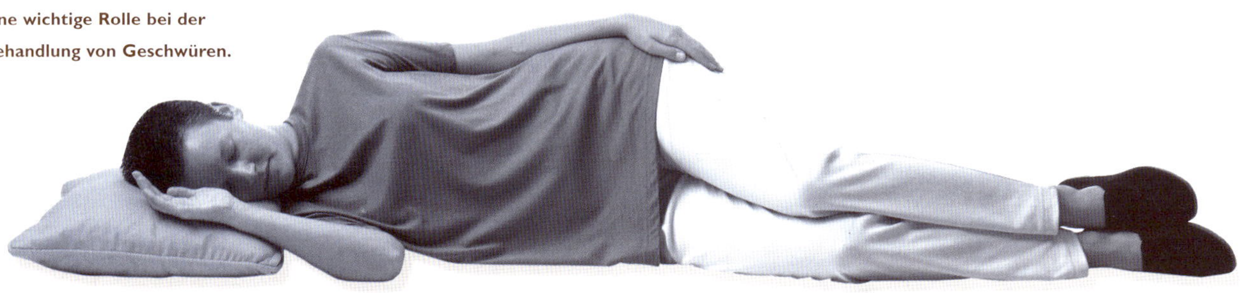

VORSICHT

Sprechen Sie immer mit Ihrem Arzt, bevor Sie ein Übungsprogramm beginnen. Im Laufe des Programms müssen die Glukosewerte im Blut ständig überwacht werden. Wenn Sie sich mehr bewegen, brauchen Sie möglicherweise nicht mehr so viel Insulin oder Medikamente. Bei einer zu hohen Dosierung kann der Blutzuckerspiegel zu stark absinken. Ist Ihr Zuckerspiegel außer Kontrolle geraten, sollten Sie die Übungen zurückstellen, bis sich Ihr Zustand stabilisiert hat.

HILFE BEI DIABETES DURCH KÖRPERÜBUNGEN

Bei Diabetikern kann die Bauchspeicheldrüse zu wenig oder kein Insulin herstellen, die Glukosewerte (Glukose ist ein einfacher Zucker) sind daher extrem hoch. Die Behandlung besteht meistens aus einer Kombination aus körperlicher Bewegung, spezieller Ernährung, Einnahme Blutzucker senkender Mittel und einer Insulintherapie. Durch die Bewegung kann der Körper den Zucker besser verwerten, der Insulinverbrauch wird reduziert und die Atmung verbessert. Darüber hinaus werden diabetesbedingte Gelenkschmerzen, Jucken und Verstopfung gelindert.

Heilübungen nutzen besonders Patienten mit leichter Diabetes. Empfohlen werden Qigong, Taiji und Spazierengehen.

Aus dem Qigong sind Neiyanggong (Übungen zur Nährung des Inneren, siehe Seite 78–79) am besten für Diabetiker geeignet. Machen Sie die Übungen 2-mal täglich, für jeweils 30 Minuten, im Liegen oder im Sitzen.

Machen Sie die Taiji-Übungen täglich. Sie können das ganze Set (siehe Seite 62–67) oder nur vereinfachte Taiji-Bewegungen ausführen (siehe Seite 60–61).

Trotz Einschränkungen beim Essen und der Insulinbehandlung können Diabetiker – auch mit Hilfe der Heilübungen – ein ganz normales Leben führen.

Ein gemächlicher Spaziergang (3–3,5 km in der Stunde) kann Ihren Stoffwechsel erhöhen. Der Körper kann auf diese Weise die aufgenommene Nahrung besser verdauen. Wenn Sie fit genug sind, können Sie auch Wanderungen unternehmen, ein wenig Kanu fahren oder anderweitig aktiv sein, je nachdem, was Ihnen am meisten zusagt.

Entspanntes Gehen ist sehr gut für Patienten mit leichter Diabetes.

Auf Diabetiker wirken die sanften Bewegungen von Taiji und Qigong besonders wohltuend.

消化

Ernährung und Übungen bei Gallenblasenerkrankungen

Falsche Ernährung über längere Zeit ist eine der Hauptursachen für Gallenblasenerkrankungen. Um einem erhöhten Cholesterinspiegel vorzubeugen – Cholesterin ist der Hauptbestandteil von Gallensteinen –, sollten Sie stark gewürzte und frittierte Speisen vermeiden und vermehrt biologisch erzeugtes Obst und Gemüse sowie Vollkornprodukte zu sich nehmen.

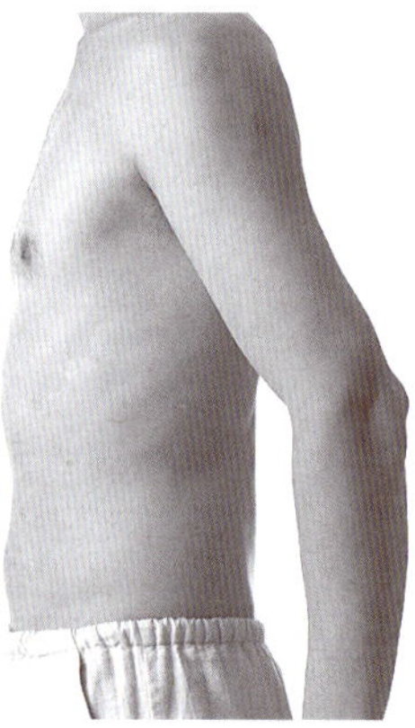

Menschen mit Gallenblasenproblemen haben nach einem opulenten Mahl oft Bauchschmerzen.

Die Gallenblase ist ein sackförmiges Organ, in dem die in der Leber produzierte Galle gespeichert wird. Sie ist über den Gallengang mit dem Zwölffingerdarm verbunden. Entzündungen der Gallenblase treten selten alleine, sondern meist in Verbindung mit Gallensteinen auf. Eine chronisch entzündete Gallenblase ist eine der Hauptursachen für Verdauungsstörungen. Die Patienten fühlen sich übersättigt, müssen oft aufstoßen, leiden an Verstopfung oder haben Verdauungsprobleme nach fettem Essen. Nach einer üppigen Mahlzeit treten häufig Beschwerden im Oberbauch auf. Bei Belastungen im Stehen, beim Vorbeugen oder Aufstehen treten oft Schmerzen im unteren Bereich des Schulterblatts und der rechten Bauchhälfte auf.

Wenn verdickte Gallenflüssigkeit, oft auch Gallensteine, den Gallengang verstopfen, kann sich die Gallenblase entzünden – eine schmerzhafte Angelegenheit. Auch Gelbsucht kann die Folge sein. Die Verdickung der Gallenflüssigkeit kann durch eine von Gallensteinen hervorgerufene Entzündung, durch eine Erkrankung des Gallengangs, eine chronisch entzündete Leber oder Stoffwechselkrankheiten bedingt sein.

Regelmäßig und systematisch ausgeführte Übungen – Atemübungen im Besonderen – regen die Organe in der Bauchhöhle an und fördern die Gallensekretion. Übungen, die einen reibungslosen Ablauf des Systems fördern, beugen Gallenblasenproblemen vor. Besonders Patienten,

Die Gallenblase

Die Gallenblase ist ein birnenförmiges, ca. 8 cm großes Organ hinter der Leber. Ein Hormon bewirkt, dass sich die Gallenblase zusammenzieht und Galle über die Gallengänge in den Zwölffingerdarm ausschüttet. Dort hilft die Gallenflüssigkeit beim Aufspalten der Fettmoleküle.

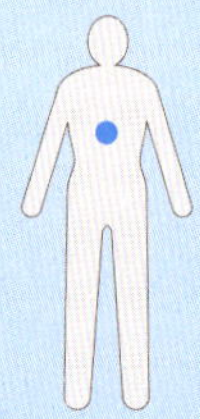

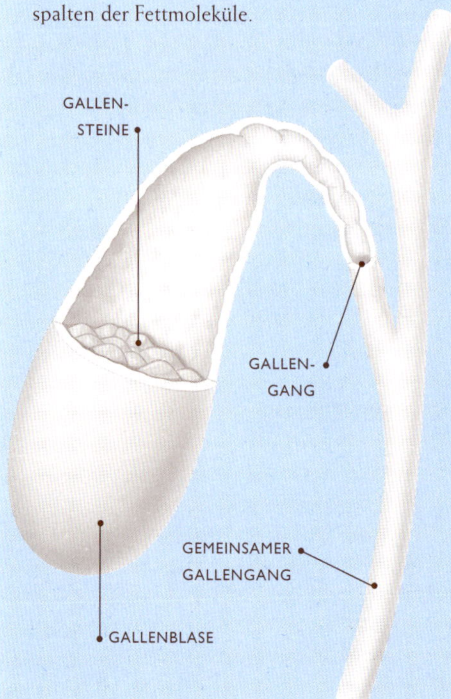

Der Nutzen von Taiji für Gallenblasenpatienten ist in China seit langem bekannt.

Inlineskating ist vielleicht zu anstrengend. Aber körperliche Bewegung ist sehr wichtig.

die sich von chronischen Leberentzündungen erholen, profitieren davon.

Wenn die Entzündungen wiederholt oder in Zusammenhang mit anderen Beschwerden auftreten, sind Heilübungen nicht geeignet. Eine operative Entfernung des Organs ist dann die einzige Lösung. Heilübungen sind nur zur Behandlung von Gallenblasenentzündungen und Gallensteinen geeignet, die noch kein kritisches Stadium erreicht haben.

Ihr Arzt wird Ihnen, abhängig von Ihrer körperlichen Verfassung, Folgendes zur Auswahl stellen: Gehen, Atemübungen, Taiji, Qigong-Atemübungen und Selbstmassage.

⁂ Gehen: Beginnen Sie mit einem langsamen, entspannten Spaziergang von 30 Minuten täglich. Wenn Sie sich allmählich besser fühlen, können Sie Ihr Tempo steigern.

⁂ Atemübungen: Ideal sind die Übungen für Silikosepatienten (siehe Seite 144–145).

⁂ Taiji: Führen Sie 1- bis 3-mal täglich die Grundübungen aus (siehe Seite 62–67).

⁂ Qigong: Befolgen Sie die Neiyanggong-Übungen, Übungen zur Nährung des Inneren (siehe Seite 78–79). Machen Sie die Übung im Liegen oder Sitzen, 2- bis 3-mal täglich, jeweils 20–30 Minuten.

⁂ Selbstmassage: Die Massage stärkt die Durchblutung der Leber und der umgebenden Bereiche. Legen Sie sich auf den Rücken, und reiben Sie mit der rechten Handfläche vom unteren Bereich des rechten Brustkorbs bis zum rechten Oberbauch 100- bis 200-mal auf und ab. Wechseln Sie ggf. zur anderen Hand. Machen Sie diese Massage gleich morgens, und abends vor dem Zubettgehen. Reiben Sie immer vorher die Hände aneinander, um sie anzuwärmen.

WICHTIGE PUNKTE

- Das Massieren kann unangenehm sein, sollte aber nicht schmerzen.

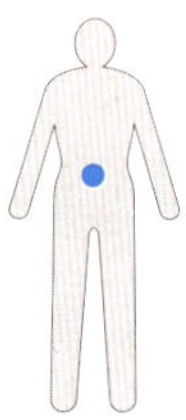

25

ZHEN DUAN HE CHU LI JU LIE WEI BU TONG CHU

Akute Bauchschmerzen diagnostizieren und behandeln

Obwohl Bauchschmerzen sehr häufig vorkommen, ist es oft schwer, deren Ursache zu finden. Funktionale Störungen oder Organschäden im Bauchraum oder anderen Körperbereichen können verantwortlich sein. Plötzliche Bauchschmerzen werden oft durch Magen- oder Darmkrämpfe hervorgerufen. Hartnäckige Schmerzen können durch Entzündungen bedingt sein. Entzündungen und Krämpfe können gelegentliche, kurz auftretenden Schmerz verursachen. Krämpfe können oft durch Reiben und Drücken der schmerzenden Stelle behoben werden.

Lokale Schmerzen können Anzeichen einer Entzündung sein. Treten sie zusammen mit einer Muskelverspannung auf, könnte es sich um eine lebensbedrohliche Bauchfellentzündung handeln, die sofort ärztlich behandelt werden muss. Das Bauchfell kleidet die Bauchhöhle aus und überzieht deren Organe.

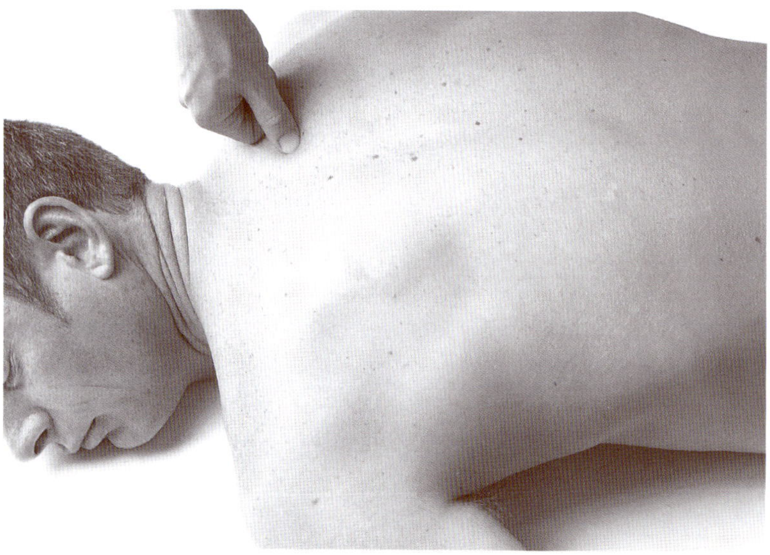

Der Blasenmeridian liegt etwa 3,75 cm zu beiden Seiten der Wirbelsäule.

Für die Diagnose ist es wichtig, den Schmerz genau zu orten. Schmerzen in der Mitte des Oberbauchs haben oft mit dem Magen zu tun. Schmerzen im rechten Oberbauch lassen Leber- oder Gallenblasenerkrankungen vermuten, können aber auch auf Angina pectoris oder gar einen Herzanfall hindeuten. Häufig sind Schmerzen im unteren rechten Bauchbereich Anzeichen einer Blinddarmentzündung. Schmerzen im unteren linken Bauchbereich bedeuten oft Dysenterie, besonders wenn sie mit Durchfällen sowie Blut und Eiter im Stuhl einhergehen. Bei Frauen äußern sich Menstruationsprobleme oder Unterleibserkrankungen oft durch Schmerzen im Unterbauch.

Im Allgemeinen stellen Massagen und Medikamente die beste Behandlung bei Schmerzen im Bauchraum dar. Am wirksamsten ist oft das Massieren eines Akupunktur-Fernpunktes, der an bestimmten Stellen der Gliedmaßen gelegen, Einfluss auf den Bauchraum nimmt. Diese Behandlung ist frei von Nebenwirkungen und lindert krampfartige Magen- und Darmschmerzen oft schneller als die meisten Medikamente. Können die Schmerzen auch durch die Massage nicht gelindert werden, sollten Sie Ihren Arzt aufsuchen.

Blasenmeridian

Bitten Sie jemanden, den Blasenmeridian zu massieren, der etwa 3,75 cm zu beiden Seiten der Rückenmittellinie liegt. Die Massage besteht aus einer Kombination aus Drücken, Reiben, Heben und Halten. Sie liegen dabei auf dem Bauch. Der Masseur oder die Masseurin drückt und reibt mit der Daumenspitze in rhythmischen, kreisförmigen Bewegungen die Akupunkturpunkte ca 40- bis 60-mal pro Minute. Der ausgeübte Druck wird langsam gesteigert.

Lassen die Schmerzen nicht nach, kann die die Heben- und-Halten-Methode angewendet werden. Die Punkte werden mit allen fünf Fingern 3- bis 5-mal bearbeitet. Der Druck wird so lange gesteigert, bis es leicht schmerzt. Die Methode hilft auch bei Verstopfung.

VORSICHT

Unterleibsschmerzen können verschiedener Natur und schwierig zuzuordnen sein. Bei starken oder hartnäckigen Schmerzen sollten Sie immer einen Arzt aufsuchen. Sprechen Sie auch dann stets mit Ihrem Arzt, wenn Sie ein Übungsprogramm beginnen.

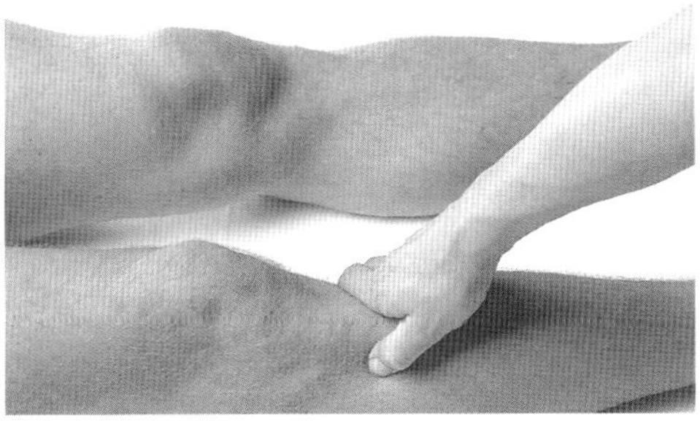

Zusanli-Punkt

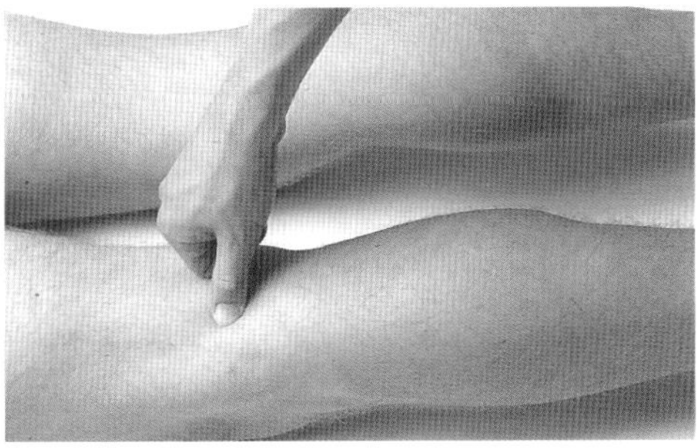

Weizhong-Punkt

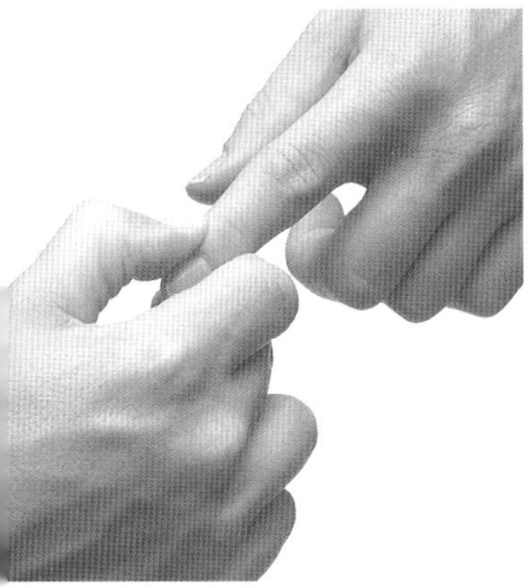

Der Hegu-Punkt liegt genau neben dem ersten Glied des Zeigefingers.

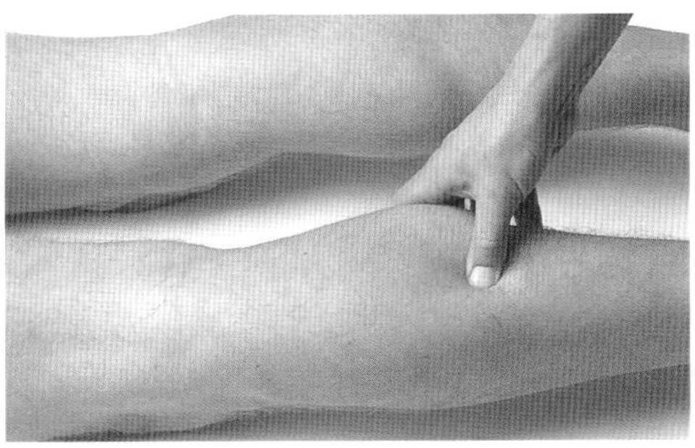

Chengshan-Punkt

Drei Akupunkturpunkte

Kneifen und kneten Sie die drei Akupunkturpunkte Zusanli, Weizhong und Chengshan in einer kreisförmigen Bewegung, oder bitten Sie jemanden darum. Drücken Sie jeden Punkt in kurzen Abständen mit der Daumenspitze. Steigern Sie den Druck ganz langsam, üben Sie aber nie abrupten Druck aus. Massieren Sie einen Punkt so lange, bis er leicht schmerzt und sich ein wenig taub anfühlt.

Wenn Ihnen festeres Drücken angenehm ist, sollten Sie dabei schnelle, klopfende Bewegungen machen. Festes und tiefes Drücken und Kneten des Zusanlu-Punktes lindert Schmerzen zuverlässig. Ideal ist es, die Massage dieses Punktes von jemandem durchführen zu lassen. Legen Sie sich dabei auf den Rücken. Bei der Massage des Weizhong- oder Chengshan-Punktes liegen Sie auf dem Bauch. Das Massieren dieser drei Punkte hilft gegen Verstopfung.

Die Akupunkturpunkte Hegu und Dantian

Bitten Sie jemanden, den Hegu-Punkt auf dem ersten Glied des Zeigefingers unterhalb der Fingerspitze sowie das Dantian, das sich ca. 7,5 cm unterhalb des Nabels befindet, zu massieren. Selbstmassage ist nicht so wirksam. Diese Massage ist allgemein für Bauchschmerzen geeignet.

Treten während einer Übung Schmerzen im Bauchraum auf, sollten Sie die Intensität der Übungen reduzieren. Atmen Sie ein paar Mal ein und aus, und üben Sie Druck auf die schmerzende Stelle aus. Danach sollten die Schmerzen nachlassen oder ganz aufhören. Ist dies nicht der Fall, beenden Sie die Übungen einfach.

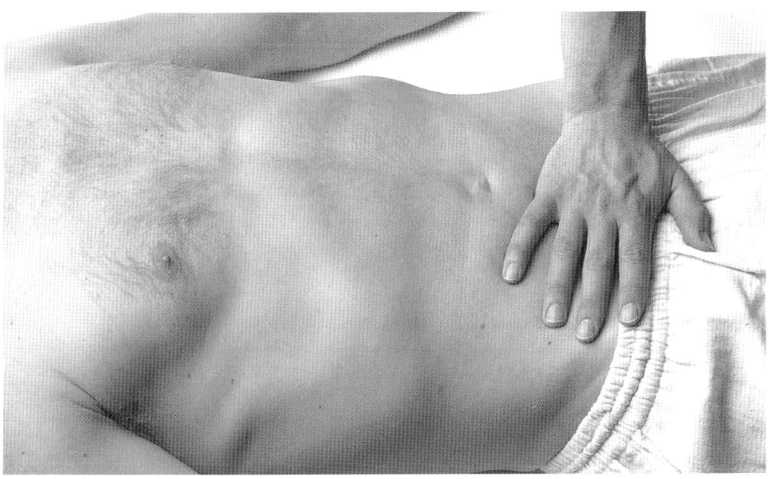

Das Dantian (Elixierfeld) unterhalb des Nabels – ein Akupunkturpunkt für verschiedene Unterleibsbeschwerden.

消化

Heilübungen für Dick- und Dünndarm

Entzündungen des Verdauungstraktes können durch Bakterien, Viren, Lebensmittelvergiftungen, falsche Ernährung über einen längeren Zeitraum und sogar durch Stress verursacht werden. Bei der Behandlung von Dick- und Dünndarmentzündungen spielt die Ernährung zusammen mit den entsprechenden Heilübungen eine wichtige Rolle.

Chronische Enteritis, d. h. eine Entzündung des Dünndarms, wird oft, aber nicht immer, von einer chronischen Entzündung des Dickdarms oder Magens begleitet. Das eindeutigste Anzeichen für Enteritis ist Durchfall, der am frühen Morgen oder nach einer Mahlzeit auftritt.

Wird die Enteritis von einer Kolitis, d. h. einer Entzündung des Dickdarms begleitet, äußert sich dies durch Verstopfung, Durchfall und Schmerzen im Dickdarmbereich. Darüber hinaus kann der Stuhl Eiter, Schleim, Blut und unverdaute Speisereste enthalten. Chronische Enteritis und Kolitis können sehr unterschiedlich ausgeprägt sein. Unbehandelt können sich diese Krankheiten 30 Jahre oder länger hinziehen, was zum schleichenden körperlichen Verfall führt.

Das Verdauungssystem

Die Verdauung beginnt im Mund, wo die Nahrung gekaut wird. Durch Schlucken gelangt sie über die Speiseröhre in den Magen. Dort findet die Aufspaltung durch die Verdauungssäfte statt. Im Dünn- und Dickdarm werden die Nährstoffe entzogen. Die entstehenden Abfallstoffe werden über den Mastdarm und den After ausgeschieden.

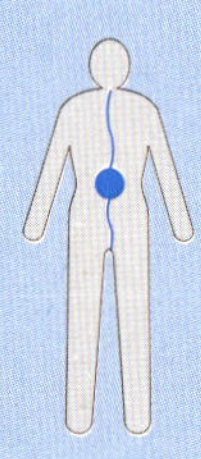

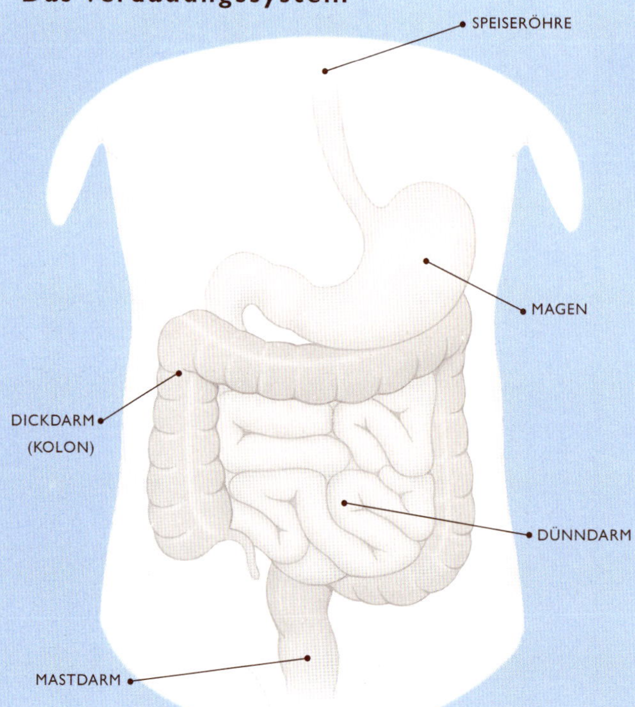

VORSICHT

Da viele Faktoren bei Übergewicht eine Rolle spielen, sollten Sie mit Ihrem Arzt sprechen, bevor Sie ein Übungsprogramm beginnen.

Kann der Körper der Nahrung aufgrund der eingeschränkten Verdauung nicht ausreichend Eiweiß, Vitamine und andere Nährstoffe entziehen, wirkt sich dies auf das Nervensystem, den Stoffwechsel und wiederum auf das Verdauungssystem aus. Heilübungen verbessern die Nahrungsresorption des Korpers, die Funktion der Organe und wirken regulierend auf das Nervensystem. Diese Faktoren erhöhen die Widerstandskräfte. Ideal ist eine Kombination aus therapeutischen Übungen und Medikation in einem frühen Stadium.

Vertrauen in die Übungen und ihre regelmäßige Ausführung helfen Ihnen, chronische Enteritis und Kolitis zu besiegen. Beginnen Sie mit Fangsonggong-Übungen (siehe Seite 72–73) im Liegen. Führen Sie die Übungen 2- bis 3-mal täglich, jeweils 20–30 Minuten aus. Reiben Sie danach den Unterleib mit den Handflächen, und zwicken und massieren Sie den Magen mit den Daumen.

In der Rekonvaleszenz sind Taiji-Übungen (siehe Seite 60–67) zusammen mit anderen Übungen für die Genesung förderlich. Am meisten profitieren Sie von den Übungen, wenn Sie sie 2- bis 3-mal täglich, jeweils mindestens 20 Minuten lang, ausführen.

Falsche Ernährung ist die Hauptursache für Übergewicht.

ÜBERGEWICHT

Es gibt zwei Arten von Übergewicht: exogenes, d.h. von äußeren Faktoren verursacht, und endogenes, d.h. von inneren Faktoren ausgelöst. Exogenes Übergewicht wird durch übermäßiges Essen und mangelnde körperliche Bewegung verursacht. Endogenes Übergewicht, etwa 3 Prozent der Fälle, ist durch eine Unterfunktion der Hypophyse, der Schilddrüse und anderer Drüsen bedingt. Für solche Fälle sind therapeutische Übungen nur bedingt hilfreich.

Demgegenüber sind sie bei der Behandlung von exogenem Übergewicht, der mit Abstand verbreitetsten Form, außerordentlich hilfreich. Begleitend muss jedoch eine kalorienreduzierte Ernährung streng befolgt werden.

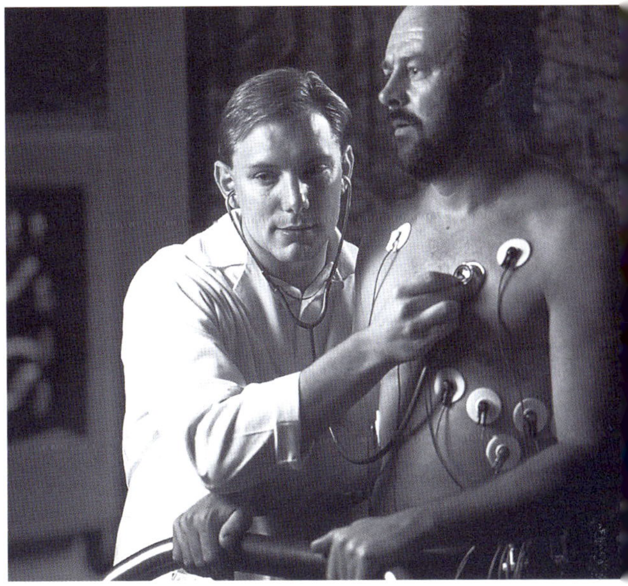

Übergewichtige leiden oft auch an Herzkrankheiten, die regelmäßige ärztliche Untersuchungen erforderlich machen.

Es gibt Hinweise darauf, dass übergewichtige Menschen dazu neigen, Kohlenhydrate als Fett zu speichern, anstatt es in Glykogen umzuwandeln, das verbrannt werden und als Energiespender dienen kann. Da ihnen weniger Glykogen zur Verfügung steht, fühlen sie sich schnell hungrig und essen entsprechend öfter. Sie lassen sich auch von Kurzatmigkeit und anderen Problemen, die sich bei körperlicher Bewegung einstellen, leicht entmutigen. Versuchen Sie immer, eine Gewichtserhöhung möglichst schnell in den Griff zu bekommen.

Ein sorgfältig zusammengestelltes Übungsprogramm kann Übergewicht beseitigen, dadurch bedingte Beschwerden wie Verstopfung, Hämorrhoiden und Aufgedunsenheit lindern sowie die Herz- und Lungenfunktion stärken. Chinesische Ärzte haben die nachfolgenden Übungen (siehe Seite 170–173) empfohlen. Die beste Zeit dafür ist früh am Morgen. Gute körperliche Verfassung vorausgesetzt, können übergewichtige Patienten auch schwimmen, joggen oder Ballspiele machen.

26

NEI ZHUANG GONG

Übungen zur Stärkung des Inneren

Das Aufbauen von innerer Stärke erhöht das Qi im Körper und verbessert die Geisteskraft, das Immunsystem und somit die Widerstandskräfte gegen Krankheiten.

SET A

Die Füße stehen schulterbreit mit leicht nach innen zeigenden Zehen, die Arme hängen seitlich herab, und die Handrücken liegen auf den Oberschenkeln. Heben Sie die Arme mit leicht angewinkelten Ellbogen langsam an, und drehen Sie die Handflächen auf Brusthöhe nach oben. Atmen Sie dabei tief ein.

1 **Legen Sie die Handrücken gegeneinander, und beugen Sie sich so weit wie möglich nach vorne. Sprechen Sie dabei »Hah«, und atmen Sie vollständig aus.**

2 **Halten Sie die Arme seitlich, und ballen Sie die Hände zur Faust. Heben Sie die Hände an, als ob Sie etwas Schweres mit den Fäusten hoch heben würden. Drehen Sie die Fäuste, wenn sie auf Brusthöhe sind, sodass die Finger nach oben zeigen. Atmen Sie tief ein.**

3 **Die Hände werden seitlich zur Faust geballt, die Finger zeigen nach vorne. Heben Sie die Arme seitlich an, und atmen Sie dabei aus.**

WICHTIGE PUNKTE

- Ideal ist eine Kombination von Bewegungen mit Atemtechniken – und die richtige Geisteshaltung.

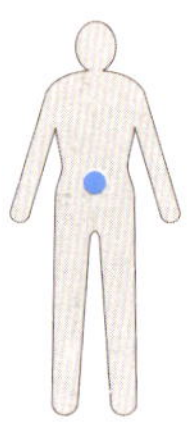

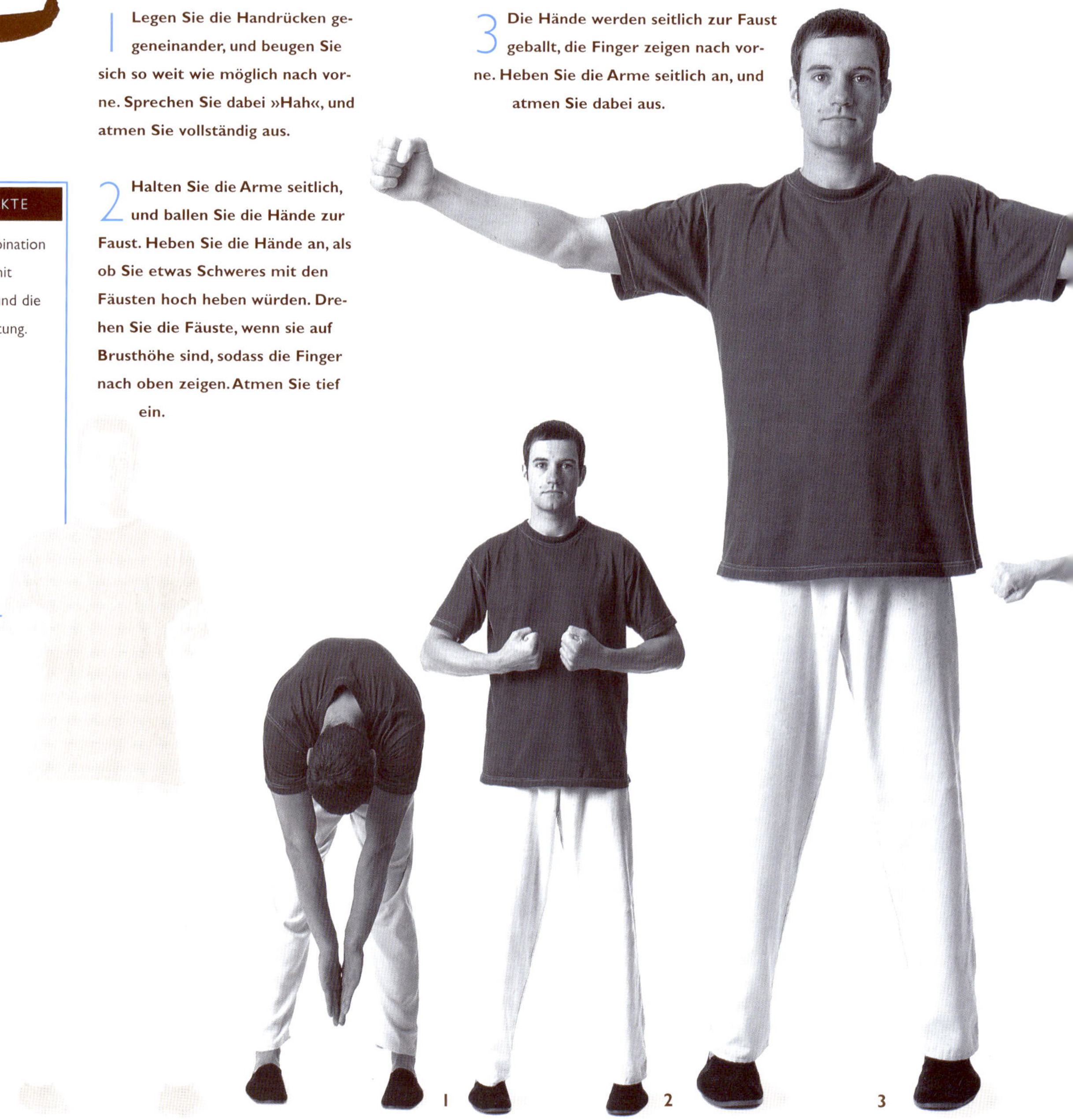

4 Atmen Sie ein mit seitlich durchgestreckten Armen ein. Atmen Sie dann aus, und drehen Sie die Handrücken nach vorne, sodass die Daumen nach unten zeigen.

5 Mit weiterhin durchgestreckten Armen atmen Sie ein. Drehen Sie die Fäuste zurück, bis die Finger oben sind, und atmen Sie dabei aus.

6 Atmen Sie ein, und nehmen Sie die Arme wieder nach unten. Drücken Sie die Fäuste gegen den Unterleib, um das Ausatmen zu unterstützen.

7 Öffnen Sie die Hände wieder, und lassen Sie die Arme locker hängen. Atmen Sie 3-mal ein und aus, bevor Sie das ganze Set wiederholen. Abhängig von Ihrer körperlichen Verfassung können Sie das Set 10- bis 30-mal wiederholen.

4 5 6 7

SET B

Machen Sie mit dem linken Fuß einen großen Schritt nach vorne, und biegen Sie das linke Knie leicht ab. Der Abstand zwischen der Ferse des vorderen und den Zehen des hinteren Fußes sollte ca. 60 cm betragen, der Abstand im Spann maximal 46 cm. Die Zehen des vorderen Fußes sollten nach vorne, und die des hinteren leicht nach außen zeigen. Lassen Sie die Füße während der Übung in dieser Stellung, und verteilen Sie gleichmäßig Ihr Gewicht.

WICHTIGE PUNKTE

- Gleichmäßige, abgestimmte Bewegungen geben Ihnen das Gefühl, in der Luft zu schwimmen.

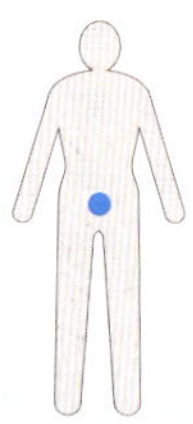

1 Drehen Sie Ihren Körper nach rechts, und verfolgen Sie die Bewegung mit den Augen. Nehmen Sie die Hände vor die Brust. Die Handrücken liegen aufeinander, und die Finger zeigen nach oben.

2 Lassen Sie die Arme elegant nach unten sinken. Strecken Sie dann die linke Hand nach vorne, während Sie den rechten Arm nach hinten strecken.

1

2

3 Drehen Sie den Körper langsam nach vorne. Setzen Sie dann den rechten Fuß vor, und führen Sie die in Schritt 1 beschriebenen Bewegungen zur andere Seite aus: Drehen Sie sich nach links, verfolgen Sie die Bewegung mit den Augen, und legen Sie die Hände mit den Handrücken vor der Brust zusammen.

4 Gehen Sie wie in Schritt 2 vor. Strecken Sie aber jetzt den rechten Arm nach vorne und den linken nach hinten. Wiederholen Sie die Übung zuerst nach rechts, dann nach links. Sie können die Übung bis zu 100-mal wiederholen.

3

4

SET C

Sie stehen mit den Füßen etwa schulterbreit auseinander. Atmen Sie 1–2 Minuten tief durch die Nase.

1 Machen Sie Kniebeugen, drücken Sie die Hände fest gegen den Unterleib, und atmen Sie aus.

2 Atmen Sie beim Aufrichten ein. 10- bis 20-mal wiederholen. Machen Sie danach einen Spaziergang von 10–20 Minuten.

1

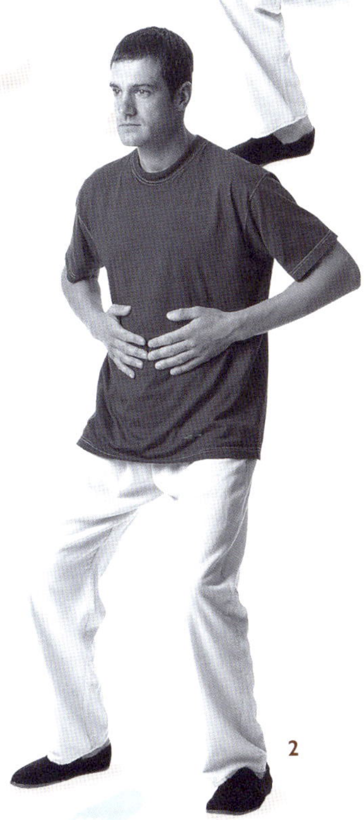
2

KAPITEL SECHS

Gesundes Nervensystem, gesunder Körper, gesunder Geist

治癒

Beim Schlaf erhält der Mensch Gelegenheit, Körper und Geist zu regenerieren.

Unser Nervensystem ist das Bindeglied zwischen Gehirn und Körper. Möchten Sie beispielsweise den Arm heben, sendet das Gehirn diesen Befehl als Signal über das Nervensystem. Wenn Sie sich in den Finger schneiden, informiert das Nervensystem das Gehirn über die Verletzung. Wenn Gehirn und Körper richtig kommunizieren sollen, muss das Nervensystem gesund und ausgeglichen sein, d. h. es darf weder überaktiv noch zu passiv sein. Übermäßiger Genuss von anregenden Mitteln wie Tee, Kaffee und Alkohol lässt das Nervensystem überaktiv werden, während eine Mangelernährung seine Funktion beeinträchtigen kann.

Erkrankungen des Nervensystems wirken sich wesentlich weitreichender aus als Krankheiten in anderer Bereichen. Störungen des Nervensystems bewirken u. a. mangelnden Lebensmut, Appetitlosigkeit und Schlaflosigkeit – charakteristisch für Menschen mit Depressionen – bis hin zu Gehschwierigkeiten. Eine ausgewogene, vollwertige Ernährung in Verbindung mit Heilübungen kann für Abhilfe sorgen.

Aufgrund der Belastungen des modernen Lebens sind Depressionen auf dem Vormarsch.

神经

27

DUIKANG QINGXU DILUO

Depressionen besiegen

Sollte man Depressionen mit körperlicher Passivität oder Aktivität bekämpften? Sind die Depressionen durch Erschöpfung bedingt, können sich die Nervenzellen im Denkzentrum des Gehirns mit körperlicher Ruhe und Schlaf regenerieren. Ruhe ist aber nicht alles – Menschen, die an Depressionen leiden, müssen auch an ihrer körperlichen Fitness arbeiten, um so besser mit den Belastungen zu Hause und am Arbeitsplatz umgehen zu können.

Bei sportlicher Betätigung schicken Muskeln und Gelenke ständig Signale an das zentrale Nervensystem, wodurch nach Meinung vieler Mediziner eine Normalisierung der Regelsysteme unterstützt wird. Darüber hinaus lenkt körperliche Bewegung depressive Menschen von ihren Problemen ab, was sich positiv auf ihren Gefühlszustand und andere Symptome auswirkt.

Ausreichend Ruhe, Bewegung und Erholungsphasen sind bei der Behandlung von Depressionen sehr wichtig. Körperliche Betätigung wirkt sich von Fall zu Fall unterschiedlich aus. Am meisten profitieren Menschen von den Übungen, die aufgrund geistiger Anspannung, hoher Arbeitsbelastung und eines Mangels an körperlicher Bewegung an chronischer Müdigkeit leiden. Sind die Depressionen durch andere Krankheiten bedingt, müssen diese zuerst behandelt werden, bevor eine Behandlung der Depressionen selbst sinnvoll ist.

Taiji, Qigong, Massage, Spazierengehen und Wandertouren bieten sich an – Taiji hat sich am besten bewährt.

Taiji

In den letzten Jahren wurde Taiji in China häufig und mit großem Erfolg zur Behandlung von Depressionen eingesetzt. Die damit verbundene geistige und emotionale Ruhe wirkt sich besonders förderlich aus. Man muss sich dabei sehr konzentrieren, sodass der Körper die Vorstellungen des Geistes umsetzen kann. Aufgrund seiner mentalen und spirituellen Anforderungen festigt Taiji das Nervensystem und hilft, zur Ruhe zu kommen. Nach einer Weile kann Taiji Konzentrationsschwierigkeiten und Reizbarkeit lindern.

Taiji ist schwierig zu erlernen, und es dauert lange, bis man die Übungen wirklich gut beherrscht. Aber die Mühe lohnt sich. Am besten belegen Sie dafür einen Kurs. Sie können aber auch nach den auf den Seiten 62–67 beschriebenen Schritten vorgehen. Halten Sie sich beim Üben immer die drei Schlüsselwörter für Taiji-Bewegungen vor Augen: ruhig, locker, langsam.

Qigong

Qigong ist für seine positive Wirkung bei der Behandlung von Leiden bekannt, bei denen die Patienten über innere Leere, Mangel an Lebensmut und Selbstbewusstsein sowie Verletztheitsgefühle klagen. Qigong fördert Yuanqi, das Ursprungs-Qi, und baut innere Stärke auf. Seine positive Wirkung bei Depressionen beruht auf der damit verbundenen inneren Ruhe. Die Aktivität der Großhirnrinde, und damit sämtliche belastende und beunruhigende Gedanken, wird heruntergefahren. Die Nervenzellen erhalten so Gelegenheit, sich zu regenerieren.

Chiangzhuanggong, Kräftigende Übungen (siehe Seite 74–77), werden bei Depressionen empfohlen. Je nach körperlicher Verfassung werden die Übungen im Sitzen oder im Liegen ausgeführt. Für Patienten, die sowohl körperlich als auch psychisch angeschlagen sind, sind Fangsonggong, Entspannungsübungen (siehe Seite 72–73), geeignet. Sie können Qigong-Übungen 2- bis 3-mal täglich für jeweils 30 Minuten ausüben.

Massage

Depressionen werden oft von Symptomen begleitet, von denen einige durch Selbstmassage gelindert werden können.

Bei Schlaflosigkeit und angstbedingtem Herzklopfen kann das Reiben des Akupunkturpunktes

WICHTIGE PUNKTE

- Geistige und emotionale Ausgeglichenheit ist nur mit einem ausgeglichenen Körper möglich.

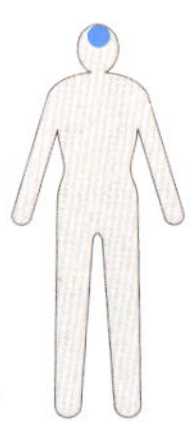

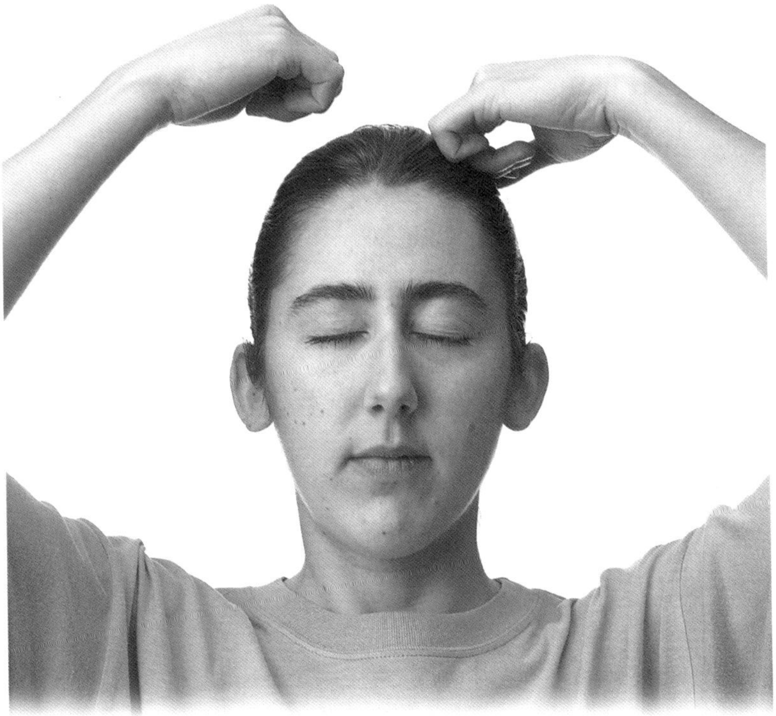

VORSICHT

Wenn Sie übermäßig schwitzen, an Herzklopfen oder Schlaflosigkeit leiden, sollten Sie das Maß an körperlicher Bewegung reduzieren.

Klopfen Sie bei Schwindel leicht auf Ihren Kopf. Legen Sie die Handflächen über die Ohren, und trommeln Sie mit Zeige- und Mittelfinger (siehe Seite 56–57, Set 4).

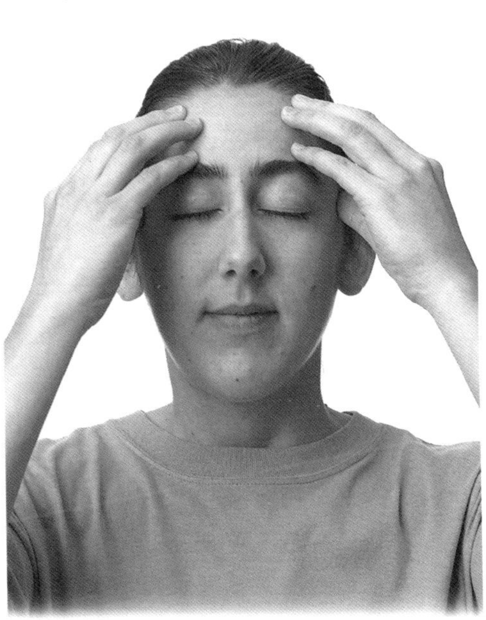

Reiben Sie bei Kopfschmerzen Ihr Gesicht mit kräftigen Bewegungen, wie beim Zähneputzen. Sie können auch die Akupunkturpunkte um die Augen reiben (siehe Seite 90–91).

Yongquan (Sprudelnde Quelle) hilfreich sein (siehe Seite 59). Dieser Punkt befindet sich im vorderen Drittel der Fußsohle in einer Vertiefung, die beim Einziehen der Zehen entsteht.

Spazierengehen, Wandern und Urlaub

Ein entspannter Spaziergang von 2,5–3,5 km kann ausgleichend auf die Großhirnrinde wirken und so Kopfschmerzen und pochende Schmerzen in den Schläfen lindern. Viele Patienten empfanden nach regelmäßiger körperlicher Bewegung auch eine stimmungsaufhellende Wirkung. Menschen mit guter körperlicher Verfassung können auch an Exkursionen und Ausflügen teilnehmen, um sich von ihren Problemen abzulenken.

Andere Sportarten

Schwimmen, Tischtennis, Basketball, Kanufahren und andere im Freien ausgeübte Sportarten sind förderlich. Körperliche Bewegung kann aber nur im Rahmen eines umfassenden Programms erfolgreich sein. Auch die anderen Probleme, die für den psychischen Zustand verantwortlich sind, müssen in Angriff genommen werden. Die Patienten müssen versuchen, ein Gleichgewicht zwischen Arbeits- und Entspannungsphasen zu erreichen und eine positive Geisteshaltung zu entwickeln.

Der Umfang der körperlichen Bewegung hängt auch von der körperlichen Verfassung ab. Körperlich schwache Menschen sollten nur Qigong und Massage machen. Fitte Menschen können täglich weitere 30–60 Minuten Sport treiben, sehr kräftige Menschen 1–2 Stunden morgens und nachmittags trainieren.

神经

28

ZHILIAO SHIMIAN

Schlaflosigkeit bekämpfen

Schlaflosigkeit kann von vielen Faktoren, überwiegend aber von Depressionen und temporären emotionalen Störungen verursacht werden. Schlaftabletten sorgen dann nur vorübergehend für Abhilfe und schaffen langfristig eher neue Probleme. Wichtiger ist es, die zugrundeliegenden Probleme zu lösen. Ganz entscheidend ist es, die Überstimulation des Zentralnervensystems zu beenden und innere Ruhe zu erreichen. Heilübungen stellen eine gute Möglichkeit dar, diese zu erlangen.

Die nachfolgenden Übungen sollten Sie vor dem Schlafengehen machen. Sie können sie einzeln oder nacheinander ausführen.

Spazierengehen

Gehen Sie 5–10 Minuten spazieren. Gehen Sie zu Bett, wenn Sie ruhiger geworden sind.

Taiji

Machen Sie ein Taiji-Set (siehe Seite 62–67). Gehen Sie zu Bett, wenn Sie ruhiger geworden sind.

WICHTIGE PUNKTE

- Nur ein unverspannter Körper kann auch innerlich zur Ruhe kommen.

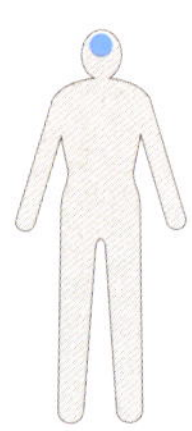

Massieren Sie den Körper, so als ob Sie ein Trockenbad nehmen würden. Reiben Sie zuerst Ihr Gesicht sanft mit beiden Händen (siehe Seite 56–57, Set 3). Massieren Sie dann den linken Arm mit der rechten Hand, und umgekehrt. Reiben Sie dann die Brust und den Bauchbereich. Bewegen Sie die Hände ganz leicht und langsam. Reiben Sie abschließend den Akupunkturpunkt Yongquan (siehe Seite 58–59, Set 11). Setzen Sie die Massage fort, bis Sie sich ganz ruhig fühlen. In der Regel sind 10 Minuten Selbstmassage ausreichend.

Massage

Selbstmassage führen Sie im Sitzen oder auf dem Rücken liegend aus. Decken Sie sich zu, wenn es kühl im Raum ist. Sie werden sich danach angenehm müde und schläfrig fühlen. Entspannen Sie sich, und gehen Sie zu Bett, denn jetzt hat die von Ihnen durchgeführte Massage ihre beruhigende Wirkung erzielt.

Fangsonggong

Geeignet sind auch die Übungen Fangsonggong (siehe Seite 72–73) oder Chiangzhuanggong (siehe Seite 74–77). Sie können sich auch nur auf die rechte Seite legen und Ihre Muskeln entspannen. Lassen Sie dann Ihre Gedanken ruhen, und verfolgen Sie Ihren Atemrhythmus, bis Sie einschlafen. Da diese Übung den Schlaf einleiten soll, ist die Dauer nicht entscheidend. Sie werden sich ca. 10 Minuten nach Beginn der Übung schläfrig fühlen.

Sie können die Übungen auch kombinieren, z.B. dabei Ihre Füße in einer Schüssel warmem Wasser einweichen. Beenden Sie alle Arten geistiger Betätigung immer mindestens 30 Minuten vor dem Schlafengehen. Sollten Sie wieder aufwachen, entspannen Sie sich einfach, und lauschen Sie Ihrem Atemrhythmus, bis Sie wieder einschlafen. Sorgen Sie sich in keinem Fall darum, nicht einschlafen zu können!

Weichen Sie die Füße 20–30 Minuten vor dem Schlafengehen in warmen Wasser ein, um sich zu entspannen. Parallel dazu können Sie die Selbstmassage anwenden.

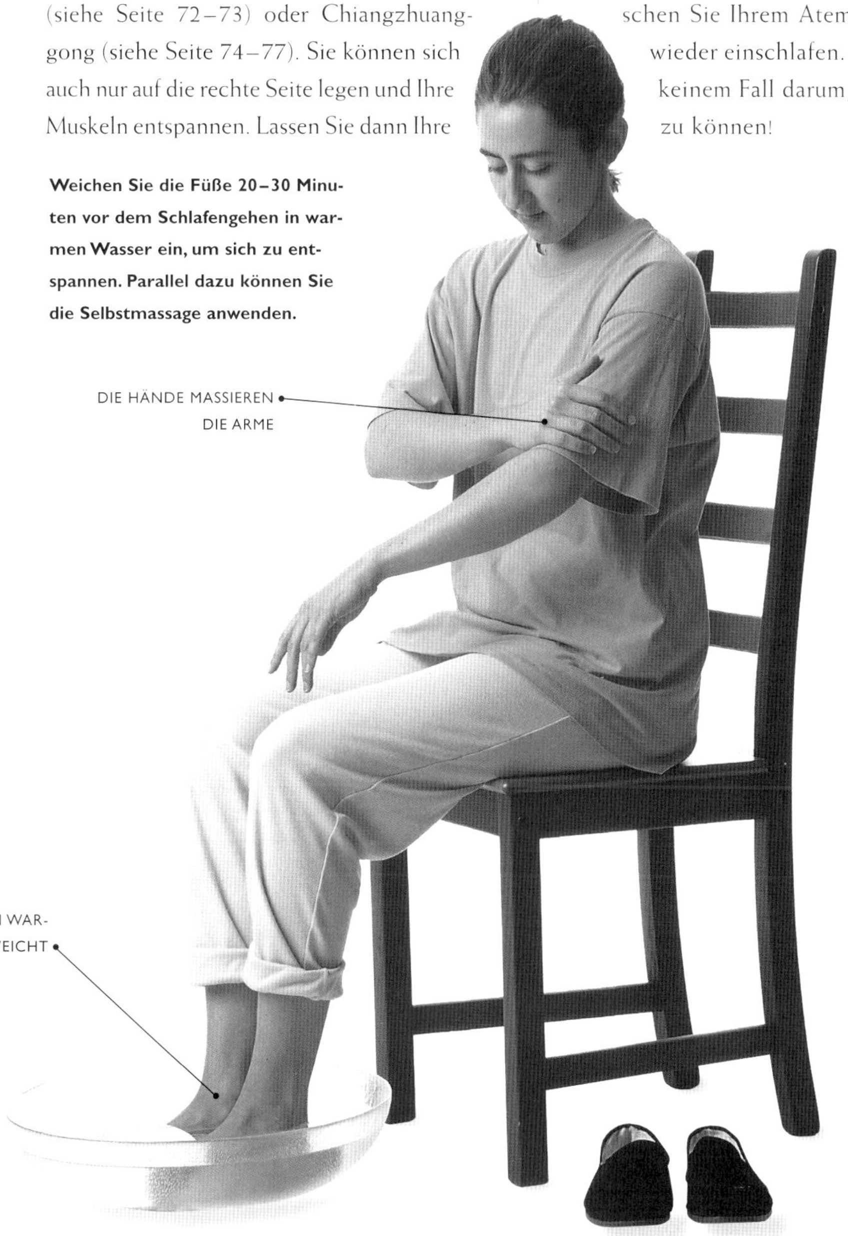

29

YUN DONG JI LIAO ZUO QU SHEN JING TONG

Heilübungen bei Ischias

Für eine Ischiasreizung – ein stechender Schmerz im Gesäßbereich, der in ein Bein bis zum Fuß ausstrahlt – kommen mehrere Ursachen in Frage. Oft wird sie von einem Schwäche- und Taubheitsgefühl begleitet. Eine verlagerte (oder vorgefallene) Bandscheibe, eine Entzündung der Wirbelknochen oder des Ischiasnerves können die Ursache sein. Letztere kann durch eine Erkältung, durch Umweltgifte oder eine Entzündung des umgebenden Gewebes verursacht sein. Mit Heilübungen wurden gute Erfolge erzielt, allerdings nicht bei akuten Attacken. Im chronischen Stadium können Massagen und Krankengymnastik helfen.

Unmittelbar nach dem Ausbruch der Beschwerden beginnen Sie mit Massagen, danach folgen die beschriebenen Übungen.

WICHTIGE PUNKTE

- Auch Akupunktur hat sich bei Ischiasattacken bewährt.

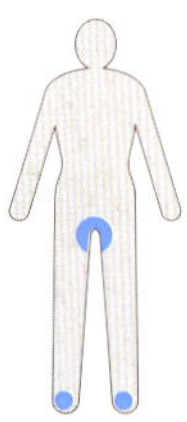

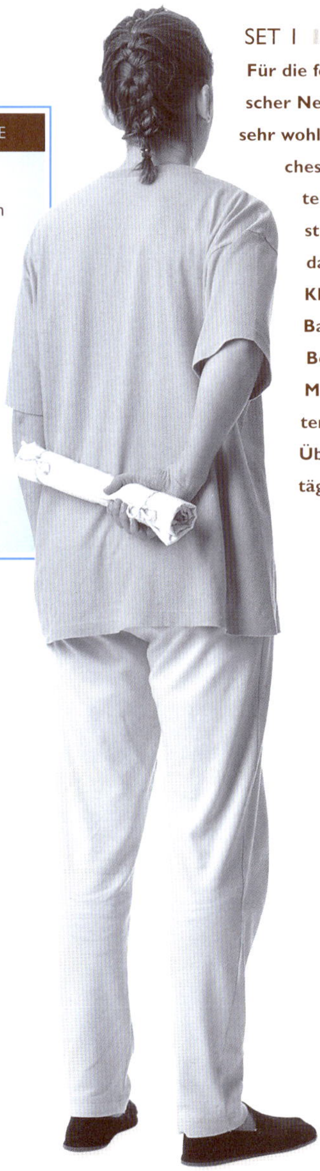

SET 1 | Massage

Für die folgende Massage, die bei chronischer Neuritis des Nervus ischiadicus sehr wohltuend ist, bereiten Sie ein einfaches, aber sehr praktisches Hilfsmittel vor. Umwickeln Sie einen Holzstab mit mehreren Stofftüchern, damit er nicht mehr so hart ist. Klopfen Sie dann damit auf den Bauch, Rücken, die Hüfte und Beine. Bearbeiten Sie jede Muskelgruppe 5–10 Minuten. Wiederholen Sie die Übung 5- bis 10-mal täglich.

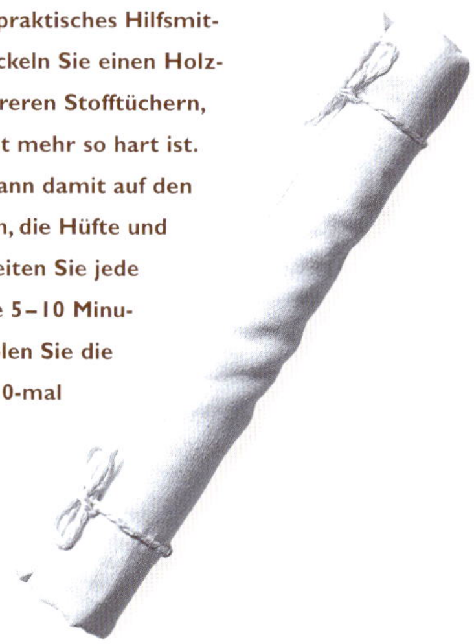

SET 2 | Bein ausstrecken

Sie liegen mit angewinkelten Beinen auf dem Rücken. Strecken Sie nun abwechselnd ein Bein durch, die Oberschenkel bleiben dabei parallel. Halten Sie das durchgestreckte Bein jeweils 30 Sekunden lang in der Luft.

SET 3 | Kniedrücken

Sie liegen mit leicht gegrätschten Beinen und angewinkelten Knien auf dem Boden. Drücken Sie nun die Knie zusammen, und versuchen Sie gleichzeitig, sie mit den Händen auseinander zu drücken. Verharren Sie 30 Sekunden in dieser Stellung.

SET 4 | Beinschwingen im Liegen

Sie liegen in der Seitenlage, mit dem gesunden Bein unten. Die Oberschenkel sind leicht angewinkelt. Bewegen Sie nun das vom Ischias betroffene Bein ca. 1 Minute lang langsam hin und her.

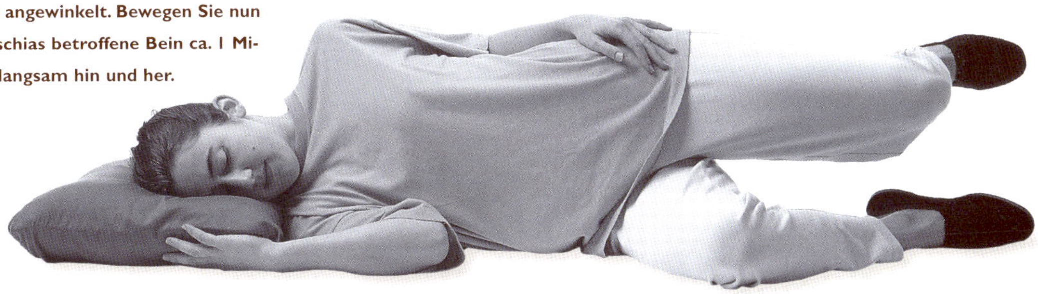

SET 5 | Beine ausstrecken

1 Setzen Sie sich mit angewinkelten Knien auf einen Stuhl, und stützen Sie sich hinten mit den Händen ab. Strecken Sie das linke Bein aus.

2 Biegen Sie zuerst das linke Bein, und dann das rechte ab. Wiederholen Sie die Bewegung 8-mal. Treten Schmerzen auf, brechen Sie die Übung ab.

1

2

Wenn Sie sich auf dem Weg der Besserung fühlen und die Beschwerden langsam nachlassen, können Sie mit folgenden Übungen fortfahren.

SET 6 | Gewicht verlagern

Stützen Sie die Hände in die Hüften, und verlagern Sie Ihr Gewicht auf das angewinkelte rechte Bein. Strecken Sie das linke Bein nach links durch. Verlagern Sie das Gewicht dann auf das angewinkelte linke Bein, und strecken Sie das rechte Bein durch. Wiederholen Sie die Bewegung 8-mal auf jeder Seite.

WICHTIGE PUNKTE

- Auch mit Akupunktur kann Ischias erfolgreich behandelt werden.

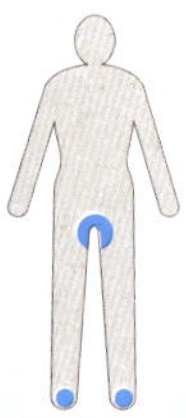

SET 7 | Die Hüfte beugen

1 **Sie sitzen mit angewinkelten Knien auf einem Stuhl, die Hände liegen auf den Oberschenkeln.**

1

2 **Beugen Sie sich ab der Hüfte nach vorne, lassen Sie dabei die Hände auf die Füße gleiten. Wiederholen Sie die Bewegung 4-mal**

2

VORSICHT

Stellt sich nach 10 Tagen keine sichtbare Besserung ein, sollten Sie das Übungsprogramm beenden und eine andere Behandlung versuchen. Wurde die Ischiasreizung durch einen verrutschten Wirbel verursacht, sollten Sie einen Arzt aufsuchen. Dieser kann eine spezielle Behandlung einleiten.

1

2

SET 8 | Rücken und Hüfte beugen

1 **Stehen Sie mit den Füßen schulterbreit, und stützen Sie die Hände auf der Hüfte ab. Beugen Sie sich leicht nach vorne.**

2 **Biegen Sie sich dann nach hinten. Wiederholen Sie dies 8-mal. Gehen Sie langsam immer weiter zurück.**

SET 9 | Beine schwingen

Sie stehen aufrecht und halten sich an einem stabilen Gegenstand, z. B. einem Stuhl, fest. Schwingen Sie das betroffene Bein locker hin und her. Versuchen Sie, das Knie in etwa gerade zu halten, aber nicht durchzustrecken. Dauer der Übung ca. 5 Minuten.

SET 10 | Zehen berühren

Sie sitzen mit durchgestreckten Beinen auf einem Stuhl. Lehnen Sie sich vorsichtig nach vorne, und versuchen Sie, mit den Fingerspitzen die Zehen zu berühren. Wiederholen Sie dies mehrmals. Bei Schmerzen abbrechen.

KAPITEL SIEBEN

Mit Heilübungen den Muskelapparat und das Knochengerüst stärken

治癒

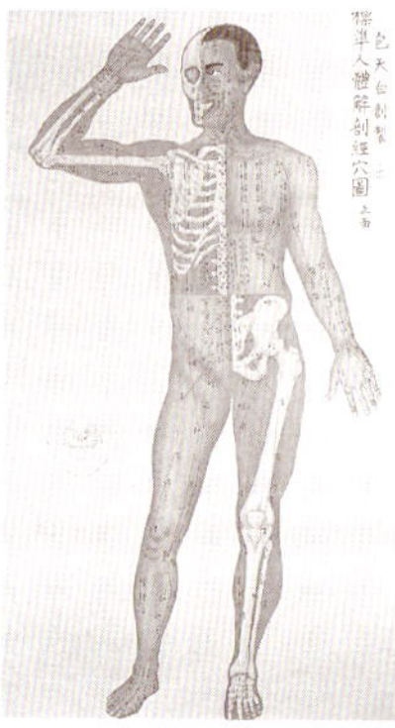

Knochengerüst und Muskelapparat werden durch regelmäßige Taiji-Übungen gestärkt.

Einer der Vorzüge regelmäßig ausgeführter Heilübungen besteht darin, dass sie den Körper und geschmeidiger und widerstandsfähiger machen. Abgesehen von den positiven Effekten bei organischen Leiden sowie Herz- und Kreislauferkrankungen, wird der gesamte Bewegungsapparat gestärkt, also Knochen, Muskeln, Bänder und Sehnen.

Heilübungen verlangsamen u.a. den Alterungsprozess. In gleichem Maße, wie uns schmerzende Gelenke und Muskeln das Gefühl verleihen, alt und gebrechlich zu sein, gibt es nichts, was ein jugendliches Lebensgefühl mehr fördert als ein vitaler und geschmeidiger Körper. Selbst wenn Ihr Körper durch fortdauernde Überlastung und mangelnde Erholung Schaden genommen hat, können Ihnen Heilübungen Linderung verschaffen. Taiji stellt dafür die beste Trainingsmethode dar. Wenn Sie täglich üben, tun Sie etwas für Ihr allgemeines Wohlergehen. Bei regelmäßigem Training werden Sie feststellen, dass alle Gelenke, Muskeln, Sehnen, Bänder, Organe, Nerven und Akupunkturmeridiane gestärkt werden.

Durch Heilübungen können Sie bis ins hohe Alter beweglich bleiben.

30

YU FANG JI SHU HUAN GUAN JIE YAN

Arthritis vorbeugen und lindern

Taiji-Übungen beziehen alle wichtigen Gelenke des Körpers ein. Deshalb sorgt es bei regelmäßiger Ausübung dafür, Knochen und Gelenke gesund zu erhalten. Sie können so einer Arthritis wirkungsvoll vorbeugen. Sogar Menschen, die bereits unter Arthritis leiden, können erheblich von Taiji profitieren, allerdings hängt dies davon ab, wie weit die Erkrankung bereits fortgeschritten ist und welche Gelenke betroffen sind. Sie sollten Taiji nur dann ausüben, wenn Ihnen die Übungen nicht allzu große Schmerzen bereiten.

Vorausgesetzt, Ihre Bewegungsfähigkeit ist nur geringfügig eingeschränkt und die Übungen verursachen Ihnen wenig Schmerzen, können Sie mit Taiji die Beweglichkeit Ihrer Gelenke und Ihren Gesundheitszustand insgesamt verbessern. Sind jedoch Ihre Kniegelenke entzündet oder leiden Sie unter Beschwerden im Kreuzbeingelenk oder in anderen Gelenken, die während der Übungen bewegt werden, sollten Sie Taiji nur unter ärztlicher Aufsicht ausüben. Sofern die Heilübungen gut anschlagen und keine negativen Auswirkungen mit sich bringen, können sie als therapeutische Maßnahme weitergeführt werden.

Einige Arthritispatienten werden bei den Übungen zunächst Schmerzen verspüren. Diese lassen jedoch nach kurzer Zeit nach. Ihre Gesamtverfassung wird sich deutlich verbessern. Sollte sich Ihr Gesundheitszustand verschlechtern, ist es ratsam, die Übungen zumindest vorübergehend einzustellen und den Arzt zu konsultieren.

SET 1 | Steife Finger

Umklammern Sie mit der Faust einen Bleistift oder einen Stab. Strecken Sie anschließend die Finger und die Handfläche, indem Sie die Hand flach auf einen Tisch pressen.

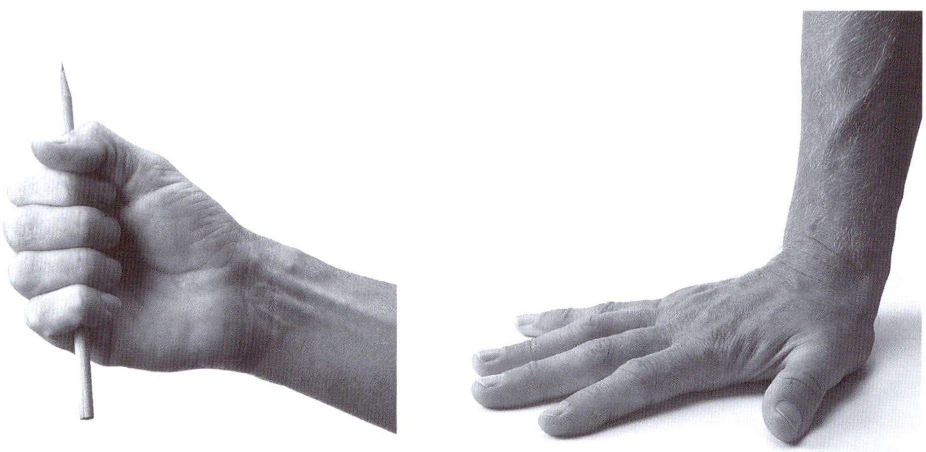

WICHTIGE PUNKTE

- Sanfte, fließende Taiji-Übungen, die den ganzen Körper einbeziehen, beugen Arthritis vor und tragen zur Heilung bei.

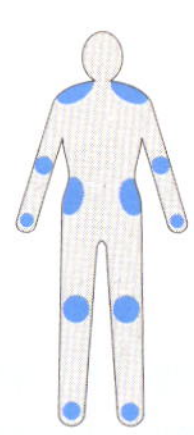

Übungen bei rheumatischer Arthritis

Bei rheumatischer Arthritis sind die Gelenke geschwollen und steif, und sie verursachen Schmerzen. Taiji-Übungen konnen sogar bei chronischen Beschwerden dazu beitragen, die Funktionsfähigkeit der Gelenke zu erhalten und einer Verschlimmerung der Krankheit vorzubeugen. Dazu müssen die betroffenen Gelenke mehrmals täglich bewegt werden. Sie brauchen dafür nur einen Holzstab, z. B. einen ausrangierten Besenstiel.

Sollten die Übungen nicht zum gewünschten Erfolg führen, können Sie die angeschwollenen Gelenke massieren. Reiben und kneten Sie die Gelenke selbst nur behutsam, die betreffenden Muskelpartien hingegen kräftiger. Insgesamt sollte die Massage 10–20 Minuten dauern. Bei kleineren Gelenken – wie z.B. den Finger-, Hand- und Fußgelenken oder dem Ellbogen – empfiehlt sich ein vorbereitendes, etwa 10-minütiges Entspannungsbad in körperwarmem Wasser. Dabei werden Schmerzen gemildert, Verkrampfungen gelockert und auf diese Weise die Bewegungsfähigkeit der Gelenke verbessert.

Probieren Sie die Übungen auf dieser und den folgenden Seiten je nach Bedarf aus, am besten 2-mal täglich jeweils 10- bis 20-mal.

SET 2 | Beweglichkeit der Handgelenke verbessern

Pressen Sie die Handflächen vor der Brust zusammen, und biegen Sie jeweils eine Hand mit der anderen zurück. Üben Sie den Druck rasch und durchaus mit Kraft aus. Sie können auch eine leichte Hantel verwenden und die Hand hin und her bewegen.

SET 3 | Ellbogen lockern

1 **Ballen Sie beide Hände zur Faust, und berühren Sie mit den Fingerknöcheln Ihre Schultern.**

2 **Strecken Sie die Arme mit gespreizten Fingern schwungvoll nach unten; Abstand zu den Hüften ca. 30 cm.**

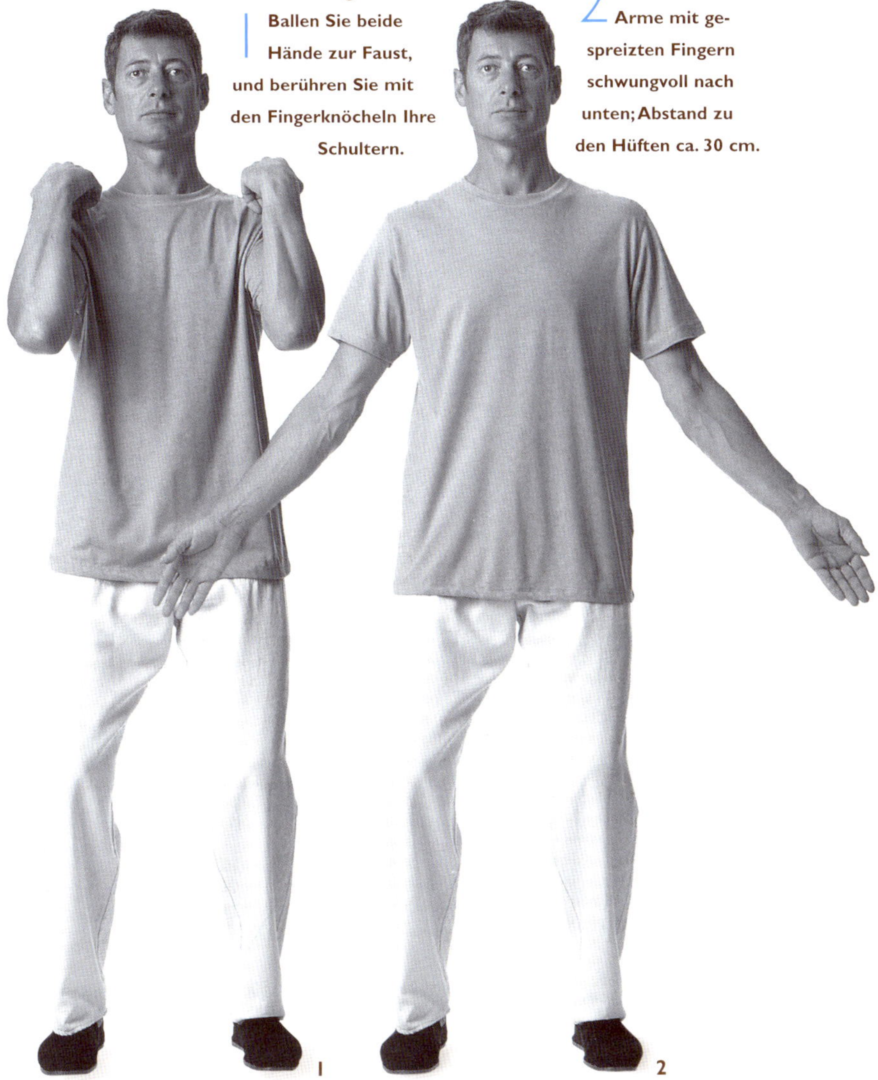

1

2

SET 4 | Schultern lockern

1 **Stellen Sie sich mit locker herabhängenden Armen hin.**

2 **Strecken Sie die Hände auf Schulterhöhe seitlich aus.**

3 **Bewegen Sie die Hände nach oben, bis sich die Handflächen über dem Kopf berühren. Variieren Sie die Übung, indem Sie die Hände auf Schulterhöhe anheben, abwechselnd sinken lassen und nur jedes zweite Mal über dem Kopf zusammenführen.**

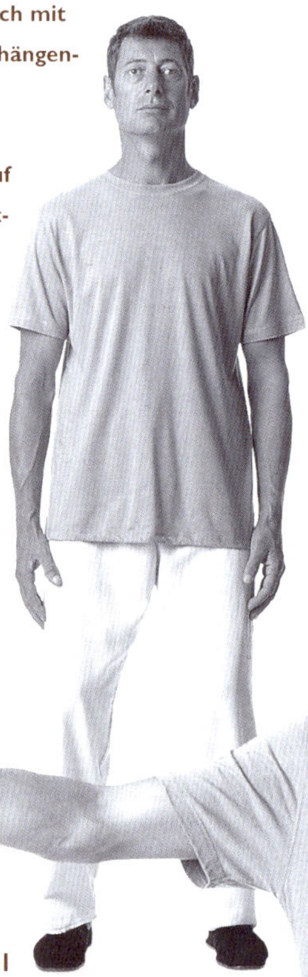

1

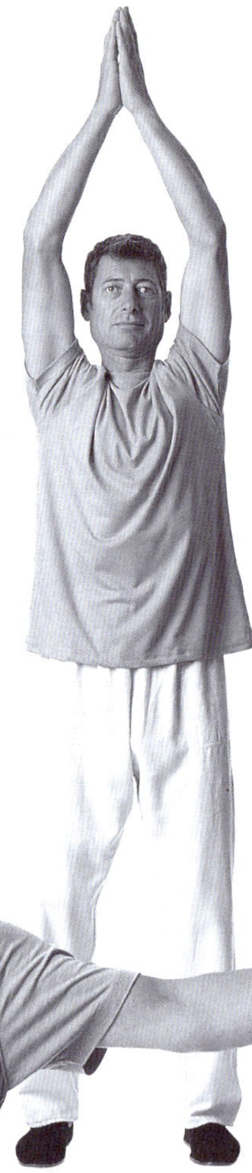

3

2

WICHTIGE PUNKTE

- Das Lockern der Schultern baut psychische Spannungen ab.

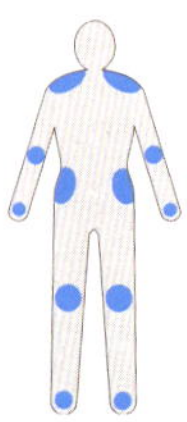

SET 5 | Fußgelenke lockern

Strecken, beugen und drehen Sie Ihre Füße in sitzender Position abwechselnd in beide Richtungen.

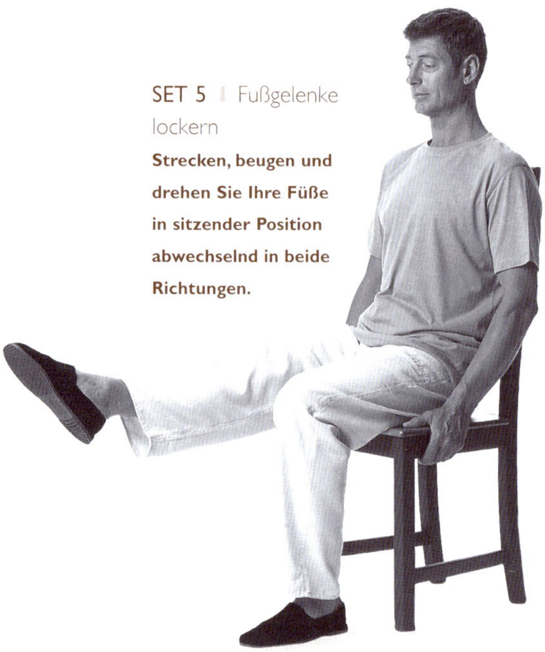

SET 6 | Schultern dehnen

1 **Stehen Sie aufrecht, und verschränken Sie die Hände hinter dem Kopf. Ziehen Sie die Ellbogen zurück, um die Schultern weit nach hinten zu strecken.**

1

2 **Ziehen Sie – während die Finger hinter ihrem Körper verschränkt sind und die Handrücken die Taille berühren – die Schultern vor, als wollten Sie sie vor ihrem Körper zusammenführen.**

2

SET 7 | Steife Hüften und Knie lockern

1 **Machen Sie einen langen Schritt nach vorne, und beugen Sie das vordere Bein. Stemmen Sie die Hände in die Hüften, ziehen Sie die Ellbogen nach hinten, und strecken Sie die Brust nach vorne, bis Ihre Muskeln ermüden. Wechseln Sie die Beinstellung.**

1

2 **Machen Sie anschließend ein paar tiefe Kniebeugen. Dabei können Sie sich an einem Stuhl festhalten, um nicht das Gleichgewicht zu verlieren. Die Fersen bleiben am Boden.**

2

SET 8 | Beine schwingen

1 **Halten Sie sich an der Stuhllehne fest, und schwingen Sie das linke Bein nach vorne.**

2 **Schwingen Sie es dann kraftvoll nach hinten. Wiederholen Sie die Übung mehrmals mit beiden Beinen.**

1

100%

2

100%

31

SHI GE JI ZHU SUN SHANG DE YUN DONG

Übungen bei Rückgratverletzungen

Wenn aufgrund von rheumatischer Arthritis die Wirbelsäule versteift, spricht man von Spondylarthritis oder Marie-Strümpell-Krankheit. Typischerweise wölbt sich die Wirbelsäule im Brustbereich nach vorne, während sie im Lenden- und mittleren Rückenbereich verflacht. Versteifung und Bewegungseinschränkung sind die Folge.

Heilgymnastische Übungen sind sinnvoll, um die gesunden Gelenke beweglich zu halten und einer Versteifung der Wirbelsäule vorzubeugen. Im fortgeschrittenen Erkrankungsstadium haben die folgenden Übungen keinen Nutzen mehr.

Ziel der Übungen ist die Kräftigung der Bauch-, Becken- und Schultermuskulatur, da diese Muskeln zum Teil die Funktion der Wirbelsäule übernehmen können. Die betroffenen Personen neigen häufig zu einer verflachten Atmung. Deshalb sind Übungen zur Verstärkung der Bauchatmung und Erweiterung des Brustkorbes besonders wichtig.

Begeben Sie sich, bevor Sie mit den folgenden Übungen beginnen, in Rückenlage, und atmen Sie ein paarmal tief in den Bauch (siehe Seite 76–77).

WICHTIGE PUNKTE

- Für körperliches Wohlbefinden ist eine bewegliche Wirbelsäule wichtig.

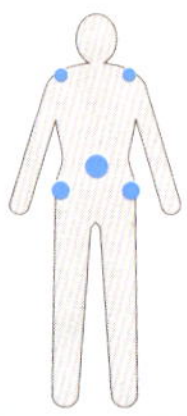

Jede dieser Übungen sollte am besten 2-mal täglich jeweils 10-mal oder häufiger wiederholt werden.

SET 1 | Füße heben

1 **Legen Sie sich auf den Rücken, und ziehen Sie die Knie dicht an den Körper. Die Hände stützen den Nacken.**

1

2 **Strecken Sie die Füße schwungvoll nach oben. Lassen Sie die Muskeln dann locker, und führen Sie die Füße wieder nach unten.**

2

SET 2 | Fliegen

1 **Legen Sie sich auf den Bauch, und strecken Sie die Arme zur Seite aus.**

1

2

2 **Heben Sie die Arme über Schulterhöhe an, als würden Sie fliegen.**

VORSICHT

Wenn Sie unter einer Erkrankung der Wirbelsäule leiden, sollten Sie nur Übungen machen, bei denen die Wirbelsäule ohne Schmerzen und Anstrengung durchbewegt wird.

SET 3 | Kopf kreisen

1 **Stellen Sie sich aufrecht hin, die Füße etwa schulterbreit auseinander, und lassen Sie die Hände auf den Hüften ruhen.**

2 **Neigen Sie den Kopf zuerst nach vorne und hinten. Drehen Sie ihn dann nach links und rechts.**

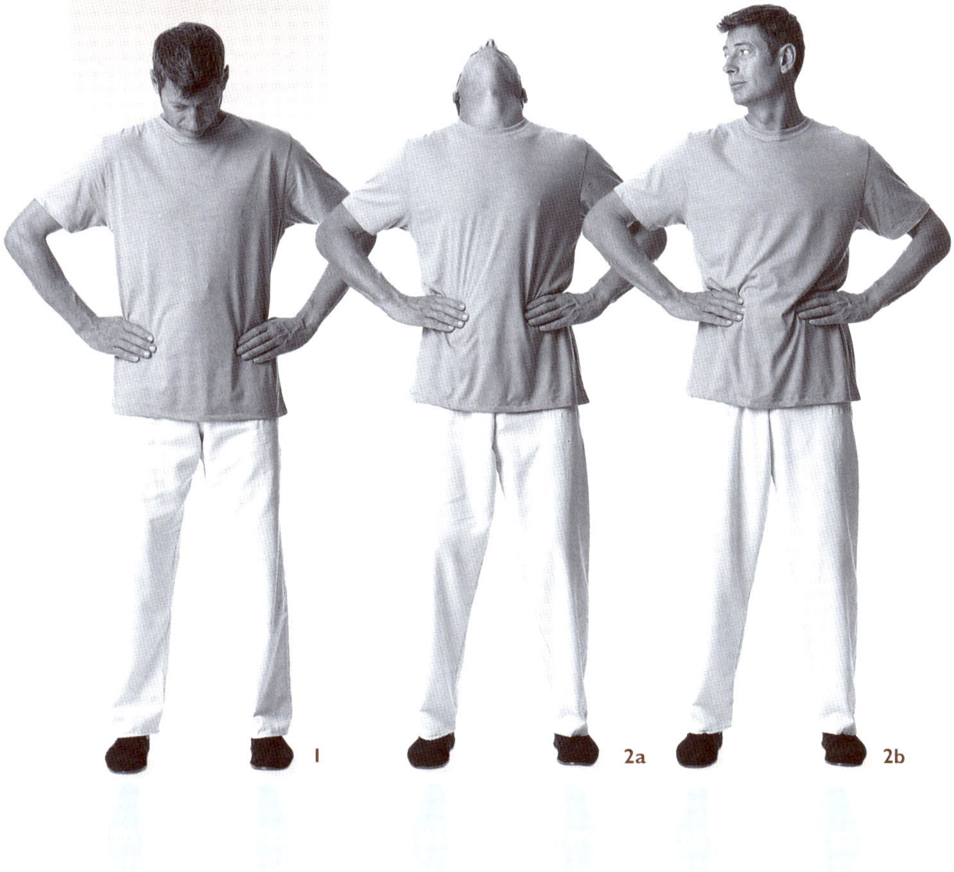

1 2a 2b

SET 4 | Rumpfbeugen zur Seite

Stellen Sie sich aufrecht hin, die Füße etwa schulterbreit auseinander, und lassen Sie die Hände auf den Hüften ruhen. Beugen Sie den Oberkörper seitlich nach rechts, dann nach links.

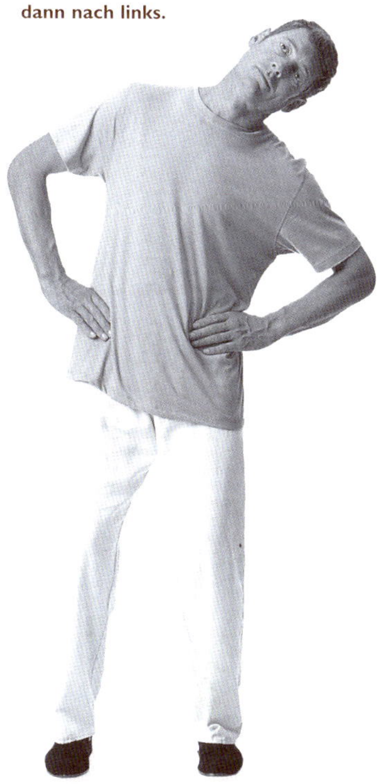

1

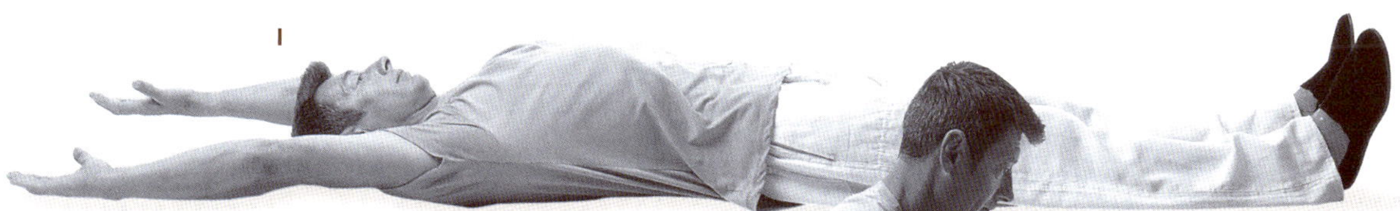

SET 5 | Schwungvolles Aufrichten

1 **Legen Sie sich flach auf den Rücken, und strecken Sie die Arme über dem Kopf aus.**

2 **Schwingen Sie die Arme nach vorne. Nutzen Sie dabei den Schwung, um den Oberkörper in Sitzposition aufzurichten.**

2

32

ZHI LIAO JIAN GUAN JIE YAN

Arthritis in den Schultern heilen

Viele über Vierzigjährige – vor allem solche mit chronischen Erkrankungen – werden von schmerzenden und steifen Schultergelenken gepeinigt. Die Gelenke fühlen sich an, als seien sie verklebt, und sind bei Untersuchungen schmerzempfindlich. Beim Röntgen wird die Ursache dann offensichtlich: Kalk hat sich sowohl in den Sehnen als auch in den Schleimbeuteln abgelagert. Dies kann zu lokalen Entzündungen führen. Gymnastische Übungen können jedoch nicht nur arthritische Schulterbeschwerden lindern, sondern vor allem auch jener Form der Schleimbeutelentzündung vorbeugen, die durch Stoffwechselstörungen und allgemeine körperliche Muskelschwäche verursacht wird.

Machen Sie die folgenden Übungen mindestens 1-mal, besser jedoch 2-mal täglich.

SET 1 | Schultern kreisen

1 **Lassen Sie die Arme locker herabhängen, und führen Sie mit den Schultern kreisförmige Bewegungen aus. Ihre Hände beschreiben dabei ebenfalls eine Kreisbahn.**

2 **Bewegen Sie jeweils nur eine Schulter, 20-mal vorwärts, dann 20-mal rückwärts.**

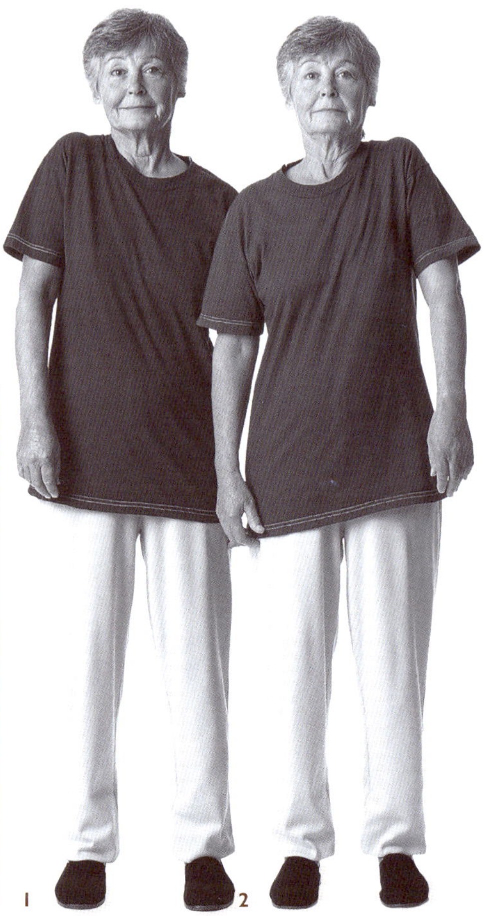

1 2

SET 2 | Mit der Hand drücken

1 **Heben Sie die Hand, mit dem Handrücken zum Körper gedreht, auf Schulterhöhe an.**

2 **Bewegen Sie die Hand nach vorne, als wollten Sie einen Gegenstand von sich wegdrücken. Wiederholen Sie diese Übung mit jedem Arm 10- bis 20-mal.**

1 2

WICHTIGE PUNKTE

- Entscheidend ist regelmäßiges Training. 5 Minuten täglich bringen mehr als eine halbe Stunde einmal die Woche.

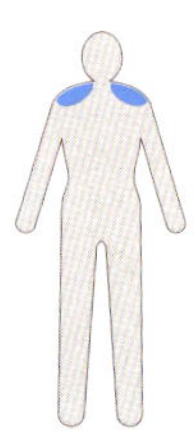

SET 3 | Hände absenken

1 **Verschränken Sie die Hände, und heben Sie sie hoch über Ihren Kopf.**

2 **Senken Sie die Hände hinter den Kopf ab. Wiederholen Sie die Übung 10- bis 20-mal.**

1

2

SET 4 | Arme schwingen

Schwingen Sie die Arme wie Pendel kräftig und rhythmisch 10- bis 20-mal vor und zurück.

肌肉

33

SHU HUAN JIAN GUAN JIE TONG

Eingefrorene Schultern auftauen

Eine Entzündung des Schultergelenks kann auch die gesamte Gelenkkapsel betreffen. Die Folge ist eine Einsteifung in alle Richtungen, das Gelenk wirkt wie »eingefroren«. Geht die Erkrankung auf eine äußere Verletzung zurück, sollten physiotherapeutische Maßnahmen mit Entspannungsübungen kombiniert werden. Das gilt auch bei chronischen Beschwerden, z. B. infolge einer Überbeanspruchung der Oberarmmuskulatur. In diesem Fall bietet sich eine Kombination von Massage, Physiotherapie und Heilgymnastik an. Ist Muskelschwäche die Ursache, hilft nur regelmäßiges Training, wobei Massage und Physiotherapie nicht schaden können. Auch Akupunktur kann helfen.

Je nach Kraft und körperlicher Verfassung können Sie entweder die gesamte Übungsfolge oder nur gezielt einzelne Übungen absolvieren.

SET 1 | Armheben vor dem Körper

1 **Stehen Sie aufrecht, und halten Sie den Übungsstab mit beiden Händen.**

2 **Strecken Sie die Arme kräftig nach vorne und über den Kopf. Lassen Sie sie dann wieder sinken. Wiederholen Sie die Übung 10- bis 20-mal.**

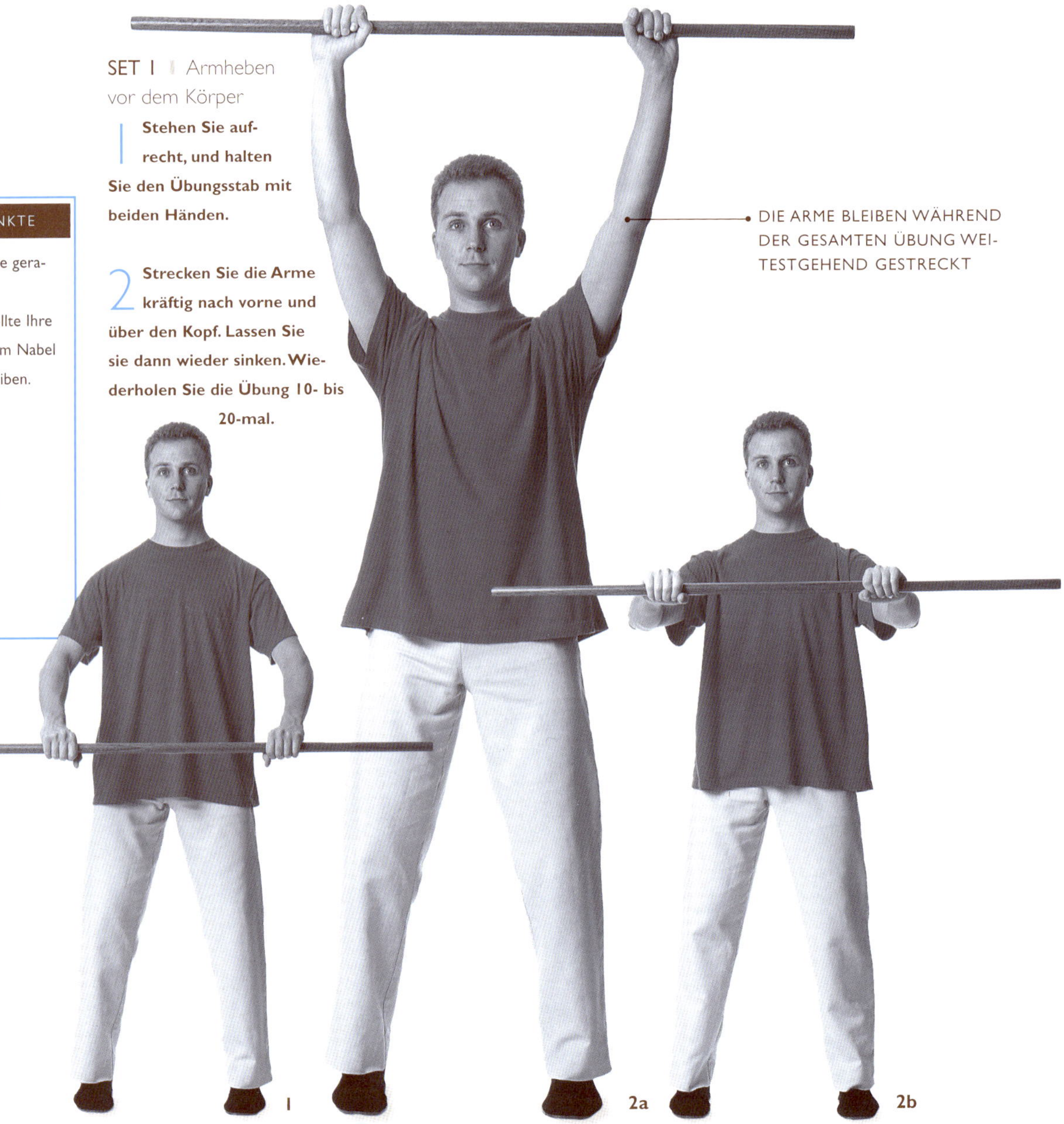

WICHTIGE PUNKTE

- Achten Sie auf eine gerade Haltung.
- Bei Drehungen sollte Ihre Nase stets mit dem Nabel auf einer Linie bleiben.

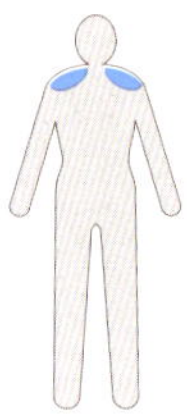

SET 2 | Armheben hinter dem Körper

1 **Stehen Sie entspannt, mit dem Übungsstab hinter dem Körper.**

2 **Versuchen Sie, 10- bis 20-mal die Arme so weit wie möglich anzuheben. Achten Sie auf einen geraden Rücken.**

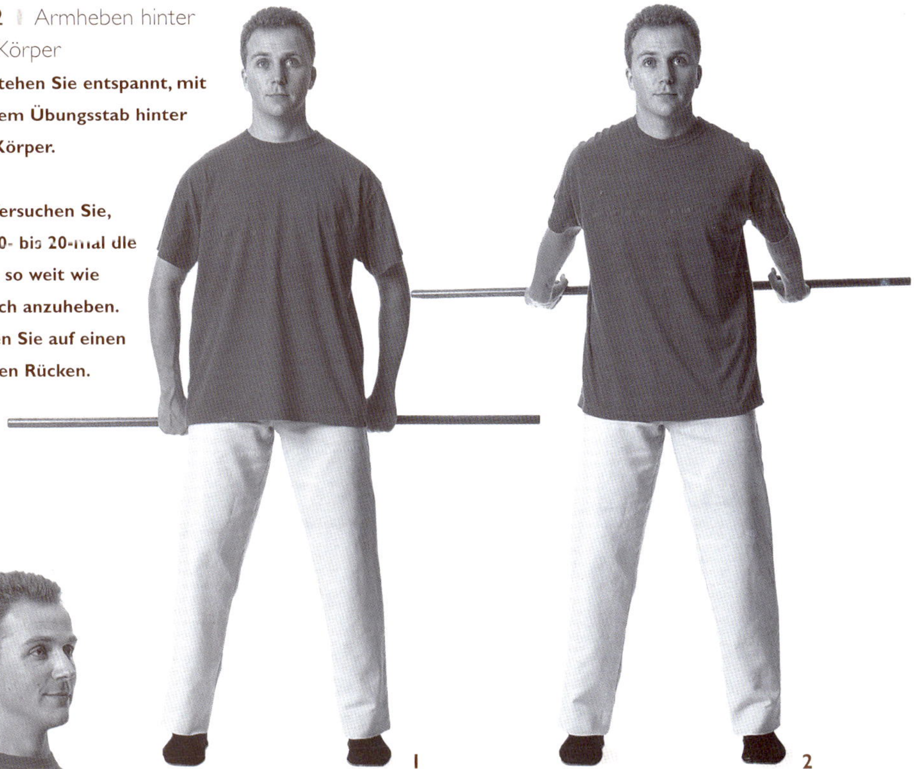

1 2

SET 3 | Körperdrehungen mit einem Übungsstab

1 **Halten Sie den Stab mit ausgestreckten Armen auf Brusthöhe, und drehen Sie sich mehrmals von einer Seite zur anderen.**

2 **Der Übungsstab sollte während der Drehbewegungen den größtmöglichen Teil einer Kreisbahn um den Körper beschreiben. Drehen Sie sich dabei besonders in Richtung der erkrankten Schulter. Wiederholen Sie die Übung 10- bis 20-mal.**

1 2

SET 4 | Ellbogen heben

Stellen Sie sich aufrecht hin, die Füße schulterbreit auseinander. Heben Sie den Ellbogen der betroffenen Seite so hoch wie möglich an, und berühren Sie mit der Handfläche den Nacken, ohne den Rücken zu krümmen. Wiederholen Sie die Übung 10-mal.

SET 5 | Die Wirbelsäule hinauffahren

Stehen Sie aufrecht mit geradem Rücken, die Füße schulterbreit auseinander. Heben Sie die Hand hinter dem Rücken entlang der Wirbelsäule so hoch wie möglich. Wiederholen Sie die Übung mit jeder Hand mindestens 10-mal.

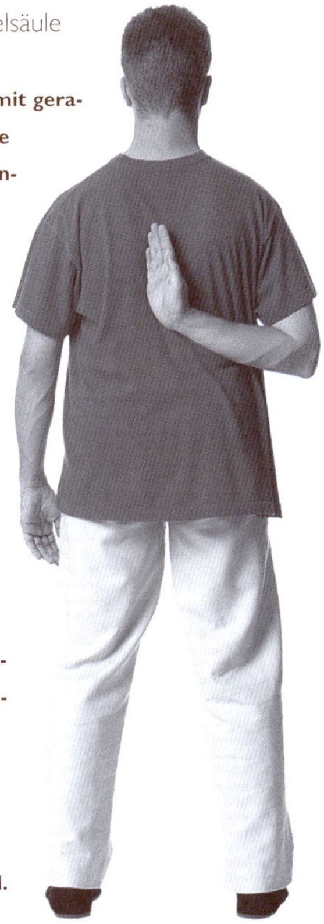

SET 6 | Ellbogen nach hinten

1 **Stehen Sie aufrecht - die Füße schulterbreit, den Rücken gerade. Verschränken Sie die Hände hinter dem Nacken.**

2 **Strecken Sie die Ellbogen so weit wie möglich nach hinten. Wiederholen Sie die Übung 10-mal.**

1 2

WICHTIGE PUNKTE

- Achten Sie auf eine aufrechte Haltung mit geradem Rücken.
- Entspannen Sie Ihren Körper soweit wie möglich.

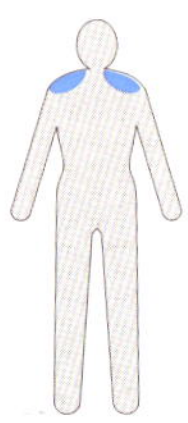

SET 7 | Hände anheben

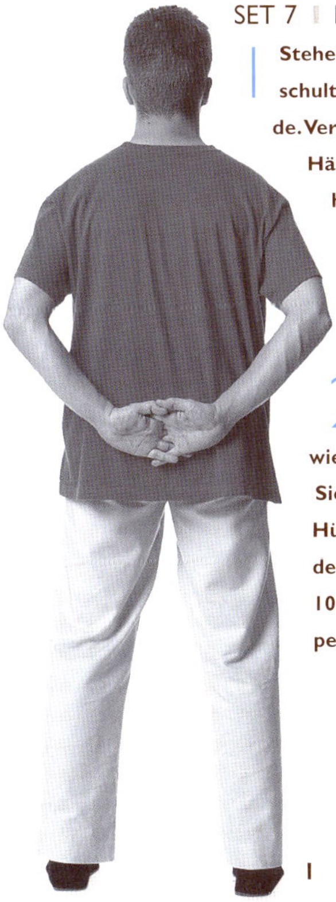

1 **Stehen Sie aufrecht, Füße schulterbreit, Rücken gerade. Verschränken Sie die Hände auf Hüfthöhe hinter dem Rücken, mit nach außen gerichteten Handflächen.**

2 **Heben Sie die Hände so hoch wie möglich, und lassen Sie sie dann wieder auf Hüfthöhe sinken. Wiederholen Sie die Übung 10-mal, ohne den Körper zu krümmen.**

1

2

SET 8 | Nach dem Himmel greifen

Stellen Sie sich mit geradem Rücken ungefähr 30 cm von einer Wand, einer Leiter oder einem Baum entfernt hin. Legen Sie Ihre Hand der erkrankten Seite zunächst in Schulterhöhe an das gewählte Objekt, und rutschen Sie stückweise nach oben.

肌肉与骨

34

SHU HUAN XIA BEI TONG ZHI YUN DONG

Übungen für den unteren Rücken

Ein Hexenschuss ist keine Krankheit im eigentlichen Sinne, sondern ein Symptom, für das vielfältige Ursachen vorliegen können. Ein so genannter funktioneller Rückenschmerz, die häufigste Form des Hexenschusses, beruht auf einer chronischen Fehlhaltung oder Muskelschwäche im Lenden-/Beckenbereich. So kann ein Hohlrücken beispielsweise eine erhöhte Wirbelbelastung bis zur Entzündung mit entsprechenden Schmerzen hervorrufen.

Besonders ältere oder körperlich eher inaktive Menschen leiden häufig unter einem Hexenschuss, weil ihre Rücken-, Len-

SET 1 | Die Beine im 90-Grad-Winkel anheben

1 **Legen Sie sich flach auf den Rücken, und heben Sie die Beine in einem Winkel von ungefähr 90 Grad an, ohne den Rücken vom Boden zu lösen.**

2 **Bewegen Sie die Beine leicht zur linken Seite, und senken Sie sie dann langsam.**

3 **Führen Sie die Übung zur rechten Seite aus. Wiederholen Sie den gesamten Ablauf 3- bis 4-mal.**

1

2

3

WICHTIGE PUNKTE

- Vorbeugen ist immer besser als heilen.
- Nur regelmäßiges Üben führt zu guten Resultaten.

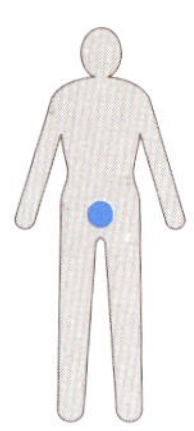

VORSICHT

Sollte Ihnen eine dieser Übungen Schmerzen bereiten, brechen Sie sie sofort ab. Da einige der Übungen zu Muskelanspannungen führen, sind sie nicht für ältere Menschen geeignet, die unter Arterienverkalkung oder Bluthochdruck leiden.

den-und Bauchmuskulatur zu schwach ausgebildet ist, um die Wirbelsäule wirksam zu entlasten. Diese muss daher das gesamte Körpergewicht alleine tragen. Kommen zu dieser geschwächten Stammmuskulatur noch statische Belastungen wie längeres Sitzen oder Stehen hinzu, sind das Resultat oft Rückenschmerzen. Vor allem das Heben schwerer Gegenstände birgt für diese Menschen große Gefahren. Da die Muskulatur zu schwach ist, werden Sehnen und Wirbelgelenke überlastet. Die Folge davon ist ein äußerst schmerzhafter Hexenschuss.

Korrekt ausgeführte gymnastische Übungen stärken jedoch die Muskulatur und sorgen für eine korrekte Rückenhaltung sowie die notwendige Entlastung der Wirbelsäule. Menschen, die ihren Rücken häufig durch schweres Heben belasten, sollten die vorbeugenden Übungen auch dann machen, wenn sie bereits über eine gut ausgeprägte Muskulatur verfügen.

SET 2 | Scherenschlag im Liegen

1 **Legen Sie sich flach auf den Rücken, und heben Sie ihre Beine in einem 45-Grad-Winkel an, ohne den Rücken vom Boden zu heben.**

1

2 **Machen Sie abwechselnd Scherenschläge mit den Beinen, bis Ihre Muskeln ermüden. Legen Sie danach ein paar Minuten Pause ein, wiederholen Sie dann die Übung 3- bis 4-mal.**

2

SET 3 | Der Rückenbogen

1 Legen Sie sich flach auf den Bauch, die Ellbogen angewinkelt und die Oberarme in einer geraden Linie mit den Schultern. Die Hände liegen vor dem Kopf auf dem Boden.

2 Heben Sie den Oberkörper sowie die Arme und Beine vom Boden, und bleiben Sie einen Augenblick in dieser Stellung. Wiederholen Sie die Übung mehrere Male.

1

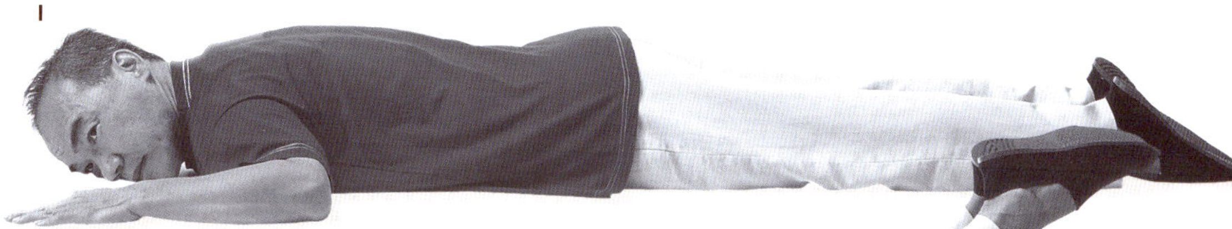

2

WICHTIGE PUNKTE

- Überanstrengen Sie nicht Ihre Rückenmuskulatur.
- Üben tut gut, Überanstengung schadet.

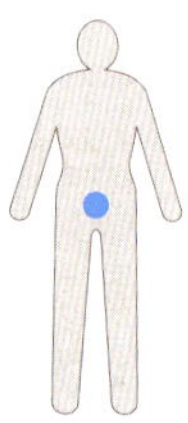

SET 4 | Teil-Sit-Ups

1 Legen Sie sich flach auf den Rücken, die Hände auf den Hüften und die Beine gerade ausgestreckt. Der Kopf ruht auf einem Kissen.

2 Richten Sie nur den Kopf und die Schultern auf, und bleiben Sie so lange in dieser Haltung, wie es Ihnen angenehm ist. Nehmen Sie dann wieder die Ausgangsstellung ein. Bei dieser Übung – die Sie mehrere Male wiederholen sollten – wird die meiste Arbeit von Ihrer Bauchmuskulatur verrichtet.

1

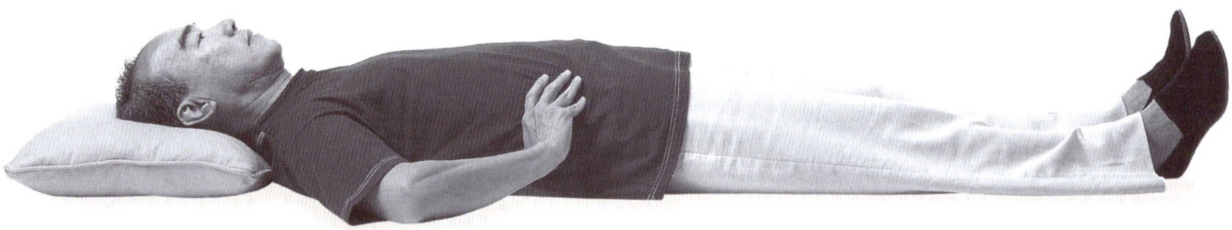

2

SET 5 | Körperbogen

1 Legen Sie sich auf den Bauch, und verschränken Sie die Hände über dem Rücken.

2 Bilden Sie einen Körperbogen, indem Sie Oberkörper und Beine vom Boden abheben.

1

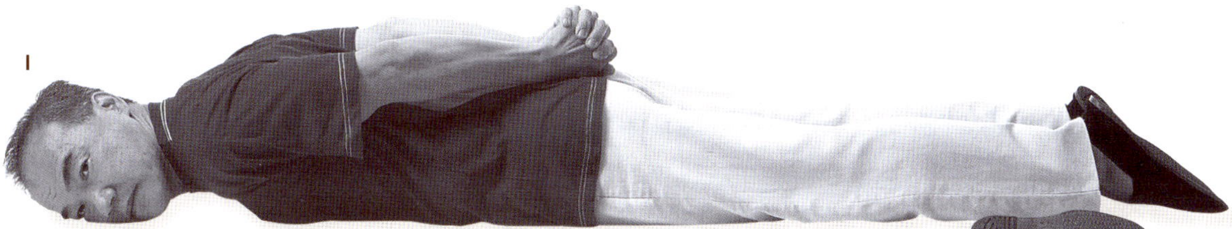

2

SET 6 | Beine heben

1 Legen Sie sich auf den Bauch, die Handflächen liegen neben dem Körper.

2 Heben Sie abwechselnd das linke und das rechte Bein. Wiederholen Sie die Übung mehrere Male.

1

2

35

YUN DONG ZHI LIAO YAO TONG

Übungen für die Lendenmuskulatur

Bei Verletzungen der Lendenmuskulatur, d. h. der lateralen Muskeln zwischen Becken und Rippen, wird oft der Sakrospinal-Muskel in Mitleidenschaft gezogen, der die Wirbelsäule streckt. Werden die Verletzungen nicht behandelt, können Blutungen oder sonstige Sekretaustritte Druck auf Nervenenden ausüben und so Schmerzen verursachen. Es können sich auch Vernarbungen bilden, die wiederum Schmerzen bei Muskelaktion verursachen.

Die folgenden Übungen sollen die Lendenmuskulatur sowie die Muskeln im unteren Rücken entspannen und die Beweglichkeit der Wirbelsäule steigern. Auf Übungen, die zu einem Anspannen der Muskulatur führen, sollte man hingegen verzichten. Sie können sich an allen Übungen versuchen oder nur einzelne auswählen. Wiederholen Sie sie jeweils 10-mal.

WICHTIGE PUNKTE

- Konzentrieren Sie sich auf den Teil Ihres Körpers, der während der Übungen speziell trainiert wird.

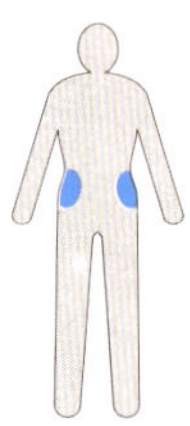

SET I | Beine anheben

1 **Legen Sie sich auf den Rücken, die Arme liegen entspannt neben dem Körper auf dem Boden. Heben Sie abwechselnd das rechte und das linke Bein an.**

2 **Versuchen Sie möglichst, jedes Bein in einem 90-Grad-Winkel anzuheben. Sie sollten die Bewegungen rasch, aber locker ausführen, ohne dass sie Schmerzen verursachen.**

1

2

SET 2 | Knie umfassen

Legen Sie sich auf den Rücken, winkeln Sie die Knie an, und ziehen sie die Beine an den Unterleib. Umfassen Sie die Knie mit beiden Händen, um den Rücken fest gegen den Boden zu pressen. Achten Sie darauf, die Lendenmuskulatur sowie die Muskeln des unteren Rückenbereichs zu entspannen.

SET 3 | Sit-Ups

1 **Legen Sie sich auf den Rücken, die Arme liegen flach neben dem Körper. Der Kopf ruht auf einem Kissen.**

2 **Richten Sie sich mit Hilfe der Bauchmuskeln in eine sitzende Position auf. Stützen Sie sich dabei ggf. mit den Händen auf. Beugen Sie Ihren Oberkörper nicht mehr als 90 Grad nach vorne.**

1

2

SET 4 | Arme schwingen

1 Stellen Sie sich aufrecht hin, die Hände auf die Hüften gestützt, und drehen Sie sich mit einer raschen Bewegung nach links. Schwingen Sie während der Drehbewegung den linken Arm in die Drehrichtung, und folgen Sie der ausgestreckten Handfläche mit den Augen.

2 Führen Sie die linke Hand zur Hüfte zurück, und leiten Sie übergangslos dieselbe Bewegung in die andere Richtung ein.

WICHTIGE PUNKTE

- Achten Sie auf einen geraden Rücken.
- Nase und Nabel sollten auf einer Linie sein, damit der Kopf der Drehhung des Körpers folgt.

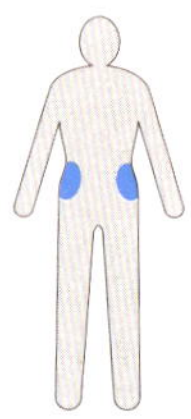

1

2

Führen Sie jede Übung 10-mal täglich und die gesamte Übungsfolge mindestens 4-mal täglich aus. Nach einem Monat sollte sich Ihr Zustand deutlich verbessert haben.

SET 5 | Holz hacken

1 **Stehen Sie mit weit gespreizten Beinen, und verschränken Sie die Hände auf Kopfhöhe.**

1

2 **Beugen Sie sich rasch nach vorne, als wollten Sie Holz hacken. Führen Sie die Bewegung durch die Beine hindurch aus. Die Bewegung sollte locker und leicht sein, ohne Schmerz auszulösen.**

2

SET 6 | Ausfallschritt

Machen Sie langsam einen Schritt nach vorne, wobei Sie das vordere Bein abbiegen und das hintere strecken. Halten Sie diese Position einige Sekunden lang, und wechseln Sie dann die Beine.

SET 7 | Drehen

Stehen Sie mit gespreizten Beinen, und stützen Sie die Hände in den Kreuzbeinbereich. Konzentrieren Sie sich auf die dort ablaufenden Bewegungen, während Sie sich erst nach links und dann nach rechts drehen.

SET 8 | Massage

Massieren Sie Ihren Rücken und Bauch, vergessen Sie dabei auch die Flanken und die Kreuzbeinregion nicht (siehe Seite 208–209, Selbstmassage).

1

2

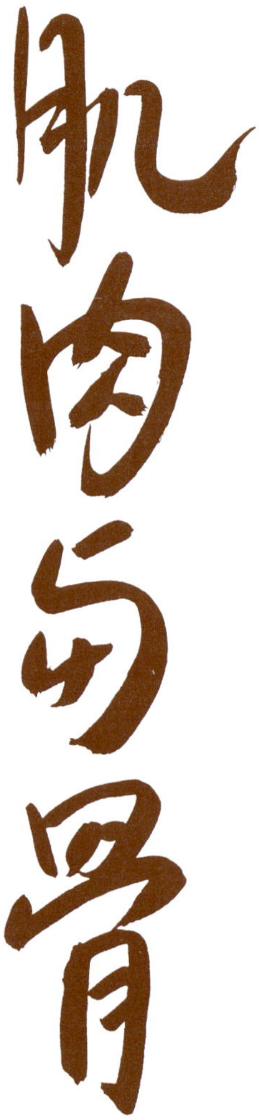

36

GAI SHAN XI GUAN JIE

Kniegelenkverschleiß vorbeugen

Kniegelenkverschleiß ist ein verbreitetes Problem. Im Anfangsstadium spürt man ein unsicheres Gefühl im Kniegelenk, man kann aber das Bein noch belasten. Die Verschiebung der Kniescheibe beim gestreckten, entspannten Bein verursacht Schmerzen. Wenn man in dieser Phase etwas unternimmt, kann man das Problem in den Griff bekommen.

Die meisten handeln allerdings erst, wenn sich der Zustand des Knies schon verschlechtert hat und eine Schwellung vorliegt. In diesem Stadium leidet der Patient unter einer permanenten Reizung rund um die Kniescheibe. Abhängig vom Grad der körperlichen Belastung, von der Temperatur und weiteren Faktoren, reichen die Symptome von leichten bis starken Schmerzen. Legt man die Hand auf die Kniescheibe und bewegt diese kreisförmig, entsteht eine hörbare Reibung und Schmerz. Ähnlich unangenehm empfindet der Betroffene auch das Anspannen des Quadrizeps, d.h. des Oberschenkelstreckmuskels, dessen Sehne zur Kniescheibe läuft. Im Extremfall kann dieser Muskel durch Schmerz und damit einhergehende Minderbeanspruchung atrophieren.

SET 1 | In die Hocke gehen

1 Stellen Sie sich ca. 0,5 m von einer Wand entfernt auf, die Füße schulterbreit auseinander. Lehnen Sie sich mit dem Rücken gegen die Wand, und gehen Sie so weit in die Hocke, dass Ihre Ober- und Unterschenkel einen 90-Grad-Winkel bilden. Entspannen Sie Ihre Muskeln, und lassen Sie sich locker hängen. Versuchen Sie die Position so lange zu halten, bis sich in ein Kribbeln in den Muskeln einstellt.

1

2 Sobald Ihre körperliche Fitness zugenommen hat, können Sie die Füße näher an die Wand stellen, sodass der Winkel an den Knien ca. 80 Grad beträgt. Lösen Sie Ihr Gesäß dann leicht von der Wand, ohne die Fersen vom Boden zu heben. Nach 1–4 Minuten in dieser Position sollte sich der Quadrizeps in den Oberschenkeln warm anfühlen. Brechen Sie die Übung ab, wenn die Muskeln zu zittern oder zu schmerzen beginnen. Gehen Sie dann einige Schritte, und wiederholen Sie die Hocke anschließend noch 3- oder 4-mal.

2

WICHTIGE PUNKTE

- Gelenkverscheiß vorbeugen ist besser als heilen.
- Tägliches Üben führt zu den besten Resultaten.

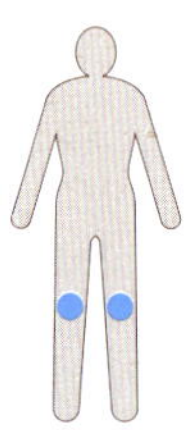

VORSICHT

Wenn Sie feststellen, dass Ihnen die Übungen Schmerzen bereiten und das Knie anschwillt, sollten Sie einen Arzt konsultieren, bevor Sie mit dem Training fortfahren.

Einige Betroffene scheuen vor körperlichen Aktivitäten zurück, weil sie befürchten, damit ihren Zustand zu verschlechtern. Dies verschlimmert das Problem, da mangelnde Bewegung zu einem Schwund der Beinmuskulatur führt. Zudem verschlechtert sich der Stoffwechsel des Muskel- und Knochengewebes, als Folge wird das Gelenk anfälliger für Verletzungen. Demgegenüber fördern heilgymnastische Übungen die Durchblutung der Muskulatur und regen die Bildung von regenerativem Gewebe um die Kniescheibe an. Insgesamt werden die Stoffwechselprozesse in Muskeln, Knorpeln und Knochen verbessert.

Heilgymnastik bei Kniebeschwerden

Solange Sie darauf achten, dass es zu keiner vermehrten Andruckbelastung zwischen Kniescheibe und Oberschenkelknochen kommt (indem Sie die Knie unter Last nicht über 105 Grad beugen), stärken alle Übungen die Muskulatur und Bänder in den Knien. Leichtes Trainieren des Quadrizeps stabilisiert das Kniegelenk. Tiefes Bauchatmen während der Übungen kann auftretende Schmerzen lindern; Massage verbessert die Elastizität der Muskeln und beugt Muskelschwund vor. Die Klopftechnik (siehe Seite 208–209) sollte während oder gegen Ende der Übungen angewendet werden.

SET 2 | Reiterposition

1 **Stehen Sie aufrecht, die Füße parallel zueinander und ungefähr die dreifache Fußlänge voneinander entfernt.**

2 **Gehen Sie so weit in die Hocke, dass Ober- und Unterschenkel einen 90-Grad-Winkel bilden. Ballen Sie die Hände zur Faust, und halten Sie sie – die Finger nach oben – auf Höhe der Taille vor dem Körper.**

3 **Richten Sie sich gerade auf, und atmen Sie langsam tief aus und ein. Machen Sie diese Übung anfangs nur einige Minuten lang, aber dehnen Sie die Übungszeit aus, sobald der Zustand Ihrer Knie dies erlaubt.**

1 2 3

WIE MAN KNIEGELENKVERSCHLEISS VORBEUGT

- Wärmen Sie Ihre Oberschenkelmuskulatur vor Beginn der Übungen gut auf.
- Halten Sie sich strikt an ein Trainingsprogramm, das auf Ihr Alter, Ihre Belastungsfähigkeit und Ihre Körperkraft abgestimmt ist.
- Falls Sie nur in einem Knie Beschwerden haben, sollten Sie darauf achten, das unversehrte Knie nicht zu überlasten und auf diese Weise zu schädigen.
- Vermeiden Sie, auf zu hartem Untergrund zu laufen, da dies den Druck auf die Kniegelenke erhöht.
- Bleiben Sie nach schnellem Laufen nicht abrupt stehen, sondern verlangsamen Sie allmählich das Lauftempo.
- Halten Sie Ihre Knie stets warm, und schützen Sie sie vor Wind und Feuchtigkeit.

Sobald Sie sich fit genug fühlen, können Sie das Training zur Kräftigung der Kniegelenke mit Oberarmübungen kombinieren. Die tiefe Bauchatmung hilft auch hier dabei, eventuell auftretende Schmerzen vergessen zu machen.

SET 3 | Fäuste kreisen

1 Nehmen Sie die Reiterposition (siehe Seite 206–207) ein, und heben Sie die linke Faust in einem Halbkreis über den Kopf, während Sie tief einatmen. Führen Sie die Faust in einem Bogen wieder zum linken Oberschenkel zurück, während Sie tief ausatmen. Atmen Sie danach mehrere Male tief ein und aus.

2 Führen Sie die linke Faust zu ihrer ursprünglichen Position auf Taillenhöhe zurück, und machen Sie die Übung nun mit der rechten Faust. Wiederholen Sie die Übung danach mit beiden Armen gleichzeitig.

1a

2a

1b

1c

2b

WICHTIGE PUNKTE

- Achten Sie auf eine gerade Wirbelsäule.
- Ihre Nase ist mit dem Nabel auf einer Linie.

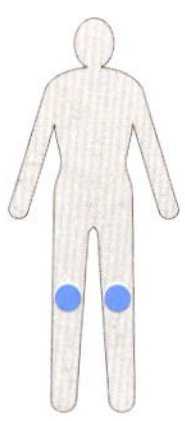

SET 4 | Handflächen drücken

1 **Verschränken Sie in der Reiterposition Ihre Hände – Handflächen nach außen –, und drücken Sie sie vom Körper weg nach vorne. Atmen Sie dabei tief ein und aus.**

2 **Drehen Sie die Handflächen zum Körper, und bewegen Sie sie in Richtung Kinn, während Sie den Körper leicht nach vorne beugen und tief ausatmen. Behalten Sie diese Position, und atmen Sie mehrere Male tief ein und aus.**

1

2

SET 5 | Den Quadrizeps trainieren

Setzen Sie sich auf einen stabilen Stuhl oder Hocker, und heben Sie die ausgestreckten, leicht über Schulterbreite gespreizten Beine vom Boden. Die Zehen sind nach oben gestreckt, die Knie durchgedrückt. Halten Sie die Arme auf Brusthöhe, als ob Sie einen Baum umfassen. Spannen und entspannen Sie nun wechselweise den Quadrizeps beider Beine. Falls Ihnen die Kraft zu dieser Übung fehlt, können Sie die Fersen auch auf dem Boden lassen und die Quadrizeps-Muskeln dazu nutzen, die Kniescheiben nach oben zu ziehen.

SET 6 | Selbstmassage

1 **Stehen Sie aufrecht, Füße parallel und schulterbreit auseinander. Führen Sie Ihre Hände mit Druck beidseits der Lendenwirbelsäule entlang nach unten. Streichen Sie dann über die Kreuzbeinregion nach außen über die Hüften, und beugen Sie sich nach vorne, um die Außenseite der Beine bis zu den Füßen zu massieren. Achten Sie darauf, die Knie durchzudrücken und die Quadrizepsmuskeln nicht anzuspannen.**

2 **Massieren Sie mit kreisförmigen Bewegungen die äußeren Partien Ihrer Füße und Zehen, danach die Innenseiten der Füße und Unterschenkel. Bei den Knien angelangt, sollten Sie zunächst deren Umgebung, dann die Quadrizepsmuskeln an der Vorderseite der Oberschenkel durch vorsichtiges, aber kräftiges Klopfen und Kneten massieren.**

3 **Beim Aufrichten führen Sie die Beinmassage zu Ende und arbeiten sich weiter zum Bauch vor. Wenn Sie den Nabel erreicht haben, führen Sie die Massage an den Körperseiten fort, bis Ihre Hände wieder in die Ausgangsposition an der Wirbelsäule zurückgekehrt sind. Wiederholen Sie den Vorgang mehrere Male, und versuchen Sie dabei, sich vollkommen zu entspannen.**

1

2

3

37

ZHI LIAO JING TONG

Nackenbeschwerden heilen

Vor allem bei älteren Menschen kann es durch einen Bandscheibenschaden der Halswirbelsäule zu einer schmerzhaften Nervenirritation kommen. Die Beweglichkeit von Nacken, Schultern und angrenzenden Rückenpartien leidet. Diese schmerzhaften Ausstrahlungen, die oft bis in die Hände reichen, werden durch Beuge- oder Drehbewegungen verstärkt. Es kann zu einem steifen Hals kommen, die Nackenmuskulatur atrophiert.

Meist versucht man, das zervikale Bandscheibensyndrom durch Nackenstreckungen und Massagen zu behandeln. Zudem werden Medikamente und physiotherapeutische Maßnahmen eingesetzt, die den Schmerz lindern und Entzündungen und Schwellungen entgegenwirken. Heilgymnastische Übungen tragen dazu bei, die Bewegungsfähigkeit zu verbessern und die Muskulatur zu kräftigen. Darüber hinaus wird die Durchblutung gefördert und so die Entzündungsneigung reduziert.

WICHTIGE PUNKTE

- Nacken und Schultern sollten immer möglichst entspannt sein.
- Die Füße mit der ganzen Fußsohle aufsetzen.

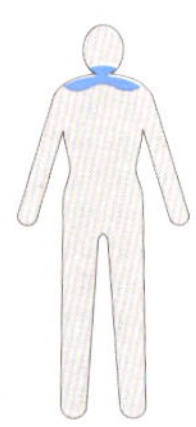

SET 1 | Kopf drehen

1 Setzen Sie sich mit geradem Rücken auf einen Stuhl, und drehen Sie den Kopf langsam nach rechts.

2 Während Sie den Blick unverändert geradeaus gerichtet lassen, drehen Sie nun den Kopf langsam ganz nach links, und wieder nach rechts.

SET 2 | Betontes Kopfnicken

1 Setzen Sie sich mit geradem Rücken auf einen Stuhl, und beugen Sie den Kopf nach unten, das Kinn auf die Brust gerichtet.

2 Strecken Sie dann den Kopf ganz nach hinten, so weit Ihnen dies beschwerdefrei möglich ist, und blicken Sie zur Decke. Achten Sie darauf, nicht die Schultern hoch zu ziehen.

1 2

1 2

Die Übungen konzentrieren sich darauf, den Kopf durch Drehen, Neigen und Strecken in verschiedene Richtungen zu bewegen. Alle Bewegungen sollten langsam und gleichmäßig durchgeführt werden und keine Schmerzen verursachen. Wenn Sie nach einer Reihe von Wiederholungen den maximalen Dreh- oder Streckpunkt erreicht haben, halten Sie die entsprechende Position ca. 1 Minute, um die Kraft und Länge der Muskeln zu verbessern. Beginnen Sie mit 1–4 Wiederholungen je Übung, bevor Sie sich langsam steigern. Brechen Sie die Übungen jedoch ab, wenn sie Sie zu sehr anstrengen. Am wichtigsten sind die ersten beiden Trainingseinheiten: das Kopfdrehen und das betonte Kopfnicken. Nach einiger Zeit sollten Sie in der Lage sein, die Übungen 10–15 Minuten lang durchzuführen, am besten 3- bis 4-mal täglich.

SET 3 | Kopf zur Seite neigen

1 **Setzen Sie sich in gerader Haltung auf einen Stuhl. Neigen Sie den Kopf nach rechts, Gesicht zur Decke. Konzentrieren Sie sich auf die Dehnung zwischen Kiefer und Nacken.**

2 **Neigen Sie den Kopf anschließend auf dieselbe Weise nach links.**

SET 4 | Kopfkreisen

Setzen Sie sich in gerader Haltung auf einen Stuhl. Lassen Sie den Kopf einmal vollständig kreisen. Ändern Sie dann die Bewegungsrichtung.

SET 5 | Schultern hoch ziehen

1 **Ziehen Sie erst die eine, dann die andere Schulter in Richtung Ohr.**

2 **Nachdem Sie jede Schulter einige Male einzeln hoch gezogen haben, bewegen Sie beide gleichzeitig. Die Übung empfiehlt sich, wenn Ihre Schultern so verspannt sind, dass die Bewegungsfähigkeit Ihres Kopfes beeinträchtigt ist. In diesem Fall machen Sie die Übung vor dem Kopfkreisen.**

1 2

1 2

38

GAI SHAN JIAN BO

Falsche Schulterhaltung korrigieren

Menschen mit überwiegend sitzender Tätigkeit neigen besonders dazu, die Schultern nach vorne zu ziehen. Es liegt in der Natur der Sache, dass sich die Arme bei der Arbeit am Schreibtisch ständig vor dem Körper befinden. Im Laufe der Zeit führt dies dazu, dass sich der große Brustmuskel verkürzt und sich der Trapezmuskel am Rücken verlängert und abschwächt. Als Folge dieses gestörten Muskelgleichgewichts fallen die Schultern nach vorne und unten. Personen, die hauptsächlich Schreibtischtätigkeiten ausüben, sollten die folgenden Übungen anwenden, um die Brustmuskulatur zu stärken.

SET 1 | Ellbogen nach hinten ziehen

Stehen Sie aufrecht, und berühren Sie mit den Fingerspitzen Ihren Nacken. Ziehen Sie die Ellbogen dabei so weit wie möglich nach hinten. Der Kopf sollte gerade nach oben gestreckt sein. Halten Sie diese Position einige Minuten lang, bevor Sie sich wieder entspannen.

SET 2 | Brustkorb dehnen

1 **Führen Sie die Fingerspitzen beider Hände auf Schulterhöhe zusammen, die Handflächen zeigen zum Körper.**

2 **Schwingen Sie die Ellbogen nach hinten, um den Brustkorb zu dehnen. Wiederholen Sie die Übung mehrere Male.**

1 2

WICHTIGE PUNKTE

- Die Wirbelsäule sollte aufrecht und gerade sein.
- Achten Sie auf eine entspannte und leicht gebeugte Kniehaltung.

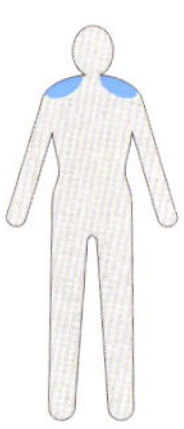

Bei einigen Menschen stehen die Schulterblätter flügelähnlich vor. Die Ursache hierfür beruht auf dem Versagen des so genannten vorderen Serratusmuskels, der die Schulterblätter in ihrer normalen Position halten soll. Betroffene Personen sollten vor allem die dritte Übung intensiv betreiben.

SET 3 | Schulterblätter berühren

1 **Stellen Sie sich bequem hin, und lassen Sie die Arme entspannt herabhängen.**

2 **Heben Sie die Hände auf Schulterhöhe, die Handflächen zeigen nach unten, die Finger sind gekrümmt.**

3 **Strecken Sie die Brust vor, und versuchen Sie zu erreichen, dass sich die Schulterblätter berühren. Halten Sie diese Position möglichst lange. Achten Sie darauf, dass die Bewegung aus der Brust heraus erfolgt, nicht aus der Hüfte.**

肌肉与骨

39

YUN DONG YU JIE CHUI QU DU

Übungen bei Wirbelsäulenverkrümmung

Eine gesunde Wirbelsäule verläuft ohne Seitabweichung von oben nach unten. Bei Skoliose ist die Wirbelsäule seitlich verkrümmt, entweder c-förmig nur nach einer Seite oder aber s-förmig, wobei der obere und untere Teil in gegensätzliche Richtungen gekrümmt sind.

Eine Skoliose wird durch verschiedene Ursachen bedingt: Am häufigsten ist heute die so genannte idiopathische Skoliose auf Grundlage einer gestörten Muskelbalance, was im Laufe des Wachstums zur ungleichmäßigen Ausformung der Wirbelsäule führt. Auch eine Beinlängendifferenz oder ein schiefes Becken, beispielsweise nach Kinderlähmung, können ein Schiefwachstum hervorrufen. Selten ist heute die rachitische Skoliose durch ernährungsbedingten Mangel an Vitamin D, wodurch die Knochen weicher

SET 1 | Seitliches Armeschwingen

Stehen Sie gerade, die rechte Hand auf die Hüfte gestützt. Heben Sie den linken Arm über den Kopf, und schwingen Sie ihn kraftvoll zur Seite.

SET 2 | Ausfallschritt

Die Hände sind auf die Hüfte gestützt. Machen Sie mit dem linken Bein einen weiten Schritt nach vorne, und beugen Sie das Knie. Strecken Sie nun den linken Arm über den Kopf nach oben und den rechten kraftvoll nach unten.

SET 3 | Körperbeugen

Knien Sie sich hin, die Hände auf den Hüften. Heben Sie den linken Arm über den Kopf, und beugen Sie den Oberkörper nach rechts.

WICHTIGE PUNKTE

- Gerader Rücken – gesunder Körper.
- Trainieren Sie nur so lange, bis Sie sich leicht erschöpft fühlen.

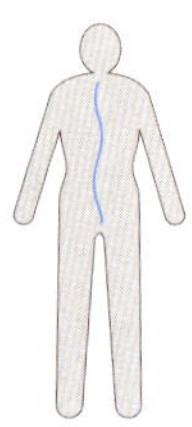

- *Wiederholen Sie die Armübungen abwechselnd links und rechts.*

werden und die Wirbelsäule den nachfolgenden Belastungen nicht standhält. Häufig hingegen ist die skoliotische Fehlhaltung bei Kindern durch eine falsche Schreib- und Leseposition.

Ist eine Wirbelsäulenverkrümmung erst einmal erkannt, muss sie schnell behandelt werden. Korrigierende Heilübungen zeigen bei Kindern und Heranwachsenden naturgemäß mehr Erfolg als bei Erwachsenen. Mitentscheidend ist auch der Grad der Verkrümmung. In erster Linie sollen die Übungen die Wirbelsäule strecken und die Rückenmuskulatur stärken. Dabei werden durch konvexe Krümmung überdehnte und geschwächte Muskeln sowie durch konkave Krümmung zurückentwickelte Muskeln trainiert. Die folgenden Übungen können dabei helfen, s-förmige Verkrümmungen zu korrigieren. Machen Sie jede Übung, bis Sie leicht erschöpft sind.

SET 4 | Strecken mit dem Übungsstab

Legen Sie sich auf den Bauch, und umfassen Sie einen langen Übungsstab. Die linke Hand wird dabei nach vorne, die rechte Hand auf dem Rücken nach hinten gestreckt. Heben Sie Kopf und Oberkörper an.

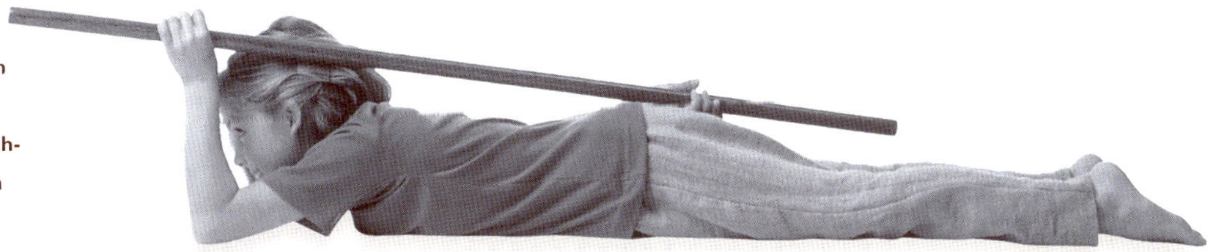

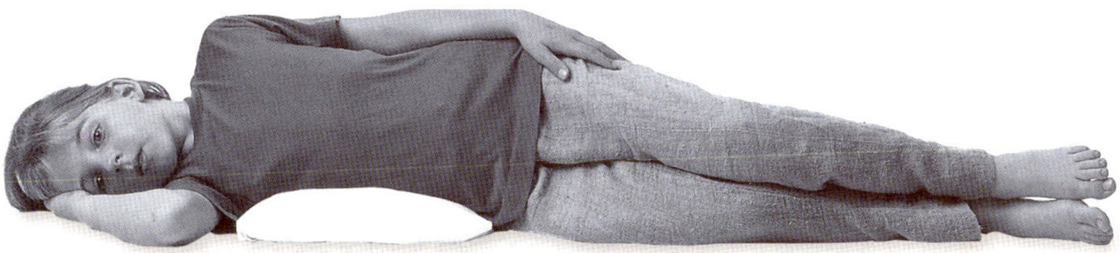

SET 5 | Seitenlage mit Kissen

Legen Sie sich auf die rechte Körperseite mit einem stabilen Kopfkissen unter dem Teil der Wirbelsäule, der sich am meisten nach unten krümmt.

SET 6 | Entgegengesetztes Arm- und Beinstrecken

Gehen Sie auf alle Viere. Strecken Sie den linken Arm und das rechte Bein, während Sie sich mit der rechten Hand und dem linken Knie auf dem Boden abstützen. Wiederholen Sie die Übung mit dem jeweils anderen Arm bzw. Bein.

1

2

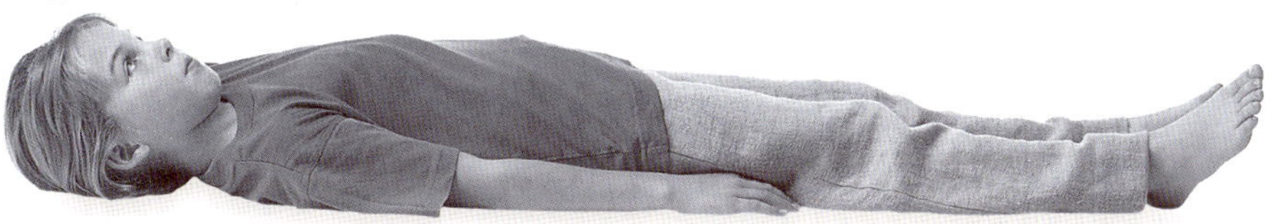

SET 7 | Rückenkriechen

1 **Legen Sie sich flach auf den Rücken, Arme seitlich.**

2 **Schieben Sie sich mit Hilfe Ihrer Rückenmuskeln und der Schulterblätter vorwärts.**

40

MA AN BEI YUN DONG

Übungen zur Korrektur eines Hohlkreuzes

Mit Lordose – dem medizinischen Terminus für Hohlkreuz – bezeichnet man eine unnatürliche Krümmung der Wirbelsäule nach vorne. Sie kann z. B. das Ergebnis schlechter Körperhaltung, die Folge einer durch Schwangerschaft bedingten Überlastung des Lendenbereiches sein oder durch eine unterentwickelte Rückenmuskulatur entstehen. Bei Kindern liegt häufig eine Kombination aus schlechter Ernährung und schwachen Muskeln vor, weswegen korrigierende Übungen von entsprechenden Ernährungsmaßnahmen begleitet werden müssen.

Oft verursacht ein Hohlkreuz keine nennenswerten Symptome. Vor allem Frauen leiden aber häufig unter Hexenschuss oder Schmerzen im unteren Rücken. Dementsprechend zielen die gymnastischen Übungen auf die Muskelkräftigung in diesem Bereich. Machen Sie jede Übungen so oft wie möglich, aber überanstrengen Sie sich nicht.

WICHTIGE PUNKTE

- Eine gerade und aufrechte Wirbelsäule trägt entscheidend zum allgemeinen Wohlbefinden bei.

SET I | Die Wand berühren

1 **Setzen Sie sich auf einen Hocker, den Rücken an eine Wand gelehnt.**

1

2 **Ziehen Sie den Bauch so weit ein, dass auch Ihr Kreuz, d. h. der untere Teil des Rückens, die Wand berührt. Sie können die Übung auch auf dem Boden sitzend durchführen, die Beine gerade ausgestreckt.**

DER UNTERE TEIL DES RÜCKENS IST FLACH GEGEN DIE WAND GEPRESST

2

- *Die Übungen 2 und 3 stellen körperlich einige Anforderungen. Wenn Sie Ihnen zu schwer fallen, können Sie auch einfachere und weniger anspruchsvolle Übungen zur Stärkung Ihrer Bauchmuskulatur durchführen (siehe Seite 150–151).*

SET 2 | Fahrrad fahren hinter dem Kopf

1 Legen Sie sich flach auf den Rücken, die Knie durchgedrückt und die Handflächen flach auf dem Boden. Heben Sie die Füße über den Kopf. Wenn Sie wollen, können Sie die Hüften mit den Händen stützen.

1

2 Legen Sie die Beine aneinander, und beschreiben Sie mit den Füßen Kreise – je größer, desto besser –, indem Sie die Beine anziehen und strecken.

2

SET 3 | Fahrrad fahren

1 Legen Sie sich auf den Rücken, die Hände hinter dem Kopf. Heben Sie dann die Beine an, bis Ihre Hüftgelenke einen 90-Grad-Winkel bilden.

2 Beginnen Sie in dieser Stellung, Fahrrad zu fahren, indem Sie abwechselnd das eine, dann das andere Bein strecken bzw. anziehen.

1

2

41

YUAN BEI YUN DONG

Übungen bei Rundrücken

Von Rundrücken spricht man bei einer halbkreisförmigen Vorwölbung der oberen Rückenpartie. Von der Seite gesehen, erscheint die Wirbelsäule im oberen Bereich vorgewölbt, Kopf und Schultern sind nach vorne gebeugt. Ist diese Deformation nur gering ausgeprägt, hat sie keine gesundheitlichen Auswirkungen. In ernsteren Fällen kann ein Rundrücken jedoch die Atmung beeinflussen und Schmerzen im oberen Rücken verursachen.

Man unterscheidet drei verschiedene Arten von Rundrücken. Zunächst findet man ihn oft bei Heranwachsenden, bei denen die Rückenmuskulatur noch nicht genügend ausgeprägt ist oder die an einem zu niedrigen bzw. schlecht beleuchteten Schreibtisch arbeiten oder kurzsichtig sind.

WICHTIGE PUNKTE

- Eine gerade und aufrechte Wirbelsäule trägt sehr zum allgemeinen Wohlbefinden bei.

SET 1 | Arme schwingen

1 **Stehen Sie mit geschlossenen Beinen, die Arme sind waagerecht ausgestreckt.**

2 **Schwingen Sie die Arme möglichst kräftig nach hinten. Strecken Sie sich, und wiederholen Sie die Übung.**

1 2

SET 2 | Rücken nach hinten wölben

1 **Stehen Sie mit geschlossenen Beinen, die Arme gestreckt und die Hände auf Höhe des Gesäßes ineinander verschränkt.**

2 **Stellen Sie sich auf die Zehenspitzen, und heben Sie die Arme, während Sie den Rücken nach hinten wölben und die Brust nach vorne strecken. Der Kopf ist nach oben gerichtet.**

1 2

All dies führt dazu, dass der Jugendliche Kopf und Nacken tief herunterbeugen muss. Der Rundrücken kann auch erblich bedingt sein. Bei älteren Personen liegt als Ursache häufig eine Veränderung des Gewebes in den Bandscheiben vor, was die Rückenmuskulatur schwächt. Die Wirbelsäule wird nicht mehr ausreichend unterstützt und wölbt sich im Brustbereich nach hinten.

Bei Heranwachsenden kann man durch einen genügend hohen Schreibtisch, ausreichende Beleuchtung und regelmäßige gymnastische Übungen einem Rundrücken vorbeugen. Aber auch bereits bestehende Deformationen können durch Heilgymnastik korrigiert werden. Wiederholen Sie die folgenden Übungen, so oft Sie können. Auch Schwimmen ist äußerst hilfreich.

SET 3 | Rumpf strecken

1 **Stellen Sie sich aufrecht hin, die Beine sind geschlossen. Halten Sie mit beiden Händen den Übungsstab hüfthoch vor sich.**

2 **Bringen Sie die Arme mit Schwung nach oben, damit sich der gesamten Rumpf streckt.**

SET 4 | Körperdrehungen

1 **Stehen Sie aufrecht, die Beine sind geschlossen, und halten Sie den Übungsstab mit beiden Händen etwa auf Schulterblatthöhe hinter dem Rücken. Die Handflächen zeigen nach vorne.**

2 **Drehen Sie sich nach links und rechts, um so den Rumpf zu strecken.**

SET 5 | Hocke mit Übungsstab

1 **Stehen Sie aufrecht mit leicht gespreizten Beinen, und halten Sie den Übungsstab hinter Ihren Schultern.**

2 **Gehen Sie mit geradem Rücken halb in die Hocke.**

42

JI XIONG ZHENG ZHUANG

Korrektur einer Hühnerbrust

Einige Menschen haben eine Brustform, die an die eines Vogels erinnert, weshalb man sie auch als Hühnerbrust bezeichnet. Das Brustbein steht vor, und die Brustseiten sind leicht eingesunken. Dazu kommt es z. B. durch chronische Mandelentzündung oder andere Hemmnisse im Atemwegsbereich während der frühen Kindheit. Diese Kinder sind nicht in der Lage, tief einzuatmen, weswegen sich durch mangelhafte Dehnung des Brustkorbes und der Rippen diese knöcherne Fehlform auswächst. Auch Rachitis führt zu einer Unterentwicklung des Knochenbaus und begünstigt die Ausprägung einer Hühnerbrust. Eine leichte Deformation kann sich mit zunehmendem Alter einfach auswachsen. In schwerwiegenderen Fällen kann die abnorme Verformung jedoch dauerhaft bestehen bleiben.

SET 1 | Hantelheben

1 Verwenden Sie Hanteln zur Stärkung Ihrer Brustmuskulatur, indem Sie leichte Gewichte seitlich am Körper heben.

2 Heben Sie die Arme bis auf Schulterhöhe, und halten Sie sie dort ein paar Sekunden lang. Wiederholen Sie die Übung mehrere Male.

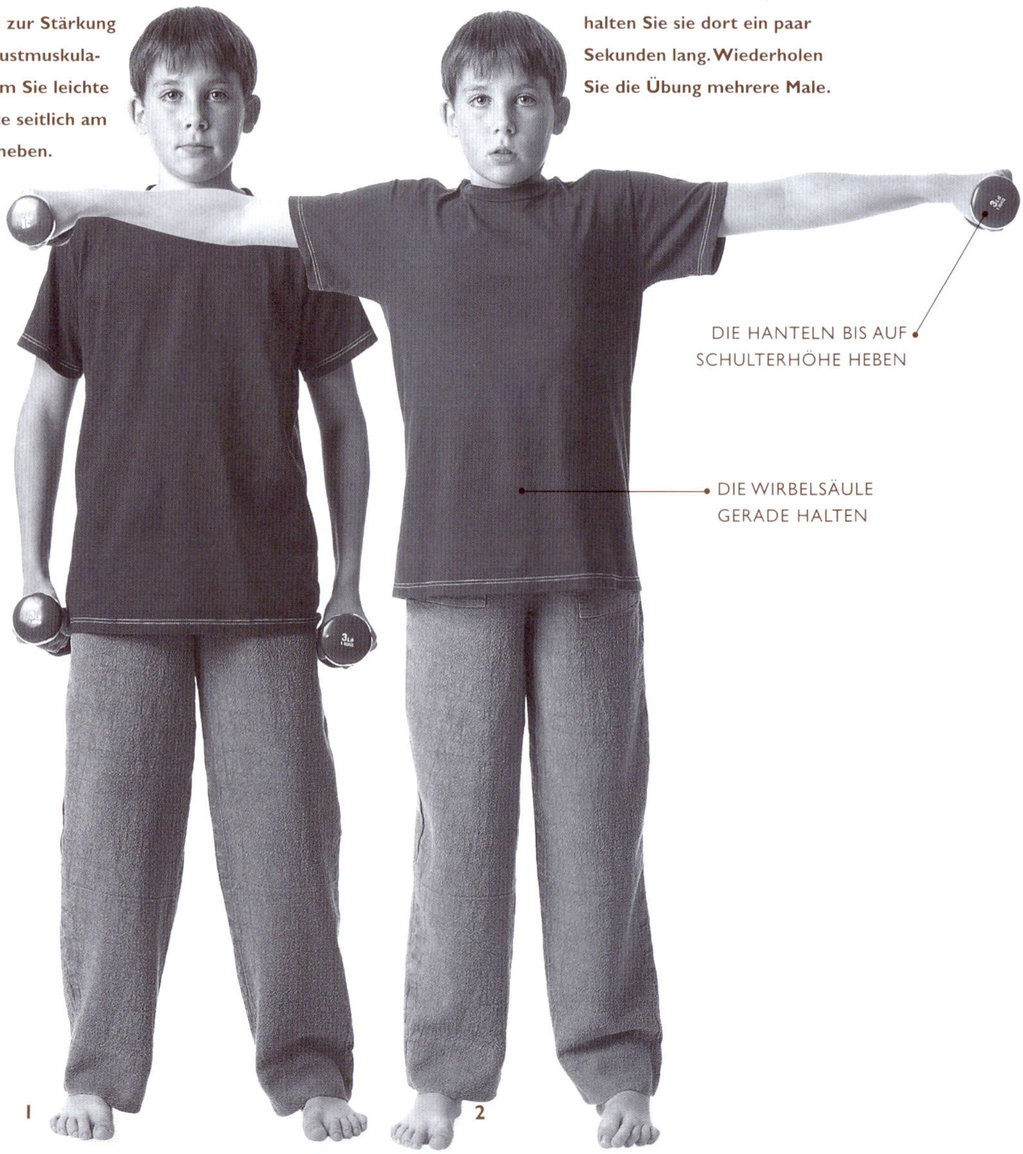

DIE HANTELN BIS AUF SCHULTERHÖHE HEBEN

DIE WIRBELSÄULE GERADE HALTEN

1 2

WICHTIGE PUNKTE

- Trainieren Sie, bis Sie Anstrengung, nicht jedoch Erschöpfung verspüren.

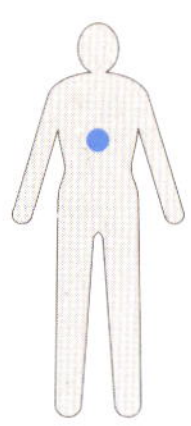

Die von der Hühnerbrust betroffenen Kinder sind anfällig für Bronchitis und Lungenentzündung und müssen daher ständig ärztlich betreut werden. Ist eine chronische Mandelentzündung die Ursache, müssen sämtliche Atemwegsinfektionen unverzüglich behandelt werden. Zudem sollten diese Kinder zu tiefer Bauchatmung angeleitet werden – also tief durch die Nase ein- und durch den Mund ausatmen. Bei Rachitis ist Vitamin D in konzentrierten Dosen zu verabreichen. Außerdem sollten sich die Kinder so viel wie möglich in frischer Luft und hellem Sonnenlicht bewegen.

Korrigierende gymnastische Übungen können und sollten durch Laufen, Springen, Schwimmen und z. B. auch Basketballspielen ergänzt werden. Bei Erwachsenen und vor allem in hohem Alter kann eine Hühnerbrust nicht mehr korrigiert werden. Die Betroffenen haben jedoch die Möglichkeit, durch die nachfolgend beschriebenen Übungen ihre Brustmuskulatur zu kräftigen und ihre Atmung zu verbessern.

SET 2 | Arme schwingen

1 **Schwingen Sie die Arme, mit oder ohne Hanteln, vor und zurück.**

2 **Halten Sie die ausgestreckten Arme einige Sekunden lang auf Schulterhöhe. Wiederholen Sie die Übung mehrmals.**

1 2

SET 3 | Kreise beschreiben

Beschreiben Sie, mit oder ohne Hanteln, mit beiden Armen Kreise neben dem Körper.

KAPITEL ACHT

治癒

Heilgymnastik zur Kräftigung der Unterleibsorgane

■ **Eine problemlose Geburt ist nur eine der positiven Wirkungen von Heilgymnastik.**

Gesündere Babys, eine problemlose Geburt und eine schnelle Erholung von den Strapazen sind nur einige positive Effekte der Übungen für die Unterleibsorgane. Auch bei Männern mit Prostataproblemen, Blasen- und Samenbläschenentzündung haben sie heilende Wirkung. Durch die Anregung des Energieflusses, bessere Durchblutung sowie mehr Beweglichkeit und Spannkraft können regelmäßig durchgeführte Übungen den Heilungsverlauf verbessern und Gesundheitsproblemen vorbeugen.

Eine Stärkung der gesamten Beckenbodenmuskulatur durch regelmäßiges Trainieren wirkt sich nicht nur auf die Harn- und Geschlechtsorgane positiv aus, sondern auch auf alle anderen inneren Organe. Anders als bei den Säugetieren mit ihrer horizontal verlaufenden Wirbelsäule, die die Organe trägt, werden durch den aufrechten Gang die Bauchorgane des Menschen ins Becken gedrückt und lasten auf dem Beckenboden. Deshalb stellen die nachfolgenden Übungen einen unverzichtbaren Teil des täglichen Trainings dar.

■ **Vor allem Frauen profitieren von diesen Übungen, aber auch für Männer sind sie gesund.**

Übungen für Schwangerschaft und Geburt

Die regelmäßig durchgeführte Be- und Entlastung der Beckenbodenmuskulatur, kombiniert mit Atemübungen, ist für Männer und Frauen jeden Alters gleichermaßen gesundheitsfördernd. Vor allem Frauen während der Schwangerschaft werden durch diese Übungen eine leichtere Geburt erleben und sich schneller von den Strapazen erholen.

Die Beckenbodenmuskulatur während der Schwangerschaft

Während der Schwangerschaft sind die Beckenbodenmuskeln der Frau durch starke Dehnung einem enormen Druck ausgesetzt und verlieren einen großen Teil ihrer Elastizität. Täglich ausgeführte gymnastische Übungen können die Muskulatur jedoch stärken, sodass sie nach der Geburt schnell ihre alte Spannkraft wiedergewinnt.

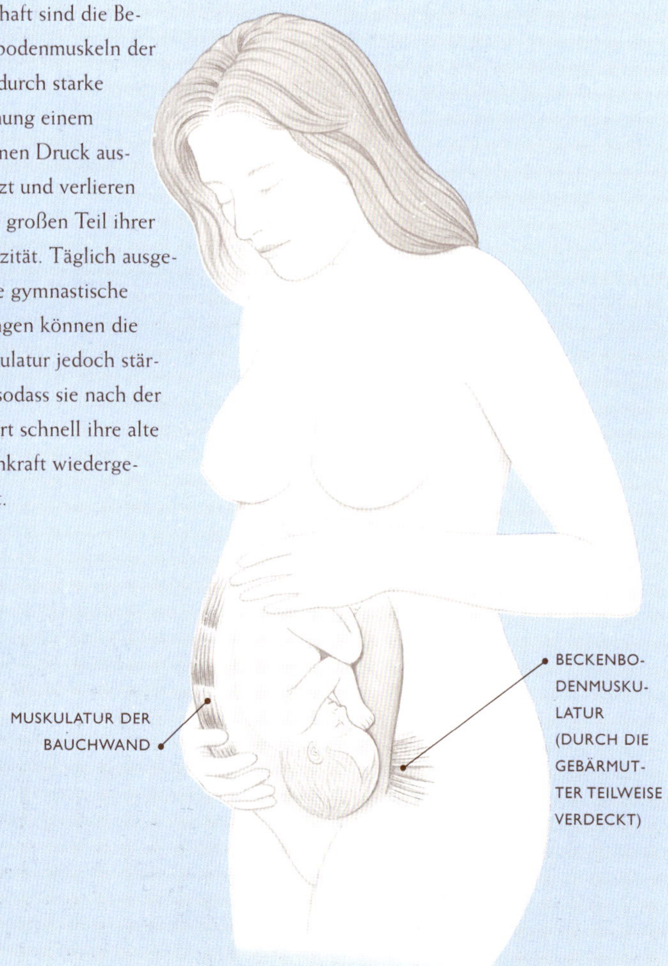

Da sich der Mensch nicht auf allen Vieren vorwärtsbewegt, sondern aufrecht geht, muss das Gewebe, das den Beckenboden bildet, das Gewicht der gesamten Baucheingeweide mittragen. Die aufrechte Haltung erschwert darüber hinaus den Rücktransport des venösen Blutes zum Herzen. Viele Frauen – besonders solche, die sitzende Berufe ausüben – vernachlässigen diesen Bereich häufig. Infolgedessen können Schwangerschaft und Geburt die Muskulatur von Beckenboden und Bauchwand derart schwächen, dass sich innere Organe senken.

Während einer Schwangerschaft verändert sich der Körper in vielerlei Hinsicht. So schränkt der heranwachsende Fötus den Bewegungsspielraum des Zwerchfells ein, was sich auf die Atmung auswirkt. Der gesamte Kreislauf ist stärker beansprucht, und es können Stoffwechselstörungen entstehen.

Heilübungen kräftigen die Muskulatur, die die Innenorgane stützt, und verbessern gleichzeitig die Durchblutung, wodurch das Herz gestärkt und chronischen Entzündungen vorgebeugt wird. Auch die Atemfunktionen werden auf diese Weise verbessert, was wiederum die Harmonisierung des Stoffwechsels zur Folge hat. Regelmäßige Gymnastik stärkt darüber hinaus das Zwerchfell und die Bauchmuskulatur, was den Geburtsverlauf positiv beeinflusst. Auch die Erholungsphase nach der Geburt wird durch Übungen während der Schwangerschaft erheblich verkürzt.

VORSICHT

Die Übungen sollten nicht ausgeübt werden während einer akuten Entzündung der Fortpflanzungsorgane, bei hohem Fieber, einem Beckenabszess, einem bösartigen Tumor, starken Blutungen oder einer Extrauterinschwangerschaft.

Mutter und Kind profitieren gleichermaßen von Beckenbodenübungen während der Schwangerschaft

12–16 Stunden nach der Geburt kann mit den Übungen begonnen werden, um die überdehnte Muskulatur des Bauchraumes und des Beckenbodens der jungen Mutter zu kräftigen. Klinische Studien belegen, dass sich die Gebärmutter bei regelmäßiger Gymnastik nach der Geburt schneller wieder zu ihrer ursprünglichen Form zurückbildet und die Darm- und Blasenfunktionen sich ebenfalls schneller wieder normalisieren.

Auch für das ungeborene Kind hat die Gymnastik während der Schwangerschaft positive Effekte. Studien haben gezeigt, dass schwangere Frauen, die körperlich nicht aktiv sind und – teilweise aus falscher Vorsicht – nicht einmal spazieren gehen, weniger gesunde Kinder zur Welt bringen als körperlich aktive Frauen. Babys inaktiver Mütter neigen darüber hinaus eher zu Herzerkrankungen. Es ist ganz einfach: Gesündere Mütter bringen auch gesündere Kinder zur Welt.

Korrekt ausgeführte Übungen zur Tiefenatmung verbessern die körperliche Spannkraft und erleichtern den Geburtsverlauf.

43

HUAI YUN QI ZHI YUN DONG

Übungen während der Schwangerschaft

Im ersten Schwangerschaftsdrittel ist die Gefahr einer Fehlgeburt am größten, da die Eizelle noch nicht fest mit der Gebärmutterwand verbunden ist. Frauen, die bereits eine Fehlgeburt hatten, sollten deshalb in dieser Phase auf Gymnastik verzichten.

Den meisten Frauen dürften jedoch in dieser Zeit kurze Spaziergänge oder Atemübungen keinerlei Probleme bereiten. Im Gegenteil, spezielle Atemübungen zur Entspannung sind oft sehr hilfreich gegen morgendliches Unwohlsein, das sich durch Übelkeit, Schwindelgefühl, Erbrechen und Appetitlosigkeit äußert.

Die folgenden Übungen eignen sich für das zweite Drittel der Schwangerschaft zwischen dem 4. und 6. Monat. Sie können entweder die gesamte Übungsfolge auf einmal oder auch jeweils nur einen Teil der Übungen ausführen. Beachten Sie, dass die Bewegungen langsam und sanft erfolgen und nicht zur Erschöpfung führen.

SET 1 | Greifen und Kratzen

1 **Führen Sie diese Übung unmittelbar nach dem Aufwachen aus. Blieben Sie im Bett liegen, schieben Sie nur die Decke beiseite. Die Arme liegen zu beiden Seiten des Körpers.**

2 **Führen Sie 50- bis 100-mal Greif- und Kratzbewegungen mit Händen und Füßen aus.**

WICHTIGE PUNKTE

- Entspannen Sie sich, und lassen Sie sich von Ihrer Unterlage tragen.

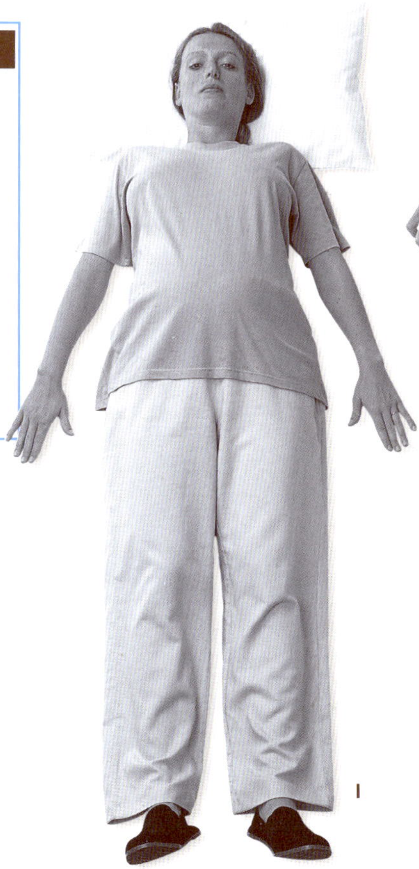

1

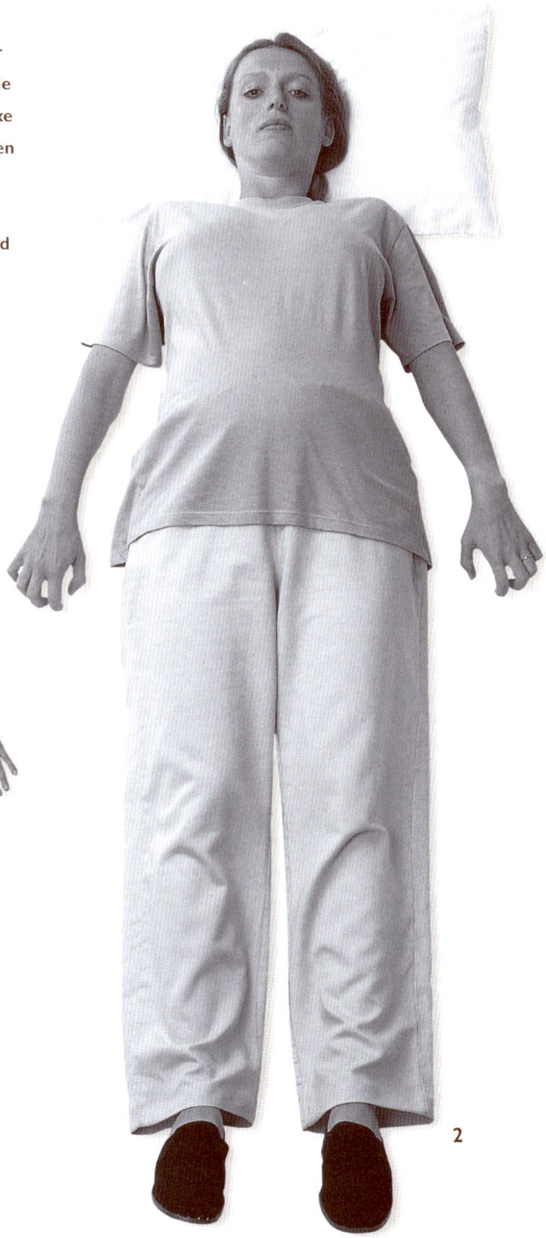

2

1

2

3

SET 2 | Arme und Beine rollen

1 **Liegen Sie mit ausgestreckten, leicht gespreizten Beinen in Rückenlage, die Arme bequem neben dem Körper, die Handflächen nach oben gerichtet.**

2 **Rollen Sie die Arme in Richtung Körper, bis die Handflächen nach unten zeigen.**

3 **Rollen Sie die Arme noch weiter zum Körper und dann wieder zurück. Wiederholen Sie diese Übung 50-mal.**

4 **Nun rollen Sie die Beine nach innen, sodass die Fußspitzen zueinander zeigen.**

5 **Rollen Sie die Beine nach außen, bis die Fußspitzen in entgegengesetzte Richtungen zeigen. 50- bis 100-mal wiederholen.**

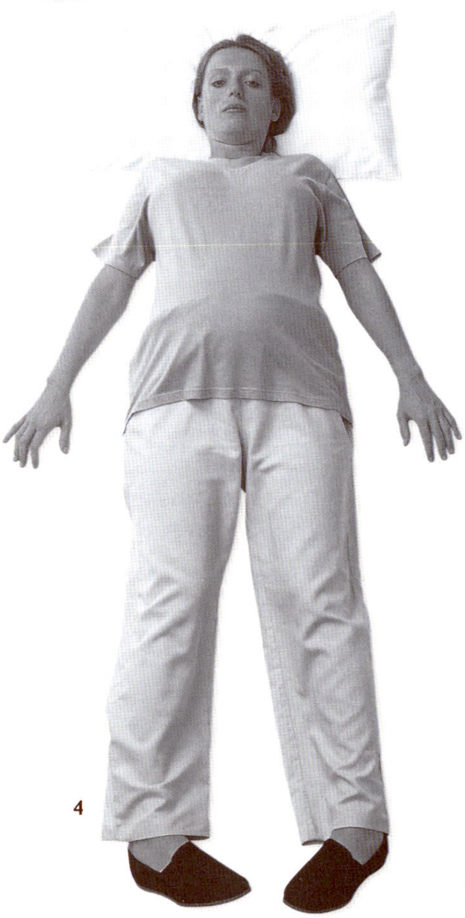

4

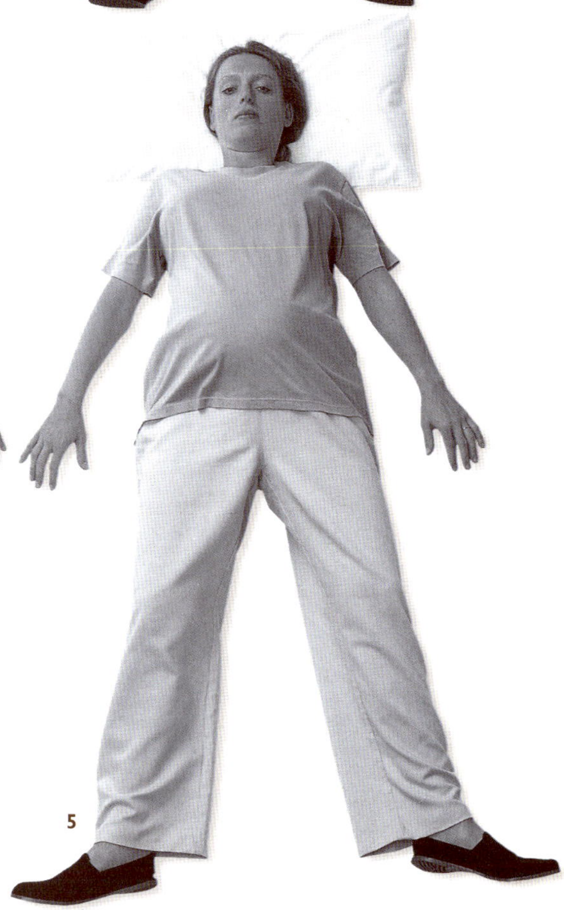

5

SET 3 | Das Becken heben

1 Legen Sie sich mit ausgestreckten Beinen, die Füße nebeneinander gestellt, auf den Rücken. Ziehen Sie die Fersen bis an das Gesäß heran.

1a

1b

WICHTIGE PUNKTE

- Führen Sie die Bewegungen langsam und sanft aus.
- Die Übung sollte ohne Anspannung oder Anstrengung ausgeführt werden.

2 Heben Sie das Becken unter Anspannung der Gesäßmuskeln an. Senken Sie das Becken dann wieder langsam ab, und entspannen Sie die Muskeln.

2a

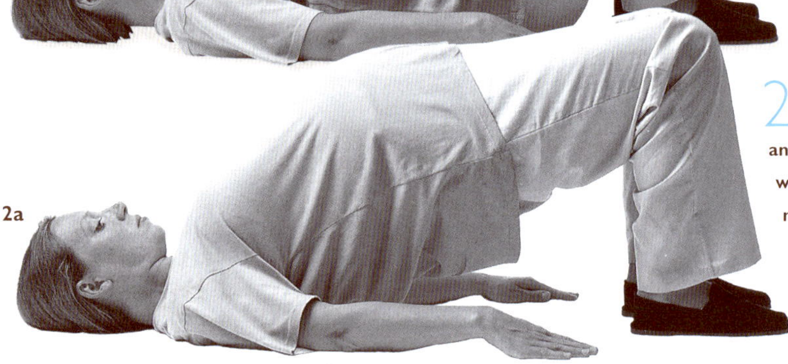

2b

3 Halten Sie mit den Hüften den Kontakt zur Unterlage, während Sie Ihre Fußsohlen aneinander legen und langsam die Oberschenkel entspannen, sodass die Knie so weit wie möglich zur Seite gespreizt werden. Atmen Sie 3-mal tief ein und aus. Strecken Sie anschließend die Beine lang aus. Die Übung 10- bis 20-mal wiederholen.

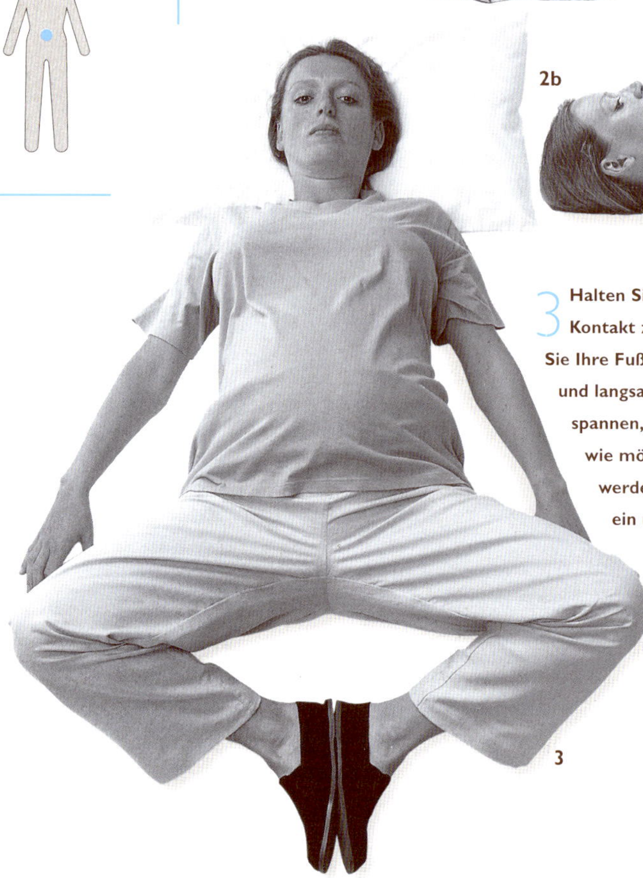

3

SET 4 | Die gegenüberliegende Hand berühren

1 Legen Sie sich auf den Rücken. Die lang ausgestreckten Beine und die seitlich ausgestreckten Arme bilden ein Kreuz.

2 Strecken Sie die rechte Hand über den Körper in Richtung der linken, ohne diese zu bewegen. Auch die Hüfte sollte dabei möglichst wenig bewegt werden. Dann drehen Sie sich zur anderen Seite und fassen mit der rechten zur linken Hand. Versuchen Sie, jede Hand mindestens 10-mal zu berühren.

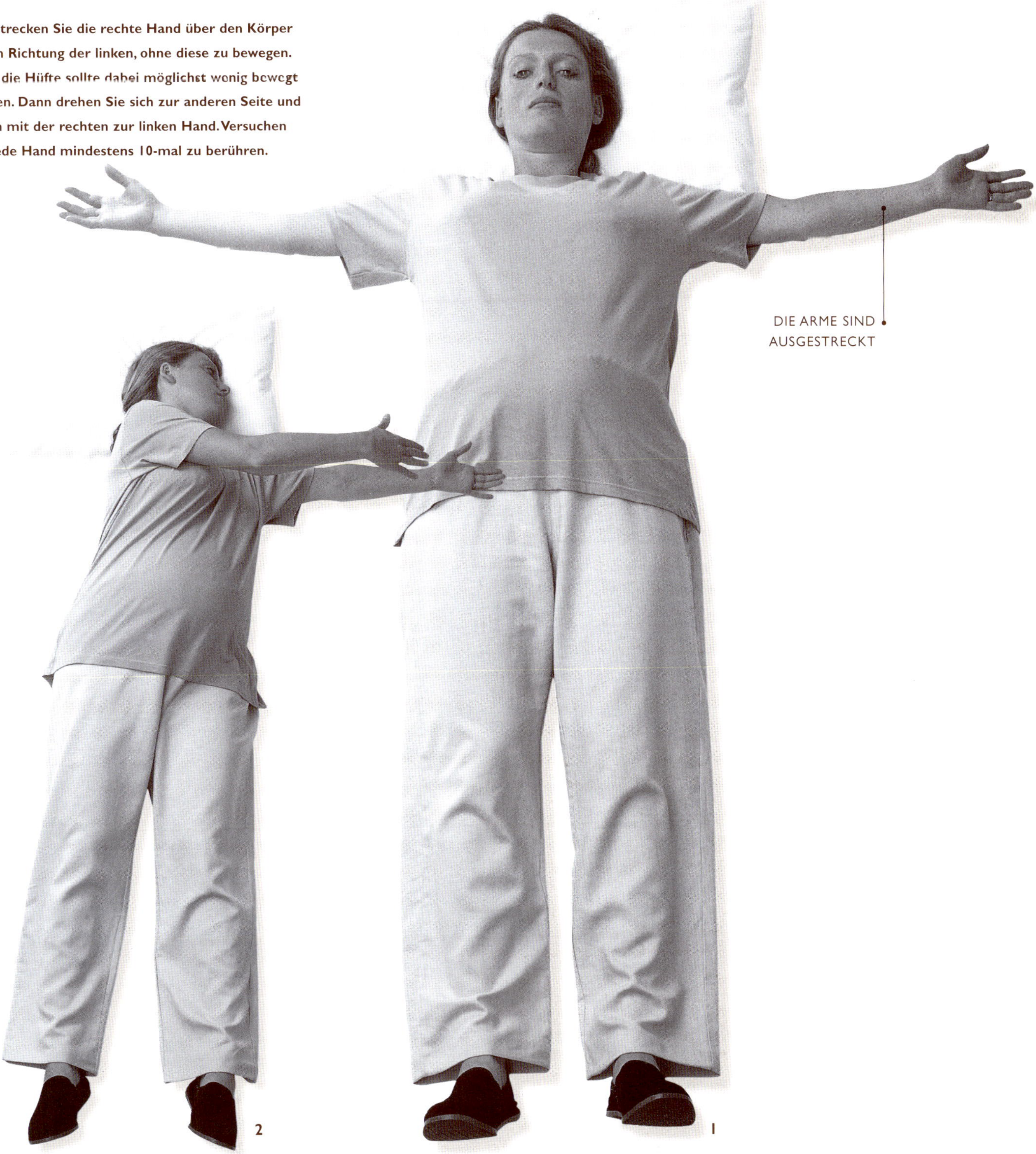

SET 5 | Muskeln an- und entspannen

1 **Legen Sie sich auf den Rücken, die Beine locker und natürlich ausgestreckt.**

2 **Die Gesäß- und Scheidenmuskulatur 30- bis 50-mal an- und wieder entspannen (um die Gesäßmuskeln anzuspannen, stellen Sie sich vor, Sie würden den Stuhlgang zurückhalten, zum Anspannen der Scheidenmuskeln, Sie würden den fließenden Urin anhalten wollen). Passen Sie Ihren Atemrhythmus der Übung an, indem Sie beim Anspannen ein- und beim Entspannen ausatmen.**

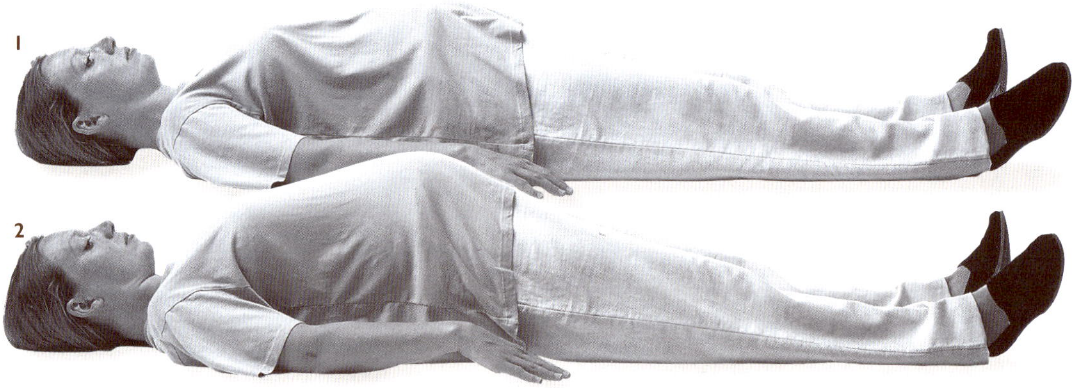

WICHTIGE PUNKTE

- Führen Sie die Bewegungen langsam und sanft aus.
- Strengen Sie sich beim Üben nicht an.

SET 6 | Ausfallschritt

1 **Stehen Sie aufrecht, die Hände auf die Hüften gestützt, und machen Sie mit dem rechten Bein einen Ausfallschritt. Das Gewicht sollte auf dem rechten, gebeugten Bein liegen, das linke ist gestreckt.**

2 **Dann machen Sie mit dem linken Bein einen Ausfallschritt nach vorne, wobei Sie das Gewicht nun auf dieses Bein verlagern. Wiederholen Sie die Übung mit jedem Bein 4- bis 8-mal.**

Im letzten Schwangerschaftsdrittel, d. h. ab dem 7. Monat, verlagert sich der Körperschwerpunkt der Frau nach vorne. Da es deshalb in dieser Phase Probleme machen kann, das Gleichgewicht zu halten, sollte man Übungen wählen, bei denen man auf dem Rücken liegt. Um Überanstrengung zu vermeiden, sollte vor allem während des letzten Schwangerschaftsmonats die Anzahl der Übungen reduziert werden.

SET 7 | Die Knie heben

1 Stehen Sie aufrecht, Füße schulterbreit, Hände auf den Hüften. Heben Sie das linke Knie so hoch wie möglich.

2 Heben Sie das rechte Knie an. Halten Sie den Rücken gerade, und heben Sie die Knie im Wechsel an jeweils 4- bis 8-mal. Falls es Ihnen schwer fällt, das Gleichgewicht zu halten, können Sie sich beispielsweise an einer Stuhllehne abstützen.

SET 8 | Füße kreisen

1 Stellen Sie sich auf das linke Bein, und heben Sie den rechten Fuß etwas hoch.

2 Beschreiben Sie mit dem Fuß kreisförmige Bewegungen, achten Sie dabei auf die volle Streckung im Sprunggelenk. Wiederholen Sie die Übung mit dem linken Fuß. Wiederholen Sie die Übung 4- bis 8-mal. Bei Gleichgewichtsproblemen halten Sie sich an einer Stuhllehne fest.

SET 9 | Fersen anheben

Stellen Sie sich aufrecht hin, Füße schulterbreit, Hände auf den Hüften. Heben Sie die linke Ferse vom Boden, ohne die Knie zu beugen. Die Übung im Wechsel mit der anderen Ferse pro Seite 4- bis 8-mal wiederholen. Stützen Sie sich mit den Händen an einem Stuhl, wenn Sie wackeln.

DIE LINKE FERSE IST LEICHT VOM BODEN ABGEHOBEN

生育

44

CHAN HOU FU ZHANG ZHI YUN DONG

Heilgymnastik nach der Geburt

Eine Entbindung zehrt stark an den Kräftereserven. Nach der Geburt kann sich die junge Mutter geschwächt und müde fühlen. Ihr Magen und ihr Darmtrakt arbeiten häufig nicht wie gewohnt, und ihre Beckenbodenmuskulatur sowie die Muskulatur des Bauchraumes sind erschlafft.

Heilgymnastische Übungen nach der Geburt fördern eine schnelle Erholung. Sie stärken die Bauch- und Beckenbodenmuskulatur und helfen der Gebärmutter, sich bald wieder auf ihre normale Form und Größe zusammenzuziehen. Auch die Normalisierung der Verdauung wird hierdurch beschleunigt.

WICHTIGE PUNKTE

- Eine Stärkung der Unterleibsmuskulatur wirkt sich positiv auf den gesamten Körper aus.

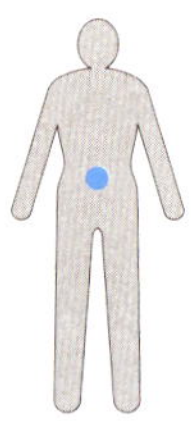

SET 1 | Arme heben

Begeben Sie sich in Rückenlage, die Arme locker seitlich an beiden Seiten des Körpers ausgestreckt. Heben Sie langsam die Arme noch oben, und atmen Sie dabei tief ein. Beim Ausatmen die Arme wieder sinken lassen.

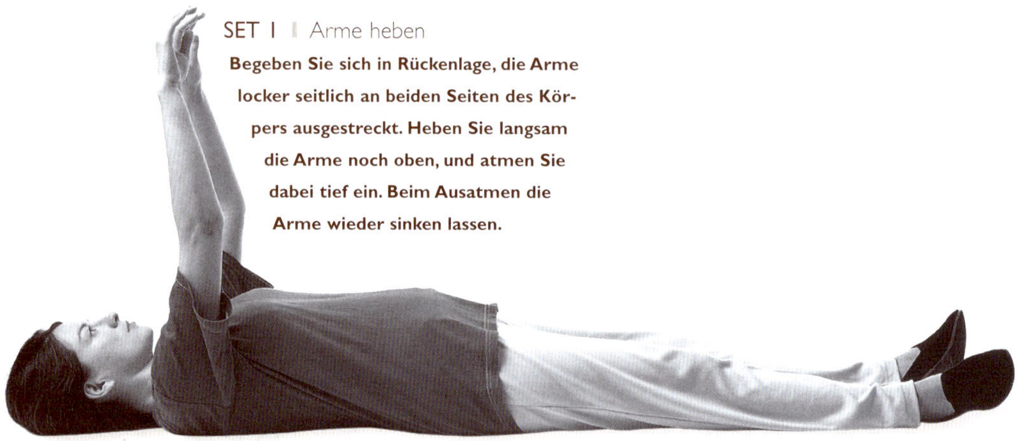

SET 2 | Knie heben

1 **Sie liegen entspannt auf dem Rücken, die Arme locker neben dem Körper.**

2 **Heben Sie ein Knie an, und senken Sie es wieder.**

3 **Abwechselnd die Knie anheben und senken. Die Übung sollte mehrmals wiederholt werden.**

VORSICHT

Nach der Geburt sollte auf die Übungen verzichtet werden, wenn Fieber, Blutungen, Nierenerkrankungen, akute Tuberkulose, Herz-Kreislauf-Störungen oder Stoffwechselstörungen vorliegen oder wenn ein Kaiserschnitt durchgeführt werden musste.

Bei einer komplikationslosen Geburt kann bereits 12–16 Stunden nach der Entbindung mit den Übungen begonnen werden.

Im Folgenden werden zwei Gruppen von Übungen vorgestellt, die wahlweise durchgeführt werden können. Wiederholen Sie am Anfang jede Übung 4- bis 6-mal. Später kann die Übungsanzahl auf 8–12 Wiederholungen gesteigert werden. Selbstverständlich können sowohl die Anzahl der einzelnen Übungen als auch die tägliche Gymnastikzeit variiert werden.

Mit dem Heben der Arme, der Knie und des Beckens kann bereits am Tag nach der Entbindung begonnen werden. Am dritten Tag können das seitliche Beinheben und die Sit-Ups hinzukommen. Ab dem 5.–7. Tag kann die Übungsfolge schließlich komplett ausgeführt werden.

1

2

SET 2 | Becken heben

1 **Sie liegen auf dem Rücken, die Knie angewinkelt, die Füße flach auf dem Boden, die Arme zu beiden Seiten ausgestreckt.**

2 **Heben Sie das Becken, und senken Sie es wieder.**

SET 3 | Seitliches Beinheben

Sie liegen auf der rechte Seite, den rechten Arm unter dem Kopf. Beugen Sie das linke Bein, heben Sie es an, und lassen Sie es wieder sinken. Ggf. können Sie sich mit Ihrer linken Hand abstützen. Drehen Sie sich auf die andere Seite, um die Übung mit dem rechten Bein auszuführen.

1

2

SET 4 | Sit-Ups

1 **Legen Sie sich mit angestellten Beinen auf den Rücken.**

2 **Führen Sie mit angehobenem Kopf Sit-Ups aus. Am Anfang können Sie sich mit den Armen abstützen, später sollten Sie die Übung ohne Unterstützung durch die Arme ausführen.**

SET 5 | Fahrrad fahren

Heben Sie die Beine in die Luft. Strecken und beugen Sie die Beine abwechselnd wie beim Fahrradfahren.

SET 6 | Greifen und Kratzen

1 **Legen Sie sich auf den Rücken, die Beine entspannt ausgestreckt und die Arme zu beiden Seiten des Körpers.**

2 **Führen Sie mit den Händen und Füßen 50- bis 100-mal Greif- und Kratzbewegungen aus.**

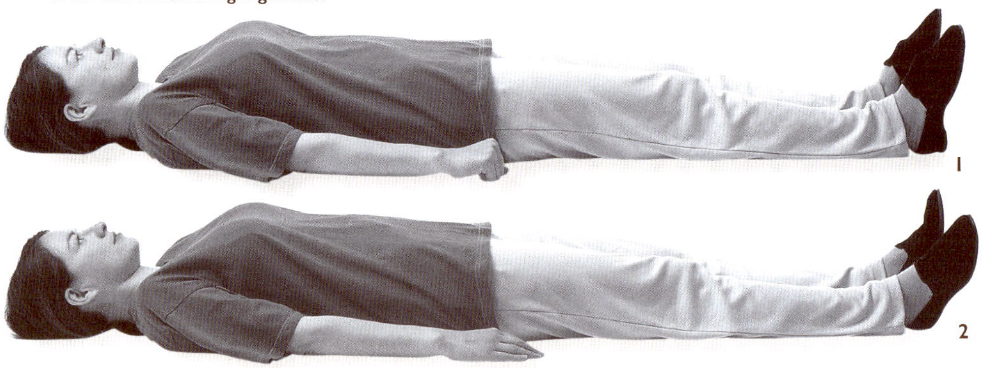

SET 7 | Schließmuskel zusammenziehen

Legen Sie sich auf den Rücken, die Beine entspannt ausgestreckt und die Arme zu beiden Seiten des Körpers. Ziehen Sie beim Einatmen den Schließmuskel zusammen – als ob Sie Stuhlgang zurückhalten wollten. Beim Ausatmen den Schließmuskel wieder entspannen. 5- bis 7-mal wiederholen.

WICHTIGE PUNKTE

- Entspannen Sie sich.
- Konzentrieren Sie sich auf den Bereich, den Sie trainieren.

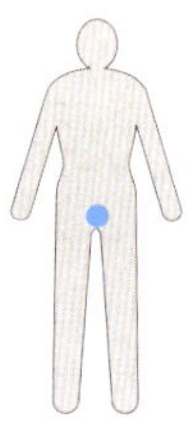

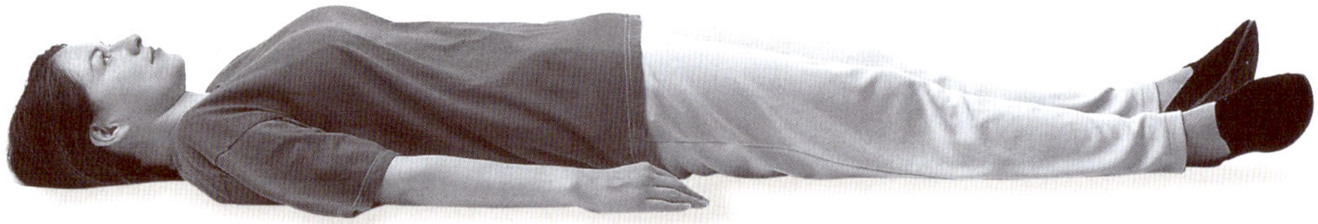

SET 8 | Füße heranziehen

1 **Legen Sie sich auf den Rücken, bringen Sie die Fersen so dicht wie möglich ans Gesäß, und atmen Sie dabei ein.**

2 **Lassen Sie die Füße beim Ausatmen langsam zurückgleiten, bis die Beine lang ausgestreckt sind. 3- bis 7-mal wiederholen.**

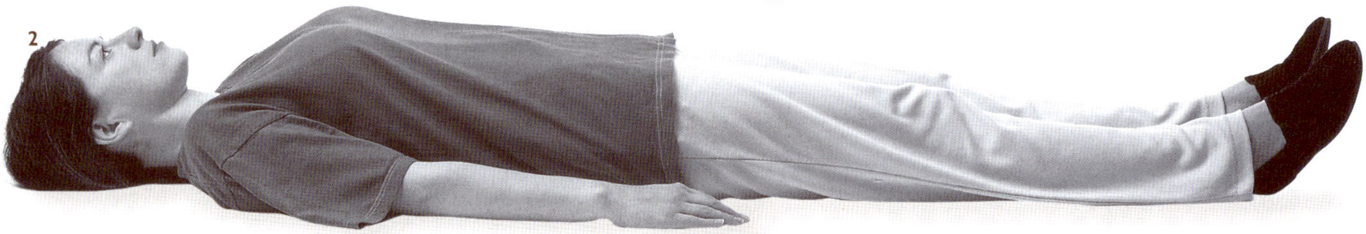

SET 9 | Becken heben

1 **Legen Sie sich auf den Rücken, die Fersen sind so nah wie möglich am Gesäß. Verschränken Sie die Hände unter dem Kopf.**

2 **Heben Sie das Becken an, und atmen Sie ein. Schulter und Fußsohlen tragen das Körpergewicht. Dann das Becken absenken und dabei ausatmen.**

3 **Ziehen Sie danach beim Einatmen den Schließmuskel zusammen, und entspannen Sie ihn beim Ausatmen. Die Übungsfolge 3- bis 7-mal wiederholen.**

SET 10 | Arme strecken

1 **Legen Sie sich auf den Rücken, die Beine entspannt ausgestreckt, die Arme zu beiden Seiten des Körpers. Heben Sie die Hände nach oben, und beugen Sie die Ellbogen. Beim Einatmen die Hände über die Schultern bis hinter den Kopf führen.**

2 **Beim Ausatmen die Hände wieder in ihre Ausgangsposition zurückführen. Wiederholen Sie die Übung 3- bis 7-mal.**

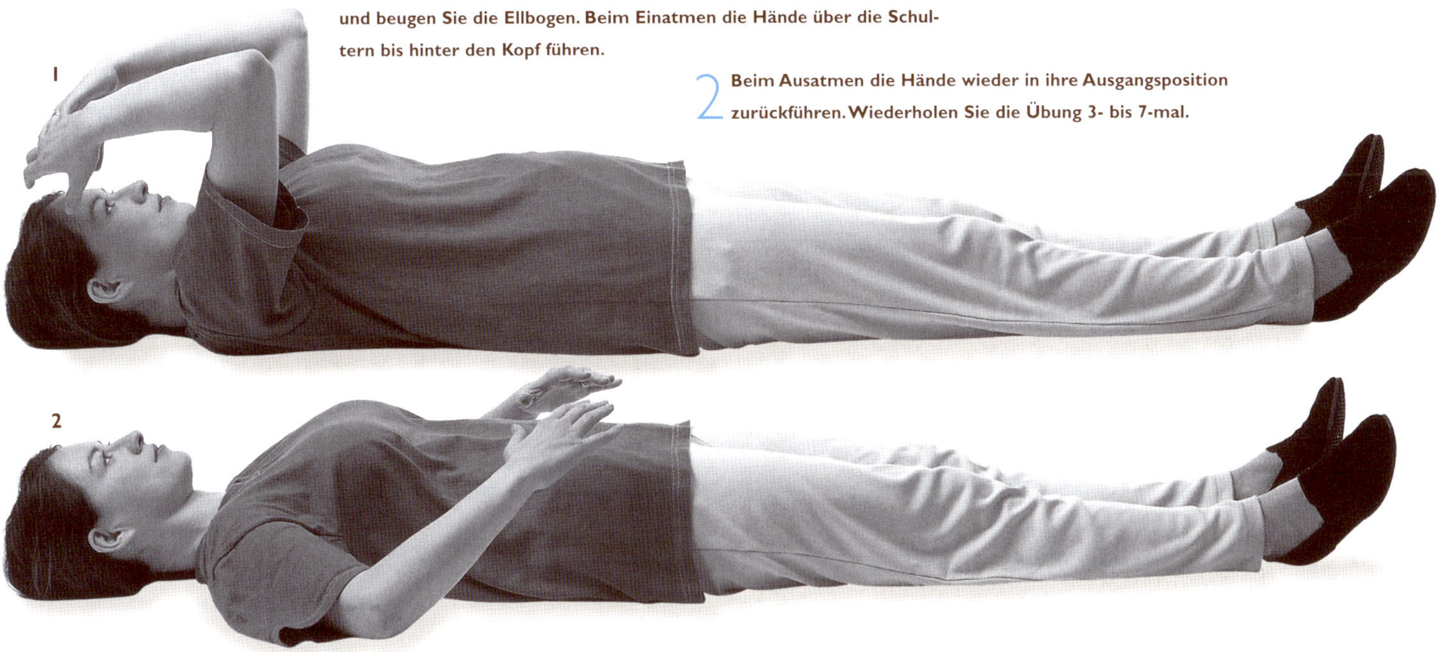

生育

45

KANG FU YUN DONG HE TENG DONG JIE DUAN

Menstruationsschmerzen lindern

Schmerzen treten meist vor oder zu Beginn der Menstruation auf. Diese Schmerzen lassen sich in zwei Typen aufteilen. Die so genannte primäre Dysmenhorrhoe tritt vor allem bei jungen Frauen auf. Psychische Faktoren, eine schwache Unterleibsmuskulatur oder eine Fehlstellung der Gebärmutter können eine Rolle spielen. Die sekundäre Dysmenhorrhoe hingegen wird durch gynäkologische Probleme hervorgerufen, z. B. eine Entzündung der Geschlechtsorgane.

Heilübungen sind vor allem bei der erstgenannten Form wirksam. Sie verbessern die Durchblutung des Beckenbodens, stärken die Unterleibsmuskulatur und wirken psychisch ausgleichend. Die Übungen sollten vor oder bei Beginn der Regel 2- bis 3-mal täglich ausgeführt werden.

WICHTIGE PUNKTE

- Sanfte Bauchatmung im Stehen oder im Sitzen hilft ebenfalls bei Regelschmerzen.

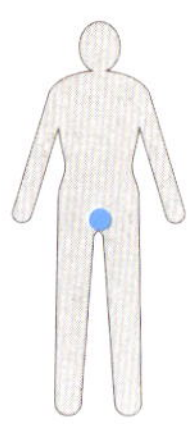

SET 1 | Fersen heben

1 **Stehen Sie aufrecht, Füße schulterbreit, die Hände auf der Stuhllehne. Heben und senken Sie die rechte Ferse, ohne dabei die Knie zu beugen.**

2 **Heben und senken Sie die andere Ferse. 20-mal wiederholen.**

1

2

SET 2 | Tiefe Kniebeugen

Stellen Sie sich – eine Armlänge entfernt – hinter einen Stuhl, und halten Sie sich an der Lehne fest. Die Füße sollten schulterbreit stehen. Machen Sie mit geradem Rücken fünf tiefe Kniebeugen, ohne die Fersen vom Boden abzuheben.

SET 3 | Bauchatmung

1 **Sie liegen mit angestellten Beinen auf den Rücken und führen etwa 10-mal die Bauchatmung aus. Spüren Sie, wie sich Ihr Bauch langsam aufbläht, während Sie durch die Nase einatmen.**

2 **Beim Ausatmen durch den Mund senkt sich der Bauch langsam wieder. Sie können die Hand auf den Bauch legen, um die Bewegung besser zu spüren.**

SET 4 | Knie anziehen

Sie liegen auf den Rücken, die Arme zu beiden Seiten des Körpers. Heben Sie die Knie bis zum Kinn an, unterstützen Sie dabei den unteren Rücken mit den Händen. 10-mal wiederholen.

46

PEN GE DE JI ROU

Die Muskeln im Bereich des Beckenbodens

Die Muskeln im Bereich des Beckenbodens – auch als Diaphragma pelvicum bezeichnet – bilden zusammen den Levator-ani-Muskel, der aus dem Pubokokzygeus-, dem Iliokokzygeus- und dem Sakrokokzygeus-Muskel besteht. Der Pubokokzygeus, der größte und stärkste dieser Muskeln, ist mit dem Schließmuskel der Harnröhre verflochten und führt in den sich kreisförmig zusammenziehenden vaginalen Schließmuskel.

Der Levator ani hat eine wichtige Doppelfunktion: Zum einen stützt er die Organe, die in der Beckenhöhle liegen, zum anderen hält er den unteren Teil des Mastdarms und der Vagina zusammen. Außerdem steht er mit den Schließmuskeln der Blase und der Harnröhre in Verbindung. Diese Muskeln werden häufig auch für eine Blaseninkontinenz verantwortlich gemacht.

Wiederholen Sie die folgenden Übungen mehrfach, bis Sie eine leichte Erschöpfung spüren. Die erste Übung ist die wichtigste, weil sie auch einzeln ausgeführt wirksam ist. Machen Sie die Übung 2- bis 3-mal am Tag für etwa 15–20 Minuten oder aber 200-mal an einem Stück.

WICHTIGE PUNKTE

- Von den Beckenboden-Übungen profitieren Männer und Frauen.

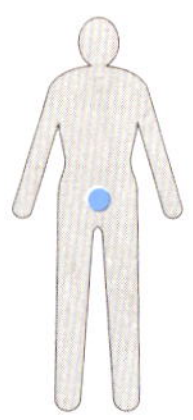

SET I | Die Beckenbodenmuskeln zusammenziehen

1 **Legen Sie sich auf den Rücken. Atmen Sie tief ein, heben Sie die Hüften leicht an, und spannen Sie die Beckenbodenmuskulatur. Diese Übung sollte das Gefühl erzeugen, als ob Sie Stuhlgang zurückhalten würden.**

2 **Beim Entspannen der Beckenbodenmuskeln ausatmen und den Körper entspannen.**

1

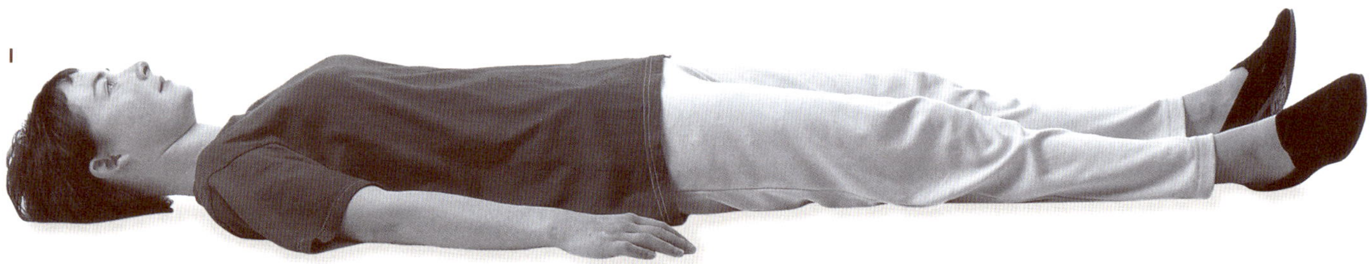

2

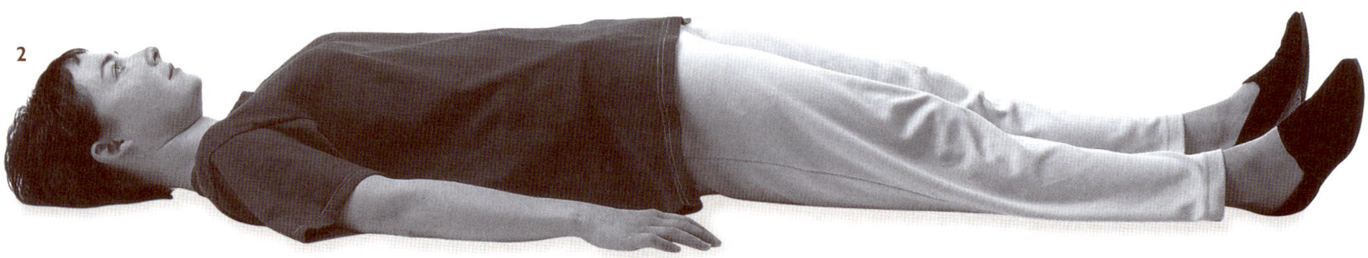

SET 2 | Anheben der unteren Rückenpartie

1 **Legen Sie sich mit angewinkelten Knien auf den Rücken. Atmen Sie tief ein, und heben Sie den Bereich des unteren Rückens (das Kreuzbein) an. Spannen Sie dabei Gesäß-, Hüft- und Beckenbodenmuskeln an.**

2 **Lockern Sie die Muskeln langsam, und senken Sie das Kreuz wieder ab. Entspannen Sie den ganzen Körper.**

1

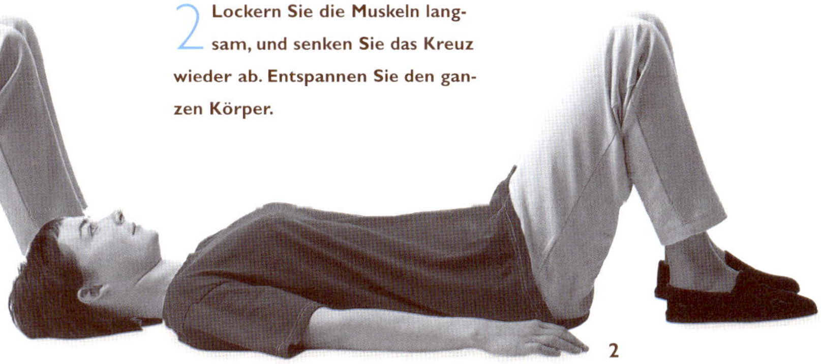

2

SET 3 | Beine anheben

1 **Legen Sie sich auf den Rücken, die Beine in voller Länge ausgestreckt, die Knöchel über Kreuz. Stemmen Sie die Fußsohlen gegen eine Wand.**

2 **Ziehen Sie die Beckenbodenmuskulatur zusammen, und heben Sie die untere Rückenpartie an, während Sie tief einatmen.**

3 **Heben Sie als nächstes Kopf und Hüften leicht an, während Sie noch immer weiter einatmen.**

4 **Entspannen Sie Ihren gesamten Körper, während Sie tief ausatmen.**

1

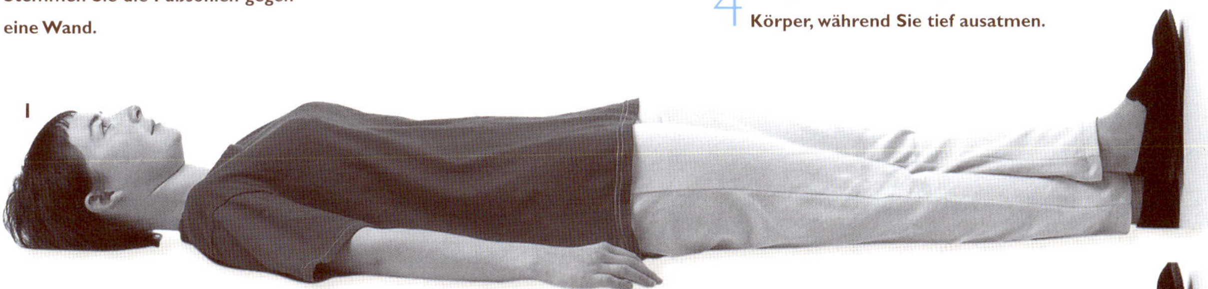

2

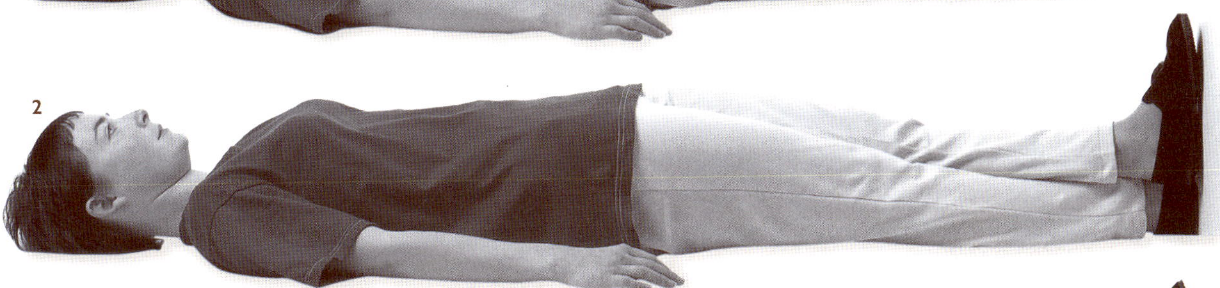

3

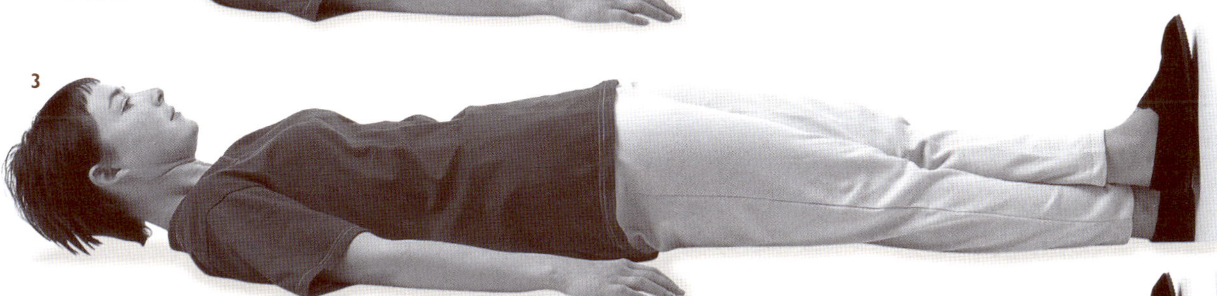

4

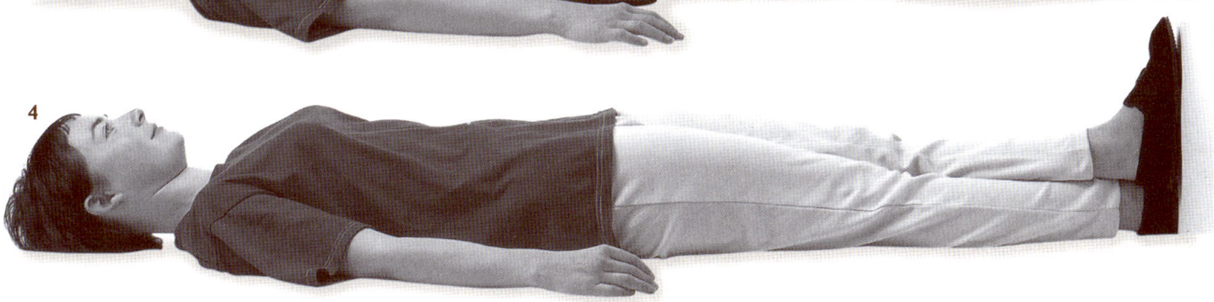

SET 4 | Knie schließen

1 **Legen Sie sich auf den Rücken, beugen Sie die Knie, und ziehen Sie die Füße dicht an das Gesäß heran.**

2 **Pressen Sie die Knie so fest zusammen, wie Sie können, und heben Sie gleichzeitig das Becken an.**

3 **Entspannen Sie die Schenkel, und senken Sie das Becken wieder.**

1

2

3

WICHTIGE PUNKTE

- Konzentrieren Sie sich, da das Qi dem Geist folgt und so den Übungserfolg steigert.

SET 5 | Knie im Sitzen schließen

Setzen Sie sich auf einen niedrigen Hocker, die Beine ausgestreckt und die Knöchel gekreuzt. Pressen Sie die Knie so fest zusammen, wie Sie können, und spannen Sie gleichzeitig die Beckenbodenmuskulatur an.

SET 6 | Katzenbuckel

1 Stützen Sie sich auf Hände und Knie. Wölben Sie dann Ihre Lendenwirbelsäule nach hinten hoch, und spannen Sie die Beckenbodenmuskulatur an, während Sie einatmen.

2 Entspannen Sie den Rücken, und atmen Sie aus.

1 2

SET 7 | Muskeln in der Hocke anspannen

1 Gehen Sie in die Hocke, und lassen Sie das Gesäß auf den Fersen ruhen.

2 Spannen Sie die Hüft-, Gesäß- und Beckenbodenmuskulatur an, während Sie einatmen. Beugen Sie sich dann vor, und stützen Sie sich auf die Hände, sodass Sie eine knieende Position einnehmen.

3 Kehren Sie in die Hocke zurück, und entspannen Sie sich, während Sie ausatmen.

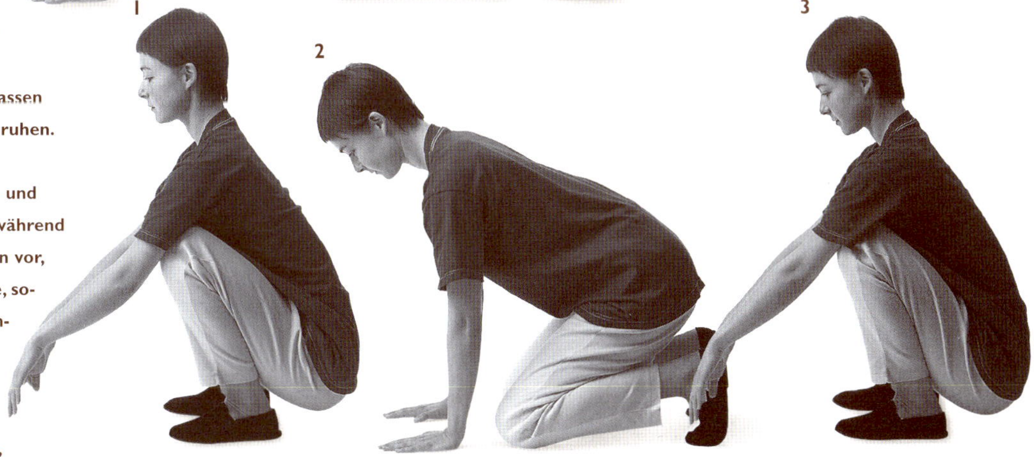

1 2 3

SET 8 | Muskeln im Sitzen anspannen

1 Setzen Sie sich auf einen hohen Hocker. Heben Sie die Fußsohlen vom Boden, spannen Sie die Beckenbodenmuskulatur an, und atmen Sie ein.

2 Entspannen Sie die Muskeln, und senken Sie die Fußsohlen, während Sie wieder ausatmen.

1

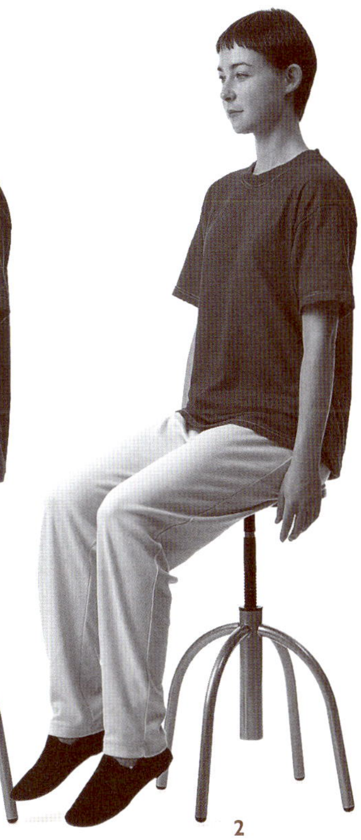

2

47

ZHI LIAO PANG GUANG YAN

Blasenentzündungen heilen

Zystitis – Blasenentzündung – ist das häufigste Blasenleiden. Es äußert sich durch häufiges, schmerzhaftes Wasserlassen sowie Blut oder Eiter im Urin. Bei chronischer Zystitis ist die Blasenschleimhaut entzündet. In milden Fällen werden die Anzeichen oft übersehen. Dabei ist chronische Zystitis eine hartnäckige Erkrankung, die eine langwierige Behandlung erfordert. Heilübungen können die Symptome lindern.

Wiederholen Sie die folgenden Übungen einfach so oft Sie können, ohne sich zu überfordern.

WICHTIGE PUNKTE

- Auch durch chinesische Heilkräuter werden bei Zystitis Erfolge erzielt.

SET 1 | Füße drehen

1 **Legen Sie sich auf den Rücken. Strecken und spreizen Sie die Beine (auf etwa 60 cm Abstand). Drehen Sie die Füße nach außen.**

2 **Drehen Sie die Füße nach innen gegeneinander. Dabei rollen die Beine langsam hin und her.**

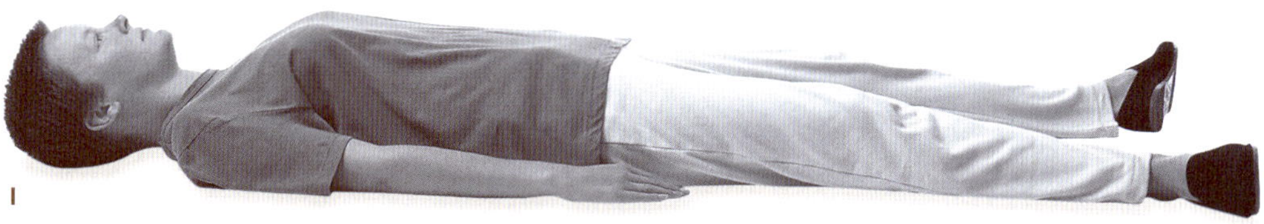

1

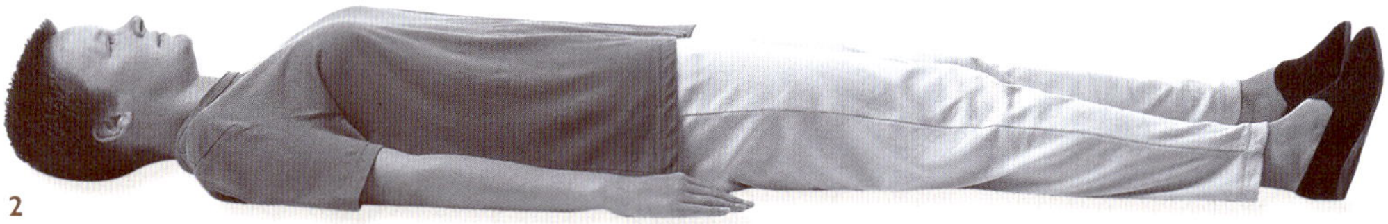

2

SET 2 | Hüfte anheben

1 **Legen Sie sich mit angewinkelten Knien auf den Rücken, und stellen Sie die Füße vor dem Gesäß auf. Atmen Sie tief ein, und heben Sie das Becken so hoch wie möglich vom Boden.**

2 **Senken Sie beim Ausatmen das Becken wieder ab.**

1

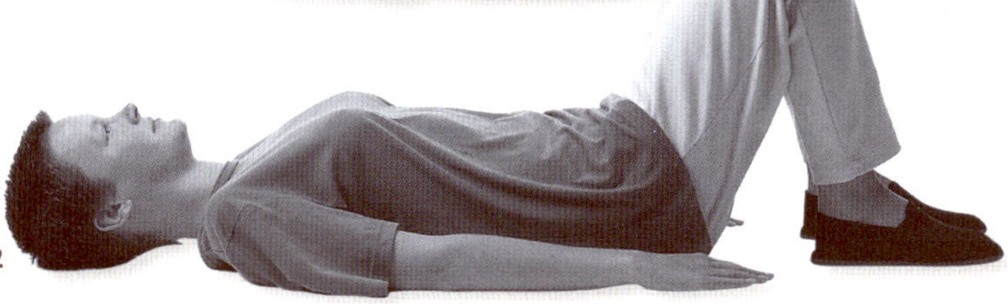

2

SET 3 | Fahrrad fahren

Strecken Sie die Beine aus der Rückenlage weit nach oben. Beugen und strecken Sie die Beine abwechselnd. Stellen Sie sich dabei vor, dass Sie Fahrad fahren.

VORSICHT

An akuter Zystitis Erkrankte sollten auf die Übungen verzichten. Wenden Sie sich an einen Arzt, und sorgen Sie für Ruhe und Erholung.

SET 4 | Mit überkreuzten Beinen Kreise beschreiben

1 Strecken Sie aus der Rückenlage die Beine in die Luft. Kreuzen Sie die Beine vor- und hintereinander in seitlichen Scherenbewegungen.

2 Beschreiben Sie mit überkreuzten Beinen kleine kreisförmige Bewegungen.

1

2

SET 5 | Massage

1 Stehen Sie gerade, Füße ungefähr schulterbreit auseinander. Reiben und klopfen Sie mit beiden Händen einige Minuten lang den Bereich des Steißbeins. Bearbeiten Sie diesen Bereich mit der Faust energisch mindestens 30-mal.

2 Stellen Sie dann die Beine zusammen, atmen Sie tief ein, und gehen Sie so tief wie möglich in die Hocke.

3 Umschließen Sie die Knie mit den Armen, und pressen Sie sie fest zusammen, während Sie tief ausatmen. Wiederholen Sie diese Übung 6- bis 7-mal. Falls Sie intensiver üben möchten, wählen Sie die Übungen für Silikose-Patienten (siehe Seite 144–145).

1a

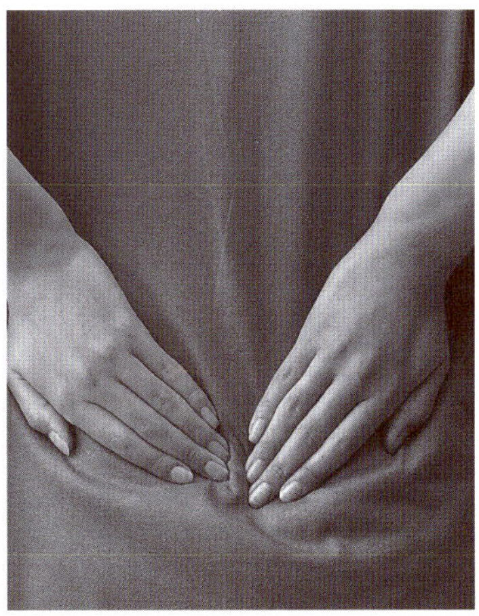

1b

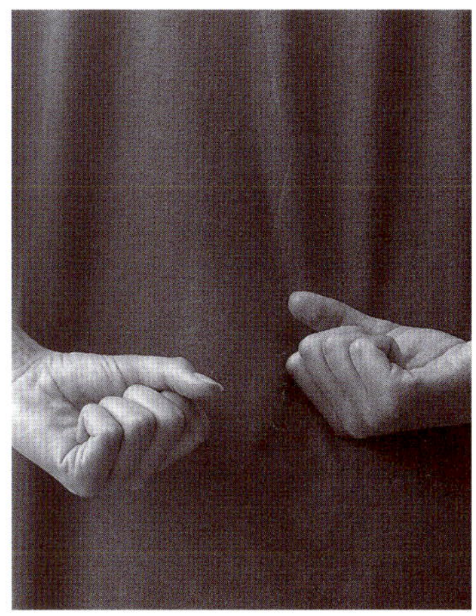

1c

2

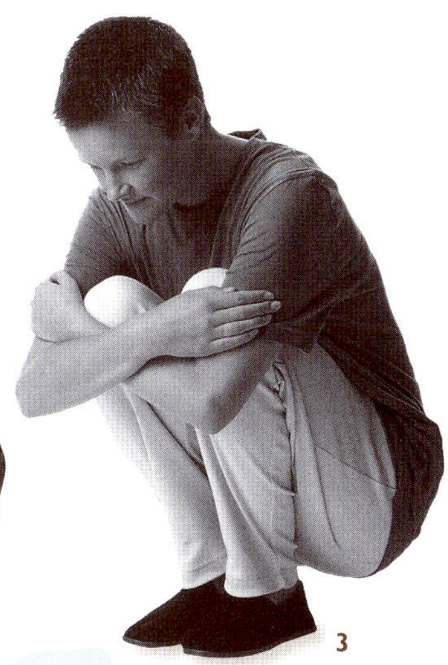

3

48

SHI GE QIAN LIE XIAN HE JING NANG YAN BING REN DE YUN DONG

Übungen gegen Prostatitis und Vesikulitis

Männer mit chronischer Prostatitis, einer Entzündung der Prostatadrüse, leiden oft auch unter chronischer Vesikulitis, der Entzündung der Samenbläschen. Nicht wenige übersehen die Symptome dieser Krankheiten, bei anderen machen sie sich deutlich bemerkbar. So leiden einige Patienten unter Schmerzen, die oft im unteren Rücken, im Gesäß, im Beckenboden oder in den Geschlechtsteilen spürbar werden – daneben auch im Unterbauch und in den Beinen. Es können auch Kopfschmerzen und Schwindel auftreten. Wegen der Schmerzen im unteren Rücken und im Beckenboden ist es vielen Patienten nicht möglich, längere Zeit zu sitzen.

Prostatitis kann zu häufigem und schmerzhaftem Wasserlassen und dem Gefühl einer nicht ganz geleerten Blase führen. Weitere Anzeichen sind Stechen und Brennen in der Harnröhre so-

WICHTIGE PUNKTE

- Chinesische Heilkräuter zeigen bei Prostatitis und Vesikulitis gute Erfolge.

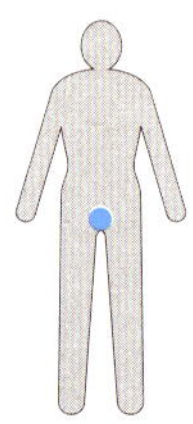

SET 1 | Chinesische Gesäß-Vibrationsübung

1 **Legen Sie sich auf den Rücken, die Beine locker ausgestreckt, die Arme an den Seiten.**

2 **Spannen und entspannen Sie abwechselnd in rascher Folge die Gesäßmuskeln, sodass Ihre Hüften auf und ab vibrieren. Wiederholen Sie die Übung, bis Ihre Muskeln ermüden. Das Ziel der Übung besteht darin, die Beckenpartie zu lockern und die Heilenergie dorthin zu lenken.**

1

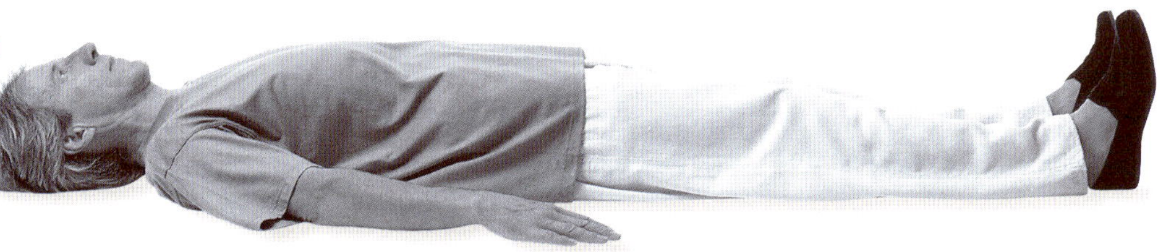

2

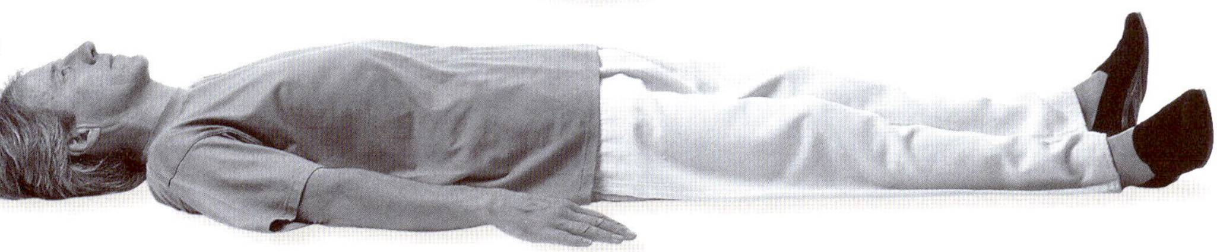

SET 2 | Hüften anheben

1 **Legen Sie sich auf den Rücken, die Fersen dicht an das Gesäß gezogen. Benutzen Sie die Schultern und Füße dazu, ihre Hüften nach oben zu stemmen. Spannen Sie dabei den Schließmuskel an, und atmen Sie tief ein.**

2 **Geben Sie die Körperspannung schlagartig auf, und lassen Sie die Hüften auf den Boden fallen. Auf diese Weise soll der Beckenbereich in Vibration versetzt werden. Entspannen Sie währenddessen den gesamten Körper, und atmen Sie tief ein. 10- bis 20-mal wiederholen.**

1

2

wie weißer Ausfluss. Diese Symptome treten üblicherweise nach dem Aufstehen oder nach dem Stuhlgang auf. Vorzeitiger Samenerguss, Impotenz, Libidoverlust und nächtlicher Harndrang können hinzukommen.

Bisher gibt es bei Prostatitis und Vesikulitis keine zufriedenstellende Therapie. Eine Kombination aus Traditioneller Chinesischer und Schulmedizin zusammen mit therapeutischen Übungen und abendlichen, 10- bis 20-minütigen Sitzbädern in warmem Wasser führen oft zur Linderung. Neben den nachfolgend beschriebenen Übungen haben sich auch Taiji (siehe Seite 60–67), Neiyanggong und das Tiefe Bauchatmen (siehe Seite 78–79) als wirkungsvoll erwiesen.

1 2

SET 3 | Goldfisch-Übung

1 **Legen Sie sich auf den Rücken, die Beine locker ausgestreckt, die Hände hinter dem Kopf verschränkt.**

2 **Bewegen Sie die Hüften von links nach rechts hin und her, als seien Sie ein schwimmender Fisch. Wiederholen Sie die Übung 100- bis 200-mal. Sie können die Übung auch auf dem Bauch liegend durchführen, was sich besonders bei Verstopfung und Blähungen anbietet.**

SET 4 | Fächer-Übung

1 **Legen Sie sich auf den Rücken, und heben Sie die ausgestreckten Beine im 40- bis 50-Grad-Winkel an.**

2 **Kreuzen Sie beide Beine 50- bis 100-mal wie ein Fächer, der sich öffnet und schließt.**

1 2

SET 5 | Fahrrad fahren

Legen Sie sich auf den Rücken, heben Sie die Beine, und ahmen Sie die Bewegung des Fahrradfahrens nach. Wiederholen Sie die Übung 50- bis 100-mal.

SET 6 | Übung zur Stärkung der Nieren und der Taille

1 **Eine Kombination aus Selbstmassage und Dehnübung. Stellen Sie sich aufrecht hin, die Füße etwas mehr als schulterbreit auseinander. Streichen Sie mit beiden Händen um die Nabelgegend.**

2 **Massieren Sie mit den Händen seitlich um die Taille herum bis zur Kreuz-/Steißbein-Region.**

3 **Beugen Sie sich vor, und streichen Sie an den Außenseiten der Beine hinunter, über die Füße und an den Innenseiten der Beine bis zum Ausgangspunkt um den Bauchnabel zurück. Wiederholen Sie die Übungsfolge 20- bis 30-mal.**

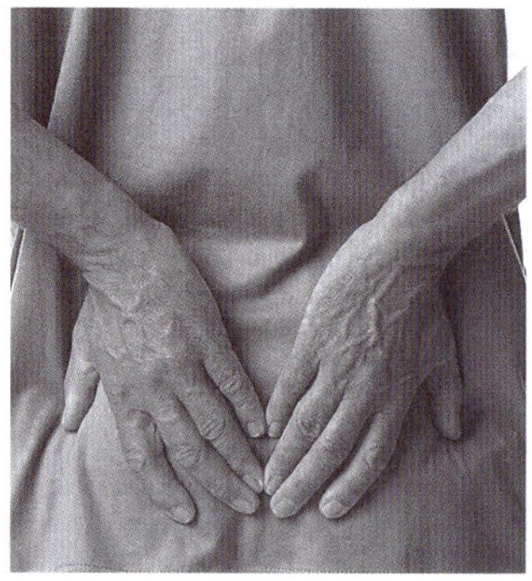

2b

WICHTIGE PUNKTE

- Geist und Körper gehören zusammen. Konzentration fördert den Heilungserfolg.

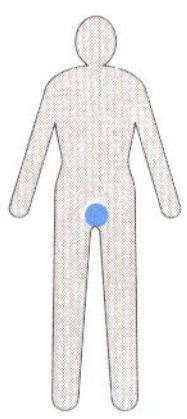

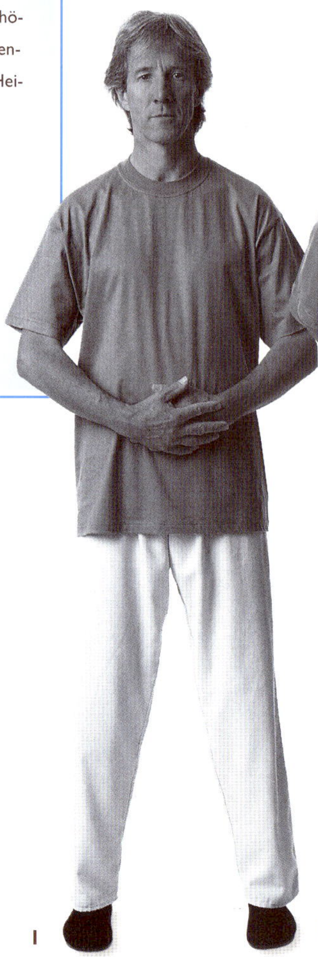

1

2a

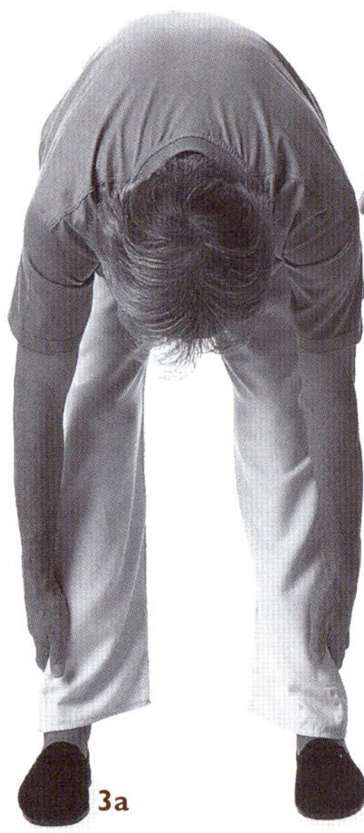

3a

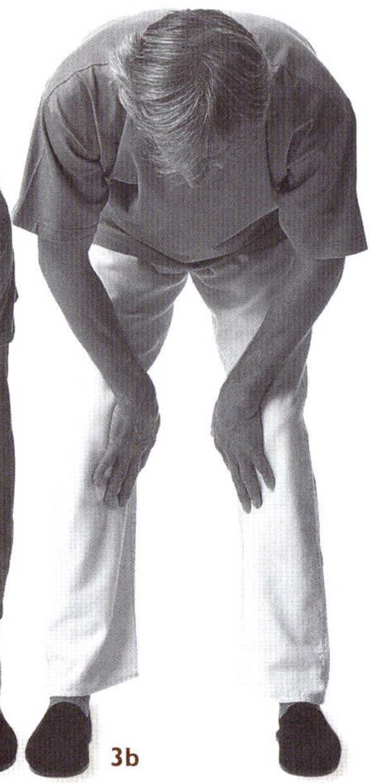

3b

SET 7 | An das Tor klopfen

1 Stehen Sie entspannt, die Füße schulterbreit auseinander. Ballen Sie die Hände locker zur Faust. Drehen Sie den Körper abwechselnd nach rechts und links. Beim Drehen nach links mit der rechten Faust auf den unteren Bauchbereich klopfen.

2 Klopfen Sie gleichzeitig mit der linken Faust auf das Steißbein. Benutzen Sie abwechselnd beide Hände, und wiederholen Sie die Übung beliebig oft.

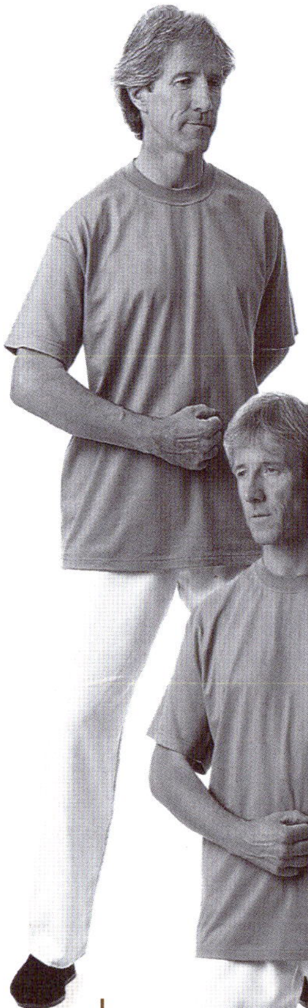

1

2

SET 8 | Einen Backstein heben

1 Bereiten Sie zunächst das Übungsgerät vor. Sie benötigen dazu einen Holzstab von 4–5 cm Durchmesser, dessen Länge Ihrer Schulterbreite entspricht. Bohren Sie in der Mitte des Stabes ein Loch, durch das Sie eine Schnur ziehen und fest knoten. Am anderen Ende der Schnur befestigen Sie einen Backstein oder ein Gewicht von 2,25 kg. Stehen Sie mit weit gespreizten Beinen, die Knie sind gebeugt, die Zehen krallen sich in den Boden. Halten Sie den Holzstab zwischen den Handflächen in Halshöhe vor dem Körper. Die Bereiche zwischen Daumen und Zeigefingern beider Hände – das Tigermaul – zeigen zueinander.

2 Wickeln Sie mit den Händen die Schnur auf den Stab, bis sich das Gewicht in Brusthöhe befindet. Nun wickeln Sie die Schnur langsam ab, das Gewicht senkt sich. Mehrmals wiederholen. Das Gewicht und die Anzahl der Wiederholungen nach und nach steigern.

3 Abschließend klopfen Sie Arme, Brust und Bauch mit den locker geballten Fäusten, um die Durchblutung anzuregen.

1

2a

2b

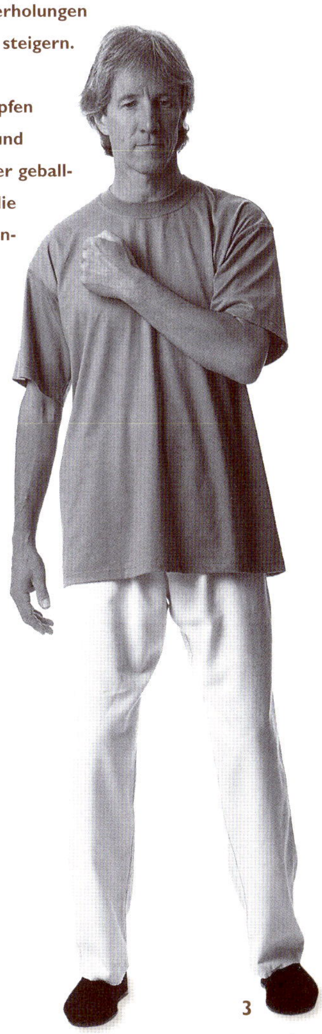

3

Heilübungen zur Behandlung von Varikozelen

Varikozelen – Krampfadern im Bereich des Samenleiters – treten meist bei Männern im Alter von 20–30 Jahren auf der linken Körperseite auf. Auch sie können durch heilgymnastische Übungen bekämpft werden, indem die Unterleibsmuskulatur gekräftigt und die Durchblutung der Beckenhöhle angeregt wird.

Varikozelen kommen bei jungen Männern häufig vor, bleiben aber oft lange Zeit unerkannt.

In den meisten Fällen werden Varikozelen erst im Verlauf ärztlicher Untersuchungen erkannt. Diese spezielle Erscheinungsform von Krampfadern muss allerdings nur selten medizinisch behandelt werden, es sei denn die Spermaproduktion wird behindert oder die Varikozelen verursachen Schwellungen und Schmerzen. Oft verschwinden sie mit der Zeit von alleine.

Betroffene sollten regelmäßige Darmpflege betreiben und chronische Verstopfung vermeiden, indem sie Vollkornprodukte, frische Früchte, Gemüse und viel Wasser zu sich nehmen.

Die Ursache von Varikozelen

Krampfadern können sich in verschiedenen Körperteilen bilden (meist jedoch in den Beinen), und zwar dann, wenn das Blut die Venen nicht mehr frei durchfließt, sondern in ihnen zum Stehen kommt. Durch den resultierenden Überdruck werden die Venen überdehnt. Von Varikozelen spricht man, wenn dieses Phänomen im Samenleiter auftaucht, der vom inneren Leistenring zum hinteren Teil der Hoden führt.

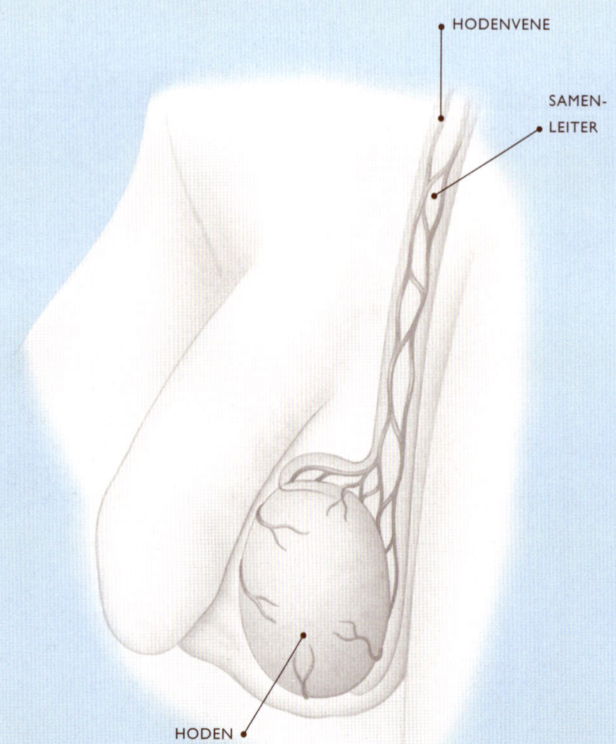

VORSICHT

Suchen Sie unbedingt einen Arzt auf, falls Sie Schwellungen oder Knoten im Genitalbereich feststellen. Außerdem sollten Patienten mit Varikozelen keine anstrengenden gymnastischen Übungen absolvieren. Vor allem Langstreckenlauf, Gewichtheben, Fußball, Basketball und verwandte Sportarten können zu einer Erweiterung der Venen und damit zu einer Verschlimmerung der Symptome führen.

Zur Linderung akuter Beschwerden helfen kalte Bäder oder Waschungen im Lendenbereich. Durch das kalte Wasser ziehen sich die Venen zusammen und reduzieren den Blutstau. Am wirkungsvollsten sind jedoch jene Übungen, die auf eine Kräftigung der Muskulatur in der Bauchwand sowie die bessere Durchblutung der Beckenhöhle zielen. Sinnvoll sind zudem Übungen zur Muskelstärkung im Beckenboden (siehe Seite 238–241) sowie zur Behandlung chronischer Verstopfung (siehe Seite 150–153). Durch Darmpflege kann ein junger Mann Verstopfung verhindern, die den Blutrückstrom zum Herzen und damit die Venen des Samenleiters staut.

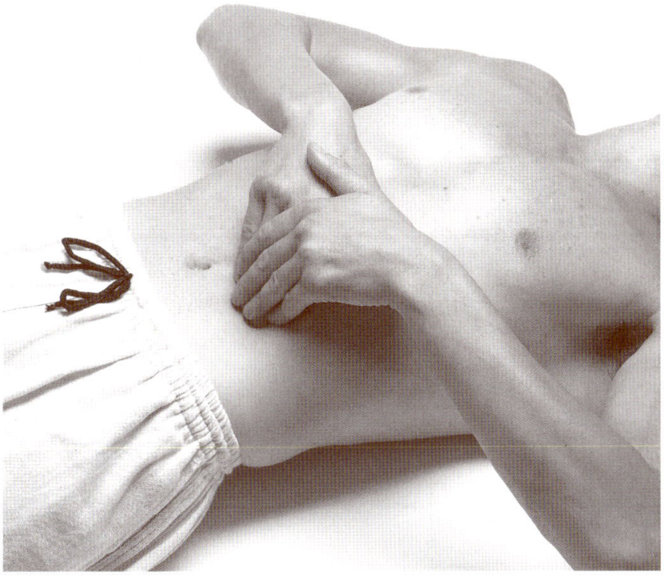

Druckmassage auf dem Bauchbereich – mit einer Hand auf der anderen – kann helfen.

Fahrrad fahren im Liegen mit angehobenen Beinen beugt Verstopfung vor.

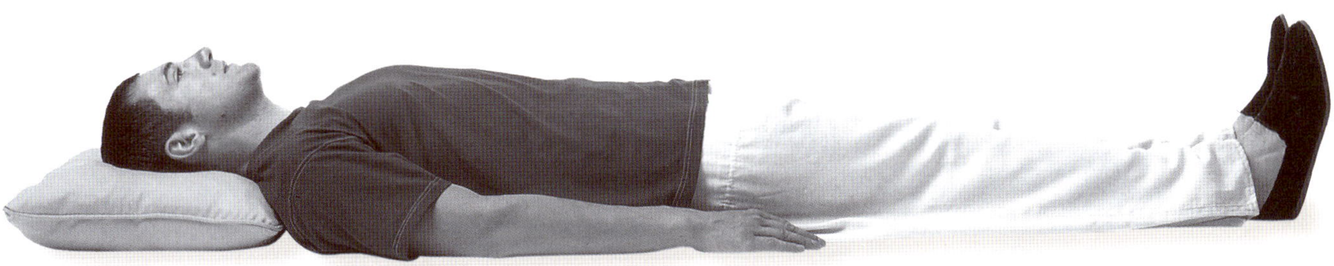

Tiefe Bauchatmung kräftigt die Bauchmuskulatur und unterstützt so den Stuhlgang.

Glossar

Acht-Brokat-Übungen: Im Stehen durchgeführte Qigong-Übungen mit aktivierender Wirkung auf die Energieleitbahnen und die damit verbundenen Organsysteme.

Akupunkturpunkte: Oberflächliche Punkte, durch die der Energiefluss in den Leitbahnen beeinflusst werden kann.

An das Lebenstor klopfen: Uralte Methode zur Körperertüchtigung, die aus Massage, Klopfen und Hüftbewegungen besteht. Wörtlich übersetzt bedeutet der chinesische Begriff Zafupei »den Unterleib und Rücken klopfen«.

An Mo: Chinesische Massagetechnik, bei der man viel mit klopfenden, schlagenden Bewegungen arbeitet, und nicht mit Kneten und Massieren, wie in der westlichen Welt üblich.

Arrhythmie: Unregelmäßige Herztätigkeit, in der Regel eine vorzeitige Kontraktion.

Arteriosklerose: Verdickung der Gefäßwände durch krankhaften Stoffwechsel in Folge erhöhten Blutfettspiegels.

Asthma: Verengung der Bronchien, was beim Patienten pfeifenden Atem und Husten verursacht.

Baduanjin: *siehe* Acht-Brokat-Übungen.

Baihui: Akupunkturpunkt an der höchsten Stelle des Schädels, geeignet zur Behandlung von Kopfschmerzen, Unruhe, Senkungsbeschwerden, Lähmungserscheinungen, Schwindel u.a.

Bauchatmen: Eine Atemtechnik, bei der man in langen, langsamen und tiefen Zügen atmet. Dabei vermehrter Einsatz der Bauchmuskulatur mit Entspannen/Spannen im Zusammenwirken mit dem Zwerchfell.

Chengshan: Akupunkturpunkt auf der Wade, zur Behandlung von Gedunsenheit, Beinschmerzen, Rückenschmerzen, Muskelverspannungen, Hämorrhoiden/Analprolaps, Verdauungsstörungen.

Chiangzhuanggong: Kräftigende Übungen, bei denen der Schwerpunkt auf *Rujing* liegt. Da sie im Vergleich zu Qigong nicht so anstrengend sind, eignen sie sich auch für körperlich schwache Menschen.

Chronische Bronchitis: Dauerhafte Entzündung der Schleimhäute und damit verbundene Einengung der Atemkanäle, dadurch erschwerte Atmung und Schmerzen.

Dantian: Unteres Dantian oder Qihai, ca. 2 cm unterhalb des Nabels gelegener Akupunkturpunkt, als »Meer des Qi« eingesetzt bei Schwäche, Unfruchtbarkeit, Unterleibsschmerzen, Krämpfen, Schlaflosigkeit u.a.

Dreifacher Erwärmer: Organ im Sinne eines Funktionsbereiches in der TCM ohne fassbare Formen, zuständig für die Energieverteilung vom Zwerchfell aufwärts: oberer Erwärmer; zwischen Zwerchfell und Nabel: mittlerer Erwärmer; vom Nabel abwärts: unterer Erwärmer, auch Sanjiao genannt.

Duft empfangen: *siehe* Yingxiang.

Dysmenorrhoe: Vermehrte Schmerzen und Krämpfe in Zusammenhang mit der weiblichen Monatsblutung.

Emphyseme: Durch Erkältung des Atemwegswiderstandes hervorgerufene Bindegewebserkrankung des Lungengewebes; verursacht beim Patienten Atemnot.

Entspannungs- oder Lockerungsübungen: *siehe* Fangsonggong.

Fangsonggong: Entspannungs- oder Lockerungsübungen, bei denen der ganze Körper Schritt für Schritt mit Hilfe von Rujing entspannt wird.

Fengchi: Akupunkturpunkt am Nacken mit Wirkung bei Erkältungskrankheiten, Ohrbeschwerden, Nackenschmerzen.

Gelber Kaiser: Autor des entscheidenden Werks zur TCM, des *Neijing* (wörtl.: »Der Klassiker der Inneren Medizin«).

Hämorrhoiden: Krampfadern in der Afterschleimhaut.

Handschwingen: *siehe* Lishou.

Hegu: Akupunkturpunkt zwischen 1. und 2. Mittelhandknochen, gut zur Behandlung von Schmerzen v.a. an Kopf, Nacken und Arm sowie bei Erkältungskrankheiten.

Hou Mingmen: *siehe* Mingmen.

Hypertension: Hoher Blutdruck.

Ischias: Nervenbündel aus der Lendenwirbelsäule entspringend, das bei schädigendem Druck durch Bandscheibenvorfall, Knochenenge oder Muskelverspannung Schmerzen in seinem Verlauf entlang des Beines bis zu den Zehen auslöst.

Jingming: Akupunkturpunkt, der genau neben dem Augenwinkel liegt. Zur Behandlung von Augenleiden.

Koronarerkrankungen: Verdickungen der Gefäßwände und dadurch verringertes Volumen der den Herzmuskel versorgenden Arterien.

Kräftigende Übungen: *siehe* Chiangzhuanggong.

Kung Fu: Eine Gruppe chinesicher Kampftechniken, wobei die gestellten körperlichen und geistigen Aufgaben durch »harte Arbeit« bewältigt werden sollen; äußere Kraft durch innere Zentriertheit.

Leitbahn (Meridian): Energiekanal, auf dem die Lebensenergie Qi sowohl Oberfläche als auch Tiefe des Körpers durchzieht und Verbindung zu den zugeordneten Organen herstellt. Es gibt zwölf Hauptmeridiane und eine Reihe von Sondermeridianen.

Lishou: Schwingen der Hände, wodurch der Körper gestärkt und gegen Krankheiten widerstandsfähig gemacht werden soll.

Lordose: Biegung eines Wirbelsäulenabschnitts nach vorne; Lendenlordose entspricht Hohlkreuz.

Mingmen: »Pforte des Lebensloses« genannter Akupunkturpunkt in Höhe des 2. Lendenwirbels; wird eingesetzt zur Behandlung von Kopfschmerzen, Rückenschmerzen, Schwäche der Niere und der Fortpflanzungsorgane.

Neijing: *siehe* Gelber Kaiser.

Neiyanggong: Übungen zur Nährung des

Inneren, bei denen die Atemtechnik sehr wichtig ist.

Niere 1: *siehe* Yongquan.

Nieren-Transportpunkt: *siehe* Shenshu.

Organ: In der TCM gibt es zwölf Hauptorgane, die anders als in der westlichen Medizin Funktionsbereiche repräsentieren, so wohl körperlicher als auch geistiger Natur. Diese sollen untereinander in einem harmonisch-konstruktiven Verhältnis stehen und werden in sechs Yin-Organe (Lunge, Leber, Milz, Herz, Pericard, Niere) und sechs gekoppelte Yang-Organe (Dickdarm, Gallenblase, Magen, Dunndarm, Dreifacher Erwärmer, Blase) unterteilt.

Perikard: Äußere, bindegewebige Umhüllung des Herzens.

Prostatitis: Entzündung der Prostata.

Purpura: Blauverfärbung der Haut durch Blutaustritt in Folge von Gefäßbrüchigkeit/Durchlässigkeit oder verminderter Blutgerinnungsfähigkeit.

Qi: Universelle Kraft des Lebens im Sinn einer aktiven, sich aktuell manifestierenden und gerichteten Lebensenergie. (Am Individuum ist eine Unterscheidung in ererbtes und erworbenes Qi möglich, Qi tritt in verschiedenen Formen auf als Nähr-, Atem-, Abwehr, Sammel-Qi u.a.m.).

Qian Mingmen: *siehe* Dantian.

Qigong: Selbstheilungsübungen, eine Kombination von Bewegungs- und Atemtechniken unter Konzentration auf das Fließen von Qi.

Rektumprolaps: Vorfall der Rectumschleimhaut durch den After.

Rujing: Das Herbeiführen eines Zustands innerer Ruhe durch Worte wie »ruhig« und »entspannen«.

Shenshu: Akupunkturpunkt in Höhe des 2. Lendenwirbels ca. 2 cm neben den Rückenmeridianen, zur Behandlung von Schwächen des Rückens, der Nieren- und Fortpflanzungsorgane, von Schwerhörigkeit, Ohrensausen, Gedächtnisstörungen u.a.

Shierduanjin: *siehe* Zwölf-Brokat-Übungen.

Sibai: Akupunkturpunkt unterhalb des Auges, wird eingesetzt zur Behandlung der Facialisparese, Trigeminusneuralgie, von Augenerkrankungen, Kopfschmerzen.

Silikose: Entzündliche Vernarbung des Lungengewebes durch Einatmung von kieselsäurehaltigem Staub.

Skoliose: Durch Fehlwachstum verursachte Verbiegung der Wirbelsäule in der Frontalebene, meist kombiniert mit einer Fehlrotation, wodurch statisch bedingte Überlastungsschäden, im Extremfall Behinderung von Herz und Lunge auftreten können.

Spiel der fünf Tiere: Uralte chinesische Übungen, bei denen die Bewegungen von Tiger, Hirsch, Bär, Affe und Kranich nachgeahmt werden.

Sprudelnde Quelle: *siehe* Yongquan.

Stufenweise aufgebautes Gehprogramm: Eine Behandlung, bei der festgelegte, langsam gesteigerte Strecken in einer bestimmten Geschwindigkeit und mit festgelegten Pausen zurückgelegt werden.

Taijijuan: Bewegungskunst, die mittels einer Abfolge vorgegebener Bewegungen die Gesetze von Polarität und Wandel für sich selbst erfahrbar macht; als Heilkunst eingesetzt soll sie das ungehinderte Fließen der Lebensenergie im Körper wiederherstellen und verstärken; abgeleitet von Selbstverteidigungstechniken chinesischer Mönche (abgekürzt: Taiji).

Taiji-Stock: Taiji-Übungen, die mit einem ca. 30 cm langen Stock ausgeführt werden.

Taiyang: Akupunkturpunkt an der Schläfe, zur Behandlung von Kopfschmerzen, Gesichtsnervenentzündungen, Augenleiden.

Therapeutische Übungen: Krankengymnastik zur Behandlung bestimmter Krankheiten.

Thromboangitis obliterans: *siehe* Winiwarter-Buerger-Krankheit.

Traditionelle Chinesische Medizin (TCM): Heilkunde, die in China seit fast 5000 Jahren praktiziert wird.

Varikozele: Krampfaderbruch entlang des Samenleiters.

Vesikulitis: Entzündung der Bläschendrüsen.

Weizhong: Akupunkturpunkt in den Kniekehlen, wirksam bei Rückenschmerzen, Knieschmerzen, vermehrtem Schweiß, Leibschmerzen, Lähmungen u.a.

Windteich: *siehe* Fengchi.

Winiwarter-Buerger-Krankheit: Durchblutungsstörung der Arterien und Venen. Auch Thromboangitis obliterans genannt.

Yang und Yin: Yang und Yin stellen die Pole von einander bedingenden Gegensätzen dar; die komplementären Elemente treten zueinander in Beziehung und bilden im Idealfall ein harmonisches Verhältnis aus. Yang steht dabei für das warme, aktive, spendende, helle, männliche Prinzip, Yin für das kühle, passive, empfangende, dunkle, weibliche Prinzip.

Yijinjing: Methoden zur Stärkung (wörtl. Wandlung) der Muskeln und Sehnen.

Yingxiang: Akupunkturpunkt neben den Nasenflügeln, eingesetzt zur Behandlung von Nasenverstopfung, Nasennebenhöhlenentzündung, Nasenbluten, Gesichtsschwellung.

Yongquan: Einziger Akupunkturpunkt der Fußsohle neben dem Großzehenballen, »sprudelnde Quellen«, eingesetzt bei Kopfschmerzen, Kehlkopf-/Rachentrockenheit, Blasenbeschwerden, Bewusstlosigkeit.

Yuanqi: Primäres Qi. Die Abwehrkraft des Körpers gegen Krankheit, die Anpassungsfähigkeit an die Umwelt und die Fähigkeit, die normalen Körperfunktionen zu gewährleisten.

Yucha-Punkt: Akupunkturpunkt am Übergang Stirn zu Kopfhaar, geeignet zur Behandlung von Kopfschmerzen, Fieber, verstopfter Nase, Augenleiden.

Zafupei: *siehe* An das Lebenstor klopfen.

Zusanli: Akupunkturpunkt unterhalb der Knieaußenseite, eingesetzt zur Behandlung von Magenbeschwerden, Durchfall, Verstopfung, Darmentzündung, Müdigkeit, Kräfteverfall.

Zwölf-Brokat-Übungen: Kombination aus Selbstmassage und Bewegungsübungen.

Register

A

Abnehmen 169
Acht-Brokat-Übungen *siehe* Baduanjin
Der Affe 30–31
Akupunktur 127, 139
  Akupunkturpunkte 250
    Baihui 92, 251
    Chengqi 91
    Chengshan 167, 250
    Fengchi 46, 56, 125, 250
    Hegu 167, 250
    Jingming 90, 91, 250
    Qucha 90, 91, 251
    Sibai 90, 91, 251
    Sizhukong 91
    Taiyang 90, 91, 251
    Tongziliao 91
    Weizhong 167, 251
    Yongquan 59, 120, 176–177, 178, 251
    Yuyao 91
    Zanzhu 91
    Zusanli 167, 251
  Augenübungen 90–91
  Bauchschmerzen 166–167
  Depressionen 176–177
  Eingefrorene Schultern 194
  Erkältungen 125
  Verdauungsbeschwerden 154
Alkohol 23
An das Lebenstor klopfen *siehe* Zafupei
An Mo 18, 19, 250
Angeborene Herzfehler 97
Angina pectoris 115–117, 166
Angiospasmen 110
Angstzustände 69, 74, 176–177
Arrhythmie 97, 250
Arterienerkrankungen 94–121
Arterienverkalkung 110–113
Arteriosklerose 110–113, 250
Arthritis 19, 186–190, 192–193
Asthma 122, 126, 140–143, 250
Atemübungen mit Sprechen 141
Atemwegserkrankungen 72, 122–147, 220
Atmung
  siehe auch Qigong
  Atemübungen mit Sprechen 141
  Atemzüge zählen 77
  Bauchatmung 76–77, 78, 132–133, 141, 144, 152, 190, 250
  Bewegung zur tiefen Atmung 80–81, 139
  Brustschmerzen 147
  Chiangzhuanggong 74, 77
  Emphyseme 128, 132–137
  Entspannungsatmen *siehe* Fangsonggong
  Fangsonggong 72–73
  Gallenblasenbeschwerden 165
  Korrektur einer Hühnerbrust 221
  Korrigierendes Atmen 141
  Kräftigende Übungen *siehe* Chiangzhuanggong
  Neiyanggong 78–79
  Qigong 68, 69, 70, 71
  Tiefes Atmen 124, 190, 221
  Übungen für Herzpatienten 102–103
  Übungen zur Nährung des Inneren *siehe* Neiyanggong
  Schwangerschaft 226
  Taiji 60, 61
  Yi-Konzentrationsmethode 77
Atmungssystem 126
Aufwärmen 117, 147
Augenübungen 90–91

B

Baduanjin (Acht-Brokat-Übungen) 15, 36, 48–55, 250
Baihui 92, 251
Bandscheibenvorfall 180
Der Bär 27
Bauchfellentzündung 166
Bauchschmerzen 166–167
Bauchdecke 155, 232
Bauchatmung 76–77, 78, 132–133, 141, 144, 152, 190, 250
Beckenboden 160, 161, 224, 225, 232, 238–241
Bewegungen zur tieferen Atmung 80–81, 139
Blasenmeridian 166
Blinddarmentzündung 166
Bluthochdruck (Hypertonie) 16, 21, 69, 74, 104–109, 117, 250
Bronchialasthma 140–143
Bronchitis 126, 127, 138–139, 221, 250
Brust
  Brustschmerz lindern 146–147
  Massage 129, 138

C

Chengqi 91
Chengshan 167, 251
Chiangzhuanggong 69, 70, 74–77, 250
  Asthma 141
  Depression 176
  Emphyseme 133
  Haarausfall 92
  Herzpatienten 117
  Schlaflosigkeit 179
Cholesterin 21, 110, 111, 115
Chronische Erkrankungen 19, 23, 72, 86
Chronisch-obstruktive Atemwegserkrankungen 126–127, 250

D

Dantian (Elixierfeld) 27, 58, 77, 84, 85, 167, 251
Dao Yin 15
Das Tor schließen 161
Denken, Qigong 69, 70–71
Depressionen 19, 69, 74, 176–177
Diabetes 16, 21, 163
Dreifacher Erwärmer 13, 251
Drei-Kreise-Qigong 76, 106
Duft empfangen *siehe* Yinxiang
Dünndarm
  Geschwüre 162
  Heilübungen 168–169
Durchblutung 120, 156–157
Durchfall 168
Dysenterie 166
Dysmenorrhoe 236–237, 250

E

Eingefrorene Schultern 194–197
Elixierfeld *siehe* Dantian

Emphyseme 16, 74, 126, 127, 128–137, 140, 250
Endogenes Übergewicht 169
Enteritis 168, 169
Entspannungsatmen *siehe* Fangsonggong
Entspannungsübungen 106–107, 226, 251
  Asthma 142
  Emphyseme 133
Entzündung der Wirbelknochen 180
Erkältungen 125, 138, 180
Erkrankungen der Herzklappen 96
Ernährung 22, 23, 94, 110, 150, 164, 169
Exogenes Übergewicht 169

F

Fahrradfahren 130
Fangsonggong 69, 70, 72–73, 250
  Asthma 141
  Depression 176
  Enteritis/Kolitis 169
  Geschwüre 162
  Herzpatienten 103, 117
  Schlafstörungen 179
Fehlgeburt 226
Fengchi (Windteich) 46, 56, 125, 250
Fieber 21, 98
Freizeitübungen 18, 19

G

Gallenblasenerkrankungen 164–165, 166
Gallenblasenleitbahn 46
Gangrän 118
Geburt 160, 224–225, 232–233
Gehen 18, 94, 108, 109
  Arteriosklerose 110
  Atemwegserkrankungen 125
  Bronchitis 138
  Depressionen 177
  Diabetes 163
  Emphyseme 130
  Gallenblasenerkrankungen 165
  Herzerkrankungen 116–117
  Herzfrequenz 115
  Kalte Hände und Füße wärmen 120
  Schlaflosigkeit 178
  Stufenweise aufgebautes Gehprogramm 94, 96, 99, 100–101, 116–117, 251
  Purpura 121
  Verstopfung 152
Geist 68, 174–183
Gelber Kaiser 15, 251
Geschwüre 69, 78, 161, 162
Gewöhnung an kaltes Wasser 138
Gleichgewicht 8, 13, 23
Graue Haare 92

H

Haare
  Graue Haare 92
  Haarausfall 92–93
Haltung 19
  Baduanjin 48
  Chiangzhuanggong 77
  Qigong 68, 70
Hämorrhoiden 156–59, 160, 250
Händeschwingen *siehe* Lishou
Hegu 167, 250
Herz 18
  Herzerkrankungen 21, 74, 94–121, 127, 225
  Herzfrequenz 115, 117
Herz- und Kreislaufkrankheiten 94–121
Herzfunktionsstörungen 97
Herzklopfen 71, 176–177
Hexenschuss 155, 198–201, 216
Hexenschuss 198–199
Hintertür des Lebens *siehe* Hou Mingmen
Der Hirsch 32–33
Hohlkreuz 216–217
Hou Mingmen (Hintertür des Lebens) 84
Hsing 61
Hua To 15, 26
Hühnerbrust 220–221

I

Iliokokzygeus-Muskel 238
Ischias 180–183, 251
Ischiasreizung 180

J

Jingming 90, 91, 250
Joggen 124–125
  Bluthochdruck 108, 109
  Bronchitis 138
  Emphyseme 131
  Herzfrequenz 115
  Übergewicht 169
  Verstopfung 152

K

Kallisthenie 119, 121, 131, 138, 144
Kanufahren 18, 119, 124, 125, 152, 163
Kniegelenkverscheiß 206–209
Kolitis 168, 169
Kolon (Dickdarm), Heilübungen 168–169
Kopfmassage 92–93
Koronarerkrankungen 21, 96, 114–121, 250
Korrigierendes Atmen 141
Kräftigende Übungen *siehe* Chiangzhuanggong
Krampfadern 248
Der Kranich 34–35
Krankheiten der Herzkranzgefäße 97
Kräutermedizin 139
Kung Fu 68, 250
Kunst des Atmens *siehe* Qigong
Kurzsichtigkeit 90

L

Lähmung 19
Lebenstor *siehe* Mingmen
Leiter-Gefäß *siehe* Renmai
Lendenmuskulatur 202–205
Lenker-Gefäß 28, 75
Levator-ani-Muskel 238
Lishou 86–89, 139, 250
Lordose 216–217, 250
Lungen
  Bewegungstherapie 18
  Lungenkrankheiten 122–147

M

Magengeschwüre 162
Mandelentzündung 220, 221
Marie-Strümpell-Krankheit 190
Massage 113, 125, 160–161
  siehe auch An Mo
  Arteriosklerose 112–113
  Asthma 143
  Bauchmassage 153, 162
  Bauchschmerzen 166–167
  Brustmassage 129, 138
  Depressionen 176–177
  Emphyseme 128, 129
  Gallenblasenerkrankungen 165
  Hämorrhoiden 157
  Ischias 180–181
  Kopfmassage 92–93
  Knieverschleiß 207, 209

Lendenmuskulatur 205
Rheumatische Arthritis 187
Verdauungsbeschwerden 154
Verstopfung 153
Schlaflosigkeit 178, 179
Shierduanjin 56–59
Zystitis 243
Mechanische Therapie 18, 19
Medikation 22
Meer des Qi *siehe* Qihai
Menstruationsschmerzen 236–237
Meridiane (Leitbahnen) 12–13, 250
Mingmen (Lebenstor) 84, 85, 250
Muskelapparat und Knochengerüst 184–221
Muskeln 17
stärken 36, 60, 184–221

N

Nackenbeschwerden 210–211
Nei Zhuang Gong 170–173
Neijing 15
Neiyanggong 69, 70, 78–79, 250
Diabetes 163
Gallenblasenerkrankungen 165
Geschwüre 162
Haarausfall 92
Prostatitis/Vesikulitis 245
Verstopfung 152
Nervensystem 68, 69, 174–183
Neurasthenie 16
Nieren 122

O

Oben-Fülle-unten-Leere-Syndrom 107
Oben-leer-unten-schwer-Gefühl 88
Organe 12–13, 250–251

P

Parasympathikus 106
Perikard 251
Prostatitis 244–247, 251
Pubokokzygeus-Muskel 238
Puls 21, 98, 117
Purpura 121, 251

Q

Qi 8, 12–13, 17, 60, 68–69, 116, 122, 250
Qian Mingmen *siehe* Dantian
Qianjin Fang 15
Qigong 8, 10, 14, 18, 19, 68–93, 250
siehe auch Chiangzhuang-gong, Fangsonggong, Neiyanggong
Asthma 141
Atemwegserkrankungen 124
Bluthochdruck 104
Bronchitis 139
Depression 176, 177
Diabetes 163
Drei-Kreise-Qigong 76, 106
Emphyseme 128, 133
Gallenblasenerkrankungen 165
Geschwüre 162
Kalte Hände und Füße wärmen 120
Silikose 144
Übungen für Herzpatienten 99, 102–103, 106–107, 117
Verstopfung 151, 152
Qihai (Meer des Qi) 157
Qucha 90, 91, 251

R

Rachitis 214, 220, 221
Rachitische Skoliose 214
Rauchen 21, 23, 118, 122
Regelmäßiges Üben 20–21
Reizkolon 161
Rektumprolaps 160–161, 251
Renmai (Leiter-Gefäß) 28, 58
Rheumatische Arthritis 187, 190
Rücken
Rückenschmerzen 70, 155, 198–201, 216
Rückgratverletzungen 190–191
Rujing 72, 74, 77, 250
Rundrücken 218–219

S

Sakrokokzygeus-Muskel 238
Sakrospinal-Muskel 202
Schattenboxen *siehe* Taiji
Schlaflosigkeit 176–177, 178–179
Schleim 138–139
Schleim lösende Nahrungsmittel 139
Schultern
Arthritis 192–193
Eingefrorene Schultern 194–197
Falsche Schulterhaltung 212–213
Schulterschmerzen 210–211
Schwangerschaft 155, 224–5, 226–231
Schwimmen 124, 125
Asthma 141
Bluthochdruck 108, 109
Depressionen 177
Emphyseme 131
Herzpatienten 117
Herzfrequenz 115
Hühnerbrust 221
Rundrücken 219
Übergewicht 169
Selbstbeobachtung 21
Selbstmassage 113, 125, 157, 160–161, 165
Shen 8
Shenshu (Nieren-Einflusspunkt) 59, 251
Shierduanjin (Zwölf-Brokat-Übungen) 15, 56–59, 251
Shimen (Steintor) 58
Sibai 90, 91, 251
Silikose 144–145, 251
Sizhukong 91
Skoliose 214–215, 251
Spiel der fünf Tiere (Wuqinxi) 15, 24–35, 250
Spiele 109, 115, 124–5, 131, 141, 169, 221
Spondylarthritis 190
Sprudelnde Quelle *siehe* Yongquan
Steintor *siehe* Shimen
Stretching 119, 121, 131
Stufenweise aufgebautes Gehprogramm 94, 96, 99, 100–101, 116–117, 251
Sympathikus 106

T

Ta Na 15
Taiji 8, 14, 15, 17, 18, 60–67, 184, 251
Arteriosklerose 110
Arthritis 186–187
Atemwegserkrankungen 125
Bluthochdruck 104, 105, 108–189
Bronchitis 138, 139
Depressionen 176
Diabetes 163
Emphyseme 128, 131
Enteritis/Kolitis 169

Gallenblasenerkrankungen 165
Geschwüre 162
Herzerkrankungen 94, 96, 97, 99, 117
Herzfrequenz 115
Kalte Hände und Füße wärmen 120
Prostatitis/Vesikulitis 245
Purpura 121
Schlaflosigkeit 178
Silikose 144
Verstopfung 151
Winiwarter-Buerger-Krankheit 119
Taiji-Stock 82–83, 251
Taiyang 90, 91, 251
Therapeutische Übungen 18, 112–113, 121, 150–151, 155, 251
Thromboangitis obliterans (Winiwarter-Buerger-Krankheit) 118–119, 250
Thrombose 111
Thrombozytopenische Purpura 121
Tiefes Atmen 124, 190, 221
Der Tiger 28–29
Tongziliao 91
Traditionelle Chinesische Medizin (TCM) 8, 12–13, 127, 139, 160, 251
Tuberkulose 16, 144

U

Übergewicht 155, 169–173
Übungen zur Nährung des Inneren *siehe* Neiyanggong
Unterleibsorgane 222–249

V

Varikozelen 248–249, 251
Verdauung
Verdauungsprobleme 148–173
Verdauungssystem 168
Verdauungsbeschwerden 154–155
Verstopfung 16, 69, 78, 150–151, 155, 156, 161
Vesikulitis 244–247, 251
Vitalkapazität 124, 140

W

Wandern 18, 108, 109, 131, 138, 163, 177
Wasseranreicherungen 139
Weizhong 167, 251
Windteich *siehe* Fengchi
Winiwarter-Buerger-Krankheit 118–119, 250
Wirbelsäulenverkrümmung 214–215
Wuqinxi (Spiel der fünf Tiere) 15, 24 35, 250

Y

Yang 13, 251
Yi 36, 61, 69, 77
Yijinjing 36–47, 251
Yin 13, 251
Yinxiang 125, 251
Yongquan (Sprudelnde Quelle) 59, 120, 176–177, 178, 251
Yuan-Qi 68, 176, 251
Yuyao 91

Z

Zafupei (An das Lebenstor klopfen) 84–85, 250
Zanzhu 91
Zervikales Bandscheibensyndrom 210–211
Zhang Sanfeng 60
Zusanli 167, 251
Zwölf-Brokat-Übungen *siehe* Shierduanjin
Zystitis (Blasenentzündung) 242–243

Bildnachweis

Alle Fotos von Guy Ryecart außer:
e. t. Archive: S. 26
The Hutchison Library: S. 2 (Melanie Friend), 8ml (Felix Greene), 11 (John Hatt), 14ml (Michael Macintyre), 104ml (Jeremy Horner), 148m (Aymon Frank)
The Image Bank, London: S. 12ml, 96u, 97or, 110, 122m, 123, 124u, 125ol, 127u, 131m, 169o, 174m, 225o, 248
Images Colour Library: S. 10m, 17o
Tony Stone/Getty Images, London: S. 16, 18r, 19, 23o, 24m, 25, 36, 68l, 94m, 95, 98 (beide), 102ml, 104u, 106ml, 108ml und u, 109r, 162m, 163o, 165ul, 165o, 175, 185, 222, 223

Danksagung

Der Verlag dankt: Guy Ryecart für die Studiofotos; Dina Christie für die Organisation der Fotosessions und Frankie Goldstone für die Requisitenbeschaffung.

Außerdem gilt unser Dank Paul Brecher für Text- und Bildberatung sowie für seine wertvollen Ratschläge, die sich in vielen Teilen dieses Buches niederschlugen. Paul Brecher ist geprüfter Taiji-Lehrer und Akupunkteur mit zahlreichen Veröffentlichungen über chinesische Medizin und Heilgymnastik. Weitere Informationen im Internet unter **http://www.taiji.net**